Walter Pippke • Ida Leinberger

Die Eifel

Geschichte und Kultur des alten Vulkanlandes zwischen Aachen und Trier

DUMONT

Kunst-Reiseführer

In der vorderen Umschlagklappe: Eifel, nördlicher Teil

In der hinteren Umschlagklappe: Eifel, südlicher Teil

Die wichtigsten Orte auf einen Blick

kein Stern
sehenswert

☆
Umweg lohnt

☆☆
keinesfalls versäumen

Inhalt

Verzeichnis der Karten und Pläne

Endlos zieht sich die sanft gewellte Ackerlandschaft des nördlichen Eifelvorlands hinunter in die rheinische Tiefebene. Auf den ersten Höhen der Eifel, wo die Äcker nur selten bewirtschaftet werden, überzieht sich die Landschaft im Frühling mit einer farbintensiven Naturackerflora; hier in der Nähe von Muldenau bei Düren

Das Ahrtal, Stich von ▷ Nicolas Ponsart (19.Jh.)

Natur und Kultur der Eifel

Ein weites, stilles Land

Die Eifel ist der westlichste Teil des Rheinischen Schiefergebirges, im Süden begrenzt von der Mosel, im Osten vom Rhein, im Norden von der Niederrheinischen Tiefebene zwischen Köln und Aachen, im Westen von der belgischen und luxemburgischen Grenze zwischen Aachen und Trier. Zwischen bedeutenden historischen Städten und Verkehrswegen liegt die Eifel also mitten im bewegten Herzen Europas. Doch alle Erwartungen – oder Befürchtungen –, die sich an diese Tatsache knüpfen, treffen auf die Eifel nicht zu. Denn mit der Eifel betritt man noch immer einen der eigentümlichsten und unbekanntesten Natur- und Kulturräume Deutschlands.

Abgesehen von einigen touristisch belebten Ecken wie Monschau, Altenahr, Bad Münstereifel, den Stauseen oder der Gegend um den Nürburgring begegnet die Eifel dem Besucher als weites und stilles Land, voll Elegie und Geschichte, oder, wie es die Romantiker des 19. Jh. empfanden, voller Geheimnisse der Natur und geprägt von einer untergegangenen kulturellen Blüte von der Antike bis zum Mittelalter. Ein gut gerührter Cocktail touristischer Attraktionen, möchte man aus heutiger Sicht meinen – doch ist die Eifel für die meisten noch immer ein weißer Fleck auf der Landkarte. Was hat dieses Land mitten im Herzen Europas so still werden lassen?

An der Landschaft kann es nicht liegen. Die Eifel ist der Rest eines über 400 Millionen Jahre alten Meeresbodens, der sich mit dem Beginn der Alpenauffaltung vor etwa 100 Millionen Jahren zu heben begann und heute eine leicht nach Norden gekippte, stark reliefierte Hochebene darstellt. Die endlos ausrollenden Hügelketten wurden später von Vulkanausbrüchen durchbrochen, die markante Kegelberge auf die Hochebene setzten oder tiefe, kreisrunde Kraterseen einsenkten. An den Rändern der gewellten Gesteinsplatte bekamen die Flüsse und Bäche Gefälle zur Mosel, zum Rhein oder zur Kölner Bucht und gruben sich als tiefe Täler ein. Dort winden sich zahlreiche Gewässer in schönen und einsamen Waldtälern aus der Eifel hinaus und legen auf ihrem Weg eindrucksvolle Gesteinsformationen frei. Die Buntsandsteinklippen im Rurtal bei Nideggen sind bei Naturfreunden und Geologen ebenso geschätzt wie die fast senkrechten Schieferschichtungen des Ahrtals. Der Reichtum an geologischen Phänomenen vermittelt dem Betrachter ständig wechselnde landschaftliche Eindrücke.

Am Angebot von historischen Kunst- und Kulturgütern kann es auch nicht liegen, denn davon sind in der Eifel mehr zu finden als in jedem anderen Teil des Rheinischen Mittelgebirges. Gelegen zwischen der antiken Kaiserstadt Trier und der frühmittelalterlichen Kaiserresidenz der Karolinger in Aachen, gehört die Eifel zu den sehr früh zivilisatorisch erschlossenen Gebieten Deutschlands. Der landwirtschaftliche Reichtum der heute kargen Eifel war so groß, daß sie nicht nur als Kornkammer und Jagdrevier für zwei Kaiserstädte diente. Bereits im frühen Mittelalter wurden hier reiche und mächtige Klöster mit riesigem Grundbesitz gegründet, später ernährte die Eifel auch noch über 140 adelige Kleinherrschaften auf zahlreichen Burgen.

Alle diese Kulturträger der Geschichte statteten ihren Besitz mit einem umfangreichen Bestand an Burgen, Schlössern und Kirchen, Tochterklöstern und Stiften, Altären, Fresken und Skulpturen aus. Deren Erscheinungsbild ist in der Eifel um so vielfältiger, als das Land im Mittelalter zu vier geographisch unterschiedlich orientierten Großterritorien gehörte: Das Bistum Trier öffnete die Eifel der mittelrheinischen und lothringischen Kunst, die Herzogtümer Luxemburg und Jülich der flandrischen und niederländischen, Köln – selbst ein Kunstzentrum – brachte niederrheinische und westfälische Einflüsse. In den alten Kaiserstädten Trier und Aachen haben darüber hinaus singuläre Kunstwerke von Weltruhm überdauert.

Daß heute nur wenige an die Eifel als eine charaktervolle Kulturlandschaft denken, liegt an einem Vorurteil, das mit ihrer Lage im bewegten Herzen Europas zusammenhängt: Man muß sich erinnern, daß der ›deutsche Erbfeind‹ erst seit 1945 im Osten gesucht wurde. Vorher hatte er im Westen gesessen, Frankreich hieß er, und seit dem 16. Jh. lebte kaum eine Generation ohne Krieg mit ihm. Das hat die Eifel als unmittelbares Grenzland, Auf- und Durchmarschgebiet, Armeequartier und Westwallfront auf das furchtbarste zu spüren bekommen, und so wurde sie im öffentlichen Bewußtsein zu einem Armenhaus Deutschlands, das jedoch sein reiches Kulturerbe wie einen Hort vergessener Schätze hütete. Daher findet der Reisende in der Eifel noch immer ein Land wie zu Beginn des touristischen Zeitalters. Das sagt nichts gegen die Infrastruktur, die mit Straßen, Hotels, Pensionen und Restaurants überall entwickelt ist. Denn das Vorurteil gibt es nur auf deutscher Seite. Jenseits der Grenzen, wo die Eifel nicht als militärisch geschundenes Armenhaus Preußens der Unbekanntheit anheimfiel, betrachtete man die Gegend schon immer als das, was sie ist: Für Niederländer, Belgier, Luxemburger und Lothringer ist die Eifel seit Jahrzehnten ein beliebtes Urlaubs- und Ausflugsziel, ein abwechslungsreiches Mittelgebirge mit einsamen Landschaften. In der Südeifel findet sich der deutsche Autofahrer im Sommer zwischen so vielen ausländischen Autokennzeichen, daß er meinen könnte, versehentlich eine Grenze überfahren zu haben.

In der Eifel sind bis heute keine Großinvestitionen in Sachen Tourismus getätigt worden. Das hat die angenehme Folge, daß die vorhandenen touristischen Einrichtungen fast nirgendwo in schroffen Gegensatz zur Landschaft und Lebensart treten, wie es sich mancherorts fast zur Karikatur entwickelt hat. Die Eifel lebt nicht vom Tourismus und hat sich nur an wenigen Orten für ihn hergerichtet – das macht in unserer Zeit einen seltenen Reiz aus. Und so findet sich hier eine der letzten Gegenden Deutschlands, in der Landschaft und Kunst noch Entdeckungen zu bieten haben.

Fossilien und Vulkane

So unbekannt die Eifel als Kulturlandschaft ist, so berühmt war sie schon im vorigen Jahrhundert in der geologischen Fachwelt. Zuerst zogen nur die beiden großen Attraktionen – Fossilien und Vulkane – die Gelehrten zu Fuß in das unwegsame Bergland, doch bald entdeckte man, daß die ungewöhnliche Vielfalt des Landschaftsbildes im ganzen Eifelraum wie in einem aufgeschlagenen Lehrbuch die verschiedensten Erscheinungen der Erdgeschichte darstellt.

Erdgeschichte

Fast überall in der Eifel steht man auf dem Boden des Devonmeeres aus dem Erdaltertum. Allein das Hohe Venn entstand noch früher: gebildet aus den Sedimenten eines Meeres aus der Zeit des Kambriums, wies es die ältesten Spuren von Leben in der Eifel auf, die Reste von Graptolithen, etwa 500 Millionen Jahre alt. Durch eine frühe Gebirgsfaltung herausgehoben, wurde das Venn nie mehr von Meerwasser bedeckt; zur Zeit des Devon (vor 400–350 Millionen Jahren) ragte es als kleine Insel aus den Fluten des Urmeeres. Dieses bildete damals zwischen dem riesigen Nordatlantischen Kontinent und der bescheidenen Mitteleuropäischen Insel (die nur Teile Frankreichs und Deutschlands umfaßte) eine Meerenge, die das Ost- und Westbecken des europäischen Teils des Devonmeeres verband. Die Meerenge weitete sich ein wenig nach Osten zu und überspülte das Rheinische Becken, dessen Grund heute die Eifel ist. Von den beiden angrenzenden Festländern spülten die Fluten viel Verwitterungsmaterial ein, das in die Tiefe niedersank und dort zu den Gesteinen wurde, die heute den größten Teil der Oberfläche der Eifel bilden: Schiefer und Grauwacken.

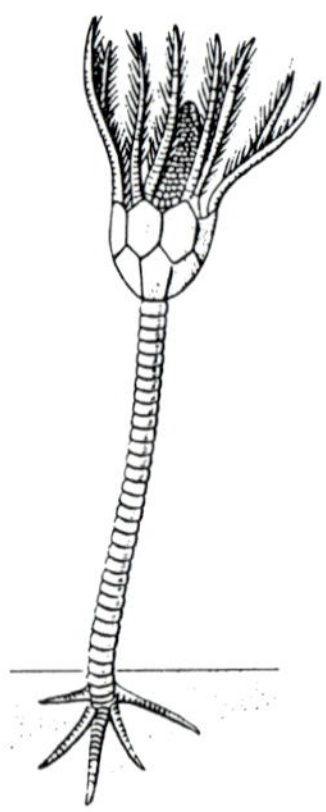

Versteinerte Seelilie, ein häufiger Fund bei Gerolstein. Die Vulkaneifel war im Erdzeitalter des Devon ein tropisches Meer, das in den letzten Jahrmillionen seines Bestehens von einer vielfältigen Tier- und Pflanzenwelt bevölkert war

Diese ältesten Ablagerungen des Devonmeeres, Unterdevon genannt, verschwanden im Lauf der Jahrmillionen zunächst unter einer anderen Gesteinsschicht organischen Ursprungs: Zur Zeit des Mitteldevons hatte sich nämlich das Meer verändert, es war verflacht und wies tropische Temperaturen sowie eine Tierwelt von ungeheurem Artenreichtum auf. Die Kalkausscheidungen der Lebewesen bedeckten den Meeresboden mit Kalkschlamm, in den ihre sterblichen Überreste einsanken. Ihre Hartteile wie Muschelschalen, Schneckenhäuser, Krebspanzer und Korallenstöcke versteinerten und zeigen noch heute die bizarre Formenvielfalt der Tierwelt des Erdaltertums.

Dieser Tierwelt verdankt es der Ort Gerolstein, daß er schon vor hundert Jahren weltberühmt war. Noch nicht wegen des Sprudels, sondern wegen Calceola sandalina, Cupressocrinus abbreviatus und Stringocephalus burtini: drei der Leitfossilien, nach denen die ver-

Landschaft bei Ochtendung. Als die Vulkane das devonische Grundgestein der Eifel durchbrachen und ihre Bergkegel auf die gewellte Hochebene aufsetzten, entstand das unverwechselbare Landschaftsbild der Vulkaneifel

schiedenen Schichten mit den Kalksteinablagerungen benannt wurden. Wie ein Wahrzeichen der Vergangenheit überragen die steilen Felsen eines mitteldevonischen Korallenriffs den Ort. Korallen, Seelilien, Armfüßler sind indes nur ein kleiner Auszug aus der Liste von Fossilien, nach denen bis heute Generationen von Sammlern die klassischen Fundstellen durchwühlt haben. Gegenden, von denen sonst außerhalb der Eifel nie ein Mensch gehört hätte – das Mühlenwäldchen bei Gerolstein, der Dachsberg bei Gees, die Barley bei Pelm –, erlangten Weltruf unter Geologen und Paläontologen; die Fundstücke gingen in die großen Museen aller Kontinente.

Der weitere Gang der Erdgeschichte hat den größten Teil der fossilführenden Schichten wieder zerstört. Mit dem Anfang des Karbon (vor etwa 350 Millionen Jahren) begann sich der Meeresboden unter dem Druck der variskischen Gebirgsbildung zu falten. Im Lauf der Jahrmillionen hob sich das riesige Eifler Korallenriff, dessen Länge auf 120 km geschätzt wird, aus den Fluten des Devonmeeres, weitere Inseln folgten, bis sich das Wasser verlaufen hatte. Die Auffaltung ging so lange weiter, bis der devonische Meeresboden ein gewaltiges Hochgebirge bildete, das die Alpen überragt hätte, hätten diese schon existiert.

Im Lauf der Wüstenzeit des Erdmittelalters wurde dieses Gebirge bis auf seine Rumpffläche aus unterdevonischem Gestein durch Erosion abgetragen, und das mitteldevonische Kalkgestein mit den Fossilien erhielt sich nur in der geschützten Nord-Süd-Senke, die sich von der Trierer Bucht bis zur Zülpicher Börde zieht und die heute das Gebiet der Eifler Kalkmulden bildet, wovon die Landschaft um Gerolstein einen Teil darstellt.

Außer bei den Geologen sind diese Kalkmulden auch bei den Botanikern berühmt geworden, da auf den wasserdurchlässigen, sich schnell erwärmenden Kalkböden eine mediterrane Flora gedeiht, wie sie sonst nördlich der Alpen nicht vorkommt. Aus dem Verwitterungsmaterial des großen Gebirges entstand unter anderem der Buntsandstein, dessen Felspartien den Tälern von Rur und Sauer ein romantisches Flair verleihen.

Erst jetzt, während der Erdneuzeit, als das Hochgebirge der Eifel längst zu einer öden Geröllebene wenig über Meeresniveau abgetragen war, begann weiter südlich die Auffaltung der Alpen; durch die gewaltigen tektonischen Kräfte, die die riesige afrikanische Festlandplatte auf die kleine europäische ausübt, schob sich das devonische Rumpfgebirge zum Rheinischen Schild zusammen, dem heutigen Rheinisch-Westfälischen Schiefergebirge. So hob sich die alte Oberfläche der Eifel zu einer welligen, leicht nach Norden gekippten Hochebene; die Flüsse bekamen Gefälle und gruben sich in tiefen Tälern in das unterdevonische Gestein ein. Während dieses Vorganges blieb ein Teil der Eifler Oberflächenkruste in der Hebung zurück, wodurch die Wittlicher Senke entstand.

Das markanteste Ereignis dieser Zeit ist jedoch das Auftreten des Vulkanismus. Entlang den Bruchlinien der Erdkruste entlud sich der ungeheure Druck der tektonischen Prozesse, aus dem Erdinnern stieg glutflüssige Lava auf und durchstieß das kilometerdicke devonische Grundgebirge. Vom Böhmerwald bis in die Auvergne flammten die Feuerberge in großem Bogen um das Faltungsgebiet der Alpen auf und gaben auch der Eifler Landschaft ihren letzten und unverwechselbaren Akzent.

Der Vulkanismus

Man unterscheidet im Eifler Vulkanismus drei Phasen: die tertiäre, die vor etwa 30 Millionen Jahren begann, sowie die alt- und jungquartäre, die mit den Maarvulkanen zu Ende ging. Deren letzte Ausbrüche liegen nur 10 000 Jahre zurück. Hätte nicht die preußische Verwaltung mit der Aufforstung der Vulkankuppen begonnen, ihre Ausbruchkrater lägen heute noch so frisch da, als ließe die nächste Eruption nicht lange auf sich warten.

Diese prachtvollen Studienobjekte der geologischen Fachwelt prägen als wassergefüllte Maare in der Tiefe von kreisrunden Kraterumwallungen das einzigartige Landschaftsbild der Vulkaneifel. Das vulkanische Geschehen liegt hier so augenfällig zu Tage, daß bereits 1853 der bekannte Trierer Professor Johannes Steininger schrieb: »Die Eyffel hat ihres Gleichen in der Welt nicht... und ihre Kenntnis kann gar nicht umgangen werden, wenn man eine klare Ansicht der vulcanischen Erscheinungen auf Continenten erhalten will.«

Ein Vulkanausbruch ist das Ergebnis eines langwierigen Prozesses. Wenn um die Gebiete von Gebirgsfaltungen in den Schwächezonen der Erdkruste glutflüssiges Gestein aus der Tiefe emporsteigt, entlädt sich der tektonische Druck zunächst durch den Ausstoß glühender Gase, die durch Klüfte und Spalten an den Bruchlinien des Gesteins entlang ihren Weg an die Oberfläche finden. Durch diese Druckverminderung kommt es in der Magmakammer zu einer stürmischen Gasentbindung, die mit ungeheurer Gewalt die bis in die Tiefe reichenden Klüfte erweitert und so einen Förderschlot durch das Deckgebirge bricht. Dabei reißen die Gase das zertrümmerte Gestein mit heraus, das auf die Asche der ersten Gasentladung fällt. Nun ist der Weg frei, und es wird mehr glutflüssiges Magma mitgerissen, dessen Schlacken und Aschen sich um den Krater als runder Wall auftürmen. Schließlich steigt das Magma in der Explosionsröhre bis zum Krater hinauf, dessen Wände sich durch Wurfschlacken und Lavabrocken ständig erhöhen. Bricht die Lava dabei in die Lok-

Aufgelassener Steinbruch bei Mayen. Seit der Antike wurde in der Eifel in mühevoller Arbeit das vulkanische Gestein abgebaut

kermassen des Aschenwalls ein, so entsteht ein sogenannter Schichtvulkan; wird der Wall durch den Druck des Magmas gesprengt, wälzt sich die glutflüssige Masse als Lavastrom über das Land und die Täler.

Kilometerweit kann ein solcher Strom fließen, bevor er erkaltet. In großen Steinbrüchen wie dem Mayener Grubenfeld sind diese Lavaströme, meist zu Basalt erstarrt, seit Jahrtausenden in der Eifel abgebaut worden; der Basalt war stets ein wichtiger Faktor im Wirtschaftsleben des Landes. An mehreren Stellen der Eifel haben erstarrte Lavamassen in den Tälern die Bäche gestaut; nachdem sich das Wasser in engen Schluchten wieder hindurchgedrängt hatte, entstanden auf kurzen Strecken – so breit, wie der Lavastrom gewesen war – wildromantische Landschaftsbilder wie im Horngraben im Tal der Kleinen Kyll bei Manderscheid.

Lavabombe in Strohn. Eine Lavabombe entsteht, wenn bereits ausgeworfene und erkaltete Magma wieder in den Vulkan zurückstürzt und erneut ausgeschleudert wird. Der Brocken ist dann so schwer, daß er nicht im Flug erkaltet, sondern glühend zu Boden stürzt, wo er mit anderem Material zu einem Steinkonglomerat verbacken wird

Durch das Aufbrechen des Kraterwalls wird dessen kreisrunde Form zerstört, es entsteht die typische Hufeisenform, mit ihrer Öffnung in der Richtung des ausgeflossenen Lavastroms. Bleibt der Kraterwall erhalten und steigt das Magma in ihm immer höher, so schleudert es immer gewaltigere Lavafetzen aus, die wegen der größeren Masse und der verkürzten Wurfweite nicht mehr im Flug erkalten, sondern glühend zu Boden fallen und zu Schweißschlackenmauern verbacken. Die schwarzen, senkrechten Wände, die den Krater des Windsborn auf dem Mosenberg überragen, sind aus diesem Material. Stürzen schon erstarrte Gesteinsbrocken vom Kraterrand wieder hinunter in die brodelnde Lava, so werden sie erneut hinausgeschleudert und bilden dann die Lavabomben, von denen ein riesiges Exemplar von 100 t Gewicht am Wartgesberg gefunden und in Strohn ausgestellt wurde.

In den Steinbrüchen und Lavasandgruben, von denen die erloschenen Vulkanschlote wieder aufgegraben oder ihre Aschenwälle offengelegt worden sind, kann man an den verschiedenen Schichten des Gesteins und des Lockermaterials den Verlauf des Vulkanausbruchs verfolgen. Ist der Ausbruch beendet, setzt innerhalb kurzer Zeit die Verwitterung ein. Zuerst werden die leichten Aschen und Sande verweht, dann die Schlacken erodiert, schließlich ragt der Pfropf aus hartem Ergußgestein, das erkaltend die Explosionsröhre verschlossen hat, aus der Vulkanruine empor. So ist es den tertiären Vulkanen ergangen, die sich in der Eifel hauptsächlich um die Hohe Acht und die Nürburg bis hinüber zum Hochkelberg finden. Die markanten Vulkankuppen, die dort überall das sanft gewellte unterdevonische Grundgebirge überragen, sind also nicht, wie man meinen möchte, die Kegel der Kraterumwallungen. Dieses leichtere Material ist längst verwittert. Was dort steht, sind die erstarrten Schlotfüllungen der Vulkane, die, wie Frieder Sauer es ausdrückt, »wie mächtige Stämme hinunterreichen bis in die Magmakammern«; ihre Krater und Lavaströme sind verschwunden.

Die letzte Regung des Vulkanismus in der Eifel war der Ausbruch der Maarvulkane. Sie ziehen sich entlang einer Bruchlinie von Bad

Bertrich bis zum Goldberg bei Ormont und sind als Westeifel-Vulkanzug bekannt. Sodann finden sie sich um den Laacher See. Viele ihrer Ausbrüche bestanden nur noch in gewaltigen Gasexplosionen, die runde Talkessel in allen Größen hinterließen. So ist die Hütsche in der Nähe von Gillenfeld mit 70 m Durchmesser das kleinste Maar, während das große Trockenmaar von Eigelbach mit über 1000 m Durchmesser eine höchst eindrucksvolle Landschaftsformation bildet. Aber es gibt noch größere.

Führt man sich die Jahrmillionen währende vulkanische Tätigkeit der Eifel vor Augen, so drängt sich die Frage auf, ob die erst 10 000 Jahre zurückliegenden Ausbrüche der Maarvulkane nicht eher ein Zeichen dafür sind, daß der Vulkanismus hier noch keineswegs erloschen ist und die Feuerberge irgendwann erneut ihre Krater öffnen. Diese Möglichkeit aber scheint ein für allemal vorbei zu sein: Die zahlreichen kohlensäurehaltigen Quellen der Eifel, denen der Gerolsteiner Sprudel seinen Ruf verdankt, sind Belege für die Erkaltung des Magmaherdes unter der Eifel; Magma sondert Kohlensäure erst ab einer Temperatur von unter 400 °C ab; bei dieser Abkühlung aber ist es längst erstarrt.

Unheimliche und romantische Empfindungen beim Blick in die ›Augen der Landschaft‹: die Eifel-Maare

Die Maare, besonders wenn sie einen runden See bilden, sind das Charakteristikum der Eifellandschaft. Die stillen, bewegungslosen Seen im großen Rund des Kraterrandes, ohne Zu- und Abfluß, haben von jeher die Betrachter tief beeindruckt und ihre Phantasie beflügelt. Von »Augen der Landschaft« fühlten sie sich angeblickt, das »Auge der Ewigkeit« auf sich gerichtet. »Sie stehen schweigend, ihnen fehlen Richtung und Bewegung, sie stehen in sich versenkt in einer unnennbaren Schwermut...«, so und ähnlich schildern Reisende ihre Eindrücke, und bei einem Heimatschriftsteller ist gar von einem »Gleichklang von Landschaft und Trauer, Tod und Kratersee« die Rede.

Auch Sebastian Münster waren diese ungewöhnlichen Naturschöpfungen bereits aufgefallen. Bemerkt hatte er ebenfalls, daß die Seen der Maare – für ihn unerklärlich – oben auf den Bergen lagen anstatt wie üblich im Tal. Ganz geheuer sind die runden, unbewegten Gewässer auch diesem sonst so realistischen Berichterstatter nicht gewesen. Er schrieb 1541 in seiner Cosmographia: »Item zwee namhafftiger See sind in dieser Eyfel, einer bey Schloss Ulmen und der ander bey dem Closter zu Laich [Laach], die sind sehr tief... die nennt man Marh und sind Fischreich. In dem zu Laich findet man Stein grün-, gelb- und rotfarb, gleich bösen Smaragden und Hyazinthen. Im Marh zu Ulmen ist ein Fisch, wie dann viel gesehen haben, auff dreyssig Schuch lang, und ein ander auff zwölf Schuch lang, die

Fast kreisrund liegt das Pulvermaar unbewegt in der Tiefe seines bewaldeten Kraterrands. Aus einem blauen Auge von unergründlicher Tiefe scheint die Landschaft den Betrachter anzublicken

haben Hecht gestalt. Und so sie sich lassen sehen, stirbet gewisslich ein Gauerb des Hauss-Ulmen, es sey Mann oder Frau, ist offt bewäret und erfahren worden. Diese Marh liegen gemeinlich auff hohen Bergen. Man hat daz zu Ulmen wöllen ersuchen in seiner Tieffe, und nachdem man daz Bley 300 klaftern tieff hinabgelassen, hat man kein Grund mögen finden.«

Diesem Bericht ist zu entnehmen, daß die Maare auch im Mittelalter als Orte des Unheimlichen und Magischen gegolten haben, was nicht weit von den allegorischen Empfindungen der Romantiker entfernt war. Der Maler August Gustav Lasinsky hat 1841 ein Eifelmaar gemalt, als lauere darunter der Schlund der Hölle. Hätten die Menschen der ausgehenden Eiszeit von der Hölle schon einen Begriff gehabt, so hätten sie sich wohl in sie hinein versetzt gefühlt, als sie vor 11 000 Jahren den Ausbruch des Laacher Bimsvulkans miterlebten. Auf dem Martinsberg bei Andernach fand sich eine Feuerstelle mit Stein- und Knochenwerkzeugen, die von einer Bimsschicht aus dem Laacher Vulkan bedeckt war. Dieser Ausbruch muß der gewaltigste eines Maarvulkans gewesen sein, er verschüttete das Neuwieder Bekken meterhoch mit Bims; bis nach Ostfriesland lassen sich seine Spuren in Form einer vulkanischen Staubschicht verfolgen. Der Laacher Bimsvulkan war mit einer ganzen Serie von Förderschloten ausgebrochen und hatte eine weite Fläche aufgerissen, die heute den Laacher See bildet. In seiner Umwallung befinden sich nochmals vier Vulkane. Die Eruptionen waren von solcher Gewalt, daß aus der Tiefe Gestein mitgerissen wurde, das noch älter als das Unterdevon war. An keinem zweiten Ort der Eifel hat man es sonst noch finden können.

Im Gegensatz zum Schrecken der ersten Menschen bei den letzten Vulkanausbrüchen in der Eifel zeigt heute die Landschaft des Laacher Sees einen Anblick von friedlicher Schönheit. Die weite Fläche des Sees, umsäumt von steilen Waldhängen, nicht weit vom Ufer die strengen Formen der romanischen Klosterkirche – der Ort ist ob des vollkommenen Gleichklangs von Natur und Architektur viel gerühmt worden.

Ungeachtet dieses harmonischen Eindrucks, den das Erlebnis der Landschaft der Maare insgesamt vermittelt, hat die Kenntnis ihres vulkanischen Ursprungs auch zu pathetischen Empfindungen Anlaß gegeben. So schreibt Peter Kremer über die Eifel: » ...und die Randgebiete sind nur die Präludien zu dem vollen Chor der nordischen Rhapsodie, den diese ›plutonische Landschaft‹ mit archaischem Klang ertönen läßt«. Betritt man heute den Ort des plutonischen Geschehens, so wird man von angenehmsten Naturempfindungen berührt: Leise streicht der Wind durch die Ginsterbüsche, der Boden des Fichtenwaldes auf dem Kraterrand dämpft die Schritte, tief unten liegt still der See, der sich über dem Schlund des Vulkans gebildet hat. Von titanischen Rhapsodien ist nichts zu hören. Selbst mit dem Wissen um die gewaltigen Naturkräfte, die hier am Werke waren, offenbaren die Maare ein Bild ruhiger Schönheit. Sei es das liebliche Holzmaar, das kreisrunde Pulvermaar, das melancholische Weinfelder- oder Totenmaar oder gar das Strohner Maarchen, das sich als scharf abgegrenztes, ovales Hochmoor mit seinem meterdikken Pflanzenteppich von der Ackerlandschaft abhebt – nirgendwo wird man sich der tiefen Eindrücklichkeit dieses unverwechselbaren Landschaftsbildes entziehen können.

Man steige am besten gegen Abend, wenn sich die Besucherströme verlaufen haben, auf den Kraterrand des Meerfelder Maars und blicke hinunter in den großen Kessel, wo zwischen dem halbrunden See und dem stillen Dorf Felder und ein paar Obstgärten Platz gefunden haben, oder hinauf auf den Mosenberg, wo nun in tiefster Einsamkeit der Windsborn in seinem Kraterrund liegt – und man wird mit dem Namen der Eifel ein Erlebnis verbinden, das man nicht leicht wieder vergißt.

Geschichte

Von der Verarmung eines blühenden Landes

Als Ernst Moritz Arndt in den dreißiger Jahren des vorigen Jahrhunderts seine (später veröffentlichten) Rhein- und Ahrwanderungen unternahm, hatte er im Gasthaus von Münstereifel ein eigentümliches Erlebnis. Gleichwohl der Name des Ortes dafür sprach, versuchte ihn der Wirt unter Zuhilfenahme alter Urkunden davon zu überzeugen, daß man sich hier nur in der Nähe, keinesfalls aber in der Eifel selbst befände. »Jeder schiebt die Eifel gern so weit wie möglich von sich«, schrieb Arndt dazu, »als wenn von einer ungesegneten oder gar versegneten Wüste die Rede sei«. Nicht besser erging es seinem Zeitgenossen Karl Simrock, der in seiner 1840 erschienenen Schrift ›Das malerische und romantische Rheinland‹ bemerkt: »Von welcher Seite man auch hineinkommen mag, nirgend wollen die Leute in der Eifel wohnen, überall fängt sie erst drei Stunden weiter an.« Und der Sagenforscher Heydinger gibt seinen ähnlichen Erfahrungen in der Befürchtung Ausdruck, daß, wenn man die Eifel von allen Seiten so weiter bedränge, »diese am Ende ganz von der Karte gedrückt werde«.

Diese Verleugnung, die die Eifel von ihren eigenen Bewohnern erfuhr, erscheint umso merkwürdiger, als sie noch in spätmittelalterlichen Beschreibungen zwar als klimatisch rauh, ansonsten aber eher lobend als Land von Kultur und einem gewissen Wohlstand erwähnt wird, dessen handwerkliche Produkte im ganzen Reich geschätzt wurden. So schrieb Sebastian Münster in seiner 1541 erschienenen Kosmographie: »Von der Eyfel. – Wiewohl diss ein trefflich rauch Landt und birgig ist, an den Hunesruck undt das Lützelburger [Luxemburger] Landt stossendt, hat es doch Gott nicht unbegabt gelassen, der dann einem jedem Landt etwas gibt, davon sich die Eynwohner mögen betragen und ernehren. Zu Bertrick ist ein warm Bad, den Krancken heilsam, ligt anderthalb Meil von der Mosel. Unfern von der Graffschaft Manderscheid... macht man fürbindig gut Schmideysen, man geusst auch Eysen Oefen, die ins Oberland, alss Schwaben und Francken verkaufft werden... Es hat diss Landt gar weiss Vieh und viel Milch und Molcken. Es hat mehr Visch dann Wildprät, bringt auch Frücht für sich gnug... Umb Manderscheid und Gerardstein [Gerolstein] möcht es zu Sommerszeiten vergleicht werden Italiae seiner Sommerfrüchten halber...«

Im Vergleich mit dem 19. Jh., der Zeit, in der den eingangs zitierten Autoren die Eifel als »ungesegnete Wüste« dargestellt wurde, ergibt sich der vollkommenste Gegensatz zu dem Bild, das 300 Jahre früher der Kosmograph vor Augen hatte. War hier noch vom landwirtschaftlichen Reichtum die Rede, so hört man zu Beginn des 19. Jh. von einer katastrophalen Hungersnot, die sich wenige Jahrzehnte später wiederholen sollte. Joseph Görres schrieb damals im Rheinischen Merkur: »Der größte Teil der Bevölkerung der tiefen Eifel schleicht umher mit eingeschwundenen kleinen Augen, hohlen eingefallenen Wangen... unfähig zur Arbeit und zum Erwerb, den Seuchen entgegenharrend. Man hat ihnen, was das Ärgste ist, kein taugliches Saatgut gegeben, und sie haben es sich selbst nur zum kleinsten Teil zu verschaffen gewußt... Über 50 000 Menschen befinden sich in diesem Zustand.« Zur gleichen Zeit wird im Bleibergbaugebiet der Eifel ein verzweifelter Kampf geführt, endlich an eine Straße angeschlossen zu werden, nachdem schon die Eisen- und Tuchindustrie des Landes weitgehend wegen fehlender Verkehrsverbindungen zum Erliegen gekommen war. Wegen des wirtschaftlichen Elends nahm die Auswanderung nach Amerika ungeheure Dimensionen an. Man hört von ganzen Ortschaften, deren Einwohner ge-

Was heute als idyllisches Verwachsensein von Natur und alter Bauernkultur erscheint, war jahrhundertelang ein Zeichen des harten Kampfes mit den Unbilden der Natur. In den einsamen Gehöften auf den Hochebenen der Nordeifel schützten die Windschutzhecken Mensch und Vieh vor dem rauhen Wetter (bei Höfen)

schlossen das Land verließen, und vom Abriß der verödeten Dörfer. Als Blankenheim – einst glanzvolle Residenz der gleichnamigen Grafen – im Jahr 1816 Kreishauptort werden sollte, ließ man den Plan mit folgender Begründung fallen: »Die Wege nach Blankenheim führen durch stundenlange Heiden, keine Spur einer menschlichen Wohnung ist anzutreffen, sie führen über Berge durch unwegsame Wälder, sie sind beschwerlich und gefährlich.« Und nichts beweist den Verfall des kulturellen und sozialen Lebens in der Eifel mehr als jene Verordnung aus dem Jahr 1838, in der die Gemeinden zur Teilnahme an den Treibjagden verpflichtet wurden, mit denen man den seit zwanzig Jahren das Land in Schrecken versetzenden Wölfen beizukommen hoffte: vor wenig mehr als hundert Jahren, ein paar Kilometer von der Weltstadt Köln entfernt – eine Wolfsplage!

Was war geschehen? Was hatte dieses Land zwischen den römischen und karolingischen Kaiserstädten Trier und Aachen, von den einen mit Straßen, Kastellen und Landvillen überzogen, von den anderen mit reichen Klosterstiftungen ausgestattet, zum Armenhaus des Reiches gemacht, wo sich zur Not der Bevölkerung auch noch deren Scham über ihr elend zugerichtetes Land gesellte, so daß sie es jedem Fragenden gegenüber zu verleugnen begannen? Der Eintritt der Eifel in die Geschichte hatte das ganze Gegenteil versprochen. Als Caesar im Jahr 54 v. Chr. mit vier Legionen in die Südeifel einrückte, traf er dort auf die ausgeprägte Kultur der keltischen Treverer, die auf dem ausgedehnten, stark befestigten Ferschweiler Plateau eines ihrer kulturellen Zentren besaßen.

Römische Eifel

Unmittelbar nach Beendigung der Kämpfe und der Niederwerfung der germanischen Eburonen in der Nordeifel begann die intensive Romanisierung des Landes zwischen Trier und Köln. Während der langen Friedenszeit von 70 bis 260 n. Chr. erlebte die Eifel eine wirtschaftliche und kulturelle Blüte. Die besten Straßenbauer des Altertums durchzogen das Land mit großen Fernstraßen, deren Abzweigungen ein dichtes Verkehrsnetz ergaben. Die Bodenschätze der Eifel wurden planmäßig abgebaut, es entstanden zahlreiche römische Siedlungsgebiete, Handelsniederlassungen, Tempelanlagen und als technisches Meisterwerk die berühmte Wasserleitung, die aus mehreren Quellgebieten im Gebirge Wasser nach Köln brachte, wobei die römischen Ingenieure 100 km lang Berge und Täler umgehen mußten, um dem gemauerten Kanal immer ein Gefälle zu geben. Glanzvoller Höhepunkt römischer Kultur in der Eifel waren die großen Landvillen, mit Kalt-, Warm- und Heißwasserbädern, Fußbodenheizungen, großen Loggien nach südländischem Vorbild, Mosaiken und freskierten Wänden. Noch heute zeigen die prächtigen Mosaikfußböden in den Ruinen der Villa Otrang bei Bitburg oder die großzügige Villa in Ahrweiler, daß in der Eifel selten so komfortabel gewohnt worden ist wie vor fast 2000 Jahren.

Karolingische Eifel

Als die Franken Mitte des 5. Jh. die Eifel besetzten, verließ der größte Teil der romanisierten Kelten das Land; mit ihnen verschwand die römische Kultur. Die Franken mieden die großen Steinbauten der Römer und errichteten ihre typischen Bauerndörfer in Holz- und Lehmbauweise in wasserreichen Tälern, die für Landwirtschaft und Viehzucht günstig waren. So wurde die Eifel ein reines Bauernland, das entsprechend der Verwaltung des Frankenreiches in mehrere Gaue eingeteilt wurde; die Hochfläche des Gebirges mit dem Zentrum der zuerst besiedelten Kalkmulden wurde der Pagus Eflinsis, der als ›Eifelgau‹ bald dem ganzen Land den Namen gab.

In Zusammenhang mit der Christianisierung wurden große Klöster gegründet, von denen drei wesentlichen Anteil an der Kolonisation der unbesiedelten oder verlassenen Waldlandschaft hatten: Im Jahr 650 entstand in tiefer Einsamkeit das Doppelkloster Stablo-Malmedy, 698 Echternach und 721 Prüm, nicht weit von der Schneeeifel, noch heute eine der entlegensten Ecken der Eifel. Durch intensive Rodungstätigkeit wurde das Land erschlossen, Bauern und Handwerker siedelten sich an, und es entstanden – nach dem Untergang der römischen Handelsniederlassungen – wieder die ersten Marktflecken. Besonderer Gunst haben sich diese Klöster bei den Karolingern erfreut, die sie durch großzügige Schenkungen förderten und zu geistigen und kulturellen Zentren ihres Reiches machten.

Karolingische Fresken im Trierer Diösesanmuseum. Nachdem Karl der Große im Jahr 800 vom Papst zum Kaiser gekrönt worden war, strebte das Geschlecht der Karolinger die Wiederherstellung des antiken Weltreiches an. Zu diesem Zweck wurde in der Karolingischen Renaissance auch die Kunst des vergangenen Reiches wiederbelebt, etwa hier in den Fresken der Abtei St. Maximin (Trier), die deutliche spätantike Reminiszenzen aufweist

Vor allem die Abtei Prüm wurde reich bedacht, im 9. Jh. bewirtschaftete sie fast 50 000 Morgen Land und konnte um 830 im oberen Tal der Erft als Tochterniederlassung ein ›Neues Münster‹ gründen, später ›Monasterium in Eiflia‹ genannt: das heutige Münstereifel. Der Abt Regino von Prüm war einer der bedeutendsten Historiker seiner Zeit, und sein Traktat ›Über die musikalische Wissenschaft‹ behielt bis ins hohe Mittelalter Gültigkeit. Im Jahre 855 trat Kaiser Lothar I. als Mönch in das Kloster ein, nachdem er es mit Reliquien und Schätzen geradezu überhäuft hatte; sein Grab befindet sich dort in der großen Basilika zu Prüm an der rechten Chorseite. Die Verbundenheit der Karolinger mit der Eifel zeigt sich zudem in der Errichtung von über vierzig Königsgütern, die häufig die kaiserliche Gesellschaft aus Aachen auf ihren Jagdpartien beherbergten. So fiel ein Abglanz dieser ersten kaiserlichen Residenz seit dem Ende des Römischen Reiches auch in die dunklen Wälder der Eifel.

Nach den Wirren der Auflösung des Karolingerreichs kam die Eifel um 925 an das fränkische Ostreich und wurde so ein Bestandteil des Herrschaftsgebietes der deutschen Kaiser. Doch die Zeiten hatten sich geändert. Die karolingische Gaueinteilung begann sich aufzulösen, da die Gaugrafen das ihnen zur Verwaltung überlassene Gebiet als Eigentum betrachteten und es innerhalb ihrer Familien aufteilten. Der fortschreitende Verfall der kaiserlichen Zentralgewalt führte zur völligen Zersplitterung der alten territorialen Einheiten: Die Gaugrafen rissen an sich, was nicht rechtzeitig von Klöstern oder bischöflicher Verwaltung gesichert und befestigt worden war; in gewaltsamen Auseinandersetzungen entstanden neue Grafschaften.

Burgenbau in der Eifel

Zwischen den neuentstandenen Grafschaften bewehrten die kleineren Edelherren, ursprünglich Ministerialen der größeren, ihren bescheideneren Besitz mit einer Burg. Auf diese Entwicklung ist die Entstehung der 140 Burgen zurückzuführen, die sich für das 11. und das 12. Jh. in der Eifel nachweisen lassen und die ein beredtes Zeugnis für die Vielzahl der kleinen Herrschaftsbereiche ablegen. Aus diesen konnten sich im Lauf der folgenden Jahrhunderte mit wechselndem Geschick einige Geschlechter zu größerer politischer Bedeutung aufschwingen: Namen wie die der Herren von Manderscheid, Blankenheim, Reifferscheid, Daun, Aremberg, Neuerburg, Schleiden, Virneburg und manche andere haben in der Geschichte der Eifel eine mehr oder weniger rühmliche, wenngleich nie eine politisch entscheidende Rolle gespielt. Diese blieb den vier Großterritorien vorbehalten, die die Eifel umgaben: Kurtrier und Luxemburg, Kurköln und Jülich; untereinander heute verbündet, morgen verfeindet, versuchten sie mit Geld und Gewalt die kleinen Eifeldynasten von sich abhängig zu machen, um ihren Einflußbereich in das Gebirgsland auszudehnen. So brachten die Grafen, seit 1356 Herzöge von Jülich, nach heftigen Kämpfen einen großen Teil der Nordeifel unter ihre Landeshoheit, während Köln das gleiche mit dem Ahrgebirge gelang. Der gefürchtete Erzbischof Balduin von Trier dehnte seine Herrschaft bis nach Hillesheim mitten in der Eifel aus, 1576 bemächtigte sich das geistliche Fürstentum mit keineswegs friedlichen Mitteln gar der reichen Abtei Prüm. Nach erbitterten Kämpfen mit Kurtrier mußte Luxemburg seine Ambitionen aufgeben, im Moseltal Fuß zu fassen, dafür gelang ihm eine beachtliche Ausdehnung in der Westeifel.

Was zwischen diesen Machtblöcken an selbständigen Eifeler Herren übrigblieb, versuchte mit mehr oder weniger Fortüne eine Schaukelpolitik, für die besonders die Herren von Kronenburg berühmt geworden sind. Doch nur wenigen, wie Blankenheim, Gerolstein, Manderscheid und Aremberg, gelang es, die Reichsunmittelbarkeit zu wahren.

Bei all diesen Streitereien der adeligen Herrschaften, sei es, daß sie sich auf dem Felde schlugen, ihre Burgen belagerten oder sich mit Prozessen befehdeten, blieb das Volk noch relativ ungeschoren. Die vielfältige Landwirtschaft – von Aachen bis Münstereifel wurde sogar Wein angebaut – erbrachte genug zur Selbstversorgung, der Abbau von Basalt, Eisen und Blei erlaubte einen bescheidenen Handel, und die Drangsalierung durch die feudalen Landesväter hielt sich so weit in Grenzen, daß man keinen Anlaß sah, sich an den Bauernaufständen zu beteiligen. Kaufmann stellt nach sorgfältiger Analyse fest: »Die Eifel war also in mittelalterlicher Zeit kein unwirtliches oder verarmtes Land.« Wenn auch bescheidener als zu den großen Zeiten unter Römern und Karolingern, es ließ sich leben.

Die Zeit der Kriege beginnt

Als der Mönch Sebastian Münster 1541 seine freundliche und hoffnungsvolle Beschreibung der Eifel gab (s. S. 16) – auch wenn sein Vergleich mit Italien etwas überschwenglich geraten ist –, konnte er nicht ahnen, daß er darin gleichsam den letzten heiteren Moment des Landes einfing. Denn dann brach das Verhängnis über die Eifel herein. Inzwischen waren um das einsame Waldgebirge herum Feudalstaaten entstanden, die reich und mächtig genug waren, die eigenen Grenzen als zu eng zu betrachten. Hier gerieten Mächte einer Größenordnung aneinander, wie es sie in der Eifel nicht gab, und selbst die Randerscheinungen ihrer Auseinandersetzungen brachten Tod und Verderben über das Land. Denn die Eifel ist nie das Ziel der militärischen Aktionen gewesen, sondern stets deren Hinterland, und vielleicht war gerade das ihr Unglück: ein durchziehendes Heer, eine Belagerung, eine Schlacht waren schrecklich genug – aber eine Armee, die sich für den Winter einquartierte, bedeutete ein schier unbeschreibliches Elend.

Den Auftakt bildet die Jülicher Fehde 1542/43. Kaiser Karl V. will das reiche Jülich als erledigtes Reichslehen einziehen, Herzog Wilhelm verbündet sich mit Frankreich gegen den Kaiser und fällt in dessen Erbland Brabant ein. Im Gegenzug werden Düren und Monschau vernichtet, die als uneinnehmbar geltende Burg in Nideggen zerstört; der Handel mit dem wohlhabenden Herzogtum bricht zusammen. Nur vierzig Jahre später wüteten im Kölner Krieg (1583) Spanier und Niederländer im Rur-, Urft- und Erftgebiet, wobei die Ämter Münstereifel und Tomburg in Schutt und Asche gelegt wurden.

Die ersten Kriege der Neuzeit legten im 16. Jh. auch die als uneinnehmbar geltende Herzogsresidenz von Nideggen in Trümmer (Stich des 19. Jh. von Nicolas Ponsart)

Der Dreißigjährige Krieg

Doch all dies verblaßte gegen die Schrecken des 1618 beginnenden Dreißigjährigen Krieges. Kaufmann konstatiert für diese Zeit in den Rheinlanden die Zerstörung von 205 Städten, 327 Burgen und 2033 Dörfern. Das wirkliche Grauen aber verbirgt sich hinter Begriffen wie Quartier, Kontribution, Fourage, Tractament; es sind Synonyme für die ununterbrochene, Jahrzehnte währende Ausplünderung der Eifeler Bevölkerung, die, selbst vom Hungertod bedroht, noch Brot, Fleisch, Getreide und Bier für durchziehende Heerscharen aufbringen mußte, die nach Zehntausenden zählten. Der Stadtschreiber von Münstermaifeld hat eine erschütternde Chronik hinterlassen, die die Zustände in seinem Bereich vor den kriegerischen Auseinandersetzungen und nachher vergleicht: Die Landwirtschaft war völlig zum Erliegen gekommen; es wurde nichts mehr angebaut, die einst reichhaltigen Viehbestände waren völlig vernichtet, die Bevölkerung zum großen Teil verhungert, geflohen, ausgerottet. Ganze Dörfer verschwanden für immer, der Pfarrer von Deudesfeld bei Manderscheid berichtet, er habe seine Pfarrei verlassen, weil nicht ein einziges seiner Pfarrkinder mehr am Leben gewesen sei.

Bei alledem standen sich verbündete und gegnerische Truppen in nichts nach, in einigen Landstrichen war die deutsche Soldateska gefürchteter als die schwedische oder französische. Auch nach dem Westfälischen Frieden von 1648, dem formellen Ende des Dreißigjährigen Krieges, gingen die Greuel in der Eifel weiter: Der Privatkrieg des Trierer Erzbischofs Philipp Christoph mit seinem Domkapitel führte noch jahrelang lothringische, kölnische und französische Söldnerhaufen ins Land, die sengend und plündernd in den trierischen Eifelämtern hausten. Um das Maß des Schreckens zum Überlaufen zu bringen, zogen zu dieser Zeit die Hexenbrenner durchs Land, angesehene Ankläger teuflischen Treibens unter den Menschen. Unbeschreiblich waren die Bestialitäten, die hier im Namen des Allerhöchsten den untersten Bodensatz menschlichen Geistes nach oben kehrten. Tausende wurden nach entsetzlichen Folterungen dem Flammentod übergeben; zur Anklage reichte eine verendete Kuh beim Nachbarn, besonders Verruchte gestanden das Reiten auf einem Besen in der Luft oder eine Orgie mit des Teufels Großmutter.

Die Raubkriege Ludwigs XIV.

Doch die Leidenszeit der Eifeler sollte noch lange nicht zu Ende sein. 1667 begannen die sog. Raubkriege König Ludwigs XIV. von Frankreich, in denen er sich 1672 gegen die Niederlande wandte, um die Rheinmündung in seine Gewalt zu bringen. Der Kurfürst von Köln verbündete sich mit ihm und stellte sein Territorium als Aufmarschgebiet gegen das holländische Festungssystem zur Verfügung.

Der mit äußerster Grausamkeit geführte Gegenschlag der Niederländer verwüstete besonders die Nord- und Hocheifel; das Städtchen Rheinbach wurde dem Erdboden gleichgemacht. Fruchtlos versuchte der Sonnenkönig in den folgenden Jahren, das linksrheinische Gebiet durch die Reunion weitgehend in seinen Besitz zu bringen – also durch die extensive Auslegung faktisch längst erloschener Lehensrechte, die aus den im Dreißigjährigen Krieg eroberten Gebieten herrühren sollten.

1688 begann er den dritten Raubkrieg. Zunächst mit dem Ziel geführt, die französische Grenze endgültig an den Rhein vorzuschieben, wandelte er sich, nachdem dieses Vorhaben militärisch nicht zu verwirklichen war, zu einem Zerstörungskrieg. Obwohl der Höhepunkt des Feldzugs die völlige Verwüstung der Pfalz war, hat der Befehl des französischen Kriegsministers an den berüchtigten General Boufflers »Zerstören Sie, demolieren Sie!« auch die Eifel an den Rand des Abgrunds gebracht. Da das Kriegsziel der Franzosen nun darin bestand, einen breiten Streifen verbrannter Erde zwischen sich und das Deutsche Reich zu legen, wurden systematisch Burgen, Dörfer und Städte vernichtet. Reuter berichtet, daß der General Montclaer eine Liste von 1200 zu verwüstenden linksrheinischen Orten bei sich gehabt haben soll. Besonders alle Befestigungen wurden gründlich gesprengt; dies ist der Grund, warum heute bis auf wenige Ausnahmen alle Burgen und Stadtbefestigungen der Eifel in Trümmern liegen oder völlig verschwunden sind. Dieser Krieg ging 1697 zu Ende. Er hinterließ ein dermaßen ruiniertes Land, daß in dem nur vier Jahre später ausbrechenden Spanischen Erbfolgekrieg (1701–14) sogar die durchziehenden Armeen fast verhungerten.

Nach dem gewalttätigen Schrecken, den Sonnenkönige, Erzbischöfe, Herzöge, Generäle und sonstige gefeierte Staatsmänner der Vergangenheit über das Land brachten, gingen bis zum Jahr 1748 noch zwei weitere Kriege mit allen bekannten Folgen über die Eifel nieder. Zurück blieb ein Land, dessen Elend nicht mehr zu steigern war; Sebastian Münster hätte es nicht mehr wiedererkannt. Krieg und Verwüstung haben jeden Winkel Europas heimgesucht, doch dürfte es kaum einen zweiten Landstrich geben, in dem dies in den Dimensionen von Jahrhunderten geschah.

Weitgehende Verarmung im 18. und 19. Jh.

Es folgten wieder friedlichere Zeiten; mit dem vielzitierten Aufschwung in der zweiten Hälfte des 18. Jh. aber ist es nicht weit her gewesen: Anstelle der einstigen landwirtschaftlichen Vielfalt wurden nun fast ausschließlich Kartoffeln angebaut – eine Einseitigkeit, die sich ebenso wie in Irland in den großen Hungersnöten des 19. Jh. bitter rächen sollte –, und über die weiten Flächen des verödeten Landes zogen bald riesige Schafherden, die die Eifel weitgehend in eine Heidelandschaft verwandelten, in der nur der zähe Wacholder

Wacholderheide bei Alendorf. Auf dem Tiefpunkt ihres wirtschaftlichen Elends wurde die Eifel im 19. Jh. zu einer riesigen Schafweide, wobei nur der zähe, bittere Wacholder den hungrigen Mäulern widerstand. In wenigen Naturschutzgebieten der Eifel ist dieses Landschaftsbild heute noch erhalten

den hungrigen Mäulern entging. Dieses fremdartige Landschaftsbild einer endlosen Wacholderheide ist heute durch die Aufforstung wieder weitgehend verschwunden; Reste haben sich in einigen Wacholderschutzgebieten, besonders auf dem eindrucksvollen Kalvarienberg bei Alendorf erhalten.

Während der vielen Kriege hatte fast der gesamte eingesessene Adel die Eifel verlassen. Das hatte verheerende Folgen für die zurückbleibende Bevölkerung: Dem Adel gehörten fast überall die besten und fruchtbarsten Böden der Eifel, die nun nicht mehr bebaut wurden, da sich die abwesenden Eigner nicht mehr um Nutzung und Verpachtung kümmerten. So kam es zu dem absurden Phänomen, daß halbe Dörfer verhungerten, während nebenan die besten Äcker nicht bestellt werden konnten.

Einen bescheidenen wirtschaftlichen Aufschwung gab es nach 1794, als französische Revolutionstruppen die Eifel besetzten. Sie beseitigten das alte Ständesystem, alle geistlichen und weltlichen Feudalherrschaften wurden aufgehoben, und die Eifeler erhielten bürgerliche Rechte. Damit hatten alle Frondienste und Zehntabgaben an Klöster und Adelige ein Ende; Zölle, Bannmeilen und Stapelrechte der kleinen Territorien fielen weg. Durch die bis 1814 währende Zugehörigkeit zu Frankreich eröffneten sich neue Absatzmärkte für die alten Eifeler Industrien – Steinbrüche, Eisen- und Bleigruben –, die wieder in vergrößertem Umfang ihre Produktion aufnahmen.

Anschluß an Preußen

Die französischen Besatzer erfreuten sich noch lange bester Erinnerung, denn es war der vielgepriesene Anschluß an Preußen (1814), der dem Land den wirtschaftlichen Ruin brachte. Die Eifel stellte nun ein Grenzland dar, das durch die neuen Staatsgrenzen im Westen von seinen traditionellen Märkten abgeschnitten war. Obwohl die preußische Regierung einige fördernde Maßnahmen wie die Aufforstung des Ödlandes mit Fichten anordnete, unterließ sie die notwendigste: die verkehrstechnische Erschließung des Berglandes, die der Eifeler Metallindustrie den Anschluß an die neuen, auf Koksfeuerung beruhenden Verhüttungstechniken ermöglicht hätte. So wurde in einem aussichtslosen Existenzkampf der letzte Rest der riesigen Buchenwälder, die einst die ganze Eifel bedeckten, abgeholzt, bis auch die daraus gewonnene Holzkohle für die Eisenhütten knapp und teuer wurde. Damit war die Konkurrenz zum billigeren Koks verloren, die Eisenindustrie der Eifel brach zusammen, Tausende verloren Arbeit und Brot. Als noch die großen Hungersnöte durch verregnete und erfrorene Kartoffelernten einsetzten, verließ ein großer Teil der Bevölkerung das Land; als ›Preußisch Sibirien‹ verschrien, als ›hungriger Kostgänger des Reiches‹ beschimpft, verschwand die Eifel als ein altes Kulturland völlig aus dem Bewußtsein der Öffentlichkeit und auch der eigenen Bevölkerung – die Erlebnisse von Ernst Moritz Arndt und Karl Simrock (s. S. 18) waren bezeichnend.

So wurde die Eifel zu einem vergessenen Land, ein weißer Fleck auf der deutschen Landkarte. Selbst als Bildungsreisen längst in Mode waren und es Reiseführer über die halbe Welt gab, bestand die Eifel für den Baedeker des Jahres 1836 lediglich aus dem Ahrtal. Erst die Spätromantiker waren von dem unbekannten Land, den Resten seiner alten Kultur und der einzigartigen, vulkangeformten Landschaft fasziniert; in ihren Beschreibungen und Bildern vermittelten sie die Begegnung mit Verlassenheit, Trauer und Melancholie. So begann vor der Mitte des 19. Jh. die romantisch-literarische Wiederentdeckung der Eifel. War es zuerst das Ahrtal mit seinen bizarren Felspartien, das die Gemüter bewegte, so trat bald die Bewunderung der einsamen Hocheifel mit ihren gewaltigen Vulkankegeln und den sagenumwobenen, schier unnatürlich runden Maaren hinzu. Es folgte die Beschreibung der geradezu klassischen Tallandschaft des Kylltals zwischen Gerolstein und Malberg, auch der Liebreiz der Täler von Salm, Nims, Elz und Lieser blieb nicht lange verborgen.

Doch erst seit der Jahrhundertwende entstand langsam auch ein Bewußtsein für die bedeutenden Zeugnisse von Kunst und Kultur, die dieses Land in völliger Vergessenheit hütete und die wie durch ein Wunder 200 Jahre Krieg und Verwüstung überstanden hatten: Die Klöster Maria Laach, Himmerod und Springiersbach zählen zu den besten Werken ihrer Epoche auf deutschem Boden, die erhaltenen Burgen Eltz und Bürresheim wurden zu Pilgerstätten der Burgenromantiker, und so vollkommene Fachwerkidyllen wie in Monschau oder Monreal sind schwer ein zweites Mal zu finden. Die großen Antwerpener Schnitzaltäre in Zülpich, Klausen und Münstermaifeld zeugen ebenso wie die zahlreichen, fast unbekannten Einstützenkirchen, die in der Tradition der Hospitalkirche von Kues an der Mosel stehen, vom künstlerischen Reichtum der Spätgotik in der Eifel, kurz bevor die Jahrhunderte des Krieges vieles zerstörten.

Nichts ist daher unrichtiger als die oft zitierte Bemerkung, in der Eifel sei die Geschichte stumm geworden. Sie zeigt sich nur nicht so offenkundig wie anderswo. Man muß viel über die Eifel wissen, um ihr Vieles anzusehen.

Daten zur Geschichte

Vor- und Frühgeschichte

bis 5000 v. Chr. Nur Jäger und Sammler durchziehen das vollkommen von Wald bedeckte Gebiet der Eifel, deren Zeugnisse sich z. B. in der Kartsteinhöhle bei Eiserfey und im Buchenloch bei Gerolstein gefunden haben.

ab 4000 v. Chr. Die Randlandschaften der Eifel werden langsam dauerhaft besiedelt.

2000–1000 v. Chr. Bronzezeitliche Siedler dringen entlang der Flußläufe ins Innere der Eifel vor.

ab 700 v. Chr. Mit der keltischen Landnahme wird erstmals der größte Teil der Eifel dauerhaft besiedelt.

Römische Eifel

58–51 v. Chr. Gallischer Krieg Caesars. Die Römer besetzen das gesamte linksrheinische Gebiet. Sie kämpfen in der Südeifel mit den keltischen Treverern und vernichten in der Nordeifel die germanischen Eburonen.

16 v. Chr. Kaiser Augustus hält sich an der Rheinfront auf. Bei dieser Gelegenheit gründet er Trier als Augusta Treverorum. Vermutlich wurde ein Jahr später dort die erste römische Brücke über die Mosel gebaut. Von hier nehmen die großen antiken Militärstraßen zur Sicherung der Rheinfront – die Straßen Trier–Bingen–Mainz und Trier–Köln – ihren Ausgangspunkt.

9 n. Chr. Die Germanen vernichten in den Wäldern rechts des Rheins die Legionen des Varus. Kaiser Tiberius verlegt mit dem niederrheinischen Limes die Ostgrenze des römischen Weltreiches endgültig an den Rhein. Die Eifel wird dadurch zum hochzivilisierten Hinterland einer der größten Militärmaschinerien der Antike. Entlang zahlreicher Straßenabzweigungen entstehen römische Villen, Tempelanlagen und Gutshöfe, Eisen-, Blei-, Stein- und Tonindustrien werden eingerichtet.

1. Jh. n. Chr. Aachen wird wegen seiner Heilquellen zum römischen Badeort. Der Bau der über 90 km langen Wasserleitung durch die Eifel nach Köln beginnt. Trier wird von Pomponius Mela als Urbs opulentissima bezeichnet.

2. Jh. n. Chr. Erste Blütezeit Triers. Die Stadt wird mit einer 6,8 km langen Stadtmauer mit 47 Türmen umgeben. Unter den 30 000 Einwohnern bildet sich eine erste christliche Gemeinde. In der Eifel entsteht eine hochentwickelte Infrastruktur, die Bevölkerung übernimmt von den Römern den Wein-, Obst- und Getreideanbau, zahlreiche Siedlungsstätten entstehen. Römische Landkarten verzeichnen neben Trier, Aachen und Köln auch Bitburg, Marmagen und Jünkerath.

3. Jh. n. Chr. Dekadenzerscheinungen im Römischen Reich veranlassen die Germanen, den Limes zu überschreiten und in Gallien verheerende Plünderungszüge zu unternehmen. Dort wird Postumus (258–68) von seinen Legionen zum Kaiser eines gallischen Sonderreiches ausgerufen. Er verlegt die Hauptstadt dieses neuen Reiches von Lyon nach Trier in die Nähe der zusammengebrochenen Rheinfront. Ihm und seinen Nachfolgern Victorinus (269–70) und Tetricus (271–74) gelingt es, die Lage militärisch zu stabilisieren.

274 n. Chr. Als sich nach langen Wirren in Rom unter Kaiser Aurelius wieder die Zentralgewalt des Reiches etabliert, wird das gallische Sonderreich aufgelöst und Tetricus in Trier entmachtet. Daraufhin überschreiten die Alemannen den Rhein (275 n. Chr.), dringen durch die Eifel und entlang der Mosel vor und legen Trier in Schutt und Asche.

284 n. Chr. Diokletian wird Kaiser in Rom. Seine Legionen treiben die Alemannen über den Rhein zurück. Trier wird zurückerobert und wieder aufgebaut.

293 n. Chr. Diokletian teilt das riesige römische Imperium in ein Ost- und ein Westreich. Hauptstadt des Westreiches wird neben Mailand Trier unter dem Kaiser Constantius Chlorus. Trier wird damit offiziell zur Kaiserstadt erhoben.

Aquädukt in Vussem. Die antike Wasserleitung von Nettersheim nach Köln gehört zu den größten technischen Leistungen der Römer nördlich der Alpen. Auf einer Strecke von über 90 km wurden Berge durchtunnelt und Täler überbrückt, um den Wasser ein Gefälle zum 300 m tiefer gelegenen Köln zu geben

4. Jh.	Zweite Glanzzeit des römischen Trier und der römischen Eifel. Landgüter mit prunkvollen Herrensitzen versorgen Köln und Trier, das unter Kaiser Konstantin (306–16) und seinen Nachfolgern zum Zentrum der Westpolitik wurde und über 70 000 Einwohner zählte.
385	Die Macht des Christentums als neue Staatsreligion des Imperiums ist soweit gefestigt, daß Priscillian, Bischof von Avila in Spanien, als erster Abweichler (Häretiker) von den Dogmen dem Henker übergeben wird.
393	Das plötzliche Ende naht. Kaiser Gratian wird ermordet, und der Druck der Germanen auf die Rheingrenze wird übermächtig. 395 wird die Kaiserresidenz von Trier hinter die schützenden Alpen nach Mailand verlegt.
399	Noch einmal wird ein Verbot heidnischer Kulte im Westreich verfügt. Eine Christengemeinde in Trier gibt es seit etwa 180, seit dem 3. Jh. wird in Trier eine Bischofsliste geführt. Unter Kaiser Konstantin dem Großen wird Trier das Zentrum des Christentums nördlich der Alpen.

Franken und Karolinger

5. Jh.	Anfang des 5. Jh. endet die vierhundertjährige Herrschaft der Römer über die Eifel, Aachen und Trier. Zwischen 406 und 435 erobern und plündern germanische Stämme Trier viermal; 480 kommen die Franken und gliedern Stadt und Land dem Reich des fränkischen Königs Chloderich ein. Mit dem Beginn der fränkischen Landnahme verläßt die gesamte romanisierte Bevölkerung die Eifel, die fast entvölkert zurückbleibt. Die Franken besiedeln das menschenleere Gebiet nur spärlich. Ihre frühen Siedlungszentren sind an Ortsnamen mit den Endungen -heim, -ingen und -dorf zu erkennen.
496	Mit ihrem vernichtenden Sieg über die Alemannen bei Zülpich bestätigen die Franken endgültig ihre Vorherrschaft in Mitteleuropa. Der Merowingerkönig Chlodwig (481–511) ist christlich orientiert und fördert das Bistum Trier, das im 6. Jh. sogar erstmals die weltliche Herrschaft über die Stadt erlangt.
6./7. Jh.	Aachen, Trier und die Eifel liegen im Zentrum des fränkischen Reiches. 526 stellt Bischof Nicetius den Trierer Dom wieder her, die Franken werden christianisiert. 698 gründet der Missionar Willibrord das Kloster Echternach.

721 Gründung der Benediktinerabtei Prüm, das spätere Hauskloster der Karolinger.

765 Der Frankenkönig Pippin der Kurze, der 751 die Herrschaft der Merowinger im Frankenreich blutig beendet hatte, feiert das Weihnachtsfest in Aachen.

794 Pippins Sohn Karl, später ›der Große‹ genannt, tritt die Herrschaft im Frankenreich an. Noch im selben Jahr macht er Aachen zur ständigen Residenz des riesigen Reiches. Er läßt die legendäre Kaiserpfalz mit der Pfalzkapelle erbauen, den ersten steinernen Residenzpalast nördlich der Alpen seit dem Ende des Römischen Reiches.

795 Trier wird zum Erzbistum erhoben.

799 Die Goldene Kirche in Prüm wird von Papst Leo III. in Anwesenheit Karls des Großen geweiht.

800 Der Frankenkönig Karl wird in Rom zum Kaiser gekrönt und wird damit formal der Nachfolger des römischen Kaisertums, dem die Germanen 476 in Ravenna ein Ende gesetzt hatten. Diese politische Wiedergeburt der Antike findet ihre Ergänzung durch Karls befohlene künstlerische Hinwendung zur römischen Kunst in Architektur, Malerei und Plastik. Diese Karolingische Renaissance trägt wesentlich zur Bildung des ersten großen Epochenstils des europäischen Mittelalters, der Romanik, bei. Ihr Zentrum ist die Stadt Aachen am Rand der Eifel, die für einige Jahrzehnte das künstlerische und politische Zentrum Europas bildet.

Die Verehrung des mächtigen Frankenreichs unter Karl dem Großen war noch Jahrhunderte später so lebendig, daß Mitte des 14. Jh. die vergoldete Karlsbüste geschaffen wurde, die heute im Domschatz von Aachen gezeigt wird

814 Gründung des Benediktinerklosters Kornelimünster. Im selben Jahr stirbt Karl der Große, und sein Sohn Ludwig der Fromme tritt seine Nachfolge in Aachen an.

830 Gründung des Benediktinerklosters Münstereifel.

840 Ludwig der Fromme stirbt. Das riesige Frankenreich wird in drei Teile geteilt, ein Mittelreich, bei dem der Kaisertitel verbleibt und zu dem auch die Eifel gehört (Kaiser Lothar I.), ein Ostreich (Ludwig der Deutsche) und ein Westreich (Karl der Kahle).

855 Kaiser Lothar stirbt und wird in der Eifel im Kloster Prüm beigesetzt. In der Folgezeit wird das Mittelreich zwischen dem Ost- und dem Westreich zerrieben. Durch zwei Verträge (870 und 880) wird die Eifel dem ostfränkischen, d. h. dem späteren Deutschen Reich eingegliedert.

888 Eine Urkunde nennt 43 reiche Königsgüter in der Eifel, die zum Aufenthalt der königlichen Familie und zur Versorgung der Residenz in Aachen dienen.

895 In Trier wird der Bischof auch zum Herrn eines weltlichen Territorialstaates, der weite Teile der Südeifel umfaßt.

918 Der letzte König des Ostreiches aus dem deutschen Frankenstamm, Konrad I. von Franken, stirbt im Kampf gegen den Bayernherzog Arnulf.

Die Eifel als Teil des Deutschen Reiches

919 Mit Heinrich I. betritt das sächsische Königs- und Kaiserhaus die Bühne; es regierte bis 1024 und repräsentierte nach den späteren Hohenstaufen die glanzvollste Epoche des Deutschen Reiches des Mittelalters. Im selben Jahr wird das ehemals fränkische Ostreich erstmals als Regnum teutonicum, Deutsches Reich, bezeichnet.

936 Kaiser Otto I., gen. der Große, wird nach dem Untergang der Karolinger zum erfolgreichsten Neuordner Deutschlands und Italiens. Er läßt sich traditionsbewußt in Aachen krönen und bestimmt die Aachener Pfalzkapelle Karls des Großen zum alleinigen Krönungsort für die Herrscher des Deutschen Reiches. Bis zum Jahr 1521 werden dreißig Könige in Aachen gekrönt.

1002 König Otto III. wird in der Aachener Pfalzkapelle beigesetzt.

1093 Gründung des Klosters Maria Laach.

1102 Gründung des Klosters Springiersbach.

1121 Gründung des ersten Prämonstratenserklosters Deutschlands in Steinfeld.

Klosterkirche Maria Laach. Die tiefe Abgeschiedenheit des Laacher Beckens im Rund seines hohen Kraterwalls war im Mittelalter ein idealer Ort für eine Klostergründung. Im fischreichen Gewässer des Sees spiegelten sich schon im 13. Jh. die Türme eines der eindrucksvollsten Bauten der deutschen Romanik

1134	Gründung des ersten deutschen Zisterzienserklosters in Himmerod durch Bernhard von Clairvaux.
10.–13. Jh.	Zeit der Grafschaften. Neben den großen Klosterterritorien zerfällt das Gebiet der Eifel in zahlreiche kleine Dynastenherrschaften, die in dieser Zeit 140 Burgen erbauen. Mit wenigen Ausnahmen werden sie im Lauf der Zeit den vier Großterritorien untertan, die die Eifel im Mittelalter unter sich aufteilen: den Erzbistümern Köln und Trier, den Herzogtümern Jülich und Luxemburg. Ihre Reichsunmittelbarkeit können nur die Grafen von Aremberg, Gerolstein, Blankenheim, Manderscheid und Salm-Reifferscheid bewahren.
1165	Heiligsprechung Karls des Großen in Aachen auf Betreiben Kaiser Friedrichs I. von Hohenstaufen (Barbarossa), der seinen Kampf gegen die Päpste mit einem heiligen Ahnherrn seiner kaiserlichen Macht ideologisch untermauern will. Er gibt den berühmten Karlsschrein in Aachen in Auftrag, eines der größten Werke romanischer Goldschmiedekunst. Mit der Heiligsprechung Karls beginnt ein steiler wirtschaftlicher Aufstieg Aachens als Wallfahrtsort.
1235	Erzbischof Theoderich beginnt in Trier mit dem Bau der Liebfrauenkirche, einem der seltenen Zentralbauten der Gotik.
1242	Der Kölner Erzbischof Konrad von Hochstaden wird nach verlorener Schlacht gegen die Jülicher auf Burg Nideggen eingekerkert.
1248	Die Erzbischöfe von Trier erhalten die Kurwürde, d. h. sie gehören von nun an zu den sieben Kurfürsten des Deutschen Reiches, die den König wählen.
1267	Der Kölner Erzbischof Engelbert II. von Falkenburg fällt sengend und mordend in die Nordeifel ein. Er wird bei Zülpich von einem Heer Wilhelms IV. von Jülich vernichtend geschlagen.
1278	Wilhelm IV. von Jülich greift nächtens mit einem Ritterheer die freie Reichsstadt Aachen an, um sie seinem Territorium einzugliedern. Er wird mit dreien seiner Söhne in einer Straßenschlacht erschlagen.
1307–54	Balduin von Luxemburg, Erzbischof und Kurfürst von Trier, vergrößert in kriegerischen Auseinandersetzungen das Territorium des Bistums auf das Doppelte. 1331 belagert er Burg Eltz, die sich nach zwei Jahren des Widerstands ergeben muß. Die Belagerung der Niederburg in Manderscheid (1346–48) bleibt hingegen erfolglos.

Der Epitaph des Ritters Wirrich von Berg (1350) in der Trierer Kirche St. Matthias zeigt einen Mann in der typischen Rüstung seiner Zeit. So bewaffnet, schlugen sich alle kleinen Eifeldynasten über ein Jahrhundert lang mit den mächtigen Herren von Trier und Köln, Jülich und Luxemburg, wobei sie meist unterlagen. Ursprünglich waren fast alle derartigen Grabplatten farbig bemalt, wie es diese rekonstruierte Fassung zeigt

1353 Gemeinsam erobern die Erzbischöfe von Trier und Köln die große Burg von Daun. Danach gelingt es dem geschickteren Balduin von Trier, seinen Kölner Amtskollegen um die Früchte des Sieges zu prellen, indem er Kaiser Karl IV. bewegen kann, ihm allein Daun als Lehen zu geben, obwohl es in der Diözese Köln liegt.

1376 Die in Nideggen residierenden Grafen von Jülich erhalten mit großen Festlichkeiten auf der Burg die Herzogswürde.

1385 Burg Reifferscheid wird von den Truppen des Landfriedensbundes, der aus Adeligen und Freien Reichsstädten besteht, vergeblich belagert.

1401–64 Kardinal Nikolaus von Kues an der Mosel, genannt Cusanus. Durch ihn gelangt der Bautypus der Einstützenkirche in die Eifel, eine ausgefallene Sonderform gotischer Kirchenräume, die sich in der Eifel in bemerkenswerter Häufigkeit findet.

1414 Als ein Meisterstück der Gotik wird der Chor der Pfalzkapelle von Aachen vollendet.

1435 Monschau kommt in den Besitz der Herzöge von Jülich, die die Burg über der Stadt zu einer großen Festung gegen Luxemburg ausbauen.

1473 In Trier wird die Universität eröffnet.

1487 Im Auftrag von Papst Innozenz VIII. veröffentlichen die Kölner Dominikanermönche Instorius und Sprenger den ›Hexenhammer‹. Es handelt sich um eine bis in subtile Einzelheiten gehende Vorschrift zur Befragung und Folterung vornehmlich von Frauen, um sie der Hexerei und des Geschlechtsverkehrs mit dem Teufel zu überführen. Diese staatlich sanktionierte Bestialität hat in der strenggläubigen Eifel, die zu einem großen Teil sogar zu Köln gehörte, unbeschreibliche Opfer gefordert.

1512 Der Heilige Rock wird zum ersten Mal in Trier ausgestellt.

1520 Karl V. wird in Aachen zum Kaiser gekrönt.

1522 Während des Aufstandes der Reichsritter wird Trier von Franz von Sickingen vergeblich belagert.

Die Zeit der Kriege

1542/43 Der Jülicher Krieg (gegen Karl V.) verwüstet die gesamte Nordeifel. Düren und Monschau werden niedergebrannt. Die als uneinnehmbar geltende Burg Nideggen wird zum ersten Mal erobert und zerstört.

1559	Als Folge der zunehmenden konfessionellen Spannungen nach der Reformation werden in Trier alle Protestanten vertrieben.
1570	Erste Hexenprozesse in Trier.
1582	Der Kölner Kurfürst und Erzbischof tritt zum Protestantismus über.
1583	Der Kölner Krieg beginnt. Niederländische und spanische Truppen verwüsten das Urft- und Erftgebiet; der konvertierte Erzbischof wird vertrieben.
1598	Auch die Aachener Protestanten werden aus der Stadt gewiesen. Die Eifel bleibt katholisch.
1618–48	Der Dreißigjährige Krieg verwüstet die Eifel durch ständige Einquartierung großer Armeen völlig. 1637 wütet die Pest.
1667–97	Ludwig XIV. von Frankreich führt seine Raubkriege gegen Holland und das Deutsche Reich. Ziel des Holländischen Krieges (1672) ist die Einnahme der Rheinmündung. Sie soll französisch werden. Nord- und Hocheifel werden verwüstet, Rheinbach dem Erdboden gleichgemacht. Der dritte Raubkrieg Ludwigs XIV. (1688–97) hat zum Ziel: Der Rhein soll französisch werden. Als diese Absicht militärisch nicht erreicht werden kann, wird das Gebiet zwischen Rhein und Frankreich in verbrannte Erde verwandelt – dazu gehört die gesamte Eifel.
1701–14	Spanischer Erbfolgekrieg, der sich auf die zu Spanien gehörenden Niederlande konzentriert. Engländer und Franzosen verwüsten die Eifel und das Moselgebiet.
1748	Ende des 200jährigen Dauerkrieges in der Eifel, nachdem das Land durch den kölnischen und kurz darauf den österreichischen Erbfolgekrieg betroffen worden war.
1754	Balthasar Neumann vollendet den wundervollen Rokokobau von St. Paulin in Trier.
1794	Französische Revolutionstruppen marschieren in die Eifel ein. Der Feudalismus wird abgeschafft, alle Bischöfe, Kurfürsten, Äbte und Adeligen werden entmachtet, alle Frondienste und Abgaben verboten. Aufgeteilt in fünf Departements, bekommt die Eifel Anschluß an große Wirtschaftsräume und kann verschiedene Industrien entwickeln.

Anschluß an Preußen

1814	Mit dem kurzen Aufschwung ist es schnell wieder vorbei. Durch die Bestimmungen des Wiener Kongresses nach dem Ende der napoleonischen Herr-

Vielerorts bilden die sanften Landschaftsformen der Eifel unaufdringliche Idyllen; hier im Ahrtal bei Ahrhütte

schaft kommt die Eifel zu Preußen, wo sie bis 1945 bleibt.

1817 Nach Mißernten herrscht in der Eifel, mitten in Europa, die schlimmste Hungersnot. Nur massive Geldzahlungen aus Berlin halten einen großen Teil der Bevölkerung von der Auswanderung ab. Preußen erschließt das Gebiet mit Straßen, da die Eifel als militärisches Aufmarschgebiet gegen den Erbfeind Frankreich dienen soll.

1818 Karl Marx in Trier geboren.

1825 Einführung der allgemeinen Schulpflicht in der Eifel.

1870 Aufmarsch der deutschen Truppen für Bismarcks Krieg gegen Frankreich.

1871 Eröffnung der Bahnlinie Köln–Trier. Zu diesem Zeitpunkt sind bereits alle namhaften Eifeler Industrien eingegangen oder haben sich in verkehrsmäßig besser erschlossenen Städten niedergelassen. Große Teile der erneut verarmenden Bevölkerung verlassen das Land.

1881 Das letzte Eifeler Eisenwerk wird stillgelegt.

1888 In Bad Bertrich wird der Eifelverein gegründet, dem bis heute die landschaftsverträgliche Erschließung der Natur und zahlreicher Kunstdenkmäler zu verdanken ist.

1914–18 Erneuter Aufmarsch des deutschen Militärs für die Schlachten des Ersten Weltkriegs.

1918–30 Die Eifel ist französisch besetzt.

1936 Reichswehrtruppen besetzen die entmilitarisierten Rheinlande. Der Bau des Westwalls beginnt in der Eifel.

1939–45 Zweiter Weltkrieg. Der Westwall macht auch die Eifel 1944/45 ein halbes Jahr lang zum Kriegsschauplatz. Der letzte deutsche Angriff an der Westfront, die Ardennenoffensive, wird von der Eifel aus gestartet. Im Gegenschlag kämpfen sich die Amerikaner bis an den Rhein vor, zahlreiche Dörfer und Städtchen werden zerstört, alle Brücken gesprengt. Allein im Kampf um den Hürtgenwald fallen 68 000 Soldaten.

Entwicklung nach dem Zweiten Weltkrieg

1945 Die Eifel wird von den Alliierten zwischen der britischen und französischen Besatzungszone aufgeteilt. Diese Aufteilung entspricht noch der heutigen Grenze zwischen den Bundesländern Rheinland-Pfalz und Nordrhein-Westfalen, zu denen die Eifel gehört.

1950 Stiftung des Karlspreises der Stadt Aachen.

1970 Wiederbegründung der Universität Trier.

ab 1980 Nachdem die Eifel in den 60er und 70er Jahren recht stillos wiederaufgebaut worden war, entsteht ein neues Bewußtsein der alten Traditionen. Überall werden die alten Fachwerkhäuser nicht mehr verputzt, sondern detailliert restauriert; einmalige Fachwerkidyllen wie Monschau, Monreal und Bad Münstereifel gewinnen wieder ihr historisches Gesicht. Langsam findet die Eifel und ihr bedeutendes Kulturerbe Anschluß an den hochentwickelten europäischen Tourismus.

Die beiden Burgen von Manderscheid; Stich von Matthäus Merian (1647) ▷

Kunstreisen durch die Eifel

fl.

Aachen und Umgebung

Aachen

Im 8. Jh. war die Eifel noch von dichten, undurchdringlichen Wäldern bedeckt, in denen die knapp 400 Jahre vorher zerstörten Prunkvillen, Siedlungen und Kastelle der vertriebenen Römer und Kelten verfielen, belebt nur von wenigen Frankendörfern in der fruchtbaren Südeifel und in den wasserreichen Kalkgebieten, als am Nordrand des einsamen Landes eine ungewöhnlich rege Bautätigkeit begann. Dort lagen die Ruinen eines römischen Militärbades, errichtet zwischen 89 und 120 n. Chr., dessen Name Aquae Granni darauf hindeutet, daß hier der keltische Wasser- und Heilgott Grannus verehrt wurde. Die heißen, schwefelhaltigen Kochsalzquellen waren Anlaß zur Errichtung eines fränkischen Königsgutes, in dem der Frankenkönig Pippin der Kurze, der der Herrschaft des blutrünstigen Merowingerhauses ein Ende gemacht hatte, im Jahr 765 das Weihnachtsfest und 766 Ostern verbrachte. Indes war dieser Hof nur einer von vielen und nicht einmal ein bedeutender, denn die fränkischen Könige kannten keine feste Residenz; das ganze riesige Reich war von einem Netz von Pfalzen überzogen, zwischen denen sie ihr Leben lang umherzogen und so die Regierungsgewalt in allen Teilen ihres Herrschaftsgebietes ausübten.

Nun aber, man schrieb etwa das Jahr 790, wurde hier mit dem Bau einer Monumentalpfalz mit Palastaula und Kirche begonnen, wie sie das nachrömische Europa nördlich der Alpen noch nicht gesehen hatte. Gelehrte und Handwerker aus fernen Gegenden erschienen am Eifelrand, die die seltensten Künste und Fertigkeiten beherrschten, in feierlichen Prozessionen wurden kostbare Reliquien überführt, schließlich näherten sich Karawanen, die unter unsäglichen Mühen auf Karren antike Säulen, Kapitelle und Marmorplatten aus Italien hierher transportierten. Der Frankenkönig Karl, später der Große genannt, war angetreten, das römische Weltreich wiederzuerrichten.

Schon sein Vater Pippin der Kurze hatte bedeutsame Verbindungen zu Rom geknüpft, indem er Papst Stephan II. vor dem Langobardenkönig Aistulf rettete, wofür er den Titel Patricius Romanorum erhielt und sich der Papst dem Schutz der fränkischen Könige unterstellte. Nachdem Karl im Jahr 768 die Regierung übernommen hatte, gelang es ihm in einer endlosen Serie von Kriegen gegen Awaren, Aquitanier, Langobarden und Araber, das Karolingerreich nochmals gewaltig auszudehnen und überall das Christentum als Staatsreligion durchzusetzen. Spätestens durch die Unterwerfung und gewaltsame Christianisierung der Sachsen, die ihm den Beinamen Sachsenschlächter eintrug, hatte er sich dem Papst so erfolgreich als Beschützer christlicher Werte empfohlen, daß ihn dieser am Weihnachtsfest des Jahres 800 zum ersten römischen Kaiser seit dem Ende der Caesaren krönte.

Mit diesem Rechtsanspruch auf dem Haupt, der ihn gleich in Konkurrenz zum oströmischen Kaiser in Konstantinopel setzte, baute

Aachen☆☆
Besonders sehenswert:
Pfalzkapelle
Domschatz
Karlsschrein
Altstadt
Rathaus
Suermondt-Ludwig-Museum
Ludwig Forum

◁ *Aachen, Blick vom Katschhof auf den Dom. Von hier aus betrat man schon zu karolingischer Zeit die Pfalzkapelle Karls des Großen*

Karl seine Aachener Residenz; sie sollte durch ihren gezielten Rückgriff auf römische Vorbilder seine Nachfolge der antiken Imperatoren auch architektonisch in monumentaler Form zur Geltung bringen. So entstand mit der Pfalzkapelle Karls des Großen ein Werk, das in jedem seiner Elemente – im Grundriß, den Proportionen, selbst in den verwendeten Materialien – ein steingewordenes ideologisch-politisches Programm darstellt. Man kann diese Kirche, die zu den bemerkenswertesten und eindrucksvollsten Sakralbauten Europas zählt, nicht verstehen, wenn man bei einer rein ästhetisierenden Betrachtung stehenbleibt und sie nicht in ihre politische Aussage übersetzt.

Der legendäre Ruf, den die Aachener Pfalz genoß, beruhte nicht nur darauf, daß hier die erste kaiserliche Residenz seit dem Untergang des Römischen Reiches entstanden war. Durch die bewußte Hinwendung zur antiken Welt fand während der Regierungszeit Karls eine überall geförderte Wiederbelebung römischer und byzantinischer Kunst statt, die als Karolingische Renaissance in die Geschichte eingegangen ist und deren richtungweisende Bedeutung für die Entwicklung der abendländischen Kunst, besonders des romanischen Stils, in Architektur und Malerei kaum überschätzt werden kann.

Kein Wunder, daß der Ort auch während der Wirren der Auflösung des Karolingerreiches als Symbol gottgewollter Macht und Herrlichkeit in Erinnerung blieb. Als daher im Jahr 925 mit dem Herzogtum Lothringen endgültig auch Aachen an das Ostreich kam, in dem inzwischen die Sachsen die Herrschaft übernommen hatten, ließ sich 936 der zweite Sachsenkönig Otto in der Pfalzkapelle des Reichsgründers krönen. Daß er dabei fränkische Kleidung anlegte, zeigt, daß Karl und seine Residenzkapelle nun ihrerseits als Legitimationsinstrument seiner Nachfolger dienten, so wie er selbst die römischen Vorbilder als Rechtfertigung seines Machtanspruchs benutzt hatte. Von nun an verzichtete sechs Jahrhunderte lang nahezu kein deutscher König auf seine Krönung in Aachen.

Doch die Funktionalisierung des großen Karl für die Politik der deutschen Kaiser sollte noch ganz andere Dimensionen annehmen. Es zog nämlich die Zeit der Auseinandersetzung zwischen Kaiser und Papst um die führende Stellung in der christlichen Welt herauf, in der sich beide Seiten außer Krieg und Intrigen auch eines großen propagandistischen Aufwandes befleißigten. Begründete die päpstliche Seite ihren Anspruch mit der Bibel, so führte die kaiserliche Karl den Großen ins Feld, dessen Schutz sich der Papst ja schließlich unterstellt hatte. Auf dem Höhepunkt des Kampfes erreichte der Stauferkaiser Friedrich Barbarossa 1165 die Heiligsprechung Karls, wodurch der Ahnherr seiner Macht nun als heiliger und weltlicher König zugleich dastand. Zur Unterstützung dieser Aktion verlieh er dessen ehrwürdiger Residenz die Stadtrechte und gab für die Gebeine des ersten Kaisers den Karlsschrein in Auftrag, der einer der aufwendigsten und prunkvollsten Kunstwerke seiner Zeit werden sollte.

Wie man weiß, hat dieser Schachzug die Vernichtung der Staufer durch die Päpste nicht verhindert, doch für die gerade entstandene Stadt Aachen bedeutete er den Beginn eines glanzvollen Aufstiegs. Sofort nach der Heiligsprechung Karls setzte ein ungeheurer Zustrom von Wallfahrern ein, die zum Grab des Kaisers und zu den von ihm gesammelten Reliquien wollten. Solche zu besitzen, war

Aachen 1 Dom (Pfalzkapelle) 2 Katschhof 3 Fischmarkt 4 Sankt Foillan 5 Hof 6 Couven-Museum 7 Markt 8 Rathaus 9 Sankt Nikolaus 10 Großes Haus von Aachen (Zeitungsmuseum) 11 Ponttor 12 TH-Hauptgebäude 13 Sankt Michael 14 Elisenbrunnen und Touristeninformation 15 Stadttheater 16 Marschiertor 17 Hauptbahnhof 18 Suermondt-Ludwig-Museum 19 St. Adalbert 20 Burg Frankenberg im Frankenberger Viertel 21 Eurogress, Kurhotel, Spielkasino 22 Lousberg 23 Ludwig Forum

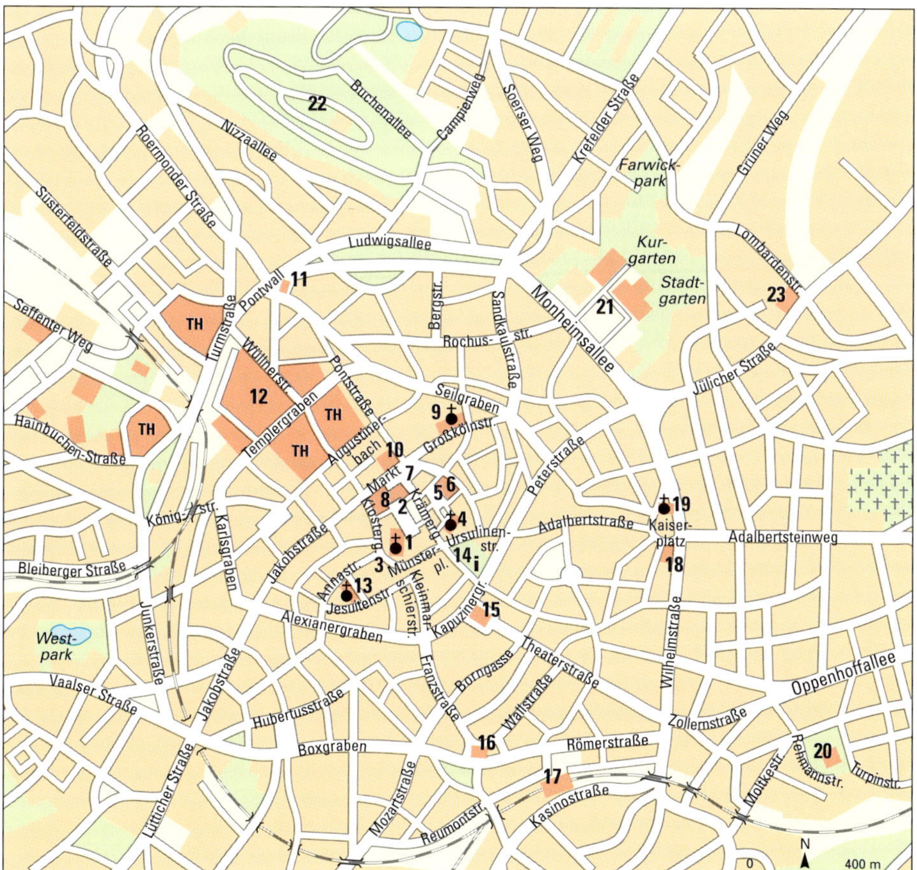

damals ein Geschenk des Himmels, denn Pilger brachten Geld; die Stadt wuchs so rasch, daß die ab 1171 erbaute Ringmauer zu eng wurde und ab 1257 eine bedeutend größere Stadtbefestigung entstand. Im 13. Jh. bildete sich der Brauch der sog. Heiltumsfahrten nach Aachen heraus, der die Stadt für Jahrhunderte neben Rom und Santiago de Compostela zum meistbesuchten Wallfahrtsort Europas machte. Seit 1349 wurden die berühmten Reliquien (Kleid Mariens, Windeln und Lendentuch Christi und das Enthauptungstuch Johannes des Täufers) alle sieben Jahre in feierlichen Zeremonien gezeigt; um 1355 begann der Anbau des riesigen gotischen Chors an die karolingische Krönungskirche, um die ständig wachsenden Pilgermassen noch fassen zu können. 1336 war Aachen zur freien Reichsstadt erhoben worden. Die wirtschaftliche Blüte wurde durch ein hochentwickeltes Tuchmachergewerbe weiter gefördert, denn die Aachener Thermalquellen eigneten sich besonders zum Waschen der Wolle und Walken der Tuche; auch in der Metallverarbeitung, besonders Messing, war die Stadt im 15. und 16. Jh. ohne Konkurrenz.

Mit dem Ende des Mittelalters setzte auch der langsame Niedergang Aachens ein. 1531 fand die letzte Krönung in der Pfalzkapelle statt, danach ließen sich die österreichischen Habsburger lieber in süddeutschen Städten krönen. Durch die Reformation verringerte sich der Pilgerzustrom erheblich, und als zu Beginn des 17. Jh. auch noch die protestantischen Bürger aus der Stadt vertrieben wurden, verließ ein großer Teil der qualifizierten Handwerker Aachen und errichtete in benachbarten Territorien wie Stolberg, Burtscheid und Monschau Konkurrenzbetriebe. Das traurige Ende kam 1656, als in einem katastrophalen Stadtbrand vier Fünftel aller Häuser vernichtet wurden und ein Wiederaufbau durch die ständigen Kriege im Spannungsfeld der französischen Expansionsbestrebungen unter Ludwig XIV. erheblich gehemmt wurde.

Doch die Heilkraft der heißen Quellen tat ein weiteres Mal ihre Wirkung. Eine Eintragung Albrecht Dürers, der 1520 zur Krönung Karls V. in Aachen geweilt hatte (»Fünf stüber verbadet und mit Gesellen vertrunken«) beweist, daß der Badebetrieb im Mittelalter nie ganz zum Erliegen gekommen war, doch nun wurde er zur Grundlage des Aufstiegs der Stadt zu einem glanzvollen Modebad. Das vornehme Treiben in Bad Aachen war im 18. und 19. Jh. in ganz Europa berühmt; Johann Joseph Couven, seit 1739 Stadtbaumeister, gab zusammen mit seinem Vorgänger Laurenz Mefferdatis und seinem Sohn Jakob Couven der Badestadt des 18. Jh. ihr städtebauliches Gepräge. Obwohl von alledem gegen Ende des Zweiten Weltkrieges vieles zerstört wurde, besitzt Aachen noch heute seine beiden Gesichter: Einerseits ist es die museale Stadt der Könige mit dem Thron, dem Schatz und der Krönungskirche des ersten Kaisers des beginnenden Mittelalters, andererseits ist es die lebendige Stadt der Bürger mit ihren Plätzen und Brunnen, Gassen und Wohnhäusern, dem Bad, dem Spielcasino und dem Ludwig Forum.

Der karolingische Pfalzbezirk

Beginnen wir mit dem Aachen der Könige, dem historischen und geographischen Zentrum der Stadt rund um den Dom (1). In ihrer Anlage ist der karolingische Pfalzbezirk noch gut zu erkennen: Von der **Palastaula**, dem eigentlichen Residenzsaal Karls, auf deren Grundmauern jetzt das gotische Rathaus steht, zog sich ein doppelgeschossiger **Verbindungsgang** zur Palastkapelle. Diese fast 120 m lange Kolonnade bildete die Westfassade des großen Platzes, der

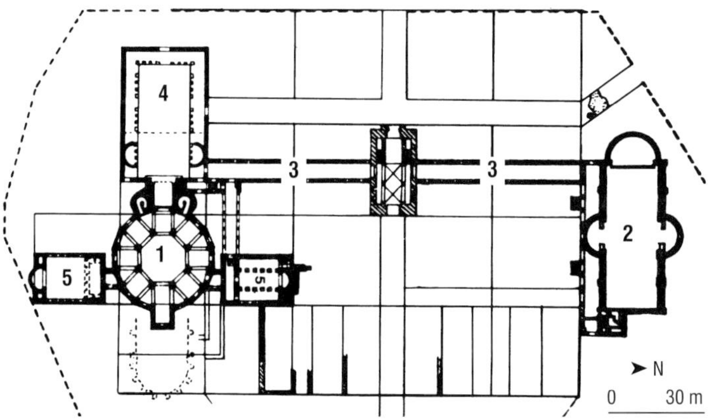

Rekonstruktion des karolingischen Pfalzbezirks (nach Hugot):
1 Pfalzkapelle
2 Palastaula
3 Verbindungsgang
4 Atrium
5 Annexbasilika

heute Katschhof (2) heißt. Er war somit ein von Heiligtum, gedecktem Umgang und Repräsentationssaal gerahmtes Kaiserforum, das in seiner Anlage deutlich einen Rückgriff auf die Bauform römischer Kaiserforen darstellt. Auch bei der ehemaligen Palastaula auf dem höchsten Punkt des Residenzbezirks, einer gewaltigen Halle mit drei großen Apsiden, ist das Vorbild des dem gleichen Zweck dienenden Baus Kaiser Konstantins in Trier unübersehbar.

Der Verbindungsgang mündete in den Domhof, der zu karolingischer Zeit die Kopie eines römischen **Atriums** mit dreiseitig säumenden Arkadenbauten darstellte. Sein ursprüngliches Aussehen läßt sich an den originalen Pfeilern der Nordostecke noch erkennen, sie trugen im Stützenwechsel mit Säulen ein Obergeschoß. Einst stand in der Mitte des Hofes ein Reinigungsbrunnen mit zwei Wasserspeiern, die heute in der Vorhalle der Kirche zu sehen sind: Es handelt sich um den Pinienzapfen und die Wölfin, die eigentlich eine Bärin ist, zwei römische Bronzen, die Karl zusammen mit den Säulen des Oktogons aus Italien hatte hierherbringen lassen.

Die Pfalzkapelle

Den Domhof beherrscht die eindrucksvolle Front des karolingischen **Westbaus**, dem das vorgesetzte barocke Portal weniger geschadet

Aachen, Grundriß des Münsters

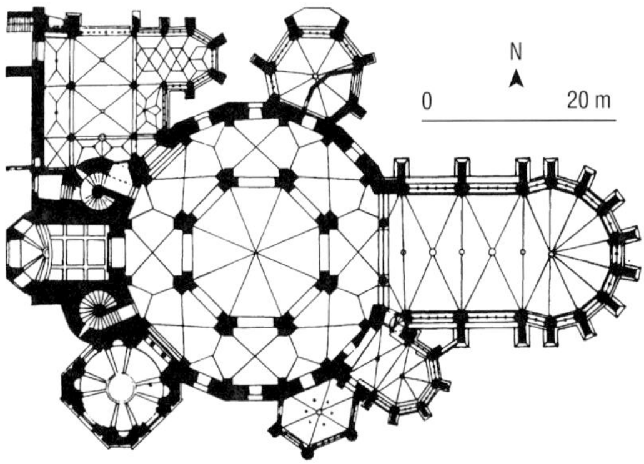

hat als der spitze Turmhelm des 19. Jh. Geprägt wird der Westbau, dieses Urbild aller späteren als ›Westwerk‹ in die Architekturgeschichte eingegangenen Bauformen, von einer riesigen Rundbogennische im vorspringenden Mittelteil: So betonte man bereits am Außenbau den Ort, wo der Kaiserthron im Westen dem Altar im Osten gegenüberstand; diese Stelle wurde durch den Turm zusätzlich monumentalisiert. Durch das Fenster in der Mitte der Nische, die einst in Rot, der Farbe königlichen Purpurs, verputzt war, fällt Licht in einen Raum, der Kaiserloge genannt wird und sich zum Thron hin öffnet. Außerdem diente der Westbau zur Aufbewahrung der kostbaren Reichsreliquien, die dem karolingischen Königtum die Weihe göttlicher Zustimmung gaben.

Die Pfalzkapelle Karls des Großen bestand im wesentlichen aus diesem mächtigen Westteil und einem angeschlossenen achteckigen gekuppelten Zentralbau mit einem zweigeschossigen Umgang. Im Gegensatz zum Inneren ist außen von der strengen Symmetrie dieser Anlage nichts mehr zu sehen, da im Lauf der Zeit mehrere Anbauten erfolgten. Zuerst erhielt das Oktogon Mitte des 12. Jh. eine abschließende Blendgalerie, im 13. Jh. die acht gemauerten Giebel, denen man um 1664 das laternenbekrönte gefaltete Kuppeldach aufsetzte. In der ersten Hälfte des 14. Jh. wurde der karolingische Westteil gotisch aufgestockt und mit einer Galerie versehen, von der aus die Heiltümer Aachens den Pilgermengen gezeigt wurden. Um die letzteren auch innerhalb der Kirche fassen zu können, begann man 1355 im Osten einen riesigen Chor anzubauen; spätere Kaiser umgaben den Zentralbau mit einem Kranz vorwiegend spätgotischer Kapellen in verschiedenen Formen.

Den Eingang im Westbau verschließt eine mächtige Doppeltür, deren Hälften von feingliedrigen Ornamentleisten in je acht Felder geteilt sind; sie tragen zwei Löwenköpfe auf einem Kranz von Akanthusblättern. Die eindrucksvollen Stücke wurden gegen Ende des 8. Jh. eigens für die Pfalzkapelle Karls gegossen und stellen damit die ersten Bronzetüren des Mittelalters dar. Als Vorbilder hatten römi-

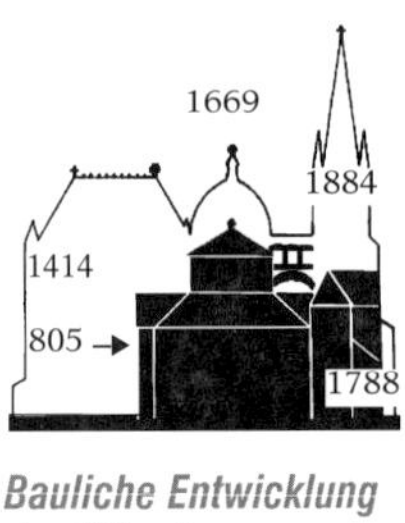

Bauliche Entwicklung des Münsters

sche Türen gedient. Durch die Vorhalle, in der außer dem Pinienzapfen und dem wohl aus dem 2. Jh. stammenden ›Wolf‹ noch die Alabasterfigur einer spätgotischen Madonna steht, gelangt man in den **Innenraum** des karolingischen Zentralbaus. Er ist gegliedert in einen achteckigen Kuppelraum von enormer Höhe, umgeben von einem sechzehneckigen Umgang in zwei Geschossen. Der Durchmesser dieses Umgangs ist doppelt so groß wie der des Oktogons, zu dem er sich im unteren Geschoß unter Rundbögen auf massigen, gewinkelten Pfeilern wie mit Toren öffnet. Dieses flachere Geschoß war für das Volk oder die niederen Beamten des karolingischen Hofstaates bestimmt, denn das zweite Stockwerk des Umgangs brachte in jeder Beziehung eine monumentale Steigerung: Hier ist die Geschoßhöhe verdoppelt worden, in den hochgezogenen Bögen, die sich zum Oktogon öffnen, stehen in zwei Reihen übereinander farbige Marmorsäulen mit hellen Kapitellen. Außerdem ist der obere Umgang mit einem filigran gearbeiteten, ehemals vergoldeten Bronzegitter zum Innenraum abgeschrankt; es wurde zusammen mit den Türen gegen Ende des 8. Jh. geschaffen und ist ein Meisterwerk karolingischer Metallbearbeitung. Hier oben, im westlichen Joch des Emporenumgangs, steht der Thron Karls des Großen, unsichtbar von unten, das prunkvolle Panorama der Säulengliederung im Blickfeld.

Nicht genug, daß der Grundriß dieser Kirche dem Typus byzantinischer zentralgestaltiger Palastkirchen folgt und wohl in San Vitale in Ravenna sein direktes Vorbild hat – damit wollte das Frankenreich das konkurrierende oströmische Byzanz zumindest auf dem Gebiet der Repräsentation einholen –, die hierarchische Bedeutung der Gestaltung dieses oberen Umgangsgeschosses lag besonders in der Aufstellung dieser Säulen, die Karl aus Italien hatte herbeischaffen lassen. Sie verkörpern die ganze Pracht der Antike – in dieser Umgebung war er der Nachfolger der römischen Imperatoren; der Raum, die Gegenstände, das Material glichen nicht nur der Staffage ihrer Herrschaft, sondern sie war im Original um ihn versammelt. Sein Thron, ebenfalls aus römischen Marmorplatten zusammengesetzt und wie der des Königs Salomon über sechs Stufen zu ersteigen, ist dagegen von eindrucksvoller Schlichtheit: Wer auf ihm Platz genommen hatte, brauchte keinen weiteren Beweis seiner Macht. Die Wirkung dieses Raumes, in dem der König für das nur im Umgang darunter zugelassene Volk unsichtbar blieb, wird noch gesteigert durch die steil aufsteigenden Wände des Oktogons.

Der schlichte Thron des Frankenkönigs Karl, aus antiken Steinplatten gefügt

Durch die hochliegenden Fenster strömt Helligkeit, sie taucht die Kuppel in strahlendes Licht und läßt das dortige Mosaik wie von innen leuchten. Es zeigt heute eine wilhelminisch-byzantinisierende Nachschöpfung des ursprünglichen Bildes: Die 24 Ältesten als Repräsentanten des christlichen Volkes reichen dem Herrgott ihre Krone dar – das richtige Thema für die Residenzkapelle eines Kaisers, dem der Papst gerade den Anspruch der Beherrschung der ganzen christlichen Welt zuerkannt hatte. Diese Kuppel war mit einer Höhe von 32 m für Jahrhunderte die höchste steinerne Einwölbung nörd-

Aachen, Blick ins Oktogon der Pfalzkapelle Karls des Großen (um 800). Mit dem legendären Sakralbau symbolisierte der erste Kaiser des frühen Mittelalters die ideologische Verknüpfung seines Machtanspruchs mit dem letzten Kaiser des untergehenden römischen Weltreiches: Wie dessen Residenzkirche San Vitale in Ravenna bildet die Pfalzkapelle Karls innen ein Oktogon, das sich zu einem sechzehneckigen Umgang öffnet, und auch die Säulen des inneren Oktogons stammen aus Ravenna

lich der Alpen und trug wesentlich zum legendären Ruf der Krönungskirche bei. Das originale karolingische Kuppelmosaik wurde zerstört, als – man mag es kaum glauben – das Oktogon im 18. Jh. ausgerechnet mit Rokoko-Stukkaturen verschönert werden sollte.

Nach dem Tod Karls des Großen wurde seine Palastkapelle auch sein Mausoleum (der Streit, wo sein erstes Grab lag, ist bis heute nicht entschieden). Dieser nun doppelt legitimationsträchtige Raum wurde zur Krönungskirche des deutschen Königtums und im Lauf der Zeit mit derartigen Kostbarkeiten ausgestattet, daß hier einer der reichsten Kirchenschätze der Welt zusammenkam. Das prachtvollste und zugleich rätselhafteste liturgische Möbel des Aachener Doms ist der zwischen 1002 und 1014 von Kaiser Heinrich II. gestiftete goldene *Ambo*, der ursprünglich als Lesepult im Mittelraum stand und 1414 zur Kanzel an der Südwand des ersten Chorjoches umgebaut wurde. Der Ambo hat einen kleeblattförmigen Grundriß, dessen großer, gerundeter Mittelteil in neun, durch Edelsteinborten getrennte Quadrate eingeteilt ist. In die fünf mittleren Felder, die in ihrer Anordnung ein griechisches Kreuz bilden, sind eine grüne römische Trinkschale, eine Bergkristalltasse und gegenüber deren Untertasse sowie zwei Achatschalen eingelassen; gerahmt werden die Gefäße von Schachfiguren aus Achat und Chalzedon. Der merkwürdigen Dinge nicht genug, bilden den kostbarsten Schmuck dieses christlichen Lesepults die hochrechteckigen Felder der seitlichen Ausbuchtungen: Dort sind sechs gräko-ägyptische Elfenbeinschnitzereien des 6. Jh. angebracht, sie zeigen zweimal den laubumkränzten Weingott Dionysos, die Göttin Isis mit einer tanzenden Mänade, einem berittenen Imperator und Krieger; Nereiden reiten auf Meerestieren. Dicht neben dem Ambo steht der Altar, dessen Antependium aus goldgetriebenen Reliefs besteht. Dies ist die berühmte *Pala d'oro*, vermutlich von Otto III. um das Jahr 1000 gestiftet, in einer Fuldaer Werkstatt gearbeitet und unter Heinrich II. (1002–24) aufgestellt. Die 17 Goldreliefs zeigen in der Mitte Christus in der Mandorla, umgeben von vier runden Medaillons der Evangelistensymbole sowie Ma-

Zu den einzigartigen Kunstwerken des Aachener Doms gehören die Pala d´Oro (links), das vergoldete Antependium, und der goldene Ambo (rechts) mit seiner rätselhaften Verkleidung, in die eine antike Kristalltasse und heidnische Bacchus-Reliefs eingebaut sind

ria und dem drachentötenden Erzengel Michael, die restlichen Tafeln illustrieren die Leidensgeschichte Christi. Die Mitte des freien Raumes im Oktogon nimmt der zur Heiligsprechung Karls 1165 von Friedrich Barbarossa gestiftete riesige Radleuchter ein. Die monumentalen Dimensionen des Werkes sind auf die Architektur des Zentralbaus bezogen: Der Leuchter bildet einen stilisierten Mauerkranz mit 16 Türmen und 48 Lichtern und stellt das Symbol des Himmlischen Jerusalem auf Erden dar.

Chor und Karlsschrein

Die aufwendigste und kunstvollste dieser politisch motivierten Stiftungen ist der Karlsschrein, der heute im **Chor** steht. Damit betreten wir den zweiten Bauteil des Aachener Münsters, der ebenfalls einen legendären Ruf genoß: das ›Glashaus zu Aachen‹, jenen 1355 angebauten Chor, der nur aus Fenstern zu bestehen scheint und im vielfarbigen Lichte seiner ursprünglich hellen Verglasung einen suggestiven Raum für die letzte Ruhestätte Karls des Großen abgab. Der Chor besteht aus einer langgestreckten einschiffigen Halle mit neunseitigem Schluß, sein Mauerwerk ist aufgelöst in schmale Wandteile mit Bündelpfeilern, die das Gewölbe tragen. Dazwischen spannt sich das feine Maßwerk der riesigen Fenster: »Es entstand ein Raum von größter Feinheit und dadurch hocheleganter Erscheinung: er besteht weitgehend aus dem kostbaren Element des farbigen Lichts; man wird von der enormen Steilheit des Raumes überrascht. Diese unerhört hohe Dimension verschafft dem Bau übermenschliche Autorität. Dies wird noch durch die magische Suggestion der Farben und des Lichtes verstärkt – der phantastisch wirkende Raum mußte dem mittelalterlichen Betrachter im Vergleich zu seiner alltäglichen Umgebung … wie die Konkretisierung einer traumhaften Prophetie erscheinen«, schreibt Roland Günther. In diesem »faszinationsmächtigen Himmelsraum« thronen hoch über dem Betrachter auf Konsolen die baldachinbekrönten Figuren der zwölf Apostel, hinzugefügt wurden Maria und – Karl der Große als 13. Apostel, »eine kühn erdachte extreme Vorstellung der Sakralisierung eines Herrschers …« (Günter). Dieses Motiv nahm abermals ein oströmisches Vorbild auf, während der Bautypus der ganzen Chorhalle der Sainte-Chapelle in Paris entliehen war und damit auch die neu aufgekommene Konkurrenz im Westen übertreffen sollte.

Zur politischen Aussage des von Kaiser Friedrich Barbarossa gestifteten Karlsschreins (um 1210) gehört die Darstellung des Giebelfeldes. Während er sich in einem existentiellen Kampf mit den Päpsten um die Vorherrschaft über die Christenheit befand, ließ Barbarossa hier ein einzigartiges Kunstwerk schaffen, auf dem die himmlischen Medaillons über den Klerikern leer bleiben und die segnende Hand Gottes sich allein über dem Kaiser zeigt

Der Raum ist heute durch eine neue Verglasung (1949–51), die auf der tieferen Farbskala des 13. Jh. beruht, in mystisches Dunkel gehüllt; eine geeignete Atmosphäre, um im ausgeweiteten Chorpolygon den von Gold und Edelsteinen matt glitzernden **Karlsschrein** mit den Gebeinen des Karolingerkönigs zu entdecken. Dieses überwältigende Werk, um 1166 von Friedrich Barbarossa auf dem Höhepunkt der Auseinandersetzung mit dem Papst in Auftrag gegeben und gegen 1210 von Friedrich II. kurz vor dem Ende der Stauferkaiser aufgestellt, offenbart ein letztes Mal die durch und durch politisch geprägte Kunst, die hier für die Aachener Krönungskirche des deutschen Königtums gestiftet wurde. Nach dem ersten Staunen über den ungeheuren Detailreichtum an Figuren, Reliefs, Filigranarbeiten, farbigen Säulchen und anderen Architekturteilen aus edelsten Materialien sollte man seine Aufmerksamkeit auf den Inhalt des Dargestellten richten. Da sind unter den Rundbögen an den Längsseiten dieses Schreins für einen gerade heiliggesprochenen Herrscher keine Apostel und Heiligen zu sehen, sondern nur deutsche Kaiser und Könige mit den Insignien ihrer Macht. Die ganze antiklerikale Stoßrichtung dieser Darstellung zeigt sich an der Giebelseite: Dort thront Karl persönlich, majestätisch und übergroß, gemessen an den beiden flankierenden, leicht vor dem Kaiser gebeugten und deutlich kleiner gehaltenen Kirchenmännern. Damit nicht genug, sind die beiden Medaillons über Papst und Bischof demonstrativ leergelassen, wäh-

Der Chor der Pfalzkapelle entstand erst über 500 Jahre nach der Krönungskirche Karls des Großen, um nach der Heiligsprechung des ersten deutschen Kaisers die Pilgerströme fassen zu können. Der Bau stellt ein Meisterwerk französisch inspirierter Hochgotik dar

rend sich aus dem dritten ein segnender Christus über den Kaiser neigt. Propagandistischer Höhepunkt dieses vergoldeten politischen Programms sind die Dachreliefs des Schreins, auf denen die legendäre Geschichte dargestellt ist, nach der Karl von Gott berufen den Weg zum Kaisertum antrat. Nach intensiven Restaurierungsarbeiten strahlt der Karlsschrein inzwischen wieder im alten Glanz.

Der Domschatz

Tritt man nun wieder in das Atrium vor dem Westbau, so darf der nächste Weg nirgendwo anders hin als in die Domschatzkammer führen, in der der weitaus größte Teil der im Lauf der Jahrhunderte gestifteten Kostbarkeiten zu sehen ist. Die neue Schatzkammer liegt hinter einem Zugang im Westflügel des Kreuzgangs. Dieser wurde um 1200 errichtet, doch mehrmals gotisch erneuert. Aus der ältesten Bauperiode hat sich im Ostflügel eine prächtige staufische Arkaden-

Der sog. Proserpina-Sarkophag ist ein Meisterwerk römischer Reliefkunst. In ihm soll Karl der Große nach seinem Tod im Jahr 814 beigesetzt worden sein

gruppe in reicher plastischer Gestaltung erhalten, dahinter liegt der letzte Rest des doppelgeschossigen Ganges, der die karolingische Palastaula mit der Pfalzkapelle verband. Der Aachener Domschatz enthält eine solche Fülle einzigartiger Stücke aus verschiedenen Epochen, daß die kunst- und stilkritische Einordnung jedes der aus allen Gebieten des Reiches zusammengekommenen Teile ein eigenes Buch füllen würde (das es natürlich bei der Schatzkammer bereits zu erwerben gibt.). Der Schatz enthält sowohl römische Exponate als auch zahlreiche Zeugnisse jener karolingischen Kunst der Buchmalerei und Metallbearbeitung, die hier am Hof Karls zu seiner Regierungszeit aufgeblüht war. Unübertroffene und seltene Meisterwerke ottonischer, staufischer und gotischer Zeit bilden den größten Teil des Domschatzes. Zu den bedeutendsten Stücken gehören der prachtvolle römische Proserpina-Sarkophag (2. Jh.) mit dem berühmten Relief des Viergespanns, in dem Proserpina entführt und von ihrer Mutter auf einem Drachengespann verfolgt wird; der seidene Quadrigastoff aus Byzanz (8. Jh.); das in seinen Farben bestechende karolingische Evangeliar, von der Hofschule Karls hier in Aachen gefertigt; das elfenbeinerne Weihwassergefäß (um 1000) mit Edelsteinen; das ottonische Lotharkreuz mit einem Profilbildnis des römischen Kaisers Augustus; der vergoldete Marienschrein, der die vier großen Heiligtümer Aachens birgt und in seiner prunkvollen Ausarbeitung dem Karlsschrein kaum nachsteht. Neben schönen Madonnen und kostbaren Reliquienbehältern aller Art ist eines der schönsten Stücke des Schatzes die als perlengeschmückter Vierpaß mit vergoldeten Reliefs gebildete Chormantelschließe (um 1400); sodann die Turmreliquiare und die berühmte Karlsbüste, in deren Kopf die Schädeldecke Karls des Großen aufbewahrt wird. Ein letzter

Blick sollte der Farbenpracht des gemalten Passionsaltars gelten, er ist mit seinen eleganten Figuren und dem phantastischen Landschaftshintergrund eines der bedeutendsten Werke der späten Kölner Malerschule um 1515.

Die Altstadt

Um den alten Pfalzbezirk ist ein großer Teil der Aachener Altstadt in sehr liebenswürdiger und lebendiger Weise wieder aufgebaut worden. Plätze und Gassen werden gesäumt von Straßencafés, Läden und Restaurants zwischen schönen alten Bürgerhäusern; es fallen vor allem jene im Stil des Steinfachwerks auf, in dem nach dem verheerenden Brand von 1656 ein großer Teil der Stadt wiedererrichtet wurde. Hierbei ersetzte man die tragenden Holzbalken durch behauene Blausteinstreben und füllte die Zwischenräume mit Ziegelmauern – die alte Fachwerkbauweise war wegen Feuergefahr verboten worden. Einen prächtigen Anblick muß Aachen Mitte des 18. Jh. geboten haben, als die eigenwilligen Barockarchitekten Laurenz Mefferdatis (1677–1748) und Johann Joseph Couven (1701–63) das Bild der Stadt mit zahlreichen Bürgerhäusern und Kirchen prägten.

Verläßt man den Pfalzbezirk durch das Atrium, so erreicht man nach wenigen Schritten den sog. Fischmarkt, an dem das **Grashaus (3)** steht, das um 1267 errichtete erste Rathaus der Stadt. Erhalten hat sich die Fassade: Über dem einst als Gefängnis dienenden fensterlosen Untergeschoß lag hinter drei großen Maßwerkfenstern die Ratskammer, über diesen Fenstern sind die Steinfiguren der sieben Kurfürsten unter spitzbogigen Blendarkaden zu sehen. Heute enthält der Bau das Stadtarchiv. Hinter dem Chor des Doms steht am Münsterplatz die **Kirche St. Foillan (4),** im 12. Jh. als erste Pfarrkirche des gerade zur Stadt erhobenen Ortes erbaut und später gotisch erneuert. Die Kirche wurde im letzten Krieg stark zerstört und in eigenwilliger Weise wieder aufgebaut. Im südlichen, noch gotischen Seitenschiff steht die sog. Foillansmadonna, eine überlebensgroße hölzerne Standfigur der Muttergottes in faltenreichem Gewand (um 1420, der Zeit des Weichen Stils).

Links neben der Kirche öffnen sich die Gassen zum angenehmsten Teil der Aachener Altstadt. Gleich die erste führt zum **Hof (5),** einem von schönen Häusern umstandenen Dreiecksplatz, in dem dreiteilige, 7,5 m hohe römische Säulenarkaden rekonstruiert wurden. Sie gehörten zum Umgang, der ein antikes Quellheiligtum umgab, denn hier lagen die römischen Badeanlagen. Vom Hof führen zwei Gassen auf den Hühnermarkt, dessen Bild geprägt wird von der noblen Fassade des Hauses Monheim, in dem heute das **Couven-Museum (6)** untergebracht ist. Das Haus wurde 1786 von Jakob Couven, dem Sohn des Stadtbaumeisters, für den Apotheker Andreas Monheim erbaut und zeigt bereits Übergänge zu den ausgewogenen Formen des bürgerlichen Klassizismus.

Bereits im Mittelalter war der Aachener Marktplatz ein Zentrum städtischen Lebens, wie es die repräsentative Fassade des Hauses Löwenstein belegt

Vom Hühnermarkt gelangt man, vorbei am Granusturm, dessen untere 20 m noch aus karolingischer Zeit stammen und Wohnräume der königlichen Familie enthielten, zum **Markt (7).** Bevor sich der Platz öffnet, passiert man einen der letzten erhaltenen Fachwerkbauten der Stadt, den sog. Postwagen, daneben das wegen seines ehem. Besitzers ›Eulenspiegel‹ genannte dreigeschossige Traufenhaus von 1657 in Backstein mit Blausteingliederung. Auf dem Markt, schon im Schatten der kolossalen Rathausfassade, steht der 1620 errichtete Renaissancebrunnen mit der originalgetreuen Kopie einer in Dinant gegossenen Bronzefigur Karls des Großen. Dem Brunnen gegenüber ist das markante Haus Löwenstein zu sehen, dessen gotisches Mauerwerk dem Brand von 1656 widerstand. Am Markt befindet sich noch eine 1960 wiederhergestellte Baugruppe aus drei klassizistischen Fronten (Nr. 14–22) sowie das Haus Zum Einhorn, ein dreigeschossiger Bau mit Blausteingliederung und korinthischer Pilasterordnung; dieser niederländische Klassizismus löste im späten 17. Jh.

allmählich das Steinfachwerk ab. Ein letzter Blick gilt der dem Haus Löwenstein gegenüberliegenden Karlsapotheke (1790), dann wende man sich um zum Rathaus, das den belebten Platz überragt.

Das Rathaus

Das **Rathaus (8)** mit der monumentalen dunklen Fassade ist nach dem Münster der bedeutendste und eindrucksvollste Bau der ganzen Stadt. Ursprünglich stand hier die große karolingische Königshalle, von der sich außer dem Granusturm an der Ostseite die Fundamente und aufgehendes Mauerwerk bis zur ersten Fensterzone erhalten haben, zu erkennen an dem rötlichen Mörtel, dessen Farbe von zermahlenen römischen Ziegeln herrührt. Diese Palastaula Karls des Großen bildete anscheinend eine einzige riesige Halle mit einer weiten, halbrunden Apsis an der Westseite, auf deren Grundmauern heute der sog. Marktturm steht. Während die Palastkapelle die göttliche und historische Rechtfertigung des Kaisertums Karls des Großen darstellte, war die Königshalle der imponierende Rahmen seiner praktischen Machtausübung. Während des ganzen Mittelalters behielt der ausladende Saal seine Bedeutung, da hier alle in Aachen inthronisierten Könige das Königsmahl abhielten. Aus unerfindlichen Gründen muß dieser profane Teil der Kaiserpfalz aber weniger instand gehalten worden sein als die Kirche: Wie berichtet wird, war die Königshalle bereits 1273 zur Krönung Rudolfs von Habsburg so baufällig, daß dieser nur mit besorgter Miene das traditionelle Mahl darin einnahm.

Als bald darauf der alte Pfalzbezirk zwischen dem Münsterstift und der Stadt geteilt wurde, begannen die Bürger mit der Errichtung ihres repräsentativen Rathauses auf den Mauern der Palastaula, deren Maße sie beibehielten. Doch drehten sie den Bau gewissermaßen um: War er früher nach Süden orientiert, zum karolingischen Kaiserforum, so erhielt nun die Nordfront, die zum Markt zeigt, eine reich gegliederte Schaufassade. Allerdings mußten sie die kaiserliche Auflage befolgen, im Obergeschoß wieder einen großen Saal für das Krönungsbankett einzubauen. Das Werk wurde 1349 vollendet, in diesem Jahr konnte Karl IV. seine Krönung in der neuen, von Bürgern erbauten Königshalle feiern. Es war ein großartiger Bau, dem 1435 Enea Silvio Piccolomini, der spätere Papst Pius II. und einer der bedeutendsten Bauherren seiner Zeit, als das vornehmste Rathaus Deutschlands bezeichnete. Kaum vorstellbar, wie das gotische Rathaus ausgesehen haben muß, nachdem Mitte des 18. Jh. Johann Joseph Couven eine völlige barocke Umgestaltung der Innenräume und der Fassade vorgenommen hatte; mit Ausnahme der Ausstattung zweier Räume im Erdgeschoß wurden alle diese Zutaten durch die seinerzeit heftig umstrittene Regotisierung (1840–81) von Friedrich Ark wieder beseitigt, auch die doppelläufige Freitreppe vor dem Eingang entstand damals neu. Das Rathaus vermittelt seitdem wieder weitgehend seinen ursprünglichen Eindruck.

Das bestimmende Element der mächtigen **Rathausfassade** sind die großen Rechteckfenster, die doppelgeschossig in zwei Reihen zu je fünf Dreiergruppen das schwere Mauerwerk durchbrechen; als Gliederung dienen vier breite Pfeiler mit Figuren und Fialenbekrönung. Reich geschmückt wird die Fassade durch in den Linien der Fenster liegende Felder mit feingliedrigem Maßwerk und Reliefs mit der Darstellung der sieben freien Künste und der 14 Zünfte der freien Reichsstadt. Darüber befinden sich in Blendnischen Kaiser- und Königsstatuen unter Baldachinen; nach oben schließt das Rathaus mit einem Zinnenkranz und einem hohen Walmdach ab.

Im Erdgeschoß betritt man zuerst zwei überaus gelungene Barocksäle, die nach Entwürfen von Johann Joseph Couven entstanden sind; links den **Ratsherrensitzungssaal** mit Deckenfresken des 17. und 18. Jh. und der Holzvertäfelung des Lütticher Meisters Jakob de Reux (um 1730), rechts den prächtigen **Weißen Saal** mit reichen Stukkaturen. Der bedeutendste Innenraum ist aber der **große Reichssaal,** der das ganze obere Stockwerk einnimmt: Er bildet eine zweischiffige, kreuzrippengewölbte Halle auf wuchtigen quadratischen Pfeilern, deren Gewölbemalereien 1978 originalgetreu restauriert wurden. 1840–51 hatte Alfred Rethel hier einen Zyklus monumentaler Historienmalerei mit Szenen aus dem Leben Karls des Großen und sonstigen großen Momenten deutschen Königtums geschaffen. Drei der großflächigen Fresken wurden im Krieg zerstört, die verbliebenen fünf zeigen den Sturz der Irminsul, die Schlacht bei Cordoba, den Einzug in Pavia, Otto III. in der Gruft Karls und die Krönung Ludwigs des Frommen. In einem Erker an der Ostseite werden die detailgetreuen Nachbildungen der Reichskleinodien gezeigt, deren Originale jetzt in Wien und Nürnberg sind; neben Reichsapfel, -schwert und -kreuz ist auch die Krone zu sehen, die jahrhundertelang hier in Aachen den erlauchten Herren aufs Haupt gesetzt wurde.

◁ *Jahrhundertelang nahmen die deutschen Könige nach der Krönung in der Pfalzkapelle im großen Kaisersaal des Aachener Rathauses das Krönungsmahl ein. Heute wird hier der Karlspreis der Stadt Aachen verliehen*

Weitere Sehenswürdigkeiten

Aachen so ausführlich als karolingische Kaiserstadt zu würdigen, hat seine Berechtigung aus der Geschichte. Für einen kurzen Augenblick war die Stadt das politische Zentrum Europas, nach den Wirren der Völkerwanderung die Geburtsstätte eines erstmals konsolidierten Feudalismus, dem alle europäischen Kaiser- und Königreiche des Mittelalters entstammen. Und so wie die unbedeutende italienische Stadt Ravenna, die letzte Residenz der römischen Kaiser, für Jahrhunderte unvergessen blieb (weshalb in der karolingischen Palastkapelle Säulen aus Ravenna aufgestellt werden mußten), so blieb auch Aachen als Residenz des ersten nachrömischen Kaisers unvergessen. Mit allen Folgen für die abendländische Geschichte wurde das religiös legitimierte Herrschertum Karls des Großen zum Prinzip der feudalistischen Staatenbildung Europas, und sein Geburtsort wurde mit einzigartigen Reichtümern und Kunstwerken überschüttet.

Doch das alles ist Geschichte, der museale Teil Aachens sozusagen. Denn wer nach Aachen nicht nur wegen der karolingischen Vergangenheit kommt, wird eine höchst lebendige Stadt mit eigener Wesensart entdecken. Das Aachener Bürgertum hat nicht nur im Mittelalter eine Altstadt von ausgeprägt städtischem Geist innerhalb der Befestigungsringe entstehen lassen. Im 18. und 19. Jh. wurde Aachen zur schönen klassizistischen Bäderstadt, durch die 1863 gegründete Technische Hochschule zur lebhaften Studentenstadt. Vor allem aber hat sich Aachen in den Jahrzehnten nach dem Zweiten Weltkrieg zu einer Kunststadt von internationalem Rang entwickelt; die Sammlung moderner Kunst im Ludwig Forum genießt mittlerweile Weltruf. Von allem, was diese Stadt atmosphärisch bestimmt, vom bürgerlichen Mittelalter mit seinen Bauten, von der mondänen Bäderstadt mit ihrem schon wieder historischen Kurbetrieb, vom Studentenleben mit seinen Kneipen in der Altstadt und vom modernen Kunstbetrieb mit seinen Ausstellungen und den zahlreichen bronzenen Skulpturenbrunnen sind im Stadtgebiet noch viele Sehenswürdigkeiten zu finden.

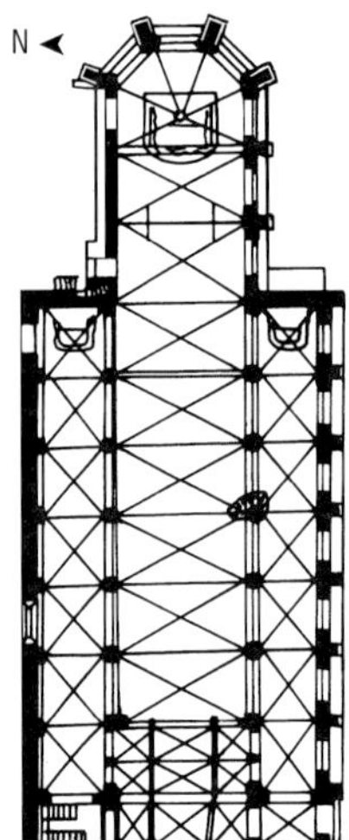

Aachen, Grundriß der Kirche St. Nikolaus

Begibt man sich vom Markt vor dem Rathaus nach rechts in die Großköln-Straße, so erreicht man bald **St. Nikolaus (9),** die einzige der gotischen Pfarrkirchen der Stadt, die ihr mittelalterliches Erscheinungsbild vor den Schäden des Zweiten Weltkriegs retten konnte. 1327 von Franziskanern als Teil eines inzwischen verschwundenen Klosters erbaut, wenige Jahrzehnte später um einen Chor mit 5/8-Schluß verlängert, im 17. Jh. mit Barockaltären versehen, atmet der Bau trotz historisierender Überarbeitung noch den Geist des Bettelordens, der sie errichtete. Schlichte Rundsäulen mit schmucklosen Kapitellen tragen die Gewölbe der drei Kirchenschiffe, deren einzige prägnante Dekoration von den Rippen der strengen Kreuzgratgewölbe gebildet wird. Im Haus Gottes sollte allein seine Heiligkeit beeindrucken, keine irdische Zutat. Vor der Kirche zollte der Künstler Heinz Tobolla mit seinen drei schirmtragenden Bronzefiguren sowohl dem Aachener Wetter als auch den Schirmmachern der Stadt seinen Tribut.

Zurück auf dem Markt wird man mit einem Blick in die links abzweigende lange und schmale **Jakobstraße** bemerken, daß die Achse Großköln-Straße – Markt – Jakobstraße einer der wichtigsten mittelalterlichen Verkehrswege durch die Altstadt war. Der Handel von Köln nach Lüttich zog hier entlang, und die Route war gesäumt von reichen Kaufmannshäusern, wie noch am Markt zu sehen ist. Entlang der Jakobstraße ist nicht alles original: Hierher versetzte die Aachener Stadtverwaltung im Zuge des Wiederaufbaus nach dem Zweiten Weltkrieg zahlreiche schöne historische Häuserfassaden, deren Bauten zerstört worden waren. Die Straße bietet daher eine sehenswerte Zusammenschau bürgerlicher Architektur Aachens durch mehrere Jahrhunderte. Hier in der schmalen Jakobstraße ereilte im Jahr 1278 den Grafen Wilhelm IV. von Jülich sein Schicksal. Von seiner Eifel-Residenz Nideggen war er aufgebrochen, um nachts die

Die Bettelordenkirche St. Nikolaus hat als einzige Pfarrkirche Aachens ihr mittelalterliches Raumgefüge bewahrt

freie Reichsstadt Aachen zu überfallen und zu erobern. Seine für eine Feldschlacht schwer gepanzerten Ritter gerieten in der Enge der mittelalterlichen Straßen hoffnungslos in die Defensive, und der Graf wurde in der Jakobstraße mit dreien seiner Söhne erschlagen. Das Denkmal vom Wehrhaften Schmied mit der Brunnenfigur von 1909 erinnert an das Ereignis.

Auf dem Markt mündet auch die zweite große Verkehrsachse des historischen Aachen: Die vom Ponttor kommende **Pontstraße**

Inneneinrichtung eines Aachener Bürgerhauses im späten 18. Jh. (Couven-Museum)

zwängt sich zwischen dem zinnenbekrönten Haus Löwenstein und der Karlsapotheke auf den zentralen Platz der Stadt. Folgt man der schmalen alten Straße, so steht man in der Pontstr. 13 vor einem mächtigen Steinbau aus dem Jahr 1495: dem **Großen Haus von Aachen (10),** das Handelshaus des reichen Bürgers Heinrich Dollart. Die ausgedehnten Räumlichkeiten im Innern des soliden Bauwerks dienten im Lauf der Jahrhunderte den verschiedensten Zwecken, zuletzt wurde hier 1931 das **Internationale Zeitungsmuseum** eingerichtet, das 1962 wiedereröffnet wurde. Basierend auf den Sammlungen des Adeligen Oscar von Forckenbeck aus den Jahren 1882–98 wird die Geschichte des Pressewesens mit historischen Ausgaben seit dem 16. Jh. dokumentiert; die Exponate zeigen auch die ideologische Dienstbarkeit der Presse für die gebildeten und herrschenden Stände.

Ein Stück die Pontstraße weiter erreicht man die schlichte Barockfassade der Theresienkirche (1739–48), deren Inneneinrichtung auf Plänen von Johann Jakob Couven beruht. An der Kreuzung Pontstraße/Driescher Gäßchen ist in einer Grünanlage ein Rest der über 2 m dicken Barbarossamauer, der Stadtmauer aus dem 12. Jh., zu sehen. Das schönste Haus der Pontstraße (Nr. 148) ist das 1738 errichtete Prioratsgebäude eines ehemaligen Kreuzherrenklosters, heute ein standesgemäßes Pfarrhaus, dessen reichgegliederte Fassade deutliche Anleihen.beim französischen Barock aufweist. Die Straße endet am **Ponttor (11),** einer stark befestigten Torburg mit doppeltürmiger Zwingeranlage der zweiten Stadtumwallung aus dem 13. Jh.

Geht man die Pontstraße wieder zurück in Richtung Markt, so zweige man unterwegs rechts in die Straße mit dem Namen Templergraben ab. Dort erreicht man das ausladende **TH-Hauptgebäude (12),** die Visitenkarte der Rheinisch-Westfälischen Technischen

Hochschule. 1870 für 500 Studenten fertiggestellt (heute sind es 37 000), ist das Gebäude bis heute ein Schmuckstück der Stadt. Zu jenen Zeiten, als Naturwissenschaft, Technik und Industrie noch etwas galten, war die künstlerisch hochwertige Gestaltung einer TH eine Selbstverständlichkeit. So erhielt die Hochschule das Aussehen eines repräsentativen Schloßbaus: ein Rustika-Erdgeschoß mit Rundbogenportalen, einen säulengeschmückten Piano nobile, Mittel- und Eckrisalite und eine Balustradenbekrönung zeigen die für die Zeit typische historistische Stilmixtur aus Elementen von Neorenaissance und Klassizismus. In ähnlichem Stil präsentierte sich damals die Industrie: Kurz vor den TH-Gebäuden war an der Ecke Templergraben/Eilfschornsteinstraße die Spinnerei Marx & Söhne errichtet worden, deren Außenbau ebenfalls in monumentalen historischen Architekturzitaten schwelgt.

Begibt man sich vom Pfalzbezirk in südliche Richtung und nimmt die beim Dom abzweigende Kleinmarschierstraße, so erreicht man nach wenigen Minuten die in der rechts abbiegenden Jesuitenstraße stehende Kirche **St. Michael (13).** Der Straßenname erklärt auch das Bauprogramm der Kirche: 1628 vollendet, ist dennoch vom Barock nichts zu sehen. Die Kirche gehörte den Jesuiten, und die bauten in den Zeiten der Religionskriege im gotischen Stil. Die Verwendung dieser längst verschwundenen Bauform sollte die vorreformatorische Zeit beschwören, in der die Kirche noch eine ungeteilte (katholische) Kirche war. Biegt man um die Ecke rechts in die Michaelstraße ein, so gelangt man auf die Annastraße mit reizvoller Bausubstanz des 18. und 19. Jh. Dazwischen steht die schlichte Barockkirche St. Anna nach Plänen des Stadtbaumeisters J. J. Couven.

Zurück zu St. Michael begebe man sich in Richtung der klassizistischen Bauten Schinkels und Cremers aus der großen Bäderzeit Aachens im 19. Jh. Man nehme dazu die Elisabethstraße, die direkt zum Elisenbrunnen führt. In dieser Straße steht ein fast original erhaltenes Jugendstilbad der Zeit um 1900 mit charakteristisch dekorierten Schwimmhallen. In der kurzen Zeit der segensreichen französischen Besetzung der Rheinlande, während der auch die völlig verarmte Eifel einen wirtschaftlichen Aufschwung nahm, plante Napoleon den Ausbau Aachens zur luxuriösen Bäderstadt. Nach dem Ende des großen Korsen, der immerhin noch 1811 seinen Sohn in der Pfalzkapelle Karls des Großen hatte taufen lassen, fiel Aachen als Folge des Wiener Kongresses an Preußen. Der preußischen Regierung waren die Pläne des Erbfeindes im Westen nicht unsympathisch. So entstanden 1822-27 in unmittelbarer Nachbarschaft der **Elisenbrunnen (14)** und das **Stadttheater (15)** im Stil des monumentalen Berliner Klassizismus. Inspiriert vom preußischen Stararchitekten Karl Friedrich Schinkel, ausgeführt vom kongenialen Aachener Baumeister Johann Peter Cremer, nahm der Elisenbrunnen die Form einer riesigen, säulengetragenen Rotunde mit zwei Seitenflügeln an, dem Stadttheater wurde eine gewaltige ionische Säulenfassade im Stil eines antiken Tempels vorgeblendet. Beiden historischen Bauzitaten lag immerhin der Gedanke zugrunde, die Gebäudefunktion durch die Form auszudrücken: Die Rotunde des Elisenbrunnens erinnert an die ebenfalls rund gestalteten Bauten antiker Quellheiligtümer; das Stadttheater auch formal als Musentempel vorzuführen, war eine gängige Idee des Klassizismus.

Hier ist in wenigen Metern Entfernung ein wesentlicher Unterschied zum historistischen Bauen zu studieren, das nur wenige Jahrzehnte später den vorherrschenden Geschmack bestimmen sollte. Als in der zweiten Hälfte des 19. Jh. die alten Mauerringe der Aachener Stadtbefestigung abgerissen wurden, um Platz für repräsentative Alleenringe um die Altstadt zu schaffen, war die Zeit des Klassizismus bereits vorüber. So entstand nahe dem Theater ein ausladendes Gebäude, dessen Fassade mit Galerien und Rundbogenfenstern Assoziationen an romanische Burgen vermittelt – doch der Bau enthielt nichts, was den stilistischen Anklang rechtfertigte: Es war (und ist) das Hauptpostamt.

Von diesem Gebäude die Franzstraße hinauf erreicht man einen originalen mittelalterlichen Bau, das **Marschiertor (16),** Rest des niedergelegten zweiten Befestigungsrings der Zeit kurz vor 1300. Nicht weit entfernt steht mit dem Hauptbahnhof (1905) ein weiteres Beispiel des Historienstils: Burgenähnliche Rundbogenfenster, Dachformen, Erker und Türmchen zieren diese Einrichtung der modernen Eisenbahn. Davor ist auf dem Bahnhofsplatz die elegante Skulpturengruppe der Bronzepferde von B. Stirnberg aus dem Jahr 1975 zu sehen.

Weit größere Möglichkeiten zum repräsentativen Bauen als der im Inneren der Stadt niedergelegte Ring der Barbarossamauer bot der Platz, den 1875 der Abriß des zweiten, äußeren Mauerrings schuf. Man muß sich klarmachen, daß hier nicht nur eine Mauer niedergelegt wurde. Die äußeren Befestigungen einer Stadt bestanden darüber hinaus aus einem breiten Graben, der gegenüber aufgeschütteten Contrescarpe und dem Glacis, dem freien Schußfeld, auf dem der Feind keinerlei Deckung durch irgendeine Bebauung finden durfte. So wurden über 100 m Platz gewonnen, den in der Regel das reichere Bürgertum nutzte, um repräsentative Bauten auszuführen, die in der Enge der Altstadt unmöglich gewesen wären. Bis heute ist der Alleenring um das alte Aachen ein hervorstechendes Merkmal seiner Stadtgeographie.

Vom Bahnhof gelangt man über die Römerstraße auf die Wilhelmstraße, eine der großen neuen Ringstraßen des späten 19. Jh. Dort findet man das Haus Casalette (Wilhelmstr. 18), eine 1892 vollendete großbürgerliche Imitation der Biblioteca di San Marco aus Venedig. Der Prunkbau enthält heute das **Suermondt-Ludwig-Museum (18)** mit einer bedeutenden Skulpturensammlung von der Romanik bis zur Moderne. Besonderes Interesse verdienen die Exponate aus dem Hoch- und Spätmittelalter: Einzelskulpturen der Romanik, Figurengruppen der Frühgotik und mehrere geschnitzte und gemalte Altarschreine und Flügelaltäre zeigen die stilistische Vielfalt von

Werken aus Nordfrankreich, dem flämischen und niederrheinischen Raum, aus Sachsen und Süddeutschland. Darüber hinaus ist eine reichhaltige Gemäldesammlung zu sehen, aus der die niederländischen Meister ebenso hervorstechen wie die Werke Alfred Rethels (1816–59), der die historistischen Karlsfresken im Kaisersaal des Rathauses schuf. Nur wenige Meter nördlich des Museums mündet die Wilhelmstraße auf den Kaiserplatz, wo die Kirche **St. Adalbert (19)** auf einem Felsen steht. Begonnen im späten 10. Jh., 1868 vollkommen im Historienstil verändert, 1943 zerbombt, präsentiert sich der Bau heute als fünfschiffige Basilika im schmucklos-nüchternen Stil der ersten Nachkriegszeit.

Von der Wilhelmstraße ist es nicht allzu weit zum **Frankenberger Viertel,** einem weiteren Glanzstück gründerzeitlicher Stadtarchitek-

Das Frankenberger Viertel weist noch einmalig geschlossene Straßenfronten auf; hier die Oppenhoffallee

Auf dem aussichtsreichen Lousberg in der Nachbarschaft des Aachener Kurviertels steht ein Pavillon von Johann Jakob Couven mit einem hübschen Ziergitter

tur Aachens, das gegen 1900 um die ehemals isoliert vor der Stadt gelegene Wasserburg Frankenberg entstand. Dort weisen Oppenhoffallee, Bismarckstraße und Viktoriaallee noch einmalig geschlossene Straßenfronten reichgestalteter historistischer Bürgerhäuser auf. Die **Burg Frankenberg (20)** enthält eine sehr sehenswerte stadtgeschichtliche Sammlung mit einem Modell des karolingischen Pfalzbezirks.

Zurück auf dem Aachener Alleenring trifft man nicht weit vom Kaiserplatz entfernt auf die Monheimsallee und damit auf das luxuriöse, ambitionierte **Kurviertel (21)** mit Spielcasino aus dem 20. Jh. 1916 wurden das Kurhotel Quellenhof, ein Kurmittelhaus und das Neue Kurhaus eingerichtet. Das Datum der Inbetriebnahme läßt für einen erfolgreichen Start nichts Gutes ahnen, auch wenn man voll Optimismus sogar einen Musiksaal mit 850 Plätzen dazugebaut hatte. Die Verarmung Deutschlands nach dem Ersten Weltkrieg und die Zerstörungen des Zweiten ließen vom alten Glanz wenig mehr übrig als die noblen Fassaden, doch gibt es zwei Neuerungen: Mitte der 70er Jahre wurde auf dem Gelände mit dem Eurogress ein modernes Kongreßzentrum gebaut und hinter der neoklassizistischen Fassade des Neuen Kurhauses das Internationale Spielcasino eingerichtet. Diese Tatsache wäre für den Kunstreisenden eigentlich von marginalem Interesse, hätte man es nicht im Inneren mit einer Fülle interessanter und eindrucksvoller moderner Kunstwerke ausgestattet. Ob die 7000 Lampen des ›Lichtregens‹ von Heinz Mack (1976), die zehn Graphiken von Salvador Dalí, das Nagelrelief von Günther Uecker, Marilyn Monroe im Siebdruck von Andy Warhol – überall in Spielhallen, Bars und und den Restaurants des Casinos trösten namhafte Vertreter der Moderne mit ihren Werken über verlorene Chips hinweg.

Dem Kurviertel benachbart erhebt sich der **Lousberg (22),** den bereits die Franzosen 1807 in eine großzügige Parkanlage zu verwandeln begannen. Viele Wege führen dort zum hübschen Kersten'schen Pavillon von J. J. Couven und zum französischen Obelisken. Der besondere Reiz des Lousbergs liegt aber in seinem Panorama: die Eifel auf der einen Seite, die Stadt Aachen auf der anderen. 1996 ist dort das Belvedere wiedereröffnet worden, von dessen Restaurant man einen schönen Blick über die Türme der Stadt genießt.

Am Beginn der Monheimsallee zweigt die Jülicher Straße stadtauswärts ab, und an ihr ist die jüngste Kunstattraktion Aachens zu finden, das **Ludwig Forum für Internationale Kunst (23).** 1991 in der ehemaligen Schirmfabrik Brauer (Jülicher Str. 97–109) als Nachfolger der ›Neuen Galerie – Sammlung Ludwig‹ gegründet, hat sich diese vielschichtige Permanentausstellung moderner Kunst in wenigen Jahren Weltruf erworben. Der rastlose Sammlereifer des Aachener Schokoladenfabrikanten Peter Ludwig und seiner Frau Irene, dem auch das Suermondt-Ludwig-Museum seine besten Stücke verdankt, hat das Ehepaar mit zu den bedeutendsten Kunstsammlern der Gegenwart werden lassen. Aus ihrem unerschöpflichen Fundus moderner Kunst wurde das Ludwig Forum geschaffen, ein »Kaleidoskop der zweiten Jahrhunderthälfte«, wie es sich selbst versteht. Die Bezeichnung Forum verweist auf die Konzeption des Unternehmens: Hier sollte kein Museum für moderne Kunst entstehen, sondern eine Stätte ständiger Auseinandersetzungen mit der Kunst unserer Zeit, ihrer Präsentation, ihrer Herkunft aus unterschiedlichen geographischen Regionen. Ständig wechselnde Ausstellungen und Veranstaltungen um einen unscharf begrenzten Kern ›fester‹ Exponate verleihen dem Forum jenes unruhige Leben, auf das es Wert legt.

Was die karolingische Kaiserpfalz für das historische Aachen, das ist das Ludwig Forum für die moderne Stadt – jedenfalls was die Intensität der Begegnung mit Kunst angeht. In zehn Sälen wandert der Betrachter durch alle Sparten des modernen Kunstschaffens, als wäre er ein nahtloser Teil desselben. Hier steht er zwischen lebensgroß gestalteten, elend auf den Boden geworfenen Obdachlosen (Duane Hanson, 1970), Joseph Beuys blickt ihn aus einer eigenen Fotomontage an, in die fotorealistischen Gemälde von Franz Gertsch scheint man hineinsteigen zu können, die unvermeidliche Pop Art-Blondine von Roy Lichtenstein scheint ihm zum hundertsten Mal zuzuflüstern: »I know, how you feel, Brad«; klassische Kunstzitate wie die Venus in der Muschel verfremden sich vor seinen Augen, weil hinter der Schönen Mao Tse Tung mit roten Fahnen aufmarschiert, und einen endgültigen Begriff von der Relativierung der dauerhaften Geltung moderner Kunst, die ein »generationsbedingtes Lebensgefühl« (Ludwig) ausdrückt, erhält er vor dem beklemmenden Werk in Schwarz: ›Vom Blitz getroffene Landschaft‹ (Anne und Patrick Poirier, 1982–84), denn unsere, mit der atomaren Drohung des kalten Krieges großgewordene Generation weiß nur zu genau, was für ein Blitz gemeint ist, der eine ganze Welt in Asche verwandeln kann.

Im Ludwig Forum für Internationale Kunst hat der Besucher die seltsamsten Begegnungen...

Das Gebäude des Ludwig Forums ist eine 1928 fertiggestellte Schirmfabrik, zeitweise die größte Europas. Der Architekt Josef Bachmann orientierte sich an der Bauhaus-Architektur des Walter Gropius: markant wird die strenge Horizontale der Fensterfronten an der Ecke gerundet, der Stahlbetonbau ist mit zweifarbigen Ziegeln verblendet. Zur Jülicher Straße öffnet sich ein großes Rundfenster, das flankiert wird von Büsten der Götter Merkur und Neptun: Möge es Neptun, der Wassergott, viel regnen lassen, damit mit Hilfe Merkurs, dem Gott der Kaufleute, möglichst viele Schirme verkauft werden.

Burtscheid

Der letzte Gang zur Kunst in Aachen führt am Marschiertor vorbei zu dem in einem Talkessel gelegenen Ortsteil Burtscheid, der effektvoll von zwei Kirchen auf einer Anhöhe überragt wird. Auch hier lag ein schon zu römischer Zeit genutzter Thermenbezirk, dessen 74° warme Quellen zu den heißesten Europas zählen. Im Jahr 997 wurde auf dem Höhenzug ein Benediktinerkloster gegründet, das 1220 Zisterzienserinnen übernahmen, die bis zur Aufhebung der Abtei 1802 hier verblieben. Im Mittelalter umgab den ganzen Klosterbezirk eine Mauer; außerhalb dieser entstand ein Ort, dessen Pfarrkirche ebenfalls auf der Anhöhe nicht weit von der Abteikirche steht.

Auf dem Weg hinauf zu den beiden Kirchen gelangt man zum großen Abteitor aus dem Jahr 1644, einem dreigeschossigen Ziegelbau mit reicher Hausteingliederung und einer über zwei Stockwerke reichenden Tordurchfahrt mit dem Wappen der Äbtissin Henriette Raitz von Frentz. 1730 erteilten die Nonnen dem Aachener Stadtbaumeister Johann Joseph Couven den Auftrag, eine neue Abteikirche, die heutige **Kirche St. Johann Baptist,** zu errichten. Nach vielen Planüberarbeitungen gelang Couven mit sicherem Gefühl für theatralische Szenerien ein Bau, der seit seiner Fertigstellung im Jahr 1754 das Ortsbild von Burtscheid prägt. Zwischen einem einjochigen Chor und einem zweijochigen Langhaus überragt eine riesige, stark überhöhte quadratische Kuppel mit abgerundeten Ecken die Kirche, der noch ein niedriger Westturm vorgesetzt ist. Dabei ist die dem Ort zugewandte Nordseite mit Pilastergliederung und Giebelaufsatz als eindrucksvolle Schaufassade zusammengefaßt.

Innen beeindruckt die Kirche durch ihre kühle und klare Atmosphäre, der weite Raum unter der Kuppel ist sparsam gegliedert durch Pilaster und übereinanderliegende Muschelnischen mit Apostelstatuen. Als wäre er für den Couven-Bau hergestellt worden, nimmt der 1875 im Dom abgebrochene Berdolet-Altar im Chor die Wirkung des Innenraums auf, seine kostbaren Marmorsäulen mit den reich gestalteten Kapitellen, vor allem aber die beiden anbetenden Engel sind Meisterwerke des Lütticher Barock des 18. Jh. Die ehemalige Abteikirche entging dem Verfall, indem sie nach der Aufhebung des Klosters (1802) der Gemeinde Burtscheid als zweite Pfarrkirche überschrieben wurde; der reiche Kirchenschatz, der sich aus der klösterlichen Vergangenheit hier angehäuft hat und mit seinen kostbaren Stücken aus dem 11.–19. Jh. zu den bedeutendsten Deutschlands zählt, ist an jedem ersten Dienstag des Monats ab 16 Uhr zu besichtigen.

Die alte Pfarrkirche Burtscheids, **St. Michael,** liegt nur einen Steinwurf von St. Johann entfernt. Auch sie wurde 1748–51 von Johann Joseph Couven neu gebaut; wobei dieser das Bauschema des romanischen Vorgängerbaus, einer dreischiffigen Pfeilerbasilika, aufgriff. Nach den Kriegszerstörungen vereinfacht wiedererrichtet, ist der Innenraum dennoch recht eindrucksvoll, das stark erhöhte

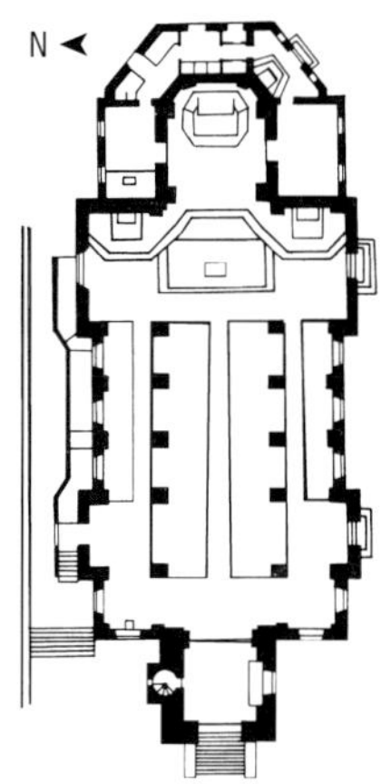

Burtscheid, Grundriß der Pfarrkirche St. Michael

Die Burtscheider Kirche St. Michael zeigt die kühle Eleganz der Bauten von Johann Joseph Couven, dem bedeutendsten Aachener Stadtbaumeister

Mittelschiff ergibt mit dem gleich hohen Querschiff eine den Raum zentralisierende Vierung. Die auf Entwürfe Couvens zurückgehende prächtige Rokokoausstattung wurde im letzten Krieg zerstört, doch hat man den großen Tabernakelaltar rekonstruiert. Er gibt mit seiner plastischen Durchformung und seinen Gold- und Silberfassungen dem sonst seines Schmuckes beraubten Innenraum einen lebendigen Akzent.

Die Umgebung von Aachen

Kornelimünster

Kornelimünster ☆ Eine Wallfahrtskirche, gebaut im Lauf mehrerer Jahrhunderte

Die erste bedeutende Kunststätte der südlichen Aachener Umgebung liegt sozusagen hinter dem nächsten Hügel. In einem weiten Bogen der Inde steht Kornelimünster; der alte Ort gruppiert sich um den mächtigen Bau der ehemaligen Abteikirche und um zwei Plätze: den **Korneliusmarkt** und den anschließenden **Benediktusplatz.** Sie sind umzogen von geschlossenen Häuserfronten des 17.–19. Jh., die im unerschöpflichen Detailreichtum die stilistische Vielfalt von fast 400 Jahren bürgerlicher Stadtarchitektur sichtbar machen. Dort stehen Häuser aus Bruchstein, Fachwerk und Steinfachwerk, verschiefert oder mit Schmuckmustern, mit den verschiedensten Portalen, Treppenvorbauten, Türen, Erkern, Giebeln und Hausteinrahmungen der Fenster. Zusammen mit den alten Läden und Laternen und der den Korneliusmarkt begrenzenden Ostpartie der Abteikirche mit ihrer turmartigen achteckigen Barockkapelle vor dem Chor bietet Kornelimünster eine so intakte historische Stadtatmosphäre, wie sie nur noch selten zu finden ist.

Der Ort verdankt seine Existenz der einst mächtigen Benediktinerabtei, deren breitgelagerte Kirche mit ihrem vielgestaltigen Baukörper schon von außen auf eine wechselvolle Baugeschichte weist. Gegründet wurde die Abtei im Jahr 814 von Karls des Großen Sohn Ludwig dem Frommen, der den Abt Benedikt von Aniane aus Frankreich berief. Dieser war bereits ein bedeutender Mann und forderte seit langem eine strengere Zucht in den karolingischen Klöstern; hier bei Aachen, im Tal der Inde, sollte er nach Ludwigs Willen von einem großen Reformkloster aus sein Werk vollenden. Um ihm die nötige Autorität zu verschaffen, wurde die neue Abtei nicht nur mit materiellen Gütern und Ländereien überhäuft, sie bekam aus dem Bestand der Aachener Reliquien das Grabtuch, das Schürztuch und das Schweißtuch Christi sowie einen Splitter vom Kreuzesholz geschenkt.

Mit diesen für die ganze Christenheit hochbedeutenden Gegenständen gestärkt, konnte Benedikt von Aniane bereits 817 das erste Generalkapitel des Frankenreiches in Aachen abhalten, in 75 Statuten wurden einheitliche Festlegungen für das gesamte fränkische Klosterleben getroffen. Kurz vorher war das ›Monasterium ad Indam‹ in Gegenwart des Königs eingeweiht worden, die erste Kirche am Orte, eine dreischiffige Basilika mit Querhaus und drei Apsiden, war fertig. Im Westbau hatte sich Ludwig ein Doppelgrab anlegen lassen, vermutlich für sich und seine Gemahlin, doch wurde er 840 in der Kathedrale von Metz bestattet. Auch sonst ließen sich die mit der Gründung der Abtei verbundenen Ziele nicht verwirklichen: Abt Benedikt starb 821, in den Kriegen der Auflösung des Karolingerreiches ging sein Reformwerk unter, das Kloster wurde 881 und nochmals 892 von Normannen überfallen und zerstört.

Erst mit der ottonischen Reichsreform begann ein erneuter Aufstieg; Otto III. verlieh der Abtei Markt- und Münzrecht und bestätigte ihre Reichsunmittelbarkeit, wodurch – ähnlich wie später in Prüm – der Abt landesherrliche Rechte besaß und die Abtei eine Art kleiner Klosterstaat wurde. Den wichtigsten Grundstein ihrer Renaissance hatte die Abtei jedoch selbst gelegt, und zwar durch einen eigentümlichen Handel, der im Jahr 875 stattfand. Damals tauschte das Kloster Inda aus seinem Reliquienschatz das halbe Grabtuch des Herrn gegen die Schädeldecke und den rechten Arm des Märtyrerpapstes Kornelius, dessen Reliquien sich besucherstarker Verehrung erfreuten. Er galt im Mittelalter als der Heilige, der am erfolgversprechendsten gegen die Fallsucht anzurufen war. Seitdem bestimmten die Reliquien des heiligen Kornelius und die damit verbundene Wallfahrt so sehr die Existenz des Klosters, daß sich dieses in Monasterium Sti. Corneli ad Indam umbenannte – das heutige Kornelimünster. Im späteren Mittelalter schloß sich das Kloster dem siebenjährigen Zyklus der Aachener Heiltumsfahrten an und präsentierte seinen Reliquienschatz alle sieben Jahre öffentlich. Die ungewöhnlichen Holzgalerien, die unter den Dächern der Chöre an der dem Markt zugewandten Seite im 17. Jh. eingebaut wurden, dienten dazu, dem Volk die Heiltümer von hier oben zu zeigen; zusätzlich findet jedes Jahr die Kornelioktav statt: In der Woche nach dem 16. September eilen noch heute große Pilgerscharen zu den Reliquien des hl. Kornelius, die dann in der an den Hauptchor angebauten Barockkapelle zu sehen sind.

Diese Reliquienverehrung bestimmte auch die komplizierte Baugeschichte der **Abteikirche;** jahrhundertelang waren Erweiterungen nötig, um sowohl der Menge der Wallfahrer als auch einzelnen vornehmen Pilgern gerecht zu werden. Nach der Zerstörung der karolingischen Basilika durch die Normannen wurde gegen Ende des 10. Jh. ein vergrößerter ottonischer Bau gleichen Typs aufgeführt, den die Aachener Bürger jedoch niederbrannten, weil sich der Abt von Kornelimünster auf die Seite ihrer Todfeinde, der Herzöge von Jülich, gestellt hatte. Der gotische Neubau behielt im Mittelschiff die Proportionen des frühromanischen bei, an der Südseite entstand jedoch nach zahlreichen Veränderungen im 15. und 16. Jh. eine langgestreckte, zweischiffige Säulenhalle mit zwei Chören; an die Nordseite wurde ein einschiffiger Raum mit einer Sängerempore und an diesen nochmals ein kurzes Schiff mit einer Doppelkapelle für Sakristei und Schatzkammer angebaut.

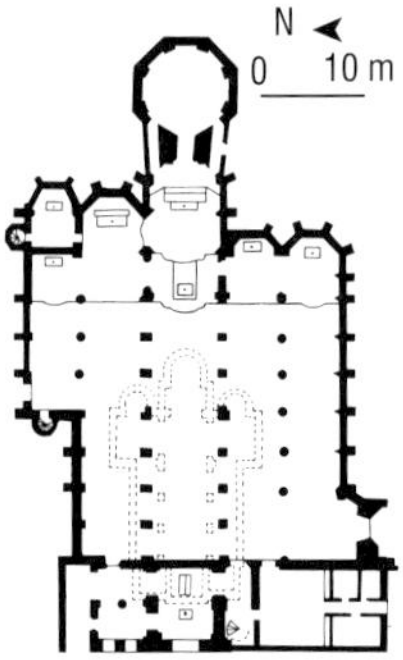

Kornelimünster, Grundriß der ehemaligen Abteikirche

Wenn man daher heute den gewaltigen Kirchenraum mit seinen malerischen Durchblicken in eine Vielfalt aneinandergereihter Räume betritt, muß man beachten, daß die fünf Schiffe im Grunde drei zusammengebaute Kirchen mit verschiedenen Funktionen darstellen. Das breite Mittelschiff mit dem Hauptaltar im Chor war immer die Kirche für den Gottesdienst der Mönche, während die zweischif-

fige Halle im Süden die Kirche der Wallfahrer darstellt. Hier zogen sie in einem Schiff an den ausgestellten Reliquien vorbei und im anderen zurück. Auch die Nordschiffe dienten der Wallfahrt, doch in anderer Weise. Dort empfing der Abt erlauchte Pilger, die er einer individuellen Vorführung der Heiligtümer für würdig erachtete. Allein aus diesem Grunde wurde das kürzere äußere Nordschiff angebaut, das das ungewöhnlichste architektonische Detail der ganzen Kirche enthält: die über einer sechsfachen Steinwulst vorkragende Loge an der Westseite. Dort nahmen die auserwählten Gäste Platz, während ihnen von der gegenüberliegenden Schatzkammer durch ein spitzbogiges Fenster die Reliquien gezeigt wurden.

Hinter der geschlossenen Ostfront der Kirche von Kornelimünster verbirgt sich ein höchst komplizierter und eindrucksvoller Innenraum von fünf Kirchenschiffen

Besondere Beachtung verdienen die Kreuzrippengewölbe im Mittelschiff, die auf Bündeldiensten mit Kapitellen ruhen. In allen fünf Schiffen befindet sich eine vollständig erhaltene gotische Gewölbeausmalung. Der Hochaltar (17. Jh.) enthält ein Gemälde des Rubens-Schülers Gerhard Douffet (Kreuzabnahme). Eine der schönsten Arbeiten Johann Joseph Couvens stellt das prachtvolle Tabernakel dar; es ist der Rest einer einst von ihm geschaffenen Rokokoausstattung der Kirche, von der noch die Bilderrahmen und die Seitentüren der Altarfassade mit den beiden Apostelstatuen überlebt haben. Links daneben eine der besten gotischen Skulpturen des Rheinlandes: der etwa 1460 entstandene hl. Kornelius auf einem figurengeschmückten Sockel, an dem der betende Stifter, Engel mit Wappen und kniende Pilger zu sehen sind. Im Chor des inneren Südschiffes steht der Annenaltar, ein Schnitzschrein mit Heiligenfiguren und einer Kreuzigung unter Rankenwerk aus dem Jahre 1501, die Flügel zeigen Gemälde. Neben weiteren Altären, Beichtstühlen, gotischen Steinfiguren und Gemälden beachte man besonders einige reich gearbeitete Epitaphe von Äbten (15. und 17. Jh.) sowie die prachtvolle Orgel von Johann Joseph Couven.

Die ehemaligen **Abteigebäude** sind ein kompletter Neubau aus der Mitte des 18. Jh.; allein zwei Torbauten mit Flankierungstürmen zeugen von der alten Anlage. Die um zwei Höfe gruppierten restaurierten Gebäude bieten einen erfreulichen Anblick, weshalb sich ein Rundgang lohnt; innen haben sich prächtige Malereien und Stukkaturen erhalten, die in eigentümlichem Kontrast zur jetzigen Nutzung der Räume stehen: Hier befindet sich die Dauerausstellung ›Aspekte der gegenwärtigen Kunst in Nordrhein Westfalen‹.

Oberhalb des Ortes steht auf einem Bergrücken die alte Pfarrkirche von Kornelimünster, **St. Stephan.** Interessanter als deren Langhaus, eine dreischiffige spätgotische Halle, ist der gedrungene Westbau mit seinem Untergeschoß aus karolingischer Zeit, in den römische Schriftsteine verbaut wurden. Dort liegt ein seltsamer kryptenartiger Raum mit drei parallelen Tonnengewölben auf vier quadratischen Pfeilern, an dessen Mittelschiff eine Confessio mit einem Grab anschließt. Es ist ungeklärt, für wen diese aufwendige Grabanlage errichtet wurde; Hugot vermutet, daß sie für Benedikt von Aniane bestimmt war, von dem man weiß, daß er in Kornelimünster beerdigt wurde, dessen Grab man aber nie gefunden hat.

Stolberg

Stolberg: Repräsentative Bürgerhäuser künden vom Wohlstand der alten Messingstadt

Fährt man nun in Richtung Wenau, so liegt links neben der Strecke die Stadt Stolberg. Der Ort wird 1118 urkundlich erwähnt, als die Herren von Stolburg auf dem Kalksteinfelsen über dem Vichttal eine Befestigung erbauten. Im 15. Jh. zu einer mächtigen Burg erweitert, beherrscht die Anlage noch heute die Stadt zu ihren Füßen (in der Torburg das Heimat- und Handwerksmuseum, das in 11 Abteilungen die Handwerksproduktion der Gegend illustriert).

Im 17. und 18. Jh. war Stolberg ein Zentrum der europäischen Messingindustrie. Vom damaligen Reichtum zeugen die reizvollen Altstadtpartien mit repräsentativen Bürgerhäusern. Auffallend sind die sog. Kupferhöfe, in denen das Metall produziert und verarbeitet wurde und die im 18. Jh. teils zu prachtvollen Herrenhäusern ausgestaltet wurden. Schöne Beispiele sind die Kupferhöfe **Grünenthal** (Zweifaller Str.) und **Schart** (Steinfeldstr.). Der **Zinkhütter Hof** (Münsterbusch), um 1830 als Glashütte erbaut, mit seiner geschlossenen Anlage aus Produktionsgebäude, Villa und Arbeiterwohnungen ein bedeutendes Industriedenkmal, beherbergt das Museum für Industrie-, Wirtschafts- und Sozialgeschichte, das schwerpunktmäßig der Stolberger Metallverarbeitung gewidmet ist.

Von Stolberg gelangt man nach wenigen Kilometern über Vicht in das schöne Waldtal des Wehebachs, wo in romantischer Lage hinter

alten Gärten, Mauern und Bäumen das **Kloster Wenau** liegt. Die mit Strebepfeilern gegliederte Kirche, das an die Westfassade anschließende Pfarrhaus mit dem hohen Staffelgiebel und der Wirtschaftshof des 17. und 18. Jh. mit seiner großen Tordurchfahrt bilden ein malerisches Bauensemble. Die Kirche des ehemaligen Prämonstratenserinnenklosters besitzt wie üblich eine Nonnenempore im Westen, die noch dem romanischen Gründungsbau aus der ersten Hälfte des 12. Jh. angehört; die dreischiffige Pfeilerbasilika wurde im 15. Jh. umgebaut (Turm und Chor neu errichtet) und erst im 17. Jh. eingewölbt. 1967 entdeckte man unter der Empore einen gotischen Freskenzyklus des späten 13. Jh., der in sieben Bildern die Passion Christi zeigt. Der Chor besitzt eine reiche spätgotische Rankenausmalung. Neben der prächtigen Orgel und der fein ornamentierten durchbrochenen Emporenbrüstung nach Entwürfen von Johann Joseph Couven – so weit reichte sein stilistischer Einfluß – ist das bedeutendste Ausstattungsstück der Kirche die monumentale Kreuzigungsgruppe im Triumphbogen, das einzige vollständig erhaltene Beispiel einer solchen Skulpturengruppe aus romanischer Zeit im ganzen Rheinland. Um 1250 entstanden, stellen besonders die säulenhaften Figuren der Trauernden eindrucksvolle Zeugnisse spätstaufischer Plastik dar.

Die große Burg von Stolberg überragt eine malerische kleine Altstadt

Kloster Wenau: Ein malerisches Bauensemble mit guter Ausstattung

Fährt man vom Kloster die 100 m zurück zur Straße durch das Wehebachtal, so zweigt fast gegenüber eine schmale, unasphaltierte, aber gut befahrbare Waldstraße ab. Sie führt durch die von einsamen Lichtungen und Bachtälern geprägte Landschaft des Hürtgenwalds,

vorbei an einem kleinen See, zu der auf einem Wiesenhang gelegenen Halbruine der **Laufenburg.** Die Anlage mit der hohen, von mehreren vorspringenden Rundtürmen verstärkten Ringmauer und dem großen Bergfried gehört dem 14. und 15. Jh. an; in den Raubkriegen Ludwigs XIV. wurde die Burg zerstört. Heute lädt nicht nur die einfache Gaststube im Inneren zum Besuch, sondern vor allem der wundervolle Wald des umliegenden Wenauer Forstes, durch den man von hier aus auf einer kurzen Wanderung die entlegenen Ruinen des gänzlich verfallenen Klosters Schwarzenbroich erreichen kann oder bald die monumentale Kulisse des Schlosses **Merode** über den Bäumen aufragen sieht. Die prachtvolle Anlage, ursprünglich eine zweiteilige Wasserburg mit vier mächtigen Ecktürmen und einem Batterieturm, entstand unter dem Einfluß der niederländischen Festungsbautechnik des 16. Jh. Um 1700 und später zu einem Schloß umgebaut, wird der äußere Eindruck noch immer von den Türmen mit den hoch aufragenden Barockhauben und durch die alte (ebenfalls holländisch inspirierte) Gliederung des Mauerwerks aus Ziegeln mit hellen Kalksteinbändern bestimmt. Bei diesem äußeren Eindruck muß es leider auch bleiben, denn das Schloß ist bewohnt und kein Zutritt erlaubt.

Von der langen Geschichte der Stadt **Eschweiler** (karolingisches Königsgut, ab 1420 zu Jülich gehörig, im 15. Jh. Aufschwung durch den Kohlebergbau) sind nach der Zerstörung durch die Franzosen (1678) kaum noch Zeugnisse vorhanden. Die Stadt besitzt den schönen klassizistischen Bau des sog. Alten Rathauses (1822) und mehrere Burgen bzw. deren Reste. Noch wehrhaft ragt Burg Röthgen auf, eher friedlich wirkt Burg Kinzweiler inmitten von Wassergräben, eine seltene Mischung aus Wohn- und Wehrbau stellt die Ruine der Burg Nothberg dar: 1555 war deren Herrenhaus im Stil der Renaissance umgebaut worden, neben mächtigen Flankierungstürmen erblickt man ein zierliches Portal mit dorischen Halbsäulen und die Reste eines prächtigen Renaissance-Erkers, beides Werke des Italieners Alessandro Pasqualini. Ein ungewöhnliches Kunstwerk steht in der Pfarrkirche St. Peter und Paul, eine ausdrucksvolle gotische Pietà vom Ende des 14. Jh. Die Figur ist innen hohl und besteht aus mehreren dünnen Lederschichten, über denen eine Schlämmschicht als Farbgrund aufgetragen wurde.

Wenige Kilometer weiter westlich liegt **Langerwehe.** Wahrscheinlich bereits eine Römerstation, ist der 1157 erstmals erwähnte Ort seit dem Mittelalter für seine Töpfereierzeugnisse bekannt. Stilgerecht findet sich hier ein sehenswertes und vielbesuchtes Töpfereimuseum mit umfangreichen Sammlungen profaner und sakraler Objekte vom 9. Jh. bis zur Gegenwart.

◁ *Die Eifel ist das erste Mittelgebirge, das sich den nordatlantischen Tiefdruckgebieten, die über Frankreich und Belgien heranziehen, entgegenstellt. Entsprechend wasserreich ist der Norden des Gebiets. In zahlreichen Bächen - hier der Perlenbach bei Höfen - sucht sich das Wasser seinen Weg von den Höhen herunter und durchfließt dabei schöne, einsameWaldtäler*

Die nördliche Eifel und das Eifelvorland

Die nördliche Eifel und das Eifelvorland

Wo immer im Mittelalter ein frommer Bauer mit seinem Pflug das Gewölbe der unterirdisch verlaufenden römischen Wasserleitungen aufriß, fuhr er entsetzt zurück. Hier war er auf Satanswerk gestoßen, einen dunklen Tunnel, der von irgendwo kam und weiß Gott wohin führte; zweifelsfrei eine Teufelsader, die mutig zerstört und verschüttet wurde. Ihrem gehobenen geistigen Niveau entsprechend, hatten die gebildeten Stände dieser Zeit eine andere Erklärung für das kilometerlange Phänomen: Wie aus den seit Beginn des 12. Jh. entstandenen ›Gesta Trevirorum‹ hervorgeht, deuteten sie den Kanal nicht als Wasser-, sondern als Weinleitung (Vini ductum), durch die die Trierer großzügig Moselwein nach Köln geschickt haben sollen. Sympathisch, die Vorstellung der damaligen Intellektuellen, die sicher nicht ohne Grund annahmen, daß dieses Getränk selbst einen solchen Aufwand wert sei.

Doch die Ingenieure der Antike standen vor ganz anderen Problemen: Sie mußten durch eine vielgestaltige Landschaft, durch Berge, Täler, Höhenzüge und Randebenen, eine 90 km lange gemauerte und gewölbte Leitung immer bergab führen, um Wasser von den Quellstuben im Urfttal bis nach Köln zu leiten. Wasser gab es zumindest genug, denn besonders der westliche Teil der Nordeifel gehört zu einer niederschlagsreichen Region. Dort ragt das (heute größtenteils in Belgien gelegene) Hohe Venn mit seiner Abdachung weit in die Eifel hinein und bildet jene Waldlandschaften um Zweifall, Hürtgen und Wenau, die man nach den anmutigen Wiesen des Kornelimünster-Ländchens erreicht, welches geologisch gesehen das Venn-Vorland bildet. An das Venn schließt sich östlich die Rur-Eifel an, die von waldreichen, tief eingeschnittenen Tälern geprägt wird, in denen Rur, Olef und Urft mit ihren großen, fjordähnlich verzweigten Stauseen mit die schönsten Landschaften der Eifel geformt haben. Schon ein wenig im Regenschatten reicht östlich das immer noch wasserreiche Nordende der fossilführenden Eifeler Kalkmulden heran, die mit den sanftwelligen Kalkgebieten der Mechernicher Voreifel fast unmerklich in die große Senke der Zülpicher Lößbörde übergehen. Im Gegensatz dazu scheint dem von Köln oder Bonn sich nähernden Reisenden die Nördliche Waldeifel (um Bad Münstereifel) als markante, sich deutlich von der Ebene absetzende Waldmauer aufzusteigen, aus der die weithin sichtbare Burg- und Vulkanruine des Tombergs bei Rheinbach aufragt.

Wie aus der Existenz der die halbe Nordeifel durchziehenden Wasserleitung zu ersehen ist, hat dieses heterogene Land zu römischer, fränkischer und mittelalterlicher Zeit eine gemeinsame Geschichte. Als Hinterland für die gewaltige Militärmaschinerie, welche die Römer an der jahrhundertelang gefährdeten Rheingrenze stationiert hatten, wurde die fruchtbare Börde intensiv kultiviert und

◁ *Burg Nideggen auf den steilen Buntsandsteinklippen des Rurtals*

Die nördliche Eifel und das Eifelvorland

besiedelt. Die ungewöhnliche Dichte römischer Fundstellen rührt auch daher, daß man in der Mechernicher Voreifel reiche Erzlagerstätten ausbeutete. Nach dem Zusammenbruch der römischen Reichsgrenze am Rhein wurde das Land von Franken in Besitz genommen und blieb nur dünn besiedelt. In diesem Gebiet fanden – besonders um das damals bedeutende Zülpich – die entscheidenden Kämpfe gegen die Alemannen statt, deren schließliche Niederlage ein wichtiger Baustein zur Vorherrschaft der Franken in Mitteleuropa wurde. Die Nordeifel war im Frankenreich in mehrere von Grafen verwaltete Gaue eingeteilt, zahlreiche Königshöfe befanden sich hier. Nach dem Zerfall der fränkischen Zentralgewalt während der

Auflösung des Karolingerreiches blieb allein das Erzbistum Köln eine stabile politische Gewalt, neben die unter den Ottonen im 10. Jh. das Pfalzgrafengeschlecht der Ezzonen trat. Es gelang Köln aber, diese einzige nennenswerte Konkurrenz nach Süddeutschland abzudrängen. Mit dieser Festigung seiner Vorherrschaft im Rheinland hatte Köln gleichzeitig die Voraussetzung für den Aufstieg mehrerer kleiner Dynastengeschlechter geschaffen, die nun das Machtvakuum nach dem Verschwinden der Pfalzgrafen zu füllen versuchten. Dies brachte augenblicklich die Feindschaft zum Erzbistum mit sich, das die gleichen Absichten verfolgte: Mit den Grafen von Berg, von Jülich, von der Mark, von Limburg, von Brabant und anderen schlug

Die großen Stauseen, hier der Obersee der Rurtalsperre, haben in der Eifel völlig neue Landschaftsbilder entstehen lassen

sich Kurköln das ganze Mittelalter hindurch, bis die Schlacht von Worringen gegen die Koalition der Grafen 1288 mit einer militärischen Katastrophe für das Bistum endete und dessen Vormacht endgültig brach.

In der Zeit der Schwäche der Kölner Erzbischöfe war vor ihrer Haustür ein gefährlicher Gegner entstanden: die Grafen, ab 1356 Herzöge, von Jülich, die bis 1542 auf der Burg Nideggen in der Eifel residierten. Der Kampf zwischen ihnen und Kurköln bestimmte das ganze Mittelalter hindurch die Geschichte der Nordeifel, nur an deren Südrand, im politisch weniger bedeutenden Inneren der Eifel, konnten andere Herren wie die von Schleiden oder Reifferscheid eine Rolle spielen. Die Politik der Kölner Erzbischöfe, ihre Schwächung durch häufige Bündnisse mit Frankreich auszugleichen, hat später noch viel Unheil über die Eifel gebracht.

Nideggen

Nideggen☆☆
Besonders sehenswert:
Stadtbild
Pfarrkirche
Burg

Aus den weiten, dunklen Wäldern zwischen Aachen und der Rur-Eifel kommend, betritt man zuerst das alte Festungsstädtchen Nideggen im Ring seiner Mauern mit der gewaltigen Burgruine der einstigen Herzogsresidenz über den senkrechten Buntsandsteinfelsen des Rurtals. 1170 begann Graf Wilhelm von Jülich, noch ein kleiner Adeliger, mit dem Bau einer bescheidenen Burg und sicherte sie durch den gewaltigen Jenseitsturm mit seinen gefürchteten Kerkern. Der Turm riegelte die einzig zugängliche Partie des nach drei Seiten abstürzenden Felsplateaus ab. Als der Nachfolger des Grafen, Wilhelm III., Jülich mit der benachbarten Grafschaft Hengebach (Heimbach) vereinte, war bereits ein ansehnliches Territorium beisammen. Diese neue Machtfülle erbte 1219 der nächste Graf auf Nideggen, Wilhelm IV. von Jülich. Mit ihm betrat eine illustre und auch für mittelalterliche Verhältnisse ungewöhnliche Figur den Schauplatz der nun beginnenden Auseinandersetzungen mit den Kölner Erzbischöfen. Letztere hatten den Aufstieg der neuen Grafschaft bereits mißtrauisch beobachtet, aber offenbar unterschätzt: Als 1242 Erzbischof Konrad von Hochstaden, der Gründer des Kölner Doms, gegen den Kaiser rüstete, erklärte sich Wilhelm von Jülich als Anhänger des Kaisers. Bei einer Schlacht der beiden Heere im Badewald westlich von Nideggen unterliegen die kölnischen Truppen, der sie führende Erzbischof gerät verwundet in die Hände des Jülichers, der ihn in den Kerker seines Jenseitsturms wirft und erst nach neun Monaten gegen Zahlung eines horrenden Lösegeldes wieder freiläßt.

Nach dieser unerhörten Episode rissen die Kämpfe nicht mehr ab. Als 1261 Konrad von Hochstaden starb, verschärfte sich unter seinem Nachfolger Bischof Engelbert II. von Falkenburg der Krieg: 1267 fällt er in die Jülicher Lande ein, brennt Dörfer und Städte nieder und marschiert auf Nideggen. Am 18. Oktober stellt sich Wilhelm IV. am Marienholz bei Zülpich zur Schlacht und schlägt die Kölner abermals vernichtend; der Bischof gerät in seine Gefangenschaft und muß wie sein Vorgänger unangenehme Bekanntschaft mit dem Nideggener Burgverlies machen. Trotz eifriger Verhandlungen von kirchlicher Seite kann der Jülicher nicht zur Herausgabe seines prominenten Gefangenen bewegt werden, 1268 schleudert der Papst gar den Bannfluch gegen den selbstbewußten Grafen, jedoch ebenfalls ohne Erfolg. Erst nach dreieinhalb Jahren, am 16. April 1271, wird der Erzbischof gegen viel Geld und die Abtretung wichtiger Rechte seine Ketten wieder los und kann nach Köln zurückkehren.

Die politischen Folgen waren verstärkte, die Abwesenheit des Bischofs nutzende Unabhängigkeitsbestrebungen der Kölner Bürger und die Machtausdehnung der Jülicher Grafen. Die hat dann Wilhelm IV. aber offenbar selbst überschätzt. Schon fast ein Greis, zog der alte Haudegen 1278 mit einem Ritterheer des Nachts durch ein

Burg und Stadt Nideggen

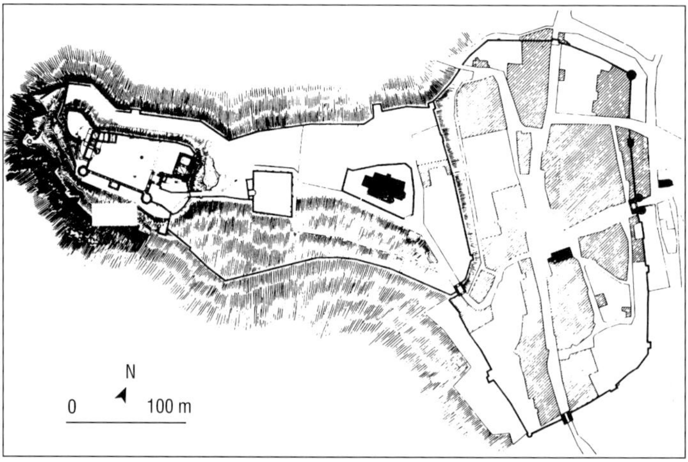

von Verräterhand geöffnetes Stadttor nach Aachen, um die Reichsstadt zu erobern und seinem Herrschaftsgebiet einzuverleiben. Die vermutlich ebenfalls von einem Verräter gewarnten Bürger der Stadt warteten ab, bis sich die schwergepanzerten Reiter in den engen Gassen befanden und fielen über sie her; auf der Flucht wurde Graf Wilhelm mit dreien seiner Söhne von einem Grobschmied erschlagen. Immerhin nutzte der Kölner Erzbischof Siegfried von Westerburg die Gelegenheit, in die Jülicher Lande einzufallen; er eroberte Düren, Zülpich und mehrere Burgen, allein Nideggen und Heimbach hielten ihm stand. Der Aufstieg der Jülicher aber ist nicht zu bremsen. Klugerweise heiratet Graf Walram eine Nichte des Kölner Erzbischofs, wodurch der Streit mit dem alten Kontrahenten vorübergehend beigelegt ist, 1313 erhält Nideggen Stadtrechte und wird als planmäßige Festungsstadt mit Mauern und Tortürmen um einen zentralen Marktplatz neu errichtet. 1347 wird die Burg erweitert und der Rittersaal gebaut, der mit 16 m Breite und 61 m Länge als drittgrößter Saal des deutschen Reiches berühmt wurde. 1356 schließlich stehen die Jülicher auf dem Höhepunkt ihrer Macht: mit Turnieren und Festen wird die Verleihung der Herzogswürde auf Nideggen gefeiert. 1423 stirbt das Haus der Jülicher Herzöge aus, das Land wird mit dem Herzogtum Berg vereinigt. 1524 kommt es dann durch die Heirat der Erben von Jülich-Berg und Kleve-Mark zur sog. Erblandesvereinigung, die ein mächtiges niederrheinisches Herzogtum entstehen läßt.

Mit diesem Schritt in die Reihe der Großmächte Europas traf man aber auf Gegner, denen zumindest die mittelalterliche Eifelresidenz nicht mehr gewachsen war. Als sich auch noch Geldern dem neu entstandenen Machtblock anschließen will, wird er Kaiser Karl V. zu gefährlich: Es kommt zu kriegerischen Auseinandersetzungen, kaiserliche Truppen dringen in die Jülicher Lande ein. Jülich ergibt sich,

Düren wird erobert und die Bevölkerung von den spanischen Truppen Karls V. regelrecht geschlachtet. Allein Nideggen leistet längeren Widerstand, doch schließlich erliegt die als uneinnehmbar geltende Festung den schweren Feuerwaffen des Belagerungsheeres. Stadt und Burg werden genommen und völlig verwüstet. Adelige und Beamte, Handwerker, Priester und Mönche verlassen den zerstörten Ort, der rasch völlig verarmt. Danach wurde die Burg nur notdürftig wieder aufgebaut und schon im 1609 ausbrechenden Jülicher Erbfolgestreit, dann im 30jährigen Krieg und im Spanischen Erbfolgekrieg mehrmals erobert, besetzt und niedergebrannt; Kontributionen und Einquartierungen nahmen der verbliebenen Bevölkerung das Letzte, die Stadt verödete und verfiel. Erst um die letzte Jahrhundertwende – Kaiser Wilhelm II. stiftete 15 000 Mark – schritt man zur Rettung des Verbliebenen; doch 1944 wurden Burg, Kirche und Stadt abermals zerstört.

Umfangreiche Restaurierungsarbeiten haben Nideggen sein historisches Gesicht zurückgegeben. So umzieht nun, wie vor Jahrhunderten, die von allen Anbauten befreite **Stadtmauer** mit vorspringenden Rund- und Halbtürmen den Ort; zwei Tore in den großen wiedererrichteten Turmbauten geben den Weg nach innen frei. Dort führen Straßen und Gassen mit mittelalterlichen Häuserfronten auf den charaktervollen alten Marktplatz mit dem stattlichen Rathaus, von dem eine schmale, gewundene Gasse in die weiträumige Vorburg mit der romanischen Pfarrkirche abzweigt.

Die **Pfarrkirche St. Johann Baptist,** ebenso wie der ganze Ort und die Burg aus Rotsandstein gebaut, wurde bereits mit der ersten Bauphase der Burg gegen Ende des 12. Jh. errichtet und ist in ihrer ungewöhnlichen Größe ein beredtes Zeugnis für die hochgesteckten Ambitionen des Jülicher Hauses. Der Bau mit seinen harmonischen

Die romanische Burgkirche von Nideggen mit ihren schönen Proportionen ist ganz aus dem rötlichen Buntstandstein des Rurtals erbaut (heute Pfarrkirche St. Johann Baptist)

Ein wenig gotische Bewegtheit macht sich schon in den romanischen Fresken der Pfarrkirche bemerkbar (um 1250)

Proportionen ist außen sparsam gegliedert, allein der Chor besitzt einen schmückenden Rundbogenfries mit symbolhaften Tierköpfen. Innen öffnet sich eine weite, dreischiffige Basilika mit flachgedecktem Mittelschiff, deren Ausstattung einst prächtig gewesen sein muß, denn selbst die nach den vielen Zerstörungen übriggebliebenen Reste sind kunsthistorisch wertvoll. Der Triumphbogen und die Bögen der Seitenschiffarkaden ruhen auf vorgelegten Halbsäulen mit großen Kapitellen von erlesener Schönheit, über den Arkaden gehen dreiteilige Emporenöffnungen auf grazilen Doppelsäulen zum Mittelschiff.

Die farbenprächtigen Fresken des Chors sind der letzte Rest einer einst umfangreichen Ausmalung der Kirche; sie stammen aus der Zeit um 1250 und sind einem Übergangsstil von der romanischen zur gotischen Malerei zuzurechnen. Die für die Romanik charakteristische starre Frontalität der Figuren ist bereits überwunden, in bewegten, faltenreichen Gewändern stellen sie individualisierte Personen mit expressiver Gestik dar. Im Unterschied dazu ist das vielgerühmte Triumphkreuz (um 1220) noch ganz der romanischen Tradition verpflichtet. Nicht weniger bedeutend sind drei gotische Holzskulpturen, deren Qualität sich deutlich von der sonst noch in der Kirche befindlichen großen Anzahl mittelalterlicher und barocker Figuren abhebt: Es handelt sich um eine elegante Muttergottes mit Kind (1313), Johannes den Täufer (1330) und die hl. Katharina mit Schwert und Rad (1330), die erkennbar die Hand des Meisters der Chorpfeilerfiguren im Kölner Dom verraten. Von den beiden Tafelgemälden an der Westwand ist die spätgotische Gregoriusmesse das entschieden bessere Stück gegenüber der Anbetung der Könige (1624).

Die schöne Madonna in der Pfarrkirche ist ein vorzügliches Beispiel für die Plastik der Kölner Schule (um 1313)

Das interessanteste Ausstattungsstück der Kirche, das Grabmal des Grafen Wilhelm IV. von Jülich und seiner Frau Ricarda, steht als Tumba an der Westmauer. Hier liegt der Graf, der 1278 in Aachen mit seinen Söhnen erschlagen wurde, und selbst sein Grab vermittelt alles andere als den Eindruck einer Ruhestätte: Beiden Figuren fehlen die Füße, Leiber und Gesichter sind zertreten und zerbrochen, als wolle die zerstörte Grabplatte das gewalttätige Leben dieses Mannes symbolisieren. Der Widerstand der Aachener gegen den nächtlichen Überfall des Grafen und seiner Ritter war der damaligen Zeit freilich etwas Unerhörtes. Als wären die Ereignisse umgekehrt verlaufen, steht anklagend auf der Tumba in lateinischer Sprache: »Welch eine Wut, Bürger, drängte euch, die Fürsten zu vernichten! Wilhelm IV. war wie ein leuchtender Stern seiner Vorfahren, auf ihn weisen die Taten seiner Ahnen hin. Mit Tatkraft begabt, trug er über den Schultern den weißen Rittermantel. Ihn erschlug man …«

Nicht weit hinter der Kirche betritt man durch eine mächtige Toranlage die **Burg** der Nideggener Grafen und Herzöge. An dieser einzig zugänglichen Stelle sperrte der selbst für seine Zeit kolossale Bergfried, der gefürchtete Jenseitsturm, die Felsspitze mit der Burg gegen das schmale Plateau ab. Im Burghof ist links die Ruine des einst prächtigen Rittersaales zu erblicken, der durch eine Stützenreihe in zwei Schiffe geteilt war. Erhalten haben sich Teile der großen Fensterfassade, die an dieser Seite die ganze Front der Burg einnahm; man konnte sich diese Gefährdung der Befestigung leisten, weil gleich darunter unersteigbare Felsen in die Tiefe stürzen. Der sehenswerteste Teil der Burg, der gänzlich wiederhergestellte Jenseitsturm, enthält ein interessantes Burgenmuseum mit Rekonstruktionsmodellen Eifeler Befestigungen verschiedener Jahrhunderte; höchst eindrucksvoll auch die tief im Felsenkeller gelegene Kapelle mit Kreuzgewölben und fünf halbrunden Nischen. Direkt daneben liegt der gefürchtete Kerker, der die Kölner Erzbischöfe vorübergehend in seinen Mauern sah, doch mag man sich lieber nicht vorstellen, welch elendes Ende weniger bedeutende Insassen dieses Raumes genommen haben. Etwas besser hatten es die prominenten Gefangenen: Das große Loch in der Mauer zwischen Kerker und Kapelle wurde während der Gefangenschaft des Erzbischofs Konrad von Hochstaden gebrochen, damit er der Messe beiwohnen konnte. Nicht versäumen sollten Sie einen Spaziergang am Rande des Rurtals, nur von dort sind die gewaltigen, von der Rur ausgewaschenen roten Felsentürme der Buntsandsteinschichten und die grandiose Lage der Burg gebührend zu würdigen.

Nideggen ist Ausgangspunkt für drei empfehlenswerte Routen: die erste führt die Rur aufwärts nach Düren (s. S. 87), man kann von hier aus auch weiter nach Heimbach zur Rurtalsperre fahren (s. S. 89) oder über Schmidt und Konzen auf schöner Strecke Monschau erreichen (s. S. 93).

Von Nideggen nach Düren

Wer in Nideggen dem Rurtal weiter flußaufwärts folgt, gelangt bald an den schön gelegenen Stausee Obermaubach. Von Untermaubach (Jülicher Vasallenburg, 14. Jh.) führt die Straße nach **Kreuzau**. Um 1300 hatte die Kölner Dombauhütte hier eine Kirche errichtet, von der sich in unveränderter Form der sterngewölbte Chor mit weit ausgreifenden Wasserspeiern und einem Wandtabernakel erhalten hat. In einem Fenster des nördlichen Nebenchores befindet sich das älteste erhaltene Glasgemälde des Dürener Raumes, auf dem in eleganten Linien eine Muttergottes dargestellt ist. An den Mittelschiffpfeilern stehen fünf niederrheinische Holzskulpturen vom Anfang des 16. Jh. Die Nähe des reichen Marktortes Düren und der fruchtbaren Börde ließen hier am Eifelrand im Mittelalter zahlreiche gut ausgestattete Kirchen entstehen. So auch St. Martin in **Drove**, eine dreischiffige Halle des 15. Jh. mit einem Glasfenster aus dem Jahr 1538 im nördlichen Seitenchor, das die figurenreiche Szenerie einer Kreuzigung mit einer Stadt im Hintergrund zeigt. Auf dem südlichen Seitenaltar ist die Skulptur einer kölnischen Muttergottes (um 1350) zu bewundern, die den Fuß auf einen Drachen setzt. Die vorzügliche Arbeit besitzt noch die gotische Farbfassung.

Weiter der Rur folgend, gelangt man nach **Niederau**, wo rechts eine Straße zur fast vollständig wiederaufgebauten Wasserburg Burgau führt. Den kurzen Weg sollte man nicht scheuen, denn hier steht endlich einmal eine große Anlage dieses hier so verbreiteten Typs, die sich nicht in Privatbesitz befindet. Die um einen mächtigen Wohnturm von 1390 entstandene Befestigung mit Haupt- und Vorburg wurde im letzten Krieg bis auf die Grundmauern zerstört, doch seit einigen Jahren von der Bürgeraktion ›Rettet Burgau‹ Stück für Stück wieder aufgebaut. Ein hübscher Park ist entstanden, in dem die Burg inmitten von seerosenbedeckten Wassergräben liegt, ein Schloßcafé wurde eingerichtet, der alte Wohnturm hat wieder ein hohes Dach.

In Krauthausen muß man links über die Rurbrücke und dann ein Stück zurückfahren, um zur Pfarrkirche St. Michael in **Lendersdorf**

Im kleinen Lendersdorf steht in der Pfarrkirche St. Michael ein Lübecker Schnitzaltar des Meisters Benedikt Dreyer (um1520). Die schöne Figur des hl. Michael mit der Seelenwaage entscheidet über Paradies und Hölle

(15. Jh.) zu gelangen. Bis heute weiß niemand, warum die Lendersdorfer um 1520 auf die eigenartige Idee verfielen, ausgerechnet im weit entfernten Lübeck einen großen Altar mit geschnitztem Schrein und gemalten Flügeln zu bestellen, anstatt sich an die näher gelegenen Produktionsstätten in Köln oder Antwerpen zu halten. Wie dem auch sei, jedenfalls machte sich der Lübecker Meister der Spätgotik, Benedikt Dreyer, an die Arbeit und schuf ein prachtvolles Werk, bei dem die Skulptur des hl. Michael als Seelenwäger den Schrein mit einer Darstellung des Jüngsten Gerichts beherrscht. In meisterlicher Komposition werden in figurenreichen Reliefs die bewegten Szenen der Höllenstrafen mit bratenden Menschen und höhnischen Teufeln und die statuarische Ruhe der Erlösung verheißenden Heiligen zusammengefügt. Die Gemälde der Altarflügel zeigen Darstellungen aus dem Leben Mariens, sie sind von deutlich geringerer Qualität. In der Taufkapelle sind die Reste eines Renaissance-Altars (1555) zu sehen. Auch in Lendersdorf gab es übrigens eine Hütte, in der Messing und Eisen verarbeitet und die 1819 von der Familie Hoesch übernommen wurde, die schon in Stolberg und Umgebung zahlreiche solcher Betriebe besaß. So gibt es hier ein fast adelig erscheinendes Hoesch-Haus, eine große Hofanlage mit zweigeschossigem Herrenhaus.

Die Stadt **Düren**, das Marcodurum des Tacitus, bereits 748 als Villa duria und 774 als fränkische Königspfalz erwähnt, galt im Mittelalter als der Augapfel unter den Städten der Jülicher Lande. 1944/45 wurde sie nahezu dem Erdboden gleichgemacht, weshalb von der historischen Bausubstanz so gut wie nichts blieb; die Stadt ist ein kompletter Neubau. In der modernen Pfarrkirche St. Anna befinden sich noch ein schönes spätromanisches Südportal, ein Renaissance-Chorgestühl (1563) und der gotische Holzschrein mit den Reliquien der hl. Anna. Das kostbare Anna-Reliquiar, eine Goldschmiedearbeit des 14. Jh., war 1501 in der Kirche St. Stephan in Mainz gestohlen worden und konnte nach einem langwierigen Prozeß (1506 beendet) in Düren verbleiben. Es erhielt im 19. Jh. einen neugotischen Sockel, in dem sich Votivgaben befinden, wertvollstes Stück ist der sog. Annengürtel, eine spätgotische niederrheinische Arbeit aus Gold. Liebhaber expressionistischer Malerei werden sich den Besuch des Leopold-Hoesch-Museums nicht entgehen lassen; das angeschlossene Papiermuseum zeigt die Geschichte der Papierherstellung von der Handschöpfung bis zur maschinellen Produktion. Alle zwei Jahre beherbergt das Leopold-Hoesch-Museum die Paper Art,

Stilreine Gotik zeigt die Kirche von Frauwüllesheim; erbaut wurde sie um 1300 von der Kölner Dombauhütte

eine einzigartige Biennale der Papierkunst, zu der renommierte internationale Künstler aller Sparten ihre Ideen ausstellen.

Nicht ganz so schlimm wie Düren erging es im Zweiten Weltkrieg den Orten in der Umgebung. So steht in **Binsfeld** noch eine spätgotische Hallenkirche mit einem hölzernen Kruzifix (um 1530) über dem Hochaltar und einem großen Epitaph aus Schiefermarmor im Chor, 1636 für Johann von Binsfeld und seine Gemahlin aufgestellt. Berühmt ist die hiesige Burg, ab 1397 Lehen der Jülicher Herzöge und Bestandteil des Kranzes von Befestigungen um Düren gegen den von Köln beherrschten Zülpicher Raum. In der Jülicher Fehde brannte sie 1543 aus und wurde mit einer prachtvollen zweigeschossigen Loggia vor dem Palas wiederaufgebaut.

Frauwüllesheim: Die gotische Kapelle, ein Werk der Kölner Dombauhütte

Wer von Düren schon bis Binsfeld gelangt ist, sollte auch die nächsten 2 km nach **Frauwüllesheim** nicht scheuen. Die reichen Hochadeligen des Kölner Stifts St. Maria im Kapitol besaßen hier einen Gutshof, auf dem sie im Jahr 1300 eine große Kapelle errichten ließen. Natürlich ging der Auftrag an die Kölner Dombauhütte, die hier ein Juwel gotischer Architektur in einer stilistischen Geschlossenheit von äußerster Konsequenz schuf: einen einschiffigen, kreuzrippengewölbten Bau, dessen Innenraum von schlanken Dienstbündeln gegliedert wird. Die runden Bögen in der Wandfläche deuten auf geplante, aber nicht ausgeführte Seitenschiffe. Von bestechender Schönheit ist das dichte, filigranhafte Maßwerk der hohen Fenster, das besonders von außen, im Kontrast zu den glatten Mauerflächen, zu eindrucksvoller Wirkung gelangt. Das Dachgesims darüber zieren originelle Wasserspeier, von denen einer in Gestalt eines grotesken Narren ausgeführt ist. So lohnt sich auch eine Besichtigung des Baus von außen, denn die Kirche ist nach mehreren Einbrüchen verschlossen worden, um die kostbaren vergoldeten Statuetten der Hl. Drei Könige zu schützen. Die etwa um 1330 entstandenen Figuren in modischen Gewändern der Zeit und mit lebhafter Mimik gehören zu den besten Werken der Kölner Domchorplastik.

Heimbach und die Stauseen

Heimbach

Heimbach☆
Besonders sehenswert: Altar in der Pfarrkirche Kraftwerk

Wer von Nideggen weiter in die Eifel hineinfahren will, kann auf schöner Strecke durch das Rurtal Heimbach, Kloster Mariawald und die großen Stauseen erreichen. Heimbach, malerisch im Rurtal zwischen einem Berghang und dem steilen Burgfelsen gelegen, überragt von den dunklen Höhen des Kermeter, besitzt eine der ältesten Burgen der Eifel – bereits für das Jahr 1016 ist eine Belagerung bezeugt. Seit 1207 durch Erbfolge mit dem Haus Jülich verbunden, teilte die **Burg** in Heimbach nun das Schicksal Jülichs im Guten wie im Bö-

Burg Heimbach gehört zu den ältesten Burgen der Eifel. Dramatisch thront sie auf einem Felssporn über dem gleichnamigen Ort

sen. Im 14. Jh. großzügig ausgebaut, wurde sie 1543 in der Jülicher Fehde wie Nideggen zerstört, desgleichen in den folgenden Kriegen; um die Jahrhundertwende war die Burg eine gefährliche Ruine, deren abbröckelnde Mauern in die Gassen des zu ihren Füßen liegenden Ortes stürzten. Nach dem Wiederaufbau überragt die mächtige Burganlage heute wieder den Ort. Wenn man jedoch die fast grotesken Betonbalkone sieht, die in die malerische Palasfassade über dem Rurtal eingebaut wurden, so muß man sagen, daß diese Lösung im ewigen Dauerstreit unter den Restauratoren, ob man die moderne Nutzung eines historischen Gebäudes auch an der Verwendung moderner Baumaterialien erkennen solle, zu den Gegenargumenten zählt. In der auf schmalem Bergrücken langgestreckten Anlage, die aus mehreren, von schwerbefestigten Toren mit Fallgattern getrennten Höfen besteht, befindet sich ein Café im inneren Burghof, die Innenräume der Burg sind nicht zugänglich.

Der Ort Heimbach hat durch mehrere Stadtbrände, besonders in dem des Jahres 1687, sein mittelalterliches Aussehen verloren, doch gibt es noch hübsche Gruppen von Fachwerkbauten des 18. Jh. Am Hang gegenüber der Burg liegt die alte **Pfarrkirche St. Klemens**, geweiht 1725, deren Inneres auf den ersten Blick so kühl wirkt, daß man fast die qualitätvolle Ausstattung der Erbauungszeit übersehen

Eines der bedeutendsten Kunstwerke der Nordeifel ist der figurenreiche flämische Flügelaltar in der Pfarrkirche von Heimbach

könnte: ein eindrucksvoller, reich mit Blattsilber verzierter Hoch- und zwei Seitenaltäre sowie eine Kanzel in ihrer wiederhergestellten originalen barocken Farbfassung und ein Heiliges Grab mit hölzernen Figuren, eine niederrheinische Arbeit um 1500. Aus Mariawald stammt der größte Kunstschatz des ganzen Rurtals: ein riesiger *Antwerpener Schnitzaltar*, mit geöffneten Flügeln über 5,60 m breit und wohl das beste Stück dieser Art in der Eifel. Die flandrischen Werkstätten exportierten im 15. und 16. Jh. zahlreiche solcher Altäre in die Eifel, die keine heimischen Produktionsstätten dafür besaß; hinzu kommt, daß besonders das Jülicher Gebiet politisch und kulturell eher zu den Niederlanden hin orientiert war als zum näher gelegenen, aber verfeindeten Köln, dessen Künstler gemalte Flügelaltäre bevorzugten. Ähnliche Retabel wie hier in Heimbach finden sich in Klausen bei Wittlich, Münstermaifeld und Zülpich, Fragmente besitzen noch Adenau, Bleialf und Prüm – eine erstaunliche Anzahl, wenn man bedenkt, wie viele gotische Kircheneinrichtungen in der Eifel durch Krieg oder Barockisierung vernichtet wurden, und ein Hinweis darauf, wie groß ihre ursprüngliche Anzahl gewesen sein muß. Der Altar hier in Heimbach besteht aus einem dreigeteilten Schrein, einer Predella und gemalten Flügeln. Die vorzüglich komponierten Einzelreliefs zeigen in figurenreichen, dramatischen Szenen die Passion Christi, umrahmt von labyrinthisch verschlungenem Maßwerk, die Flügel tragen Darstellungen aus dem Marienleben: ein prunkvolles Stück, vermutlich eine Arbeit aus der Werkstatt des sog. Meisters von Viborg vom Beginn des 16. Jh. Der Altar steht heute in der modernen Wallfahrtskirche, die an die alte Pfarrkirche angebaut ist, und sein mittelalterlicher Formenreichtum bildet den gewollten Kontrast zur nüchternen Architektur des Raumes.

Fast ein halbes Jahrtausend später entstand ein Denkmal des Industriezeitalters, dessen Besuch man keinesfalls auslassen sollte. Folgt man dem Hinweisschild ›RWE-Industriemuseum‹, gelangt man in die idyllische Landschaft am Staubecken Heimbach, wo vor den dunklen Höhen des Kermeter das **Wasserkraftwerk Heimbach** steht. 1904 im Jugendstil erbaut und noch fast vollständig erhalten, ist es das seltene Beispiel für einen Industriebau, der die kunstvolle Architektur und Dekoration mit den technischen Errungenschaften der Gründerzeit vereint. Schon der Außenbau zeigt in den geschwungenen Dächern, den abgerundeten Öffnungen und der asymmetrischen Anordnung der Fenster im Turm typische Elemente des Jugendstils; über dem einstigen Hauptportal weist eine große Graffito-Dekoration auf die Funktion der Anlage hin: im Kern das Schema einer Turbine, umgeben von ihren Spulen, von denen zackenförmige Linien ausgehen, die die hier produzierte elektrische Energie darstellen. Derselbe Sinn für das Dekorative und die symbolische Anspielung zeigt sich auch im Inneren, vor allem in der großen Maschinenhalle: Filigrane Lampen schmücken die Wände, die Türen zum Innenbereich symbolisieren mit ihren darüber angebrachten Glasfenstern eine Glühbirne, dunkles Holz und edler Marmor rahmen die

Das alte Kraftwerk von Heimbach ist eines der seltenen erhaltenen Beispiele eines Industriedenkmals in reinem Jugendstil

metallblitzenden Anzeigen und Hebel der erhöhten Schaltanlage. Zwei der einst acht Maschinengruppen mit Francis-Turbinen stehen noch in der Halle: heute nicht mehr betriebene schwarze Ungetüme, die in ihrer ästhetischen Gestaltung den Geist des Aufbruchs in die Moderne ausdrücken. Während der höchst interessanten Führung durch das historische Kraftwerk wird nicht nur auf die kunsthistorische Bedeutung dieses Industriedenkmals hingewiesen, es wird auch der technische Ablauf der Stromgewinnung im frühen 20. Jh. mit seinen gefährlichen Arbeitsbedingungen erklärt und demonstriert. Im

Selbst die schwarzen Ungetüme der Turbinen sind dem Jugendstil angepaßt, in dem das Kraftwerk Heimbach errichtet wurde

Obergeschoß ist noch ein kleines Museum untergebracht, das in seinen Exponaten die Entwicklung der elektrischen Hausgeräte seit dem Beginn des 20. Jh. vorführt.

Die Stauseen an Rur und Urft

Heimbach ist der beste Ausgangspunkt für einen Besuch der großen Rur- und Urftalsperren mit ihren zahlreichen Wassersportmöglichkeiten. Die weitverzweigten Seen haben ein völlig neues Landschaftsbild in der Eifel erzeugt: Endlose, gewundene Wasserflächen erstrecken sich zwischen den bewaldeten Bergen, schmale Seitentäler haben sich in enge, fjordähnliche Buchten verwandelt, an denen die Bäume bis ans Ufer reichen und die reizvolle Atmosphäre großer, stiller Waldseen entsteht. Die beiden Talsperren rahmen die letzte Attraktion Heimbachs ein: den **Kermeter**, den mächtigen, steil abfallenden Gebirgsstock, der hinter der Burg aufragt. An ihr vorbei führt die Straße in Serpentinen hinauf, man hat während der Fahrt spektakuläre Ausblicke auf die Stauseen und die kühne Lage von Burg Heimbach.

Am Burgtor beginnt auch ein Fußpfad mit Kreuzwegstationen, der zum wiedererstandenen **Kloster Mariawald** oben auf dem Kermeter führt. Der Anblick dieser Abtei in der tiefen Einsamkeit des Kermeterwaldes ist überraschend und eindrucksvoll: plötzlich eine weite Rodung zwischen den dichten Bäumen, eine Wiese, kleine Felder, ein Gemüsegarten und daneben die Mauern des Klosterbezirks mit einer weißgetünchten Kirche. Diese Lage gibt einen jener seltenen Eindrücke davon, wie die meisten Klöster des Mittelalters jahrhun-

Das wieder von Mönchen besiedelte Kloster Mariawald liegt einsam auf einer Rodungsfläche inmitten der Wälder des Kermeter

dertelang in entlegener Abgeschiedenheit existiert haben. Zu einer Zeit, in der es weder Straßen noch schnelle Verkehrsmittel gab, muß einem Reisenden nach Tagen oder Stunden einsamer und gefährlicher Waldwege ein solcher Ort wie ein kleines Paradies erschienen sein, ein weltabgewandter, ökonomisch und geistig in sich geschlossener Kosmos. Die Abtei wurde um 1480 von Zisterziensern gegründet und 1803 von den Franzosen aufgelöst; die kostbare Ausstattung – der gesamte Kreuzgang war mit bemalten Scheiben verglast, die Kirche besaß zwölf Altäre – wurde zerstört oder in alle Winde zerstreut, die unbewohnten Gebäude verfielen. 1860 kauften Trappisten die verödete Anlage und richteten darin ein heute noch weitergeführtes klösterliches Leben ein, weshalb die wiederhergestellten mittelalterlichen Bauten nicht zu besichtigen sind. Allein die Kirche ist zugänglich, ein 1887–91 unter Benutzung der alten Mauern errichteter einschiffiger Bau in gotischen Formen, der innen geprägt ist von lichter Weite und schmuckloser Strenge.

Von Mariawald empfiehlt es sich, nicht die Straße nach Gemünd zu wählen, sondern in Richtung Schwammenauel den **Kermeter** in seiner ganzen Länge bis hinab zum Rurstausee zu durchfahren. Rechts und links der Straße sind Wanderparkplätze eingerichtet, von denen Rundwege durch den Kermeterwald mit seinen seltenen Farnen führen.

Wenn man von Nideggen oder von Düren in Richtung Monschau unterwegs ist, empfiehlt sich ein kurzer Umweg über **Simonskall** im reizvollen Kalltal oder über **Lammersdorf** in der Hochmoorlandschaft des Hohen Venn: das Bauernmuseum in der Bahnhofstraße zeigt in der kompletten Einrichtung eines landwirtschaftlichen Kleinguts die Lebens- und Arbeitswelt einer Nordeifeler Bauernfamilie im vergangenen Jahrhundert.

Monschau

Der berühmten Lage Monschaus tief unten im schluchtartigen Tal zwischen Fluß und Felsen, bekrönt von einer weitläufigen Burgruine, noch eine weitere Lobpreisung hinzuzufügen, ist eigentlich überflüssig. Ein Ort wie Monschau mit seinem vollkommen erhaltenen historischen Stadtbild, einem malerischen Gewirr schmaler Fachwerkgassen im engen, gewundenen Tal der Rur, sucht seinesgleichen. Der Platz im felsigen Rurtal war selbst Römern und Franken zu unwirtlich, weshalb die Geschichte Monschaus erst zu Anfang des 13. Jh. mit dem Bau der Burg beginnt. Lange schlugen sich die Herzöge von Brabant und Limburg mit den auf der Burg hausenden Valkenburgern, die den kleinen Ort Monschau 1352 zur Stadt erhoben, bis 1435 auch hier das mächtige Jülich seine Herrschaft antrat und die Burg zur Festung ausbaute. In der ohne Pardon geführten Jülicher Fehde brachten die Truppen Kaiser Karls V. sogar hier in die abgelegene Rureifel schweres Geschütz, nachdem Stadt und Burg allen Eroberungsversuchen standgehalten hatten. Unter dem Donner

Monschau☆☆
Besonders sehenswert:
Stadtbild
Rotes Haus

Einzigartig ist die Lage von Monschau tief unten im Tal der Rur. Die Tuchmacher bauten ihre Häuser eng am Fluß und nutzten das Wasser zum Waschen der Stoffe

Das klassische Monschau-Bild: die lange Flucht von Fachwerkhäusern, die über das Wasser der Rur auskragen

der Kanonen zerbrach der Widerstand, die kaiserliche Soldateska stürmte durch die geschossenen Breschen und hauste in üblicher Manier.

Damit wäre Monschaus Geschichte – ähnlich wie in Nideggen – eigentlich vorbei gewesen, wäre der katholische Rat der Stadt Aachen nicht 1598 auf die segensreiche Idee gekommen, seine protestantischen Tuchmacher aus der Stadt zu werfen. Diese wurden im feindlichen Jülich aufgenommen, wo sie sich vielerorts, so auch in Monschau, niederließen. Hier fanden die geschäftstüchtigen Fabrikanten, was sie brauchten: keinen Zunftzwang, das für Wäsche und Färbung der Tuche günstige kalkfreie Wasser der Rur, die Schafherden des kargen Venn als Wollieferanten und eine verarmte Bevölkerung, die als Arbeitskraft zur Verfügung stand. So begann die zweite Geschichte des Ortes, deren Glanzzeit das Monschau entstehen ließ, das noch heute fast unversehrt zu sehen ist, zugleich ein Lehrstück frühkapitalistischen Aufstiegs weniger reicher Familien. Die Tuchmacherfamilien bauten entlang der Rur repräsentative Häuser, in deren Kellern sie Wollwäschereien und -färbereien betrieben, wozu sie das Flußwasser in Kanälen hindurchleiteten.

1726 betrat dann der Mann die Szene, der innerhalb kurzer Zeit den Monschauer Tuchen Weltruf verschaffte. Johann Heinrich Scheibler war als 15jähriger Lehrling in eine Tuchfabrik ins benachbarte Imgenbroich gekommen, heiratete mit 18 die verwitwete Tochter seines Lehrherrn und übernahm die Firma ihres verstorbenen Mannes. Nach 1730 begann er, feinere, spanische Merinowolle zu importieren, färbte sie nach einem selbst ersonnenen, geheimgehaltenen Verfahren und war mit einem Schlage konkurrenzfähig gegenüber den besten englischen und französischen Tuchen. Bereits 1762 beschäftigte er 4000 Menschen, deren Arbeit ihn in kurzer Zeit so reich machte, daß er das berühmte Rote Haus zu Monschau in Auftrag geben konnte – eine Bürgerresidenz von solchem Prunk, daß die Ausstattung vieler Schlösser seiner Zeit dagegen verblaßte. An diesem Reichtum hatten auch die anderen vornehmen Familien Monschaus teil, die ebenfalls prächtige Häuser errichteten – wie Haus Troistdorff von 1783 (Laufenstr. 18) – und eine festgefügte Oberschicht bildeten, die Heirat nur untereinander zuließ. Wie jedoch die Lohnlisten zeigen, war das Leben der Arbeiter weiterhin von krasser Armut geprägt. Mit der Entwicklung der großen Maschinerie wurden auch in und um Monschau zahlreiche Fabriken erbaut, die heute fast alle verschwunden sind.

Die französische Revolution beendete die zweite Geschichte Monschaus mit einem Schlag: Nach der Annexion der linksrheinischen Gebiete forderten die französischen Behörden Lieferungen von ungeheurem Wert von den Monschauer Tuchfabrikanten, die nur mit wertlosen Assignaten bezahlt wurden. Der wirtschaftliche Ruin kam so plötzlich, daß das ökonomische Leben der Stadt jäh erlahmte und sie – halbverlassen – in einen Dornröschenschlaf fiel, aus dem sie erst in unseren Tagen durch den heftigen Kuß der Tourismusbranche wieder geweckt worden ist; Monschau lebt heute vom Fremdenverkehr.

Was bleibt dem Ort auch anderes übrig, gelten doch 244 seiner Häuser – ebenso Burg und Kirchen – offiziell als Baudenkmal. Sie bilden ein gut konserviertes Fachwerkidyll, wie man es mit den über den schäumenden Fluß vorkragenden Häusern mit ihren verschieferten Wetterseiten, den Brücken und Plätzen, den Repräsentationsbauten der Tuchmacherfamilien, den Kirchen- und Burgtürmen schwerlich ein zweites Mal finden kann. Sehenswert ist die große **Burgruine** mit dem geschickt angelegten Torzwinger und dem mächtigen Batterieturm, der die Nordflanke deckte, sowie die am Hang gegenüber liegende Ruine, der sog. **Haller**, ein ehemaliger Aussichtsturm mit Blick in die von der Burg nicht einsehbare nächste Talschleife. Von den Kirchen ist die besonders reizvoll direkt an der Rur gelegene **evangelische Kirche** einen Blick wert; ihre phantasievolle Barockhaube überragt die Dächer der Stadt, innen befinden sich eine Stuckdekoration im Stil Louis XVI und eine schöne Kanzel. Eine gute Barockausstattung mit einem prächtigen Orgelprospekt (vermutlich) aus Kloster Mariawald besitzt die **Alte Pfarrkirche**.

Das Rote Haus

Nach vielen Rundgängen durch Monschau darf man einen Besuch des Roten Hauses von Johann Heinrich Scheibler nicht versäumen. Das Haus präsentiert sich als unübertroffenes Beispiel gediegen-bürgerlicher Prachtentfaltung, die freilich ihre adeligen Vorbilder nicht verleugnet. Das Glanzstück der Einrichtung ist die berühmte Treppe, die spiralförmig geschwungen wie aus einem Stück durch alle Stock-

Das berühmte Rote Haus in Monschau gehörte dem erfolgreichsten der hiesigen Tuchmacher

Deutlich orientiert sich die Inneneinrichtung des Roten Hauses am adeligen Luxus. Weil man sich aber keine Gemäldegalerie leisten wollte, erscheint sie nur als Bildtapete auf der Wand

Die Treppe des Roten Hauses in Monschau

werke geht, ihre reich geschnitzte Rocaille-Brüstung zeigt in Reliefs Arbeitsvorgänge der Tuchfabrikation. Neben kostbaren Möbeln und Holzvertäfelungen sind besonders die feingliederigen Stukkaturen des Großen Festsaals bemerkenswert, originellste Stücke der Einrichtung sind die vorzüglich gemalten Bildtapeten. Im Herrenzimmer, wo man sich zahlreichen Kopien von Tizian, van Goyen, Rembrandt und anderen gegenübersieht, wähnt man die Gemäldesammlung, die in einem solchen Haus natürlich nicht fehlen durfte. Erst auf den dritten Blick bemerkt man die optische Täuschung: Hier sind Bilder, vergoldete Rahmen, selbst die Nägelchen und Aufhänger mit kleinen Schattenandeutungen in illusionistischer Manier auf eine Leinwand gemalt – eine Gemäldegalerie aus dem adeligen Schloß als Bildtapete im bürgerlichen Salon.

Sowohl von Heimbach als auch von Monschau gelangt man auf schönen Strecken nach Schleiden. Kommt man von Heimbach, so versäume man nicht einen Blick in die hübsch am Bach gelegene Pfarrkirche von **Olef**. Hier begegnet man einer zweischiffigen Hallenkirche, sie besitzt außer ihren schweren Türen des 15. Jh. mit gotischen Beschlägen und einer Muttergottes (um 1480) einen effektvollen barocken Doppelaltar (1726): Der vordere gibt in seiner Mitte den Blick auf den zweiten, weiter hinten im Chor stehenden, frei und bildet dessen plastischen Rahmen. Wer von Monschau nach Schleiden kommt, nehme den Weg über **Dreiborn**, wo die höchstgelegene Wasserburg des Rheinlandes steht.

Vergangene Herrschaftlichkeit auf den Höhen der Eifel

Schleiden

Schleiden☆
Besonders sehenswert: Glasgemälde in der Schloßkapelle

Schleiden, 13. März 1593: Auf dem Schloß erwartet Gräfin Elisabeth von Manderscheid-Schleiden unruhig und besorgt den Besuch eines Verwandten, des Grafen Philipp von der Mark, mit seiner holden Gemahlin. Knapp zwei Monate vorher hatte sie schon einen Besuch dieses Herrn erlebt: Am 3. Januar war ihr Mann, Graf Dietrich VI., »nach höchster und lanckwiriger Leibschwachheit« auf Burg Kerpen gestorben, wenige Tage später hatte der Graf von der Mark, die unklare Erbsituation nutzend, die Burg überfallen und die trauernde Witwe verjagt. Sie hat sich hierher nach Schleiden zurückgezogen und sieht nun, ohne jede Unterstützung der ewig im Erbstreit liegenden anderen Linien der Manderscheider, erneut der Ankunft des Grafen Philipp entgegen. Ihre schlimmsten Befürchtungen bestätigen sich, als der Durchreisende mit elf Bewaffneten erscheint und, statt nur die angekündigte Nacht zu bleiben, vorgibt, noch auf seine Gattin warten zu müssen. Diese erscheint in der Tat wenige Tage später und bringt gleich noch eine Truppe mit. So verstärkt, fordert der Graf von der verschüchterten Witwe die Herausgabe des Archivs und der Waffen auf Burg Schleiden; als die Bediensteten zögern, werden sie von seiner Gattin angefahren: »Mein herr ist herr hie, sie, die fraw Wittib, ist nit herr hie.« Ein mutiger Schlosser, der sich angesichts des Befehls, die Tür zum Archiv aufzubrechen, Rat in der Kanzlei bei Doctor Philip Mockel holen will, erhält die gelehrte Antwort: »Wir heischen dir das gewölb nit uff thun, heischen dir es auch nit zulassen!« und gibt seinen Widerstand entnervt auf. Am 13. Mai ist auch die Gräfin Elisabeth soweit, sie überläßt ihr Residenzschloß ihren ›Gästen‹ und zieht sich nach Kronenburg zurück. »Dem tatkräftigen Grafen von der Mark gelang es, ein größeres Territorium zusammenzufassen«, lautet die Deutung solcher Episoden durch die offizielle Geschichtsschreibung.

Die Glasgemälde in den Fenstern der Schloßkapelle (1533 und 1535) gehören zu den besten Kunstwerken der beginnenden Renaissance, die sich in der Eifel finden lassen

So ging die große Burg in Schleiden den Manderscheidern verloren, die 1505–21 die prächtig ausgestattete **Schloßkapelle** im Bereich ihrer Vorburg hatten errichten lassen. Da die Bomben des Zweiten Weltkriegs das alte Ortsbild und das Schloß völlig zerstörten, ist diese Kapelle, größer als manche Pfarrkirche, allein den Weg nach Schleiden wert, denn die wiederaufgebaute Burg prägt zwar von weitem mit ihrer imposanten Erscheinung das Bild, doch kann man ihr aus der Nähe nichts mehr abgewinnen; in ihr befindet sich ein Internat. Die Schloßkirche ist der aufwendigste der zahlreichen Sakralbauten der Manderscheider. Der von außen unscheinbare Bau überrascht im Inneren mit einer dunklen, stimmungsvollen Halle von drei Schiffen; weitgespannte Netz- und Sterngewölbe mit goti-

Auf dem höchsten Punkt der Stadt Schleiden thronen Schloß und Schloßkapelle

schen Rankenmalereien werden von grazilen, kapitellosen Achteckpfeilern getragen, aus denen hoch oben schirmartig die Gewölberippen hervorwachsen. Während die Westseite von der riesigen Orgel mit Rokokogehäuse (1770 von Ludwig König) bestimmt wird, ist die Ostwand die eigentliche Attraktion der Kirche: Dort fällt durch die hohen Maßwerkfenster rechts und links vom Chor vielfarbiges Licht in die Dunkelheit des Innenraums. Die Fenster enthalten vorzügliche Glasgemälde der Jahre 1533 und 1535, sie zeigen über den Figuren ihrer Manderscheider Stifter links die Anbetung der Könige und rechts die Beweinung Christi. Die Szenen spielen in reichen Renaissancearchitekturen, man beachte besonders die beiden Kostümfiguren des knienden und des Mohrenkönigs mit Prunkgewändern in der Anbetungsszene. Ebenso bedeutend sind zwei Altarflügel, an der rechten Wand des Kirchenschiffs aufgehängt, mit Tafelbildern des Abendmahls und der Ecce-Homo-Darstellung. Sie stammen von einem um 1800 abgerissenen spätgotischen Flügelaltar flämischer

Herkunft; die Gemälde sind dem Ende des 15. Jh. in Brüssel tätigen Colijn de Coter, dem sog. Meister des Orsoy-Altars, zuzuordnen.

Folgt man von Schleiden aus weiter der Olef Richtung Reifferscheid, so erreicht man kurz hinter **Blumenthal** (1512 errichtete einschiffige Pfarrkirche St. Brigida mit reich gestalteten Gewölben und ländlichen Skulpturen des 16. und 18. Jh.) den großen Stausee von **Hellenthal** in landschaftlich schöner Lage, anbei ein Tierpark.

Einige Kilometer südlich, beim Hellenthaler Ortsteil Rescheid führt ein Hinweisschild zum **Besucherbergwerk Grube Wohlfahrt**, in der spätestens seit dem Mittelalter Bleiglanz gewonnen wurde. Hier begegnet man, von Norden kommend, zum ersten Mal den in Felsgründe getriebenen Gängen, die mit ihren Erzen und ausbeutbaren Steinvorkommen seit dem Mittelalter einen wesentlichen Wirtschaftsfaktor der kargen Eifel bildeten: Sie boten eine der wenigen Geldquellen für den Adel und eine – gefahrenträchtige – Gelegenheit für die Landbevölkerung, ihre Existenz einigermaßen zu sichern. Der Besuch des mit Führung zugänglichen ›Tiefen Stollens‹ gewährt einen lehrreichen Einblick in den geologischen Aufbau und die Techniken des Bergbaus; das Besondere an diesem Bergwerk ist, daß neben dem Stollen des 19. Jh. noch ein bereits im Mittelalter gegrabener Gang erhalten ist (festes Schuhwerk und warme Kleidung notwendig).

Reifferscheid

Reifferscheid☆
Besonders sehenswert: Ortsbild

Von Rescheid ist es nicht mehr weit nach Reifferscheid, der klassischen Burgsiedlung, die der Maler Fritz von Wille (s. S. 205) und zahlreiche andere Künstler als malerischen Inbegriff der Eifel auf Bildern, Lithographien und Kupferstichen verewigten. Das alte Reifferscheid thront auf einer ummauerten ovalen Hügelkuppe, deren höchsten Punkt im Norden der mächtige runde Bergfried einnimmt, der einst, in massive Schildmauern eingebunden, auch die einzige gefährdete Seite der Anlage schützte. Er war der letzte zu verteidigende Ort der weitläufigen **Burg,** die mit zwei hintereinander gestaffelten Mauerringen zu seinen Füßen lag. Am anderen Ende des Ovals, am Rand des steil abfallenden Hügelplateaus, steht die in den Befestigungsgürtel einbezogene Pfarrkirche mit einem Wehrturm am Chor; die ganze Anlage war von außen durch zwei mit vorspringenden Rundtürmen gesicherte Torbauten zu betreten, von denen der nördliche, das sog. Matthiastor mit spitzbogiger Durchfahrt, noch fast original existiert, das andere ist mit reizvollen Fachwerkaufsätzen überbaut.

Ungefähr diesen Anblick – nur mit einer noch intakten Burg – muß der stark befestigte Ort schon geboten haben, als am Nachmittag des 11. August 1385 die vereinigten Truppen der Städte Köln und Aachen, der Herzöge von Jülich und Brabant und zahlreicher Grafen

Reifferscheid ist eines der klassischen befestigten Burgdörfer der Eifel; selbst die Kirche besitzt am Chor einen Wehrturm. 1385 verteidigte sich hier der Herr von Reifferscheid erfolgreich gegen ein Heer des Landfriedensbunds

und Ritter des Landfriedensbundes vor den Mauern erschienen. Die Herren von Reifferscheid (1195 zuerst genannt) waren wie so viele kleine Eifeler Dynasten im Lauf der Zeit zwischen die Machtblöcke Köln, Jülich, Trier und Luxemburg geraten und hatten mit ständig wechselnden Bündnissen und kriegerischer Selbstbehauptung ihre Unabhängigkeit zu bewahren versucht. Dabei brachten sie, bedingt durch die dauernde Gefährdung ihrer Existenz, kompromißlose Haudegen hervor, die weder Krieg noch Hinterhalt, Intrige oder fromme Stiftung scheuten, um ihre Zwecke durchzusetzen. Einer von ihnen war Johann V. von Reifferscheid (1358–1418). Seine dauernden Fehden erschütterten die Nordeifel so sehr, daß sich die zum Landfriedensbund zusammengeschlossenen Städte und Adeligen zu einem kostspieligen Kriegszug gegen den Reifferscheider entschlossen.

So begann jene denkwürdige Belagerung des Burgdorfes, in dem sich Johann V. verschanzt hatte und bei der es nicht mit rechten Dingen zuging. Denn während sich die Truppen der Reichsstädte redlich strapazierten, um die Festung zu nehmen, hielten sich die von adeligen Herren gestellten Teile der Belagerungsarmee auffällig zurück. Wie die Führer des Aachener Kontingents mißtrauisch, aber der Wahrheit sicher sehr nahe, an den Rat ihrer Stadt schrieben, zeigten die adeligen Kampfgefährten offenbar wenig Neigung, die Burg ihres Standesgenossen zu erobern. So gelang es selbst nach neunwöchiger

Belagerung nicht, die Mauern von Reifferscheid zu stürmen; ein sich ankündigender harter Eifelwinter brachte schließlich im Oktober 1385 beide Parteien zu einem Friedensschluß. Dieser beinhaltete höchst merkwürdige Passagen: So bekannte Johann V. die auf der Landstraße begangenen Frevel und erklärte formell seine Niederlage, mußte sich aber lediglich verpflichten, den Herren und Städten des Landfriedensbundes für die Dauer von nur acht Jahren keinen Schaden mehr zu tun, außerdem wurden alle Schadensersatzforderungen an ihn als erledigt betrachtet – was faktisch einem Sieg gleichkam. Entsprechend machte Johann von Reifferscheid eine steile Karriere bei den Erzbischöfen von Köln und erbte 1394 unangefochten die Herrschaft Dyck bei Grevenbroich.

Als sein Sohn Johann VI. auch noch die reiche Grafschaft Salm und das Territorium von Alfter erbte, war aus den kleinen Eifeldynasten das einflußreiche Herrenhaus der Grafen von Salm-Reifferscheid geworden, das nun immer seltener auf seiner entlegenen Stammburg residierte. Die große Anlage geriet so allmählich in Verfall, 1689 erschienen französische Truppen, die alle Wehrbauten in die Luft sprengten und die Burg endgültig in eine Ruine verwandelten, deren nach Mitte des vorigen Jahrhunderts hoch aufragende Mauern ein Pilgerziel romantischer Gemüter wurden. Die **Kirche** von 1489–91 wurde im 19. Jh. stark verändert und enthält seitdem eine mit Blendarkaden verzierte Hochaltarmensa und eine Sakramentsnische von 1480 unter dem mit Schlußsteinen verzierten Netzgewölbe; man beachte über dem rechten Seitenaltar die Kopie des Rubens-Gemäldes ›Der Lanzenstich‹ (1620).

Wildenburg

Die Wildenburg: Eine guterhaltene Burg in besonders idyllischer Lage

Die nahegelegene einsame Wildenburg ist mit ihrem winzigen ummauerten Burgdorf aus Fachwerkhäusern eine seltene Idylle. Hier steht eine gut erhaltene Burg auf schmalem, steil abfallendem Bergrücken. Ein Seitenzweig der Reifferscheider gründete sie im 12. Jh., 1335 wurde sie von den Jülichern im Zuge ihrer Expansionsbestrebungen gekauft und an die Herren von Palandt verliehen. Diese bauten die Burg 1556 zu einer der wenigen Befestigungen in der Eifel aus, die mit Bastionen und einem Batterieturm wirkungsvoll für einen Geschützkrieg hergerichtet wurden.

Der malerische Eindruck der Anlage mit ihrem Torwächterhaus und dem ehemaligen Palas zwischen Türmen und Umfassungsmauern wird freilich etwas getrübt durch die Erinnerung an eine grauenvolle Episode des Jahres 1628. Damals versuchte der junge Herr auf Wildenburg, Marsilius III. von Palandt, seine Stellung aufzubessern, indem er die ihm nicht zustehende Blutgerichtsbarkeit ausübte und zum Beweis seiner neuen Befugnis drei Hexen foltern, strangulieren und verbrennen ließ. Dies verletzte die Rechte der Reifferscheider, die solches allein gedurft hätten und nun scharfen Protest einlegten. Wäre der Gegenstand nicht so entsetzlicher Natur, man könnte fast belustigt die Geschichte verfolgen, in der sich die Herren gegenseitig den Galgen abbauten und ihn zum Zeichen ihres Anspruchs vor der eigenen Tür wieder aufstellten. Der Streit geriet hart an den Rand einer bewaffneten Auseinandersetzung und wurde zum Politikum, das noch größere Herrschaften für sich zu nutzen wußten: Als Marsilius vier Wochen nach der ersten Exekution abermals fünf gefolterte Frauen der Hexerei überführt, schickt der Herzog von Jülich Truppen – nicht etwa, um dem Treiben ein Ende zu setzen, sondern um den Vollzug der bestialischen Hinrichtung vor den Reifferscheidern zu schützen, die ihn verhindern wollen. Diese Demonstration, daß Jülich auf dem gekauften Territorium keine Rechte anderer gelten lassen wollte, gelingt so gründlich, daß die Reifferscheider, von Jülicher Schützen in Schach gehalten, tatenlos zusehen müssen, wie an den fünf Unglücklichen die »Peinliche Hals- und Gerichtsordnung« des allerchristlichsten Kaisers Karl V. ausgeführt wird. Marsilius auf Wildenburg aber hatte sich so erfolgreich seinen Herren empfohlen, daß er bei den Jülichern noch »Fürstlicher Durchlaucht Rhatt, Cammerer, Ambtmann zu Deuren (Düren) und Norvenich« wurde.

1715 kaufte die Abtei Steinfeld die Wildenburg und baute den alten Palas innen zu einer Kirche um, in der mehrere Holzskulpturen verschiedener Jahrhunderte zu sehen sind.

Kloster Steinfeld

Weithin sichtbar ragen die Türme des Klosters Steinfeld über die gewellte Hochebene. Zwischen 1069 und 1073 in abgelegener Einsamkeit gegründet, entwickelte sich das seit 1126 mit Prämonstratensern besetzte Kloster rasch zu einem kulturellen Mittelpunkt der Nordeifel, dessen Äbte mehrere Tochterniederlassungen gründeten und während vieler Jahrhunderte eine einflußreiche Rolle im kirchen- und schulpolitischen Leben des Rheinlandes spielten. Im Gegensatz zu zahlreichen anderen Klöstern hatte Steinfeld nie eine Periode des Niedergangs zu verzeichnen; bis zu seinem plötzlichen Ende durch die französischen Revolutionstruppen wurden größere Bauvorhaben ausgeführt. Kurz vor dem Verfall retteten 1923 die Salvatorianer das säkularisierte Kloster und richteten darin ein Internat ein. So hat Steinfeld noch Bauwerke und Ausstattungsstücke verschiedener Jahrhunderte zu bieten und ist damit eine der bedeutendsten Kunststätten der Eifel.

Kloster Steinfeld: ☆ Eine der bedeutendsten Kunststätten der Eifel

Die große romanische Basilika (1142) des Klosters Steinfeld besitzt ein mächtiges doppeltürmiges Westwerk

Steinfeld, Grundriß der ehemaligen Prämonstratenserabtei

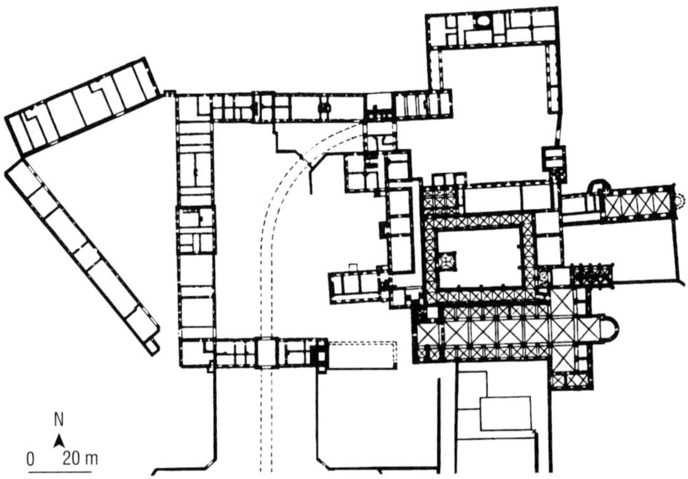

In seltener Vollständigkeit haben sich die um drei Höfe gruppierten Klostergebäude des 17. und 18. Jh. erhalten, die noch innerhalb einer alten, die ganze Abtei umziehenden Mauer liegen. Bedeutendster Teil der Anlage ist die 1142 begonnene und innerhalb weniger Jahre vollendete **Abteikirche,** eine langgestreckte dreischiffige Pfeilerbasilika mit Querhaus im strengen gebundenen System der Hochromanik, gekrönt von einem achteckigen Vierungsturm; die Fassade bildet ein massiges, festungsartig abweisendes Westwerk mit zwei Rundtürmen. Das Innere der Kirche lebt von einem überraschenden Kontrast: Die Schwere der schmucklosen romanischen Architektur wird belebt durch das zarte Filigran der dekorativen spätgotischen Gewölbemalerei, den Frührenaissance-Arabesken an den Gurtbögen und der bewegten, aber feierlichen Barockausstattung.

Der kunsthistorisch wichtigste Teil ist der in der Eifel nur so selten erhaltene Freskenschmuck. Das älteste Wandbild befindet sich in der Ursulakapelle – man betritt sie durch eine Tür im rechten Querschiff –, wo an der Ostwand ein romanisches Fresko aus der Zeit um 1170 zu sehen ist: Ein lebensgroßer Christus in der Mandorla mit schwungvoll geworfenem Mantel wird umgeben von Evangelistensymbolen, Engeln und der hl. Ursula mit dichtgedrängten Jungfrauen in langen Gewändern. Der rechte und der linke Vierungspfeiler wurden mit zwei großen gemalten Figuren der Muttergottes und des hl. Potentinus geschmückt; die vorzüglichen Gemälde sind im monumentalen Stil des ausgehenden 13. Jh. empfunden. Auch das Fresko der Kreuzigungsgruppe (1340) im südlichen Querschiff gehört der gotischen Zeit an.

Die spätgotische Rankenmalerei von Meister Hubert von Aachen (ca. 1515) bestimmt das ganze Gewölbe der Kirche, gemalte Grate heben die Architektur anstelle der fehlenden Gewölberippen hervor.

Bemerkenswert sind die figürlichen Darstellungen an den Gurt- und Scheidbögen. »Rechts in der Vierung am südlichen Bogen sitzt über dem Kämpfer keck und dreist auf einem Säulenstumpf der Teufel … Er trägt in eine Schriftrolle die Namen der zerstreuten Beter ein und sucht mit verwegenem Blick neue Opfer. Ihm gegenüber schreibt ein Engel die Namen der Gerechten und Frommen auf …« (Pater Dörpinghaus im Klosterführer). Während man sich betroffen bemüht, alle Zerstreutheit fahren zu lassen, wird man von einem Blick in den Gurtbogen zum linken Querhaus abgelenkt. Dort beweist der Fres-

In gelungener Weise ist der Innenraum der romanischen Basilika von Steinfeld mit barocken Altären eingerichtet

kant, daß die beginnende Renaissance noch keine volle moralische Anerkennung besaß: Während die fünf klugen Jungfrauen »züchtig und ansprechend« in gotischen Gewändern einherschreiten, sind die fünf törichten Jungfrauen als »leichtfertige, oberflächliche Wesen in Renaissancetracht« dargestellt. Im ersten Gurtbogen des Langhauses ist ein ungemein dramatischer Engelssturz zu sehen. Besondere Aufmerksamkeit verdient auch das Chorgestühl, das unter Abt Johann von Altena (1468–83) aufgestellt wurde und im 17. Jh. neue Vorderwände erhielt. Aus dessen Entstehungszeit stammen die phantasievollen spätgotischen Figuren der Sitzbänke, stilisierte Pflanzen und Tiere, tanzende Teufel, groteske und phantastische Gestalten, die zum großen Teil satirische Tierfabeln darstellen.

Eher auf erhebende Gefühle zielt die prachtvolle Barockausstattung der Kirche, die gegen Ende des 17. Jh. entstand. Neben dem die ganze Apsis verdeckenden Hauptaltar, den vier Seitenaltären und der Wandvertäfelung der Seitenschiffe mit den aus ihr hervortretenden elf Beichtstühlen ist besonders die reich geschnitzte Kanzel ein gelungenes Stück. In Muschelnischen stehen am Kanzelpult die vier Evangelisten zwischen üppigem Knorpelwerk, den wuchtigen Schalldeckel schmücken Figuren der Kirchenlehrer und des Erzengels Michael. Das bedeutendste Teil der barocken Einrichtung ist zweifellos die Orgel, ein in den Rheinlanden kaum übertroffenes Meisterwerk der Orgelbaukunst, sowohl in bezug auf ihren Klang als auch in der Pracht des Gehäuses. Neben einigen Barockskulpturen blieben mehrere gotische Holzfiguren erhalten: Dazu gehören die Kreuzigungsgruppe in der Vorhalle (um 1500), zwei überlebensgroße Figuren der hll. Potentinus und Hermann-Josef (ein Mönch des Klosters, dessen 1701 errichteter Marmorsarkophag mit einer Alabasterfigur des Heiligen im Mittelschiff steht) sowie das subtile Vesperbild aus Tuffstein im linken Seitenschiff, ein Werk des kölnischen Weichen Stils um 1420.

Von den 269 großflächigen Glasmalereien, mit denen einst der gesamte Kreuzgang des Klosters Steinfeld verglast war, blieb nur dieses eine Gemälde zurück. Es entstand Mitte des 16. Jh.

Ein letzter Blick in Steinfeld sollte dem stillen **Kreuzgang** gelten, den man durch den Eingang des barocken Hauptgebäudes oder durch eine Seitentür im linken Querschiff der Kirche erreicht. 1495–1557 errichtet, besitzt er ein quadratisches Brunnenhaus mit Sterngewölbe und einer eindrucksvollen romanischen Brunnenschale des frühen 13. Jh. aus vulkanischem Gestein, sie wird geschmückt von plastischen Blattgebilden und Tierköpfen. Der kostbarste und kunsthistorisch wertvollste Schmuck des Klosters befand sich hier im Kreuzgang: Er war vollständig verglast und zeigte 269 farbenprächtige Glasmalereien. Sie entstanden zwischen 1527 und 1556 und entstammen einer Kölner Werkstatt der Frührenaissance, die auch den Kreuzgang der Abtei Mariawald bei Heimbach ähnlich aufwendig ausgestattet hatte. Hier wie dort sind sie jedoch verschwunden, in Steinfeld auf höchst rätselhafte Weise: 1785 wurden die Fenster wegen der Kriegswirren ausgebaut und versteckt. Bis heute weiß niemand, wie die Glasmalereien aus ihrem Versteck nahe der Michaelskapelle abhanden kamen, ebenso ungeklärt ist ihr Weg ins Victoria and Albert Museum in London, wo sie erst 1929 wiederentdeckt wurden und heute noch zu sehen sind. Die einzige Möglichkeit, sich in der Eifel noch eine Vorstellung von der überragenden Qualität dieser Arbeiten zu machen, bietet sich im nahegelegenen Schleiden: Die beiden großen Glasgemälde der Ostwandfenster in der Schloßkirche stammen aus derselben Werkstatt.

Vorgeschichte und Römisches um Nettersheim

Von Steinfeld führt die Straße hinunter nach Urft und in das landschaftlich reizvolle Tal gleichen Namens. Eine schöne Strecke führt weiter nach Kall, doch sollte man zwischen Urft und Sötenich halten und den rechts der Straße ansteigenden Weg erklimmen: Dort steht auf steilem Fels die Ruine der **Stolzenburg.** Hinter dem klangvollen Namen verbergen sich heute zwar nur noch kümmerliche Mauerreste, doch handelt es sich um eine interessante Anlage, da sich im Felsen mehrere Höhlen befinden, die in die Befestigung einbezogen waren; auch der Blick von hier oben lohnt den Weg.

Nettersheim

Nettersheim: Fundstätten der Vorgeschichte und der Römerzeit

Das Urfttal ist auch der richtige Ort, sich auf die Spuren der Römer in der Nordeifel zu begeben, denn das ein Stück flußaufwärts gelegene Nettersheim ist von mehreren bedeutenden Fundstellen umgeben. Am besten fährt man in das Zentrum des kleinen Ortes, wo man unweigerlich auf das Informationshaus des **Naturschutzzentrums** Nettersheim trifft. Dort ist eine archäologische Ausstellung zur Siedlungsgeschichte der Gegend sowie eine Darstellung geschützter Naturräume mit ihrer Flora und Fauna zu sehen. Oberhalb, in der **Alten Schmiede,** ist eine interessante Fossiliensammlung auch zum Thema ›Geschichte des Eifelwaldes‹ mit versteinerten Pflanzenresten ausgestellt. Vor allem beginnt hier aber der **Archäologische Wanderpfad,** der zu vielen Fundstätten der Umgebung führt. Die bedeutendste davon ist der Beginn der römischen Wasserleitung nach Colonia Claudia Ara Agrippinensium, dem heutigen Köln. Man folge den Hinweisschildern des Archäologischen Wanderpfades zum **Grünen Pütz,** wie die nach Fundstücken rekonstruierte Brunnenstube, die erste Quellfassung der über 90 km langen Leitung, genannt wird. Auf der einen Seite mündet eine etwa 80 m lange Sickerleitung mit einer feinen, als Filter wirkenden Kieseinlage in die Brunnenstube, deren untere Werksteinfassung aus großen Sandsteinblöcken original erhalten ist, auf der anderen Seite beginnt der gewölbte Kanal in Richtung Köln. Die Wasserleitung, unterwegs noch durch zusätzliche

Quellen gespeist, gehört zu den bedeutendsten technischen Leistungen der Römer nördlich der Alpen, wenngleich sie ein eher luxuriöses Bedürfnis erfüllte: Den Kölner Römern schmeckte das kalkhaltige Wasser hier aus der Sötenicher Kalkmulde einfach besser als das der näherliegenden Quellen; so flossen täglich an die 20 000 m^3 Wasser aus dem Eifelkanal in die großen Verteilerbecken am Rande des antiken Köln, das rund 300 m tiefer lag als der Brunnen im Urfttal. Die Leitung wurde im Laufe der Jahrhunderte an vielen Stellen zerstört, doch existiert ihr größter Teil noch unter der Erde.

Umgebung von Nettersheim

Vom Grünen Pütz führt ein 100 km langer, markierter Wanderweg den **Römerkanal** entlang. An 75 Stellen sind inzwischen Ausgrabungen zu besichtigen. Die ersten 30 km (mit 19 archäologischen

Zu den zahlreichen römischen Fundstätten um Nettersheim gehört die römische Tempelanlage Görresburg

Stätten zwischen Nettersheim und Mechernich) führen durch den landschaftlich schönsten Teil des ›Kanalwegs‹.

Auch sonst haben die Römer die Nettersheimer Gegend sehr geschätzt, denn urftaufwärts befindet sich neben einer ehemaligen römischen Siedlung der gallo-römische Tempelbezirk **Görresburg** mit drei in den Grundmauern erfaßten Bauten und den Kopien von drei Denkmälern, die unter pilastergetragenen stilisierten Dächern je eine Dreiergruppe von Relieffiguren der Matronae Aufaniae zeigen. Ein Stück weiter entdeckt man auf dem anderen Ufer der Urft die rätselhafteste römische Fundstätte der Nordeifel, den **Steinrütsch:** Auf einer Wiese liegen halbbearbeitete mächtige Sandsteinblöcke, deren Funktion bis heute ungeklärt blieb; man vermutet einen römischen Werkplatz, auf dem Steinmaterial für entferntere Bauten zugehauen wurde. Dagegen sprechen allerdings die ebenfalls dort getätigten zahlreichen Funde anderer Art, Keramik, Bronze- und Bleigegenstände und über 700 Münzen.

Folgt man der Straße in Richtung Zingsheim, so stößt man vor **Hirschberg** auf ein weiteres Matronenheiligtum, wo ein sog. Umgangstempel mit kleiner Cella gestanden hat. An ihrem ursprünglichen Ort befinden sich ein Weihestein mit Giebel und Voluten und ein kleines Altärchen, beide mit unversehrten Inschriften. Sie sind Abgüsse der in Museen bewahrten Originale, die im 2. oder 3. Jh. beim Tempel aufgestellt worden waren. Bevor man Nettersheim verläßt, werfe man noch einen Blick in die einfache Pfarrkirche von 1783: darinnen befindet sich ein gotisches Chorgestühl aus Kloster Steinfeld mit ebensolchen originellen Schnitzereien. Neben dem Ort sind auf einem Anger römische Funde und ein Stück des Kanals der Wasserleitung ausgestellt.

Die Kartsteinhöhle bei Eiserfey besteht aus einem ganzen Höhlensystem in einem Kalksteinfelsen. Es beherbergte einst Mammuts und Steinzeitmenschen

Von Zingsheim aus kann man direkt nach Bad Münstereifel fahren. Man nimmt die Straße nach **Pesch,** kurz hinter dem Ort führt ein Waldweg von einem Parkplatz in etwa 20 Minuten zu den Resten einer einst großen Tempelanlage. Auch hier stand ein Umgangstempel zwischen mehreren kleineren Weihestätten; der ganze Bereich, in den Fundamenten noch gut zu erkennen, war von einer über 100 m langen Wandelhalle hofartig eingefaßt. Die dort verehrten Götter sind im Abguß eines Weihesteins vor dem ersten Tempel dargestellt.

Kartsteinhöhle in Eiserfey: Bereits in der Vorgeschichte von Menschen genutztes Höhlensystem

Empfehlenswerter ist jedoch ein Umweg nach Bad Münstereifel, der noch an mehreren römischen Fundstätten und an der riesigen **Kartsteinhöhle in Eiserfey** vorbeiführt. Dazu biege man hinter Zingsheim nach Weyer ab; kurz nach diesem Ort bietet sich links neben der Straße eine höchst romantische Szenerie: Ein gewaltiger, efeubehangener Kalkfelsen ragt mit steilen Wänden aus dem Hochwald hervor; in den porösen Gesteinsschichten sind durch Verwitterung mehrere weitläufige Höhlen entstanden, die zu den eindrucksvollsten Naturerlebnissen der ganzen Eifel gehören. Wenn man die große Höhle durch den zweiten Ausgang verlassen hat, empfiehlt sich der Weg auf das Kalkplateau hinauf, oben öffnet sich der Zugang zu einer weiteren Höhle. Das nach drei Seiten steil abstürzende Plateau war an seiner ebenen vierten Seite durch einen noch gut sichtbaren prähistorischen Wall mit vorgelegtem Graben geschützt, es fanden sich zahlreiche Siedlungsspuren.

Folgt man der Straße weiter nach **Vussem,** so trifft man dort auf den rekonstruierten Teil eines Aquädukts, mit dem die römische Wasserleitung hier ein kleines Tal überbrückte; von den ehemals 13 Bögen sind zwei wiederhergestellt. Im Wald ist noch ein Einstiegsschacht in den Kanal erhalten. Im benachbarten **Kallmuth** liegt an der Straße nach Vollem unter einem Schutzhaus eine große, technisch sehr raffiniert angelegte Brunnenkammer des 2. Jh. n. Chr., aus der die unterirdische Wasserleitung einen weiteren Zufluß erhielt. Das Hangwasser konnte durch ein wasserdurchlässiges Fundament in die offene Kammer einsickern und floß erst durch ein Klärbecken, ehe es dem Hauptkanal zugeführt wurde. Wendet man sich von hier nach Bad Münstereifel, so wähle man die Straße über Breitenbenden, denn 2 km danach in Richtung Holzheim liegt ein aufgeschlossenes Stück der römischen Leitung direkt neben der Straße.

Bad Münstereifel und Umgebung

Bad Münstereifel

Bad Münstereifel ☆☆
Besonders sehenswert:
Stadtbild
Ehem. Stiftskirche

Von welcher Seite auch immer man sich Bad Münstereifel nähert, man trifft auf Mauern, Türme und Tore. Denn der Ort besitzt eine der bedeutendsten, vollständig erhaltenen Stadtbefestigungen im gesamten Rheinland. Der vielgerühmte Reiz Münstereifels liegt nicht in der Pracht einzelner Bauwerke, sondern im Zusammenspiel der vielgestaltigen historischen Bausubstanz eines Handwerker-, Bauern- und Klosterstädtchens und dem geschäftigen Leben auf seinen kleinen Plätzen, Brücken und Gassen um die Kirchen und die große Burgruine. Seine besondere Note hat das Stadtbild der Erft zu verdanken, die, von großen, teils erhaltenen Wassertoren hinein- und wieder hinausgelassen, durch den Ort rauscht und sich dabei erfolgreich Mühe gab, an jeder Ecke die malerischsten Winkel entstehen zu lassen. Münstereifel zeigt dabei mit den Wasserdurchlässen in der Stadtbefestigung, dem teils gemauerten Bachbett, den zahlreichen kleinen Brücken und den Treppen hinunter zum Wasser in sonst

Im Ortsbild von Bad Münstereifel zeichnet sich noch deutlich die Keimzelle der Stadt ab - der große Bau der romanischen Kirche war Bestandteil eines bereits um 830 gegründeten Klosters, das dem Ort seinen Namen gab: Monasterium in Eiflia

kaum noch vorfindbarer Weise die Verwachsenheit eines mittelalterlichen Stadtorganismus mit seinem fließenden Gewässer. Denn dieses war damals Bestandteil des täglichen Lebens, man brauchte es unter anderem als Waschplatz, als Tränke für das innerhalb der Mauern gehaltene Vieh und zum Waschen der Wolle in den Tuchmacherbetrieben, die dem Ort zeitweise einen gewissen Wohlstand bescherten.

Der Beginn der Münstereifeler Geschichte dokumentiert sich noch heute im Namen der Stadt. Als im Jahre 760 die Abtei Prüm gestiftet wurde, gehörte zu ihrem reichen Grundbesitz auch der Teil des Erfttals, in dem heute Münstereifel liegt. 830 gründete dort Marquard, der dritte Abt von Prüm, ein Kloster mit einer ersten Kirche, die 844 die Reliquien der Märtyrer Chrysanthus und Daria erhielt. Bereits 893 wird die Tochterniederlassung als »Novum Monasterium in pago Eifle situm« erwähnt; 1086 erscheint sie erstmals in der lateinischen Form ihres heutigen Namens: Monasterium in Eiflia – Münstereifel. Der Ort, der bald um das gegen 950 in ein Kanonikerstift umgewandelte Kloster entstand, erhielt 898 Markt- und Zollrechte und blieb von Prüm abhängig, das ihn von Schutzvögten verwalten ließ. Wie üblich betrachteten diese bewaffneten Herrschaften das zu Schützende bald als Eigentum; nach langen Streitereien konnte sich Jülich gegen Kurköln durchsetzen und Münstereifel seinem Territorium einverleiben. Damit war ein wichtiger Stützpunkt in der Nordeifel gewonnen, der sogleich mit einer großen Burg und einer aufwendigen Stadtbefestigung gesichert wurde; Münstereifel blieb bis zum Einmarsch der französischen Revolutionstruppen 1792 bei Jülich.

In der Stadtchronik des Toni Hürten, die ein einzigartiges Dokument der Geschichte einer Eifeler Kleinstadt darstellt, erfährt man so seltsame Episoden wie die des Jahres 1451, als die Stadt nach der Pest völlig verlassen war und auf dem von Gras und Sträuchern überwucherten Markt ein großer Hirsch erlegt wurde, oder von einer der katastrophalen Überschwemmungen, die die sonst so harmlos wirkende Erft zustande brachte: »Anno 1416 fiel bey nacht ein Wolkenbruch ernieder über der Statt Munster Eyffel, da die Leute schlieffen, reis ein gros theil der Mauren und Statt hinweg, ertrenckte viel Volkes und Viehes, die hernach ein Meil oben der Statt im Felde gefunden wurden, führte weg und verderbte ein großes Gut.« Durch die ganze Chronik zieht sich der Streit der Stadträte mit dem auf der Burg residierenden Jülicher Amtmann um Steuern und Erlässe, dauernd müssen die Mauerwächter ermahnt werden, ihr Amt sorgfältiger zu versehen und die Uhren pünktlich zu blasen. Man hört von den eigentümlichen Streitereien der konfessionellen Parteien nach der Reformation, als die Katholiken den Protestanten verbieten wollten, ihre Toten auf dem gewöhnlichen Kirchhof zu beerdigen; ein Streit, in dem sie sich besser geeinigt hätten, denn als zur Unterstützung der einen Partei spanische Truppen und zur Hilfe der anderen holländische erschienen, brandschatzten diese die Stadt um die Wette. Bei alledem müssen die Münstereifeler Ratsherren besondere Blüten bürgerlicher Tugend dargestellt haben, denn über sie erscheinen Klagen besonderer Art. Zu den Ratssitzungen wurde kostenlos Wein gereicht, doch als die Beschwerden nicht abrissen, daß es dadurch zu nicht näher beschriebenen, aber leicht vorstellbaren »Mißbräuchen« im Rate käme, beschloß man, daß die Herren künftig andere »praesenta« für ihre Anwesenheit erhalten sollen. Darüber entbrannte der nächste Streit, denn die Verköstigung wurde von den Räten nur zu gerne für mangelhafte Gegenleistung kassiert. So heißt es am 10. März 1663: »Da im Senatu große Unordnung herrscht, daß es vorkommt, daß zur angesetzten Stunde der Ratssitzung um 8 Uhr, Ratsherren erst um halb neun Uhr, neun Uhr, halb 10 Uhr und zehn Uhr kommen und dabei ihr praesanta völlig genießen wollen, wird nun bestimmt, daß wer nicht um 8 Uhr oder spätestens eine Viertel Stunde nachher anwesend ist, dessen praesenta verfällt und von den Anwesenden verzehrt wird.«

Als daher am 13. November 1678 die plündernden Truppen des französischen Sonnenkönigs auch Münstereifel besetzen, verlassen die Hüter des Gemeinwohls samt und sonders fluchtartig die Stadt

Von vielen Brücken überspannt, fließt die Erft durch die engen, von Fachwerkhäusern gesäumten Straßen von Bad Münstereifel

und überlassen die Bevölkerung ihrem Schicksal; wäre nicht der mutige Stadtschreiber Horstgen gewesen, der immer wieder einen Aufschub der »Brandschatzung« erreichte, es wäre in Münstereifel kein Stein auf dem anderen geblieben. Auch hier erweist sich die Hürten-Chronik als subtiles Dokument der Ereignisse, von denen man sich sonst unter den Schlagworten »Kontribution« und »Fourage« kaum eine Vorstellung machen kann. Zuerst wurden die Truppen in den Häusern der Bürger, die Offiziere auf der Burg einquartiert, es mußten jedem einzelnen täglich große Mengen an Bier, Brot und Fleisch gestellt werden, wodurch die Vorräte der Bewohner innerhalb kurzer Zeit aufgebraucht waren. Alles, was sie noch beschaffen konnten, mußten sie den Soldaten zur Verfügung stellen, während die eigenen Familien langsam verhungerten. (Genauso ging es übrigens auch zu, wenn befreundete Truppen versorgt werden mußten.)

Sodann wurden unter Androhung von Brandschatzung ungeheure Summen als monatlich zu entrichtende Kontributionszahlungen verlangt, die die Zurückgebliebenen schon nach kurzer Zeit nicht mehr aufbringen konnten. Um die Stadt vor dem Niederbrennen zu retten, wandten sich die Münstereifeler verzweifelt um Geld an die nach Köln geflohenen Ratsherren, die ohnehin die reichsten Bürger der Stadt waren – doch diese dachten nicht daran zu zahlen. Noch ärger wurde es, als die Offiziere in großem Stil begannen, die eigenen Taschen zu füllen und zusätzlich horrende Summen forderten, die den Titel »Verehrung des Herrn Offiziers« trugen. So kam Münstereifel völlig herunter, das große Kloster verfiel. Die nachfolgenden Kriege verhinderten einen Wiederaufstieg, und als auch noch das Tuchmachergewerbe im vorigen Jahrhundert der Euskirchener Konkurrenz erlag, setzte eine völlige Verarmung ein, die bis weit in dieses Jahrhundert hinein anhielt. Erst der Aufstieg zum Kurort brachte Münstereifel wieder erträgliche Verhältnisse. Wie so oft in der Eifel ist es dieses Elend der letzten zweihundert Jahre gewesen, das, da die Mittel für Neubauten fehlten, zum Erhalt eines historischen Baubestandes beitrug, der heute die Touristen in Scharen anzieht.

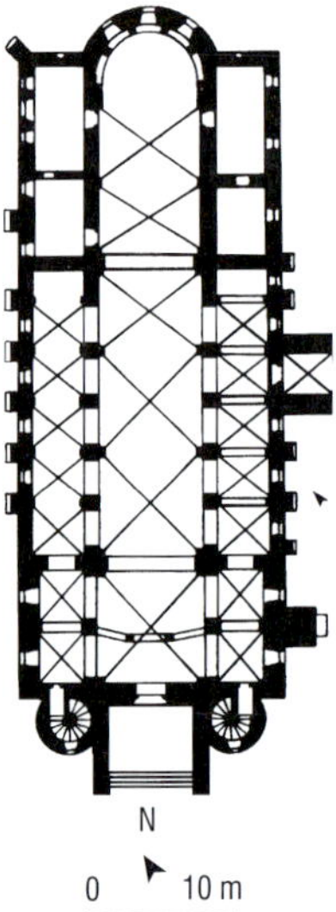

Bad Münstereifel, Grundriß der ehemaligen Stiftskirche

Das bedeutendste Bauwerk der Stadt ist die ehemalige Kirche des heute verschwundenen Stifts, die **Pfarrkirche St. Chrysanthus und Daria.** In den Fundamenten der Krypta stecken noch die Reste der 830 von Abt Marquard von Prüm gegründeten ersten Kirche; der jetzige Bau entstand im 11. und 12. Jh. Die Kirche stellt eine dreischiffige Pfeilerbasilika ohne Querschiff mit langgezogenem Hochchor über einer fünfschiffigen Krypta dar; ihr Äußeres bestimmt das mächtige Westwerk, dessen Verwandtschaft mit St. Pantaleon in Köln nicht zu übersehen ist.

Betritt man die Kirche, so erblickt man zuerst im Mittelraum des Westbaus das eindrucksvolle Hochgrab des Grafen Gottfried von Bergheim, der um 1335 starb. Die 3 m lange Tumba ist durch eine Arkatur mit krabbenbesetzten Kielbögen verziert, in den Nischen stehen Relieffiguren von männlichen und weiblichen Trauernden. Auf der Deckplatte befindet sich die langgestreckte Liegefigur des Verstorbenen mit einem reichgestalteten Baldachin über dem Haupt. Er trägt eine subtil gearbeitete Ritterrüstung, an der sich die beginnende Entwicklung der Rüstungen vom Kettenhemd zum Plattenharnisch erkennen läßt.

Eine qualitätsvolle Arbeit gotischer Bildhauerei ist das Hochgrab des Grafen Gottfried von Bergheim, der 1335 starb

Das Langhaus, unter einer schmucklosen Einwölbung des 12. Jh., besitzt an den Wänden über den Seitenschiffarkaden vier Marmorepitaphe des 16. und 17. Jh. Bedeutende Kunstwerke haben noch Chor und Krypta zu bieten: im Hochchor ein reichgegliedertes Sakramentshäuschen (um 1480) mit Standfiguren der Kirchenpatrone unter Baldachinen, daneben Reste eines romanischen Freskenprogramms der Apokalypse (um 1100) und gotische Wandmalereien mit Kirchenvätern. An der rechten Chorseite ist ein seltenes Stück zu bewundern: ein großer, reich mit figürlichem Schnitzwerk verzierter Dreisitz aus dem 14. Jh., der einen von Maß- und Rankenwerk überquellenden Reliquienkasten des 16. Jh. trägt. Das beste Kunstwerk der Kirche steht in der Krypta hinter dem formenreichen Eisengitter des 17. Jh.: eine schlanke, 68 cm große Madonnenfigur aus Nußbaumholz, die in ihrer elegischen Schönheit auf die französische Hofkunst der Jahre um 1320 weist. Der gleichen Werkstatt entstammt wohl die Statuette der hl. Daria, die aber im 19. Jh. als Apollonia entstellt wurde. In der Krypta ist außerdem der vergoldete Holzschrein (18. Jh.) mit den Gebeinen der Märtyrer Chrysanthus und Daria aufgestellt.

Hinter dem Chor, auf der gegenüberliegenden Seite des Klosterplatzes, steht das **Romanische Haus** an den Mauerresten des alten Immunitätsbezirkes. Eine dendrochronologische Untersuchung ergab, daß die Bäume für das beim Bau verwandte Holz im Jahr 1167 gefällt worden sein müssen; damals war das Haus eine repräsentative Wohnung eines Kanonikers des angrenzenden Stifts. Die Fenster sind durch Zwillingsarkaden mit eingestellten Säulen und Würfelkapitellen gegliedert, ein Teil des Kellers besitzt ein Tonnengewölbe. Der Bau stellt eines der wenigen erhaltenen romanischen Wohnhäuser nördlich der Alpen dar, heute befindet sich darin das sehenswerte Münstereifeler Heimatmuseum.

Auf der anderen Seite der Kirche, nicht weit vor dem Westwerk, steht das gotische **Rathaus** Münstereifels, ein malerischer Bau des 15. Jh. mit einer spitzbogigen offenen Laube, darüber große bemalte Stuckreliefs von zwei Gewappneten und zwei Löwen. Der linke Teil des Hauses wird bekrönt von einem Treppengiebel mit Ecktürmchen, davor steht ein alter Pranger. Blickt man vom Rathaus nach links die Straße hinunter, so schaut man auf die Fassade der ehemaligen **Jesuitenkirche St. Donatus** neben den zugehörigen Klostergebäuden mit dem Gymnasium Sancti Michaeli. Die ganze, um zwei Höfe gruppierte Anlage entstand in den Jahren 1652–74, die Kirche ist innen ein weiträumiger einschiffiger Saal, den reich gestaltete hölzerne Netzgewölbe überspannen. Bemerkenswert sind neben den Altären und der Kanzel aus der Erbauungszeit die seitlichen Emporen, die über schmalen Kreuzgewölben frei im Raum hängen. Der gotisierende Gesamteindruck ist typisch für die rheinischen Jesuitenbauten dieser Zeit, die im Zuge der Gegenreformation gezielt auf eine das – noch ungeteilte – christliche Mittelalter symbolisierende Architekturform zurückgriffen.

Das Rathaus von Bad Münstereifel gehört zu den wenigen erhaltenen gotischen Rathausbauten der Rheinlande

Die Umgebung von Bad Münstereifel

Im nahen **Schönau** steht mit der Pfarrkirche St. Goar eine spätgotische dreischiffige Stufenhalle mit einem Westturm des 13. und einer ansprechenden Barockausstattung des 17. Jh.; ein neogotischer Erweiterungsbau um 1866 schließt sich östlich an. Ein Stück weiter in **Mutscheid** findet sich eine große Kirchenanlage, deren ältesten Teil eine zweischiffige Hallenkirche der Zeit um 1500 bildet; innen sind ein romanischer Taufstein (um 1200) und ein Sakramentsschrank (um 1517) bemerkenswert.

Kurz vor Mutscheid zweigt nach links den Hang hinauf eine Straße zum Ort **Mahlberg** ab, hinter dem sich die charaktervolle, sanft ansteigende Vulkankuppe des Michelsberges erhebt. Es handelt sich wie bei der Hohen Acht und der Nürburg um einen tertiären Basaltvulkan, dessen dicht bewaldeter Spitzkegel aus schwarzem, körnigem Eruptivgestein von einer großen Wallfahrtskapelle gekrönt wird. Der jetzige Bau entstand nach einem verheerenden Brand des Jahres 1836, der das gotische Gotteshaus bis auf den Chor vernichtete, dieser bezeugt mit seinem reich gestalteten Netzgewölbe noch heute die Schönheit der alten Kirche. Neben einigen bei Renovierungsarbeiten entdeckten Wandmalereien enthält die Kapelle eine im Kunsthandel erworbene Ausstattung mit durchweg guten Stücken des Barock und des Rokoko. Es empfiehlt sich, für den Michelsberg ein wenig Zeit mitzubringen, denn seine Landschaft und die des nahen Bodenbachtales gehören zu den schönsten Ecken der Nordeifel.

Ganz in der Nähe, bei **Effelsberg,** bietet sich der eindrucksvolle Anblick des größten beweglichen Radioteleskops der Welt, das wie eine unwirkliche Erscheinung mit seinem riesenhaften Parabolspiegel das stille Waldtal überragt. Von ihrer Geburtsstunde im Jahr 1942

Um den Michelsberg bei Mahlberg zeigt sich die Eifellandschaft in ihrer ganzen elegischen Schönheit

Wie eine unwirkliche Erscheinung überragt das riesige Radioteleskop von Effelsberg die stillen Wälder

an, als zum ersten Mal britische Radarstationen Kurzwellenstrahlen von der Sonne empfingen, nahm die Radioastronomie einen kometenhaften Aufstieg, denn noch während des Krieges erkannte man die Bedeutung der Radiostrahlungen aus dem Weltall als Störung der Radarmessungen. Das 3200 t schwere Teleskop bei Effelsberg hat einen Spiegeldurchmesser von 100 m und kann Strahlungen aus einer Entfernung von 12 bis 15 Milliarden Lichtjahren registrieren; es werden damit Quasare und Pulsare erforscht.

Nördlich von Münstereifel lädt die Steinbachtalsperre zum Bade, nicht weit entfernt steht bei Stotzheim die **Hardtburg.** Sie liegt sehr romantisch tief im Wald wie auf einer Insel hinter wassergefüllten Gräben, die so breit wie ein kleiner See sind. An der erhaltenen weitläufigen Vorburg vorbei führt der Weg über eine Brücke in die mächtigen Ruinen der Hauptburg, die um 1340 von den Kölner Erzbischöfen als vorgeschobener Stützpunkt zwischen den stark befestigten Städten Münstereifel und Euskirchen des Todfeindes Jülich ausgebaut wurde. Auf dem Weg dorthin kommt man durch **Iversheim;** in der Kirche St. Laurentius, einem romanisierenden Saalbau der Jahre 1847–49, befindet sich die ›Madonna mit dem schreibenden Jesuskind‹, eine um 1430 in Köln geschaffene vorzügliche Skulptur des Weichen Stils in ihrer originalen Farbfassung. Ein Stück außerhalb des Ortes, direkt neben der B 51, wurde in den siebziger Jahren eine mittlere archäologische Sensation ausgegraben: Bei Aushubarbeiten für eine Wasserleitung kam eine römische Kalkfabrik zutage, von der ein Teil mit mehreren Brennöfen zu besichtigen ist. Ein Archäologe hat einen der Kalköfen rekonstruiert und in Betrieb genommen, wodurch es gelang, die Methoden der römischen Kalkbrennerei zu erforschen.

Burgenrundfahrt

Mitten in Iversheim zweigt scharf links eine Straße nach Wachendorf und Lessenich ab, womit die reizvolle Burgenrundfahrt in der Münstereifeler Umgebung beginnt. Der Grund für die zahlreichen Befestigungen dieser Gegend liegt darin, daß hier, entlang einer sich ständig ändernden Frontlinie, die Territorien von Jülich und Kurköln verzahnt waren. Viele dieser Burgen sind nur in Resten erhalten, andere wurden in Barockschlösser verwandelt. Betreten darf man sie alle nicht, doch sind viele auch von außen sehenswert. Da es hier keine hohen Erhebungen für den Bau einer Gipfelburg mehr gibt, wurde häufig das reichlich vorhandene Wasser in den flachen Tälern zur Sicherung genutzt. So entstanden große Anlagen inmitten von kleinen Seen und breiten Gräben, die heute mit Parks und Gärten zwischen seerosenbedecktem Wasser sehr ansprechende Ensembles abgeben.

Als erstes erreicht man in **Wachendorf** ein schönes Schloß, ehemals eine stark befestigte Burg mit runden Bastionen, wovon noch zwei im Park zu sehen sind; davor steht eine romanische Kapelle aus Bruchsteinmauerwerk. Nicht weit hinter Wachendorf überragt bei **Lessenich** der Rundturm der Burg Zievel die gewellte Felderlandschaft. Obwohl in die 1107 zuerst erwähnte und im 14. Jh. ausgebaute Jülicher Burg um 1661 ein Wohntrakt und um 1825 ein spätbarokkes Herrenhaus eingebaut wurden, erkennt man den mittelalterlichen Wehrcharakter der Anlage noch gut. Neben dem Bergfried steht das alte Haupttor mit runden Flankierungstürmen; die hohe Burgmauer wird heute umgeben von einem prächtigen Englischen Garten. Das Paradestück romantischer Wasserburgen im Rheinland befindet sich in **Satzvey.** Einst lagen hier Vor- und Hauptburg auf

Auf dem Gelände der Wasserburg Satzvey finden jedes Jahr vielbesuchte Vorführungen von Ritterturnieren statt

zwei getrennten Inseln, der heutige Anblick wird bestimmt durch das reich gegliederte Herrenhaus mit Turm und der Torburg des 15. Jh. hinter der weiten Wasserfläche.

Ein bißchen schwer zu finden ist die ausgedehnte Festungsanlage der Burg **Veynau,** sie gehört zum Ort Obergartzem. Zwei weitläufige, schwer befestigte Vorburgen mit Bastionen und Türmen sicherten das Vorfeld des rechteckigen Hochschlosses mit seinen Flankierungstürmen; ein effektvoller Wachtposten Jülichs für seine Besitzungen in der Eifel. Ganz im Gegensatz dazu präsentiert sich die zweiteilige Wasseranlage des malerischen Schlosses von **Eicks** im lieblichen Tal des Bruchbaches, nordwestlich von Kommern. Ab 1690 war hier unter Benutzung der Reste einer mittelalterlichen Burg ein Vierflügelbau mit quadratischen Ecktürmen hinter breiten Gräben entstanden.

Das Rheinische Freilichtmuseum in Kommern

***Kommern* ☆☆**
Dörfliches Leben der vergangenen Jahrhunderte

Von Eicks aus sollte man sich den Besuch im benachbarten Kommern nicht entgehen lassen. Dort liegt auf dem Kahlenbusch das **Rheinische Freilichtmuseum,** Landesmuseum für Volkskunde, wohl der einzige Ort, an dem noch die dörfliche und bäuerliche Bauweise des Rheinlandes der vergangenen Jahrhunderte unbeeinträchtigt zu bewundern ist. Einzelgehöfte, Weiler und ganze Dörfer sind in der Eifel, am Niederrhein, im Westerwald und dem Bergischen Land an Standorten, an denen ihnen die Zerstörung drohte, abgebaut und hier restauriert worden; jedes Haus wurde vom Kochlöffel bis zum Pflug im Stil seiner Zeit wieder eingerichtet. Im weitläufigen Museumsgelände lassen Gehöfte, Backhäuser, Werkstätten, Schule, Kirche und Windmühle das bäuerliche Leben der vorindustriellen Zeit anschaulich werden; auch die umgebende Natur mit Bauerngarten, dörflichem Ententeich, traditionell bewirtschafteten Wiesen und Feldern gehört dazu. Die häufigen Vorführungen bäuerlicher und handwerklicher Arbeitsweisen werden auf einer Tafel am Eingang des Museums angekündigt.

Im Ort Kommern selbst findet sich einer der besterhaltenen Bestände von Fachwerkhäusern der Eifel des 17. und 18. Jh.; von einer mittelalterlichen Burg ragt noch ein großer **Wohnturm** des 15. Jh. auf, und in der **Pfarrkirche** (neogotisch) steht ein romanischer Taufstein mit Eckköpfen und Blätterdekor aus dem 12. Jh.

Hier in Kommern befindet man sich bereits im Gebiet der aus zahllosen kleinen Dörfern gebildeten Stadt **Mechernich,** die jahrhundertelang vom Bleierzabbau gelebt hatte, der während seiner Blütezeit im vorigen Jahrhundert das schlimmste Arbeiterelend in den Rheinlanden hervorrief. Am Mechernicher Bleiberg, in dem bereits Kelten und Römer nach Bleierz schürften, ist die Grube Günnersdorf für Besucher zugänglich. Während der anderthalbstündigen Führung er-

An den Katzensteinen, den Buntsandsteinfelsen bei Katzvey, finden sich Spuren römischer Steinbruchtätigkeit

fährt man Lehrreiches über die Geschichte des Mechernicher Bergbaus und die Arbeit der Bergleute.

Hoch über dem Ort liegt inmitten eines ummauerten Friedhofs die alte Pfarrkirche St. Johann Baptist mit einem viergeschossigen Westturm des frühen 11. Jh., einem gotischen Chor und einem spätgotischen zweischiffigen Langhaus mit Resten von Wandmalereien der gleichen Zeit. Im angrenzenden Ortsteil **Roggendorf** steht in der neoromanischen Pfarrkirche ein einfacher mittelrheinischer Schnitzaltar (um 1500). Östlich des Ortskerns ragen bei **Katzvey** im Veybachtal die sog. Katzensteine auf, eindrucksvolle Buntsandsteinfelsen mit Spuren einer römischen Steinbruchtätigkeit.

Wege in die Nordeifel

Wer von Osten in die Eifel kommt, der durchfährt im Köln-Bonner Raum die Zülpicher Lößbörde oder die Ville, bevor er sich den ersten Eifelbergen nähert, die als dunkler Waldsaum den Horizont begrenzen. Obwohl man weder der Landschaft noch den Dörfern dieser Gegend das Prädikat ›sehenswert‹ verleihen kann, bewegt man sich hier auf geschichtsträchtigem Boden. Zahlreiche der heute völlig bedeutungslosen Ortschaften können auf urkundliche Erwähnungen weit vor der Jahrtausendwende verweisen; der Reichtum der fruchtbaren Börde ließ hier eine seltene Fülle romanischer Kirchenbauten und Wasserburgen aller Stilepochen entstehen. Wie die Eifel selbst könnte auch ihr Vorland eine Schatzkiste romanischer Architektur sein, wäre in den Jahrhunderten des Krieges nicht so vieles zerstört und zur Zeit der doktrinären Neogotik nicht so vieles verbaut worden.

Dennoch führen die Straßen dieser einförmigen Landschaft durch etliche Orte, in denen die historische Bedeutung der Gegend noch in Kunstwerken, Befestigungen oder Stadtbildern deutlich wird. Um die wichtigsten zusammenzufassen, kann man zwischen drei Routen wählen: von Nörvenich nach Zülpich, von Lechenich nach Euskirchen oder durch die Ville und das Drachenfelser Ländchen nach Rheinbach. Für alle drei Strecken gilt jedoch ein bedauerlicher Gesichtspunkt: Schlägt man die Übersichtskarte eines Kunstarchivs auf, so ist die Gegend mit bedeutenden Bauten und Kunstobjekten zwar nur so gespickt, doch zu sehen bekommt man herzlich wenig. Sämtliche Wasserburgen und -schlösser befinden sich in Privatbesitz und dürfen nicht betreten werden, die Kirchen sind fast alle verschlossen. Seltsamerweise gibt es im Buchhandel zahlreiche Kunstführer zu erwerben, die zu diesen Kunststätten führen und dabei in Beschreibungen selbst der Inneneinrichtung von Schlössern schwelgen, die man hinter den Zutrittverbotsschildern kaum noch sieht.

Ähnliches gilt für die Kirchen: Mit wenigen Ausnahmen, wie in Zülpich und Euskirchen, ist es purer Zufall oder erst nach langwierigen Nachfrageaktionen möglich, einen Blick ins Innere zu werfen. So wird man hier nach der in jedem Dorf aufs neue anstehenden Fragerei den Genuß an einer Kunstreise rasch verlieren. Immerhin ist die Besichtigung bei einigen kein Problem, und die großen Wasserschlösser geben auch von außen recht malerische Prospekte ab, weshalb man die Beachtung des einen oder anderen Hinweises dieses Abschnitts nicht bereuen wird.

Von Nörvenich nach Zülpich

Von der Autobahn Köln–Aachen gelangt man durch Blatzheim mit der charaktervollen Wasserburg Bergerhausen und der weniger anziehenden Kommandeursburg, vorbei an Oberbolheim mit einer gotischen Saalkirche (gute Barockausstattung) nach **Nörvenich;** im 11. Jh. war der Ort Sitz eines mächtigen Grafengeschlechts, dessen Territorium sich Jülich im 12. Jh. einverleibte. Die in dieser Zeit (1177) zuerst erwähnte Pfarrkirche St. Medardus stellt heute einen dreischiffigen spätgotischen Hallenbau des 16. Jh. dar. Der schöne Innenraum ist geprägt von vier hohen Renaissancesäulen, die die reich gestalteten Netzgewölbe tragen; bedeutendstes Ausstattungsstück ist eine stehende Madonna des späten 14. Jh., ein Werk der »realistisch-bürgerlichen Vorstellungsweise der Parlerzeit« (R. Günther). Sehenswert ist ebenfalls die mitten im Ort gelegene Gymnicher Burg, ursprünglich ein zweiflügeliger Bau mit türmebewehrtem Hof aus dem 16. Jh., an dessen linkem Seitentrakt der prachtvolle Renaissance-Erker von Burg Konradsheim bei Lechenich kopiert wurde. 1723 baute man einen dritten Flügel an und kopierte die Kopie nochmals an der anderen Seite des Treppenaufgangs, wodurch die ländliche Burg eine reich gegliederte Schaufassade besitzt.

Der Name des nächsten Ortes, **Hochkirchen,** bedarf keiner weiteren Erklärung, da hier auf einer Anhöhe über dem Neffelbach der massige Bau von St. Viktor das Landschaftsbild beherrscht. Schon die Römer hatten diesen günstigen Platz für eine Ansiedlung gewählt, weshalb der gewaltige romanische Westturm des 12. Jh. unter Wiederverwendung römischer Ziegel entstand. Das Langhaus bildet eine zweischiffige Halle von edlen Proportionen; schlanke, achteckige Pfeiler tragen ein elegantes spätgotisches Gewölbe, das von feingliedriger, aber geradezu wildwuchernder Rankenmalerei verziert ist. Die Kirche besitzt eine qualitätvolle einheitliche Ausstattung des Jahres 1802 in deutlich an frühere Stilformen angelehnter Manier und einen monumentalen Kruzifixus des 16. Jh.; eine dem Pfarrhaus zugewandte Seitenpforte ist in der Regel geöffnet. Man beachte außen die 112 historischen Grabkreuze an der Kirchenmauer.

Die gotische Kirche St. Peter in **Gladbach** kann man gelegentlich durch das Turmportal betreten, wenn der Haupteingang geschlossen ist. Ihren düsteren Innenraum bestimmen tiefgezogene, schwer lastende Gewölbe, zu denen die vorzügliche Rokokoausstattung des Chores in eigentümlichem Gegensatz steht. Gegenüber der Kirche stehen zwei große Bauernhäuser von 1716 und 1817; hinter dem Chor führt eine kurze Allee zu einem selten schönen Wasserschloß auf zwei Inseln. Bei **Müddersheim** befindet sich am Anfang der Schloßallee die einschiffige Gruftkapelle der Familie Geyr; durch ein kunstvolles Gitter kann man zahlreiche Epitaphe erblicken. Das Schloß, eine ehemalige Kölner Lehensburg im Grenzgebiet gegen Jülich, wurde 1718–20 inmitten schöner Parkanlagen in manieristischen Rustikaformen erbaut.

Zülpich

Zülpich: Zwei Altäre als Reste einer bedeutenden Vergangenheit

Bereits im 1. Jh. wurde in Zülpich eine römische Siedlung namens Tolbiacum an einem Knotenpunkt der Fernstraßen von Neuss und Köln nach Reims und Trier gegründet. Nach dem Zusammenbruch des Römerreiches erlangte der Ort unter den Franken eine zentrale Bedeutung: im Jahre 496 soll hier König Chlodwig die Alemannen vernichtend geschlagen haben und deshalb Christ geworden sein. 531 wird Zülpich erstmals von Gregor von Tours als Civitas, als Stadt, erwähnt. In diesem Jahr hatte König Theuderich, ein Sohn Chlodwigs, den Thüringerkönig Hermanfrid dorthin eingeladen, um ihn beim Spaziergang von der (noch römischen) Stadtmauer hinab zu Tode stürzen zu lassen. 925 siegte der Sachsenkönig Heinrich I. bei Zülpich in einer Schlacht gegen den lothringischen Herzog Giselbert, wodurch Lothringen dem (deutschen) Ostreich einverleibt wurde. Nach der Jahrtausendwende entbrannte für lange Zeit ein mörderischer Kampf zwischen Kurköln und Jülich um die wichtige Stadt, den das Erzbistum, trotz einer katastrophalen Niederlage im Jahre

1267 am Marienholz bei Zülpich, letztlich für sich entscheiden konnte. Wie Lechenich und Rheinbach wurde die Stadt nun mit einer großen, in den Stadtmauerring einbezogenen Landesburg gegen den Konkurrenten gesichert. Im Dreißigjährigen Krieg und den Raubzügen Ludwigs XIV. wurde der Ort zerstört und noch einmal durch die Bombenteppiche des Zweiten Weltkrieges völlig verwüstet.

Heute läßt das verschlafene Städtchen seine historische Rolle kaum mehr erahnen; immerhin kann man die weitgehend erhaltene **Stadtmauer** mit den vier mächtigen Torbauten auf einem angenehmen Spaziergang umrunden. In der ehemaligen Landesburg, einem von hohen Rundtürmen flankierten Backsteinbau des 14./15. Jh. residiert heute eine Fabrik für hochprozentige Getränke. Die bedeutendsten Bauwerke des heutigen Zülpich liegen unter der Erde: das Römerbad und – gleich daneben – die Krypta von **St. Peter.** Die Kirche war bis zum Zweiten Weltkrieg eines der schönsten Beispiele des sog. rheinischen Übergangsstils von der Romanik zur Gotik, heute ist sie ein Neubau, in dem noch einige erlesene Kapitelle der alten Kirche zu sehen sind. Die Krypta jedoch stammt noch aus der Zeit um 1060: Wenn man sie betritt, gliedert sich ihr Wald von Säulen und Pfeilern erst langsam zu zwei dreischiffigen Hallen mit je einem Altar im Osten. Im Kirchenschiff sind gleich zwei vorzügliche flandrische Schnitzaltäre zu sehen: ein riesiges Stück im zentralen Gemeinderaum mit vielen figurenreichen Reliefs und ein zweiter, aus der ehemaligen Gasthauskapelle hierher verbracht, dessen (geschlossene) Flügel ein Gemälde einer Anbetung der Könige vor einer phantastischen Ruinenlandschaft zeigen. Das benachbarte – und sehr besuchenswerte – **Museum** mit Funden aus u. a. römischer und fränkischer Zeit ist direkt über dem **Römerbad** erbaut worden, in

Einsam stehen die großen Stadttore von Zülpich in der Landschaft. Das alte Ackerbürgerstädtchen ist im Lauf der Zeit so klein geworden, daß es nur noch einen Teil des einst ummauerten Stadtareals einnimmt

Von der früheren Bedeutung Zülpichs zeugen noch zwei flämische Flügelaltäre in der Pfarrkirche. Besonders die Flügelgemälde mit den schönen Landschaftshintergründen verdienen Beachtung

das man hinabsteigen kann. Es handelt sich um eine selten vollständige Hypokaustenanlage (hypokaustum = von unten geheizt), in der der Feuerraum, die Ziegelsäulen des hohlen Bodens, das Frigidarium, Tepidarium und Caldarium sowie die Hohlziegel, in denen die Heißluft auch in den Wänden aufstieg, gut zu erkennen sind.

Im Ortsteil Zülpich-Hoven steht auf dem Gelände des Krankenhauses Marienborn die ehemalige **Zisterziensernonnenkirche St. Maria und Maximin;** hinein gelangen Sie durch die Tür, an der es auch zur Anmeldung geht, dort folgen Sie den Schildern, die zur Kirche weisen. Der Bau stammt im Kern aus dem 11. Jh., aus dem sich der achteckige Turm mit acht gekuppelten Fenstern erhalten hat. Das einschiffige, flachgedeckte Langhaus wurde später dem imposanten Chorneubau des frühen 13. Jh. angepaßt und in steilen Proportionen erhöht. Die westliche Hälfte des Langhauses nimmt die obligate Nonnenempore ein, hier in spätgotischen Formen; ein erhaltener Flügel des Kreuzgangs (16. Jh.) wurde als südliches Seitenschiff eingebaut. Die Kirche ist berühmt für ihre *thronende Muttergottes* (unter der Empore), ein strenges Werk im Stil der französischen Monumentalplastik des 12. Jh. von suggestiver Frontalität, zweifellos die eindrucksvollste romanische Skulptur, die es in der ganzen Eifel zu sehen gibt.

Wenn man sich von Zülpich in die bald beginnende Hügellandschaft der Nordeifel begibt, begegnen einem dort mit den Wasserschlössern Eicks und Satzvey gleich zwei besonders gelungene Exemplare dieser Gattung. Fährt man weiter nach Osten in die Rureifel, gelangt man nach **Wollersheim,** wo hinter der großen neuen die hochinteressante alte Pfarrkirche steht. An den romanischen Turm mit einer zum Langhaus geöffneten Kapelle im Obergeschoß, die die Tradition des für den Grundherrn bestimmten Westbaus aufnimmt, schließt sich ein klar gegliederter zweischiffiger Raum der Spätgotik an, der seit seiner Restaurierung zu den Glanzstücken dieses eigenwilligen Grundrißschemas im Eifelraum gehört.

Wo sich einst ein karolingischer Königshof befand, steht heute das Dorf **Vlatten** mit einer breitgelagerten Pfarrkirche neben einem Bach hinter alten Bäumen. Der mächtige Westturm des 12. Jh. öffnet sich innen mit einer weiten Turmhalle unter Kreuzgratgewölben auf großen romanischen Ecksäulen zum basilikalen, flachgedeckten Langhaus mit langgestrecktem Chor des 13. Jh. Das beste Stück der Ausstattung ist eine ländliche, aber kunstvolle Holzkanzel des 17. Jh. aus dem Kloster Mariawald auf dem Kermeter. (Die Kirche ist meist geöffnet.) Nur wenige Meter entfernt stehen die Reste einer mittelalterlichen Wasserburg.

Das nicht weit entfernte Dorf **Bürvenich** inmitten sanft gewellter, felderbedeckter Hügel ist ein Ort, in dem die Zeit stehengeblieben ist: Heute wie im Mittelalter ist hier die Kunst allein den Gläubigen vorbehalten, weshalb St. Stephanus, die Kirche eines ehemaligen Zisterzienserinnenklosters, verschlossen bleibt und man von dem kunstvollen Antwerpener Schnitzaltar (um 1520) mit Flügelgemälden aus dem Umkreis des Meisters von Linnich nichts zu sehen bekommt. Kurz vor Mechernich zweigt die Straße nach **Berg** ab, wo eine urtümliche mittelalterliche Wirtschaftsburg aus dem 14. Jh. steht.

Von Lechenich nach Euskirchen

Dieser Weg in die Eifel beginnt in **Erftstadt.** Sich hier nach einer Stadt umzusehen, ist müßig, da das Gebilde, das diesen Namen trägt, erst 1969 aus zahlreichen kleinen Gemeinden zusammengewürfelt wurde. Alle paar hundert Meter fahren Sie in Erftstadt aus Erftstadt hinaus und gleich danach wieder hinein; man achte auf die zweite Zeile der Ortseingangsschilder, die die alten Ortsnamen angibt – die einzige Möglichkeit, sich hier nach einer Karte zu orientieren, denn Erftstadt ist überall.

Der historisch bedeutsamste Ort dieser Gemeinde ist die alte Festungsstadt **Lechenich,** der am härtesten umkämpfte Platz zwischen Köln und Jülich, dessen Geschichte mehrere Belagerungen und Zerstörungen zu verzeichnen hat. Als nach wechselndem Kriegsglück Kurköln Sieger blieb, schritt Erzbischof Heinrich von Virneburg 1301 zum Bau einer großangelegten Befestigung, welche die schon gefährlich in der Nähe Kölns gelegene Stadt endgültig sichern sollte. So entstand eine planvoll angelegte Festung, bestehend aus der Stadt, die von einem rechteckigen Mauerzug mit zwei

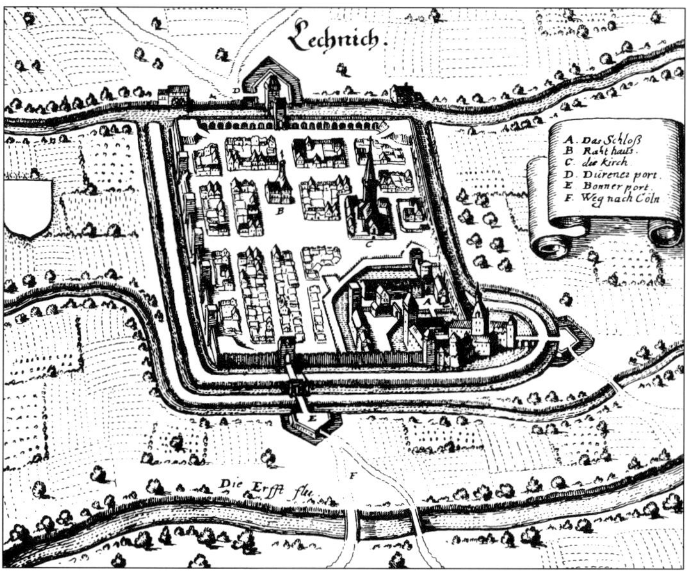

Lechenich, Stich von Matthäus Merian aus dem Jahr 1646

An einer Ecke des von Köln gegen Jülich erbauten Festungsstädtchens Lechenich steht noch die Burg aus der Zeit um 1300; hier einer der Türme

starken Toren umgeben war, und einer mächtigen Landesburg mit vier bis zu sieben Stockwerken hohen Türmen (einer davon ein breiter Wohnturm), die auf einer Insel hinter der von Gräben umzogenen Vorburg liegt. Trotz der Zerstörungen während der Franzosenkriege hat sich die Anlage der alten Stadt noch unverfälscht erhalten: Durch die beiden Tore gelangt man auf den großen Marktplatz mit dem neogotischen Rathaus, die Stadtmauern sind zwar niedergelegt, doch ziehen sich nach wie vor die breiten, wassergefüllten Gräben um den Ort. Die Kirche ist ein barocker Saalbau (1702), der 1864 im Stil der in Köln übermäßig geschätzten Neogotik innen und außen umgestaltet wurde. Höchst eindrucksvoll ist noch heute die Ruine der Landesburg, die man jedoch nur nach Voranmeldung betreten darf.

Zwei Kilometer nördlich von Lechenich liegt **Burg Konradsheim,** die überall als eines der wichtigsten Zeugnisse rheinischen Burgenbaus gerühmt wird. Die Hauptburg auf einem künstlichen, von Wassergräben umzogenen Hügel stellt einen malerischen Bau mit Palas, zwei flankierenden Rundtürmen, einem prächtigen Renaissance-Erker und einer offenen Holzgalerie zum Hof dar. Sie ist in der Tat »nicht von ihrer Größe her, aber aufgrund ihrer stilistischen Durchbildung eine der bedeutendsten Wasserburgen unseres Raums« (B. Brinken).

Südlich von Lechenich gelangt man nach **Friesheim,** das aufgrund seiner strategischen Lage im Mittelalter ein befestigtes Dorf mit nicht weniger als fünf Burgen war. Erhalten haben sich die Redinghovener Burg auf einer Insel mit großer Vorburg und das Gräbensystem der Weißen Burg; in der neogotischen Pfarrkirche (1877) befindet sich ein romanisches Taufbecken (12. Jh.) aus Blaustein mit Bestienreliefs und ein hölzerner Kruzifixus aus dem 14. Jh. Der neuen Pfarrkirche von **Niederberg** gegenüber liegt ihr reizvoller kleiner Vorgängerbau, bei dessen Restaurierung im Jahr 1953 großflächige Fresken der Zeit um 1530/40 mit einem monumentalen Jüngsten Gericht freigelegt wurden, in denen sich die beginnende Renaissance bereits deutlich ankündigt. Wenn man Glück hat, ist jemand im benachbarten Pfarrhaus, der einem die alte Kirche aufschließt.

Über **Lommersum** mit seinem von Fachwerkhäusern des 18. und 19. Jh. gesäumten Dorfplatz und der Kirche mit vier flachgedeckten Jochen einer romanischen Pfeilerbasilika erreicht man sodann **Euskirchen.** Jülich übernahm 1355 die Regierungsgewalt über das befestigte Dorf und baute es mit Stadtmauern und Torburgen zu einer starken ›Mithauptstadt‹ gegen die nahe gelegenen kurkölnischen Festungen Zülpich und Lechenich aus. Das mittelalterliche Stadtbild wurde im Zweiten Weltkrieg fast völlig zerstört, nur um die Pfarrkirche St. Martin hat sich ein Stück des alten Euskirchen erhalten. Dort steht noch ein Teil der Stadtmauer mit dem Dicken Turm; die Kirche daneben war ursprünglich eine große dreischiffige Pfeilerbasilika des 12. Jh. Von dem romanischen Bau haben sich das untere Turmgeschoß und die Mittelschiffwände erhalten, die sich mit mächtigen

Rundbogenarkaden zu den Seitenschiffen öffnen, letztere und der Chor wurden gotisch umgebaut. Im Inneren ist ein guter Antwerpener Schnitzaltar der Zeit um 1520 bemerkenswert (Predella und Flügel neu), das formenreiche Sakramentshäuschen mit Figuren und einem Baldachin mit Passionsszenen ist ebenfalls spätgotisch. Neben dem Marmorepitaph des Heinrich von Binsfeld im Florisstil des 16. Jh. beachte man den romanischen Taufstein aus Namurer Blaustein mit Masken und Monstren, die prächtige Barockorgel, das Chorgestühl um 1450, das Holzkruzifix am Lebensbaum (14. Jh.) und die sog. Euskirchener Madonna im Südchor, eine Skulptur in originaler Farbfassung, die Tilman Riemenschneider zugeschrieben wird.

***Frauenberg* ☆**
Das Triptychon in der Pfarrkirche

Bevor man sich auf den Weg zu den zahlreichen Wasserburgen der Euskirchener Umgebung macht, muß man noch zwei nahe gelegenen Kirchenbauten seine Reverenz erweisen, die im Rheinland ihresgleichen suchen. Da ist zunächst die große Pfarrkirche St. Georg in **Frauenberg.** Bauabschnitte vom 10. bis zum 15. Jh. ließen einen vielgestaltigen Baukörper mit romanischen und gotischen Teilen entstehen, dessen reich gegliederter Innenraum in überraschender und reizvoller Weise von den wiederaufgedeckten dekorativen Gewölbemalereien der Spätgotik vereinheitlicht wird. Erhalten haben sich außerdem ein Fresko mit der Darstellung des Weltgerichts und die gemalten Wappen seiner Stifter. Glanzstück der Ausstattung ist das Triptychon, ein gemalter Flügelaltar des Meisters der Ursulalegende aus der späten Kölner Schule (um 1480). In seinem typischen lichterfüllten Kolorit zeigt sich die Vorliebe der Kölner Malerei für reine Farben, idealisierte Personen und ausgewogene Kompositionen; ein Meisterwerk ist die fast zeichnerisch dargestellte linke Stifterfigur, die in einer Rüstung vor den Heiligen kniet. Nicht weniger bedeutend ist das Kruzifix; das um 1160 entstandene Werk ist eine der wenigen romanischen Holzskulpturen, die in ihrer originalen Farbfassung überkommen sind. Man beachte außer einer thronenden Madonna des 14. Jh. noch den Taufstein aus Namurer Blaustein mit Masken, Löwen und Drachen (12. Jh.). Diese Kirche lohnt die Mühe, eine Besichtigung zustande zu bringen.

Elsig: Mittelalterliche Pfarrkirche mit qualitätsvoll ausgestattetem Innenraum

Ganz in der Nähe liegt am Rande des kleinen Dorfes **Elsig** die Pfarrkirche Hl. Kreuz, ursprünglich eine Basilika des 11. Jh., in spätgotischer Zeit in eine dreischiffige Halle umgebaut. Auch hier ergibt sich durch die einheitliche dekorative Gewölbeausmalung und ein reiches Freskenprogramm ein höchst malerischer Innenraum von seltener mittelalterlicher Originalität; bedeutendstes Ausstattungsstück ist ebenfalls ein gemaltes Triptychon mit Passionsdarstellungen vor weiten Landschaftshintergründen und perspektivisch gestalteten Architekturen. Auch hier ist die Kirche verschlossen, doch die Besichtigung einfach: Man läute an der Tür des gleich neben dem Kirchenportal gelegenen hübschen Pfarrhauses aus dem 18. Jh.

Von den zahllosen Burgen der Euskirchener Umgebung empfiehlt sich ein Blick auf die Große Burg in Kleinbüllesheim mit dem goti-

Das Triptychon in der Pfarrkirche von Elsig zeigt die Meisterschaft eines unbekannten Malers der Gotik (um 1470)

schen Torhaus und einem barocken Herrenhaus von Johann Conrad Schlaun; in Weidesheim kann man mit der Kleeburg ein besonders gelungenes Exemplar einer Wasseranlage des 16. und 18. Jh. bewundern.

Durch die Ville und das Drachenfelser Ländchen

Der schmale, langgezogene Höhenrücken der **Ville,** der etwa auf der Höhe von Rheinbach in die Kottenforstplatte übergeht und sich, an Bonn und Köln vorbei, weit nach Nordwesten erstreckt, teilt das Senkungsfeld der Niederrheinischen Bucht in die Zülpicher Lößbörde im Westen und die Kölner Ackerebenen im Osten. Während die Ville von Westen sanft ansteigt, fällt sie im Osten steil ab und bildet einen markanten Höhenrücken zum Rheintal. Ihr nördlicher Teil trägt den Namen Braunkohleville, ihr südlicher heißt Waldville. In der Tat trägt ihr Südteil zusammen mit dem Kottenforst ausgedehnte, prächtige Wälder, die im Naturpark Kottenforst-Ville zusammengefaßt sind und für die Bonner und Kölner eine Art erweiterten Stadtwald darstellen. Eine besondere Note hat die Landschaft durch die Rekultivierung der ausgebeuteten Braunkohlegruben erhalten. Da die Flöze im Tagebau ausgekohlt wurden, war hier das gesamte Deckgebirge abgetragen und riesige Löcher in den Boden gerissen worden; nach der Wiederaufforstung entstand in Teilen der Ville eine völlig neue, künstliche Landschaft von großem Reiz aus Seen und Wäldern, deren schönste Passagen zwischen Walberberg und Liblar liegen. Man kann sowohl am Ost- wie am Westhang der Ville entlangfahren, doch gilt für beide Routen, ebenso wie für das Drachenfelser Ländchen um den Wachtberg, daß hier von einer Kunstreise eigentlich nicht die Rede sein kann. Von der glanzvollen Kette von Wasserschlössern und Burgen, die sich dort entlangzieht, darf man nicht eine einzige betreten, manche sind in der Weite ihrer Parkanlagen, deren Betreten in der Regel ebenfalls verboten ist, nicht zu sehen.

Dem Osthang vorzuziehen ist der Weg am sanfteren Westhang der Ville, der in **Liblar** mit dem bekannten Schloß Gracht beginnt, einer Wasseranlage mit dreiflügeliger Vorburg und einer 1850–53 im Stil eines frühviktorianischen Schloßbaus veränderten Hauptburg – der Historismus hat hier im Rheinland manch seltsame Blüte hinterlassen. Das Schloß liegt eindrucksvoll in einer weiten englischen Parkanlage. Ein Glanzstück einer spätmittelalterlichen Wasserburg des 15. und 16. Jh. ist die vielgerühmte zweiteilige Wasseranlage bei **Heimerzheim;** hier ist es sogar möglich, den malerischen Bau auf einem Weg zu umrunden; die Achse des ehemaligen barocken Parks gibt den Blick auf die 13 km entfernte Ruine der Tomburg frei. Nördlich von Buschhoven ist am Rand des Kottenforstes ein Stück der römischen Wasserleitung freigelegt, im benachbarten Morenhoven ist wieder ein ansprechendes Wasserschloß zu sehen.

Eine historisierende Anlage des 19. Jh. ist das bekannte Wasserschloß Gracht in Liblar

Lüftelberg: Eindrucksvolles Beispiel spätstaufischer Baukunst

Wäre beides zu besichtigen, so könnten Schloß und Kirche von **Lüftelberg** ein anziehendes Kunstreiseziel sein, doch das Schloß, nach 1574 mit bei Hexenprozessen erpreßtem Geld errichtet, befindet sich wie üblich in unzugänglichem Privatbesitz. Die hoch am Hang darüber liegende Pfarrkirche St. Peter stammt aus dem 12. Jh. Die Wallfahrt zur hl. Lüfthildis (Grab in der Kirche) brachte viel Wohlstand in das Dorf, so daß der Bau um 1250 außen und innen in aufwendiger, sehr eleganter Weise gegliedert und verziert wurde und ein prachtvolles Zeugnis spätstaufischer Baukunst darstellt. Innen befinden sich ein romanischer Taufstein mit fünf Säulen und Kopfkapitellen, eine Kreuzigungsgruppe des 15. Jh. sowie mehrere Gemälde, Skulpturen und eine Reliquienbüste.

Rheinbach

Gegenüber, auf der anderen Seite des Swisttals, liegt unmittelbar zu Füßen der ersten ansteigenden Waldhänge der Nordeifel die alte Stadt Rheinbach. 1630 schreibt der Schöffe H. Löher über seinen Heimatort: »... hat rondt umb Wasser graben, hohe müren, 7 Thurn, 2 hohe Pforten, zwey burch Thurn, ein burch pfort und 2 hohe Kirch Thurn, von fernen vor eine grosse wehbahre Stadt an zu sehen.« Das muß Rheinbach damals auch gewesen sein, denn nachdem hier die Kölner Erzbischöfe nach heftigem Streit mit Jülich Sieger geblieben waren, bauten sie die Stadt zu einem stark befestigten Stützpunkt aus. Der besaß für sie große strategische Wichtigkeit, da er den Weg ins Ahrtal zu den dortigen kurkölnischen Besitzungen sicherte – schließlich befand sich das nahe, nicht minder bewaffnete Münstereifel in der Hand Jülichs. So entstand ähnlich wie in Zülpich und Lechenich eine der typischen Kölner Grenzfesten: eine ummauerte Stadt mit einer in den Bering einbezogenen Burg. Die unselige Politik der Kölner Erzbischöfe, die jahrhundertelang mit Burgund und Frankreich paktierten, um ihren schwindenden Einfluß gegen ihr eigenes Domkapitel und gegen die Bürger ihrer Bischofsstadt zu verteidigen, brachte den ganzen Schrecken der Franzosenkriege auch nach Rheinbach, da Kurköln jedesmal sein Territorium den marodierenden französischen Truppen freiwillig öffnete und dadurch die militärischen Gegenschläge der jeweiligen Feinde Frankreichs herbeirief. So wurde Rheinbach auch von Reichstruppen, Spaniern und Holländern um die Wette geplündert und gebrandschatzt, 1673 stürmte eine niederländische Armee die Stadt, hängte den Bürgermeister vor dem Tor auf und brannte Rheinbach vollständig nieder.

So blieben von der alten Herrlichkeit nur die langgezogene, von schönen Fachwerkhäusern des 18. Jh. gesäumte **Hauptstraße,** ein paar Burgmauern, ein rekonstruierter Torbau und drei große Türme. Einer davon heißt **Hexenturm,** und der Name läßt nichts Gutes ahnen. In der Tat gehören die Hexenprozesse in Rheinbach zu dem Unfaßlichsten, was dieses Sujet zu bieten hat: »Umb an Gelt zu kommen«, berief der Amtmann der Stadt höchstpersönlich zunächst den

»Doctor Frantz Beurmann von Eußkirchen« und danach den noch schlimmeren Dr. Jan Möden als Hexenrichter zu einer einträglichen Zusammenarbeit nach Rheinbach. Sie suchten sich wohlhabende Mitbürger aus, die von den beiden Schlächtern auf der Folter oder auf dem Scheiterhaufen zu Tode gebracht wurden, derweil der Amtmann den Rechten seines Amtes nachging und die Vermögen der Verurteilten konfiszierte. So starben in den wenigen Jahren von 1631–36 neben zahlreichen Schöffen und ihren Frauen in den Orten Rheinbach, Meckenheim und Flerzheim 130 Personen auf der Folterbank oder im Feuer – ungefähr ein Fünftel der Bevölkerung, Rheinbach hatte damals etwa 500 Einwohner.

Eine sympathischere Rolle spielte das Städtchen dagegen in der Zeit der Französischen Revolution: Von deren Idealen beseelt, riefen Rheinbacher Bürger unter Führung des Publizisten Johann Baptist Geich 1797 das Freie Land Rheinbach aus und erklärten alle an Adel und Klerus zu entrichtenden Lasten für nichtig. Außer dem sehenswerten **Glasmuseum** in Rheinbach sollte man noch die nahe gelegene, weithin sichtbare Ruine der **Tomburg** in Augenschein nehmen. Einsam im tiefen Wald ragt ein freistehender Basaltkegel, ein erloschener Vulkan, auf, der von einem gewaltigen, geborstenen Geschützturm zwischen verstreuten Mauerresten bekrönt wird. Die Burg wurde 1473 von Jülicher Truppen erobert, zerstört und nie wieder aufgebaut.

Das benachbarte **Drachenfelser Ländchen,** heute in der Gemeinde Wachtberg zusammengefaßt, trägt den Namen seines ehemaligen Landesherrn, des Burggrafen von Drachenfels aus dem Siebengebirge auf der anderen Rheinseite. Die Landschaft stellt eine leicht gewellte Hochfläche dar, die von niedrigen Kuppen einiger kleiner Vulkane belebt wird. In einem dieser Vulkane, dem Hohenberg bei Berkum, wurde schon von den Römern Trachyt abgebaut, derselbe Steinbruch lieferte 1829–75 das Material für die Vollendung des Kölner Doms und wird seitdem Domkaule genannt. Im Drachenfelser Ländchen kann man einige erlesene Wasserschlösser von außen betrachten. Zu empfehlen sind die eindrucksvolle, zweiteilige Anlage am Rande von **Adendorf** (17. Jh.) und die 1 km westlich gelegene mittelalterliche **Burg Münchhausen,** die zum Teil aus Gußmauerwerk erbaut ist, das aus der nahe gelegenen römischen Wasserleitung gebrochen wurde. In **Arzdorf** sind schöne Fachwerkhäuser, bei Berkum die **Wasserburg Odenhausen** (1560) zu sehen. Nicht versäumen darf man den Besuch der **Wasserburg Gudenau** bei Villip; sie gehört zu den größten und schönsten Exemplaren ihrer Gattung im ganzen Rheinland. Die Anlage geht auf das 13. Jh. zurück und bildet nach verschiedenen Umbauten ein höchst malerisches Gebäudeensemble. Brücken über breiten Wassergräben verbinden die zwei Vorburgen mit der geschlossenen Hauptburg, die ausgedehnte Anlage mit einem reizvollen Park liegt in einer hübschen, von Bächen durchflossenen Talaue.

Das Ahrtal

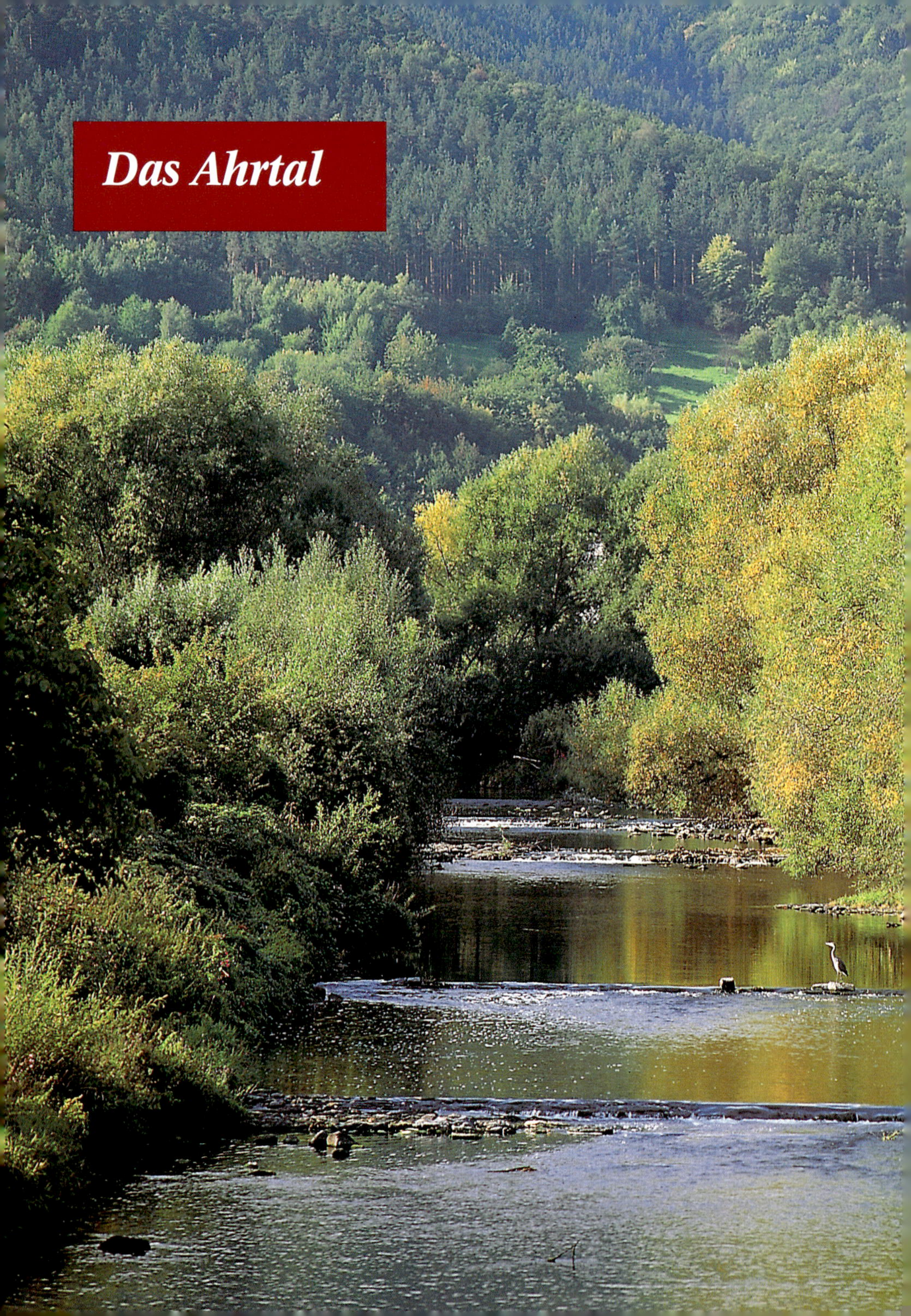

Als Gottfried Kinkel im Februar des Jahres 1841, von schwerem Liebeskummer gebeugt, die Ahr hinaufwanderte und von dort »zur erschreckenden Einsamkeit der Hohen Acht« emporstieg, hatte er ein kathartisches Erlebnis: »Im Frühlingsbrausen schmolz der Winter weg; wilde milchweiße Gießbäche donnerten durch Felsrinnen herab, genährt von den tausend kleinen Bächen, die aus den lang abgesenkten Schneefeldern hervorrieselten. Ich wand mich oft mit der größten Anspannung meiner Kraft durch diese Schneefelder empor: Die rauhe Natur erquickte mich, und als ich im finsteren Nebel die Kuppe der Acht erstiegen und dreimal den Namen der Geliebten in die starre Felswildnis hinausgerufen hatte, da kehrte Jugendkraft und Jugendfeuer in mir zurück.« Mit diesem unsterblichen Zitat war die »große wilde Eifelnatur« endgültig fester Bestandteil der deutschen Literatur der Romantik geworden, der gewissermaßen die Wiederentdeckung des damals verarmten und verödeten Landes zu verdanken ist. Denn während zu dieser Zeit das benachbarte Rheintal bereits zu den berühmtesten Touristenattraktionen Europas zählte, in dem sich Dichter, Maler, Kupferstecher und Sagenforscher ein Stelldichein gaben, lag über den angrenzenden Höhenzügen der Eifel das Dunkel der Vergessenheit eines unbekannten, von Jahrhunderten des Krieges ruinierten Landes.

Erst die Romantiker, allen voran keine Geringeren als Ernst Moritz Arndt, Karl Simrock und Gottfried Kinkel, wagten sich auf schwer gangbaren Pfaden in die fremde Bergwelt, fasziniert von der grandiosen vulkangeformten Landschaft und den überall sichtbaren Zeugnissen einer langen, versunkenen Geschichte. Zuvörderst war es das Ahrtal, das mit seinen bizarren Schluchten, den verwunschenen Burgruinen auf unzugänglichen Klippen und sicher nicht zuletzt mit einem erlesenen Wein die romantischen Gemüter zutiefst bewegte. Das Standardwerk seiner Zeit über das Ahrtal brachte 1845 Gottfried Kinkel in Bonn heraus, nachdem er mehrmals das ganze Tal auf schlechten Straßen und einsamen Fußpfaden von der Mündung bis zur Quelle in Blankenheim durchquert hatte. Kinkel (1815–82) zeichnete sich – wie so viele Literaten seiner Zeit – durch die eigentümliche Mischung schöngeistiger und wissenschaftlicher Momente seines Schaffens aus. So gelang ihm die erste Erforschung der Geschichte des Ahrtals, und auch geologische Gegebenheiten waren ihm nichts Unbekanntes.

Der von Kinkel hervorgehobene Wechsel im Landschaftsbild des Ahrtals ist darauf zurückzuführen, daß der Fluß in der lieblichen Landschaft der Eifeler Kalkmulden (s. S. 164ff.) entspringt und bei Ahrdorf fast rechtwinklig in die aus unterdevonischem Gestein gebildete Schiefer- und Grauwackenzone eintritt, in das er sich in immer tieferen Schluchten eingesägt hat. An diesen Stellen verleiht die extreme Schrägschichtung des Gesteins dem Landschaftsbild eine zusätzliche Dramatik; sie rührt von der Faltung der kilometerdicken devonischen Meeresablagerungen während der variskischen Gebirgsbildung her.

◁ *Die Ahr und ihr romantischer Verlauf zwischen Felsen, Burgruinen und Weinbergen war der erste Teil der Eifel, den die reisenden Schriftsteller des 19. Jh.entdeckten*

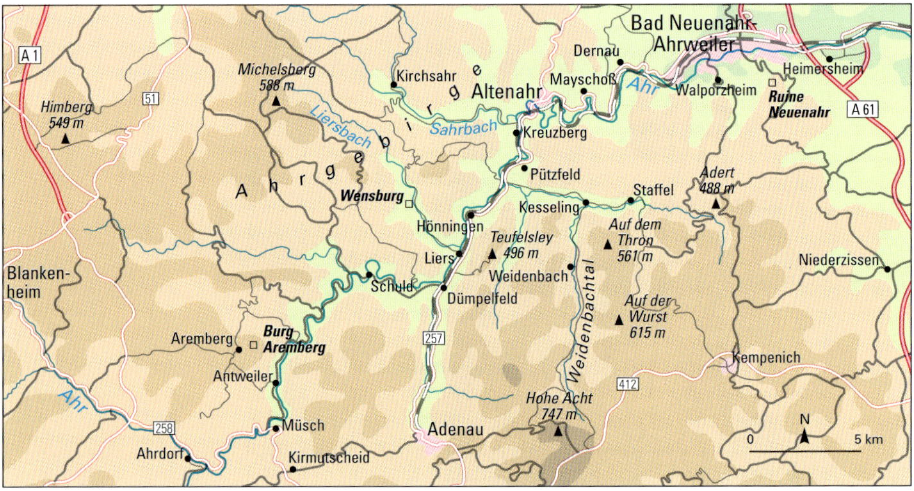

Das Ahrtal

War das Ahrtal für die Spätromantiker die schmale Eingangspforte in die Eifel, so war es in den Kriegen der beginnenden Neuzeit das weit geöffnete Ausfalltor der Franzosen zur Rheinlinie. Im Mittelalter war das Tal aufgrund eindeutiger Machtverteilungen von den ständigen Kämpfen zwischen Köln, Jülich, Trier, Luxemburg und den kleineren Eifeldynasten weitgehend verschont geblieben: Nachdem der Graf von Are 1246 Altenahr und Ahrweiler dem Kölner Erzstift geschenkt hatte, baute das Bistum seine Machtstellung im unteren Ahrtal aus und räumte in kurzer Zeit mit allen benachbarten Widersachern auf. Ahrweiler wurde neben Bonn, Andernach und Neuss zur Mithauptstadt von Kurköln ernannt und entsprechend befestigt; diese Machtpräsenz verleitete zumindest in dieser Gegend keinen Konkurrenten mehr, sich mit dem Erzbistum anzulegen.

Ebenso unangefochten hielten die Grafen (später die Herzöge) von Aremberg die Stellung im mittleren, die Grafen von Blankenheim die ihre im oberen Ahrtal. Die Aremberger und Blankenheimer gehörten zu den wenigen Eifeldynasten, die sich nie einem der vier Großterritorien unterwerfen mußten. Doch als die Zeit der kleinen Adelskonflikte vorbei war und die großen europäischen Kriege begannen, hatte das Ahrtal als Durchgangsstraße im Dreißigjährigen Krieg Entsetzliches zu leiden. Noch schlimmer kam es, als die Franzosen im dritten Raubkrieg Ludwigs XIV. die Grenze Frankreichs an den Rhein vorzuschieben versuchten und immer wieder das Ahrtal als Anmarschweg benutzten. Damals, besonders im Frühling 1689, ging das ganze Tal in Flammen auf, fast alle Burgen wurden erobert und zerstört oder von ihren reichsdeutschen Besitzern selbst in die Luft gesprengt, um zu verhindern, daß sie dem Feind als Stützpunkt in die Hände fielen. Ihre Ruinen verleihen heute der Ahrtallandschaft besonders pittoreske Züge.

Das untere Ahrtal

Heimersheim ☆
Besonders sehenswert:
Pfarrkirche
St. Mauritius

Wenn man vom Rhein, von Sinzig aus, das Ahrtal bereist, so trifft man als erstes auf die 1969 entstandene Großgemeinde Bad Neuenahr-Ahrweiler, in die mehrere historisch eigenständige Orte inkorporiert sind. Der erste davon ist **Heimersheim,** unterhalb des mächtigen Basaltkegels der Landskron auf der anderen Ahrseite. Man nehme nach links die Brücke über den Fluß und fahre auf gerader Straße bis in die Ortsmitte, wo mit der spätromanischen Emporenbasilika St. Mauritius ein »Dokument der schönheitsfrohen Kultur des 13. Jahrhunderts« erhalten blieb, »die selbst an einer Dorfkirche wie dieser ihren künstlerischen Hochsinn nicht verleugnet«, wie Dehio ein wenig überschwenglich schreibt. Der 1960/61 angeschlossene moderne Erweiterungsbau hat mit seinen klotzigen Mauermassen zumindest dem Schönheitsfrohsinn der Westfassade den Garaus gemacht, doch innen entzückt die alte Kirche noch immer durch den Reichtum ihrer Architekturformen und vor allem durch die rekonstruierte farbige Ausmalung. Unter dem Einfluß der nahe gelegenen Kirche in Sinzig um die Mitte des 13. Jh. entstanden, außen mit Lisenen und Rundbogenfriesen verziert und von einem achteckigen Vierungsturm überragt, ist das hervorstechende Merkmal im Inneren,

Die Pfarrkirche von Heimersheim. Die rekonstruierten Farbfassungen zeigen die mittelalterlichen Kirchen in einer ungewohnten Farbigkeit

daß sich über den beiden Seitenschiffen Emporen befinden, die sich mit farbig gefaßten Doppelarkaden unter einem runden Blendbogen zum Mittelschiff öffnen. Dies verleiht der Kirche ihre reiche Gliederung, die zusammen mit den überquellenden Formen von Pfeilern, Wandnischen, Runddiensten mit Laubwerkkapitellen und Vorformen von Maßwerkfenstern im Chor, Seitenchor und Querhaus das Gerücht von den schwer lastenden Mauern romanischer Bauten Lügen straft.

Ebenfalls ein Meisterwerk spätromanischer Kunst sind zwei äußerst seltene Bahnen von Glasmalerei der zweiten Hälfte des 13. Jh. im Chor. In eher zeichnerischer Manier mit kräftiger Umrißgestaltung und mäßiger Farbschattierung sind die Ritterheiligen Georg und Mauritius sowie Verkündigung, Geburt Christi, Kreuzigung und Auferstehung zu sehen. Zu den besten Werken der in der Eifel vielbeschäftigten Werkstatt des Hans Ruprecht Hoffmann aus Trier (s. S. 314) gehört das Sandsteinretabel auf dem Hochaltar mit dem Kreuztragungsrelief in Alabaster. Nach 1599 von Erzbischof Lothar von Metternich zur Erinnerung an seine Eltern gestiftet, sind vor dem Relief zwei betende Figuren zu sehen, eine ein Ritter in prächtiger Rüstung, den Helm sorgfältig danebengestellt, kniend auf einem Kissen mit kleinen Troddeln – »elegant manieristische Feinarbeit« der Trierer Renaissance.

»Von Heimersheim zeigt sich die **Landskron** in der ganzen strengen Schönheit ihrer Umrisse, da sie hier dem Besucher nicht ihre breite Flanke, sondern ihre scharfe Stirn entgegenhält; ganz kegelförmig, mit völlig geraden Linien steigt sie aus dem Tal empor«, schreibt Gottfried Kinkel über den markanten Burgberg mit dem bedeutungsvollen Namen. Seine ebenmäßige Form rührt daher, daß es sich um einen 300 m hohen Vulkankegel handelt; die 1206 von Philipp von Schwaben im Kampf mit dem welfischen Gegenkönig Otto gegründete Burg wurde aus im Berg gebrochenen Basaltsäulen errichtet, deren Trümmer noch heute die Hänge bedecken. Nachdem der Staufer Friedrich II. 1214 die Burg belagert und den welfisch gesinnten Gerichwin von Sinzig bezwungen hatte, spielte die Landskron noch lange eine wichtige Rolle beim Schutz der zu Füßen verlaufenden Heerstraße Aachen – Frankfurt; mit der Zeit wurde der ganze Berggipfel stark befestigt. 1677 niedergebrannt, wurde die Festung 1682 von Herzog Wilhelm von Pfalz-Neuburg so gründlich in die Luft gesprengt, daß heute nur noch wenige Ruinenreste aus dem gewaltigen Trümmerhaufen hervorragen. Immerhin sind in der Niederburg die Fundamente des staufischen Palas wieder ausgegraben, Tore und Treppen führen zu kühn über den Felsabstürzen gelegenen Wehranlagen. Trotz der relativ geringen Reste ist der Weg hinauf auf jeden Fall zu empfehlen, denn der Blick von dort oben sucht seinesgleichen.

Ein wenig weiter links kommt eine weitere, allerdings niedrigere Basaltkuppe mit einem Aussichtsturm ins Blickfeld: der **Neuenahr.** Hier hatte Graf Otto in den Jahren 1222–31 mit dem Bau einer Burg eine neue Linie der Grafen von Are-Nürburg gegründet, die später die einzig nennenswerten Gegner der Kölner Vorherrschaft im unteren Ahrtal wurden. 1372 war das Erzbistum die ewigen Fehden mit den Grafen leid und nahm von jenen verursachte Kampfschäden im kurkölnischen Ahrweiler zum Anlaß, mit Truppen vor den Neuenahr zu rücken. Nach zehntägiger Belagerung wurde die Burg erstürmt und ein für allemal zerstört. »Eine schaurige Stille herrscht auf dieser Höhe. Das ganz und gar vertilgte, nicht einmal in Trümmern aufbewahrte Leben der Vorzeit, das sich hier einst bewegte, faßt den Einsamen mit gespenstischem Schauder an«, fröstelte Kinkel bei seinem Besuch.

Ganz so ist es heute nicht mehr, schon wegen des Krachs auf der das Ahrtal kreuzenden Autobahn, vor allem aber steht heute in der Nähe ein großer Ort, den es zu Kinkels Zeiten noch nicht gab: **Bad Neuenahr.** Denn erst nachdem 1856 die Heilquellen entdeckt und zwei Jahre später der Badebetrieb aufgenommen wurde, wuchsen die dortigen Dörfer Wadenheim, Beuel und Hemessen zu einem Ort zusammen, der sich 1875 mit dem klangvolleren Namen des alten Burgbergs zierte – Bad Wadenheim hätte nicht so gut geklungen. Das dort sprudelnde Mineralwasser und die alkalischen Thermen von 36 °C mit ihrer Anwendung bei Diabetes, Leber-, Darm-, Gallen- und Nierenleiden ließen das Bad rasch zu einem internationalen Kurort werden; ein Ruhm, zu dem das örtliche Spielkasino in nicht geringer Weise beitrug. Für den Kunstfreund gibt es dort wenig zu sehen; neben der Hauptstraße steht im Ortsteil Hemessen ein Heiligenhäuschen mit einer ausdrucksvollen Kreuzigungsgruppe aus Steinfiguren um 1536. Der angenehmste Ort in Bad Neuenahr ist der ausgedehnte Kurpark um das 1905 errichtete Kurhaus, mit dem man keinem geringeren Vorbild als Monte Carlo nacheiferte (darin, neben Restaurants und Cafés, ein Theatersaal und das Spielcasino).

Etwas pompöser Glanz kam durch die Mineralquellen in das Ahrtal: Kurhaus von Bad Neuenahr

Ahrweiler

***Ahrweiler* ☆**
Besonders sehenswert:
Altstadt
Römische Villa

Wie die Legende berichtet, soll sich im Jahr 1440 ein von der Wallfahrt nach Jerusalem heimkehrender Ritter der Stadt Ahrweiler genähert haben. Beim Anblick der Türme und Mauern stockte sein Schritt, denn neben dem Ahrstädtchen, das ihm dem heiligen Jerusalem ähnlich dünkte, gewahrte er einen »anmutigen Hügel«, der ihm als Darstellung Golgathas erschien. Er maß die Entfernung zwischen beiden, und es ergab sich, daß es vom Hügel zur Pfarrkirche »genau so weit als von dem Kalvarienberg in Jerusalem zu dem Prätorium des Pilatus war« (Rheinischer Antiquarius). Diese aufsehenerregende Entdeckung verbreitete sich wie ein Lauffeuer. Eine solche Übereinstimmung mußte ein Wink des Herrn sein, und so gelobte die Bürgerschaft, die Anhöhe dem Gekreuzigten zu weihen. Der anmutige Hügel trug im Volksmund den Namen Kop und obendrauf den Galgen des Hochgerichts, der nun schleunigst entfernt wurde. Die 1440 errichtete erste Kapelle konnte bald den Andrang der Wallfahrer nicht mehr fassen; 1630 gründeten die Franziskaner hier ein Kloster, dem 1664–1678 eine große neue Kirche angebaut wurde. 1802 wurden die Mönche von den Franzosen vertrieben, doch zogen 1838 die Ursulinen in die verlassenen barocken Klostergebäude, ließen sie 1897 abbrechen und durch gewaltige Neubauten im neogotischen Stil ersetzen, die noch heute stehen – der heimkehrende Ritter des 15. Jh. würde seinen anmutigen Hügel nicht wiedererkennen.

Erhalten blieb aus der Zeit der Franziskaner die barocke **Kirche,** 1897 um einen großen Schwesternchor erweitert. Die gotisierende Kirche mit den Gewölberippen aus Holz ist bei kurzer Nachfrage an der Klosterpforte zu besichtigen; seit der Entfernung des neogotischen Inventars wirkt sie ein wenig kahl, doch besitzt sie (an der Altarwand) eine vorzügliche spätgotische Kreuzigungsgruppe mit lebensgroßen Figuren. Aus barocker Zeit sind noch sechs Holzfiguren erhalten, man beachte auch die Wappenscheiben von 1671/72 in den Fenstern. Vor allem aber befindet sich außen an der Nordwand der Kirche eine hohe Kreuzigungsgruppe, letzter Teil eines 1732 entstandenen Kreuzwegs von 14 Stationen, der mit derben, aber sehr ausdrucksvollen großen Steinreliefs den Berg hinunter zur Ahrbrükke führt, wo er am Stadttor von Ahrweiler beginnt.

Altstadt und Pfarrkirche

Hier steht man nun endlich vor der vielgerühmten **Stadtbefestigung** Ahrweilers, die mit der von Münstereifel und Oberwesel die besterhaltene des ganzen Rheinlandes repräsentiert. Fast vollständig steht noch der weitgezogene ovale Bering mit Türmen und Wallgraben. Die eindrucksvollsten Teile der bereits um 1248 begonnenen Anlage sind die vier mächtigen Stadttore: Das Ahrtor, vor dem man, vom Kalvarienberg kommend, steht, und das Niedertor sind mit vorspringenden halbrunden Flankierungstürmen geschützt, das Obertor be-

Die Stadtbefestigung von Ahrweiler gehört neben der von Bad Münstereifel zu den besterhaltenen des Rheinlands

sitzt an seinem großen Turmbau vier Ecktürmchen über einem Kleeblattbogenfries, vom Adenbachtor steht nur noch das alte Untergeschoß. Diese weitläufige Stadtbefestigung sicherte jahrhundertelang die Vormachtstellung Kurkölns im oberen Ahrtal; erst im Dreißigjährigen Krieg wurde die Stadt gleich dreimal belagert, erobert und geplündert, die Truppen des französischen Sonnenkönigs steckten Ahrweiler am 1. Mai 1689 in Brand. Sie wurde beinahe vollständig eingeäschert, nur zehn Häuser blieben übrig.

Ein Raub der Flammen wurden damals auch das Dach und die Inneneinrichtung der **Pfarrkirche St. Laurentius,** um ein Haar wäre einer der bedeutendsten rheinischen Kirchenbauten der frühen Gotik zugrunde gegangen. Der 1269 begonnene Bau stellt die älteste Hallenkirche des Rheinlandes dar, die, zwar mit deutlicher Anlehnung an die spätromanischen Basiliken in Sinzig und Heimersheim, den Übergang zu einem neuen Bauschema wagt. Die drei gleichhohen Schiffe bilden von außen gesehen einen kompakten Baukörper, nur im Osten belebt durch die dreischiffige Choranlage mit diagonal gestellten Seitenchören und im Westen überragt von einem im Unterbau nicht vorbereiteten Achteckturm, der unvermittelt über der Fassade aufsteigt, jede seiner acht Seiten wird von einem mit Spitzbögen verzierten Dreieckgiebel bekrönt. Bemerkenswert ist die Dachkonstruktion: während Mittelschiff und Hauptchor von einem längsgerichteten Satteldach einheitlich bedeckt sind, besitzt jedes einzelne Seitenschiffjoch ein eigenes Walmdach.

Die Pfarrkirche von Ahrweiler, eine frühe gotische Hallenkirche des 13. Jh.

Das Innere bietet mit seinen auf mächtigen Rundpfeilern ruhenden weitgespannten Gewölben einen eindrucksvollen Anblick, doch wer eine von gleichmäßigem Licht durchflutete Hallenkirche erwartet, wie sie für die gleichzeitigen westfälischen Bauten dieser Art cha-

Innenraum der Pfarrkirche von Ahrweiler mit den Emporen des linken Seitenschiffs

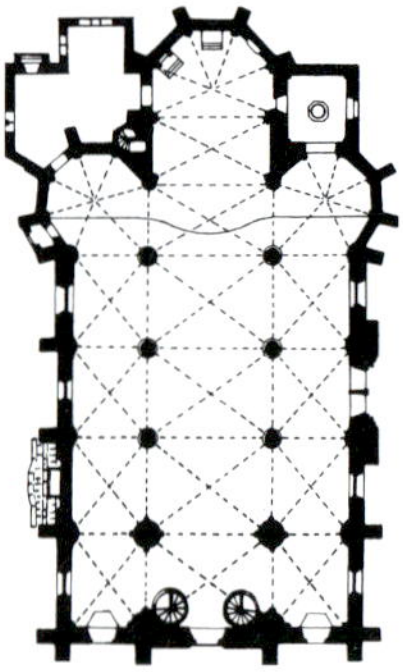

Ahrweiler, Grundriß der Kirche St. Laurentius

rakteristisch ist, sieht sich getäuscht. Denn diese für die damalige rheinische Kunst ungemein kühne Raumlösung wurde im Inneren auf eigentümliche Weise zurückgenommen, als wolle man sich vom bis dahin vorherrschenden basilikalen Schema doch nicht so weit entfernen. Vielmehr nimmt die Kirche die Tradition der spätromanischen Emporen wieder auf, die, auf etwa halber Höhe der Seitenschiffe eingezogen, diese wieder deutlich vom Mittelschiff absetzen. Unter den Emporengewölben erscheinen die Seitenschiffe so niedrig und düster wie in einer Basilika. Da die Emporen außerdem nur in die drei westlichen der vier Seitenschiffjoche eingebaut sind, öffnet sich deren viertes in voller Höhe zum Mittelschiff, wodurch der Eindruck eines nicht vorhandenen Querhauses entsteht. Allein der Blick hinauf in die reich gestalteten Gewölbe der drei Schiffe, deren Scheitel auf derselben Höhe liegen, zeigt die Weite des Hallenraumes.

Neben den schönen Blattwerkkapitellen der Pfeiler besitzt die Kirche als bedeutende Ausstattung einen reichen Freskenschatz des 14. und 15. Jh., der 1903 entdeckt und restauriert wurde. Nach Fertigstellung dieser Arbeit malte der Konservator Bardenheuer aber noch eine Anzahl flächendeckender Wandgemälde im historisierenden Stil seiner Zeit dazu, über deren künstlerische Qualität sich lange streiten ließe. Die alten Fresken befinden sich an den Stirnseiten der Emporenjoche und darunter an den Wänden der Seitenschiffe, ebenfalls alt sind die Bilder des linken Turmpfeilers, der östlichen Stirnfläche der Nordempore und der vegetabile Schmuck der Gewölbefelder. Aus den zahlreichen Bildern seien als bedeutendste hervorgehoben: das Jüngste Gericht (westliches Emporenjoch der Nordseite; Mitte 15. Jh.), der noch sehr zeichnerische Gnadenstuhl (Nordwand unter dem ersten Emporenjoch; 14. Jh.) und die Taufe Jesu mit vorhangtragenden Engeln und alten Abbildungen der Landskron, des Kalvarienberges und Ahrweilers neben dem Vorhang (Südwand unter dem zweiten Emporenjoch; spätgotisch, 15./16. Jh.). Als Beispiel der neuzeitlichen Fresken sei das Bild der St.-Sebastianus-Schützengesellschaft (1918) an der Nordwand des Hauptchors erwähnt: Die Szene spielt zwar im Mittelalter, doch hat der Maler dort dreißig bekannte Persönlichkeiten Ahrweilers portraitgetreu wiedergegeben, die zwischen Zinnen und Türmen mit Rüstungen und Schwertern das Bild bevölkern.

Gegenüber dem Hauptportal erblickt man den schönen Bau des **Restaurants Zur Post** und steht damit vor der ehemaligen Kellnerei des Klosters Prüm, das seit dem 10. Jh. in Ahrweiler reiche Güter besaß. Dahinter erhebt sich inmitten einer Grünfläche der **Weiße Turm,** eines der ältesten und geschichtsträchtigsten Gebäude der Stadt. Im späten 13. Jh. als befestigter Wohnturm errichtet, war er im 17. Jh. im Besitz des Grafen von Stein-Kallenfels, danach Prämonstratenserkloster und nach der Säkularisierung (1803) Gericht und Schule. Von den verschiedenen Besitzern umgebaut, beherbergt er heute das Museum der Stadt Bad Neuenahr-Ahrweiler. Dieses kann zwar nicht mit herausragenden Kunstwerken aufwarten, vermittelt jedoch in seinen thematisch gegliederten Sammlungen gut dokumentierte Einblicke in die Geschichte der Stadt. Die kunstvollsten Exponate sind die ›Ahrtormadonna‹, eine liebliche Marienstatue des frühen 14. Jh. in der Tradition der Kölner Sitzmadonnen; außerdem das steinerne Kreuztragungsrelief aus der Mitte des 16. Jh., eine Station des alten Kreuzweges von Ahrweiler zum Kalvarienberg. Eine eigene Abteilung ist den frühen Reisenden und Kartographen des Ahrtals sowie dem Kurbetrieb in Neuenahr gewidmet.

Beim Spaziergang durch die Straßen der Altstadt beachte man die schönen Fachwerkhäuser.

Die Römervilla am Silberberg

Verläßt man Ahrweiler durch das westliche Obertor und hält sich dann rechts, so erreicht man nach 200 m das hochinteressante Museum ›Römervilla am Silberberg‹. Als im Jahr 1980 die Bagger beim Ausbau der B 267 auf antikes Mauerwerk stießen, konnte man noch nicht ahnen, daß sich hier eine archäologische Sensation offenbaren würde. Man fand das vollständige Raumgefüge einer großen herrschaftlichen Villa aus der zweiten Hälfte des 1. Jh., darunter die Fundamente eines Vorgängerbaus. Aufsehen erregte in der Fachwelt der hervorragende Erhaltungszustand des bis zu 1,5 m aufragenden Mauerwerks mit Resten freskierten Verputzes. Unter den Estrichböden ließen sich überall Hypokausten entdecken, von Ziegelpfeilern getragene, niedrige Räume für die Fußbodenheizung.

Die großzügig ausgestattete Villa gehörte wahrscheinlich einem hochrangigen Beamten – aufgrund einiger architektonischer Unterschiede zu klassischen römischen Villen vermutlich ein romanisierter Treverer –, dessen Familie und Nachkommen sie zwei Jahrhunderte lang während der Sommermonate bewohnten. Um das Jahr 260 flohen die Bewohner vor den drohenden Frankeneinfällen. Die

Die ausgedehnten Ruinen der römischen Villa bei Ahrweiler zeigen sowohl die repräsentative Lebensweise ihrer Bewohner als auch die Spuren späterer Nutzung, nachdem die Villa im 3. Jh. verlassen worden war

Geschichte des Ortes war damit jedoch nicht beendet. Ein paar Jahrzehnte später, um die Wende zum 4. Jh., wurden die noch fast intakten Gebäude zu einem Hospiz, einem Rasthaus an einer römischen Straße, umgebaut. Der weitgehende Zusammenbruch der römischen Infrastruktur – 355 plündern die Franken Köln – zwingt zu dieser Zeit auch das Hospiz zur Aufgabe. Die einstige Prachtvilla verfällt, Geröll des nördlichen Silberbergs fließt ein. Vor dem endgültigen Abzug der Römer (401) wurden die Ruinen noch kurze Zeit als Metallschmelze genutzt. 400 Jahre später, als die Villa bereits vollständig von den Schuttmassen zugedeckt war, gruben hier frühchristliche Bewohner des Ahrtales ihren Friedhof; man fand 32 Steinkisten- und Baumgräber.

Eine lichte Glas- und Holzkonstruktion überdacht nun die singuläre Ausgrabungsstätte, deren Erhaltungszustand keine Parallele nördlich der Alpen hat. Die Ausgrabungen haben sich auf die Sicherung der Villa konzentriert (Haus II genannt; vom Vorgängerbau, genannt Haus I, sind geringe Reste, z. B. Keller oder ein Praefurnium zu sehen). Die an den Hang des Silberbergs gebaute Villa war teilweise zweistöckig und besaß eine Wohnfläche von 598 m^2 im Erdgeschoß und 144 m^2 im Obergeschoß; der vorgelagerte Portikus bedeckte eine Fläche von 152 m^2. Wenn man sich das im Eingangsbereich aufgestellte Modell der Villa einprägt, kann man durch die Ausgrabungen fast wie durch reale Räume wandern und den hohen Stand römischer Wohnkultur an den Fußboden- und Wandheizungen, den teils figürlich bemalten Wänden (beachtenswert das wieder zusammengesetzte Tonnengewölbe in Raum 2) bis zum aufwendigen Badetrakt studieren. Aus der Zeit, als die Gebäude als Rasthaus genutzt wurden, sind interessante Details zu sehen, vor allem eine vollständige Küche mit Herd, Backofen und Räucherkammer (Raum 11a). Im vorderen Teil des Museums sind bemerkenswerte Fundstücke ausgestellt.

Die klassische Ahrtallandschaft zwischen Walporzheim und Altenahr

Das Ahrtal zwischen Walporzheim und Altenahr ☆☆

Weiter die Ahr aufwärts, gelangt man nach **Walporzheim** (dort das älteste Weinhaus des Ahrtals von 1246), »dem mittelalterlichen Walprechtishoven, das uralten Ruf wegen seiner Weinberge hat. Hier ist die edelste Lage des ganzen Ahrtales«, schreibt Kinkel, doch würden Dernau, Mayschoß und Altenahr heute sicher heftigen Protest gegen diese Behauptung einlegen, zumal deren Weinlagen den unbestreitbaren landschaftlichen Höhepunkt des Ahrtals bilden. »Gleich hinter Walporzheim treten wir nun in die engen Felsgeschiebe ein. Sie sind in ihren scharfen Formen so phantastisch, daß sie den träu-

Der Burgberg über Mayschoß trug einst die stark befestigte Saffenburg, die in den Franzosenkriegen eine wichtige Rolle spielte. Heute wird auch hier der Rotwein des Ahrtals angebaut

menden Volksgeist zu düsterer wie zu heiterer Legende befruchten mußten«, schreibt Kinkel und charakterisiert die ungeheuren Felsen, die nun die Straßen begleiten, als Erscheinungen, die mit ihren »Terrassen und Stützmauern noch mehr als alle bisherigen den Eindruck einer zertrümmerten Festung gewährten«. So gelangt man nach **Dernau,** dessen Augustinerinnenkloster Marienthal in Ruinen liegt. Die einschiffige und fünfjochige Kirche wurde nach 1689 erneuert und besaß gotisierende Gewölbe auf schönen Blattwerkkonsolen.

Heute befindet sich eine staatliche Weindomäne auf dem Gelände, weshalb es schwierig ist, die alte Klosteranlage zu besichtigen. Sie besaß eine bedeutende Barockausstattung, die in mehrere Dorfkirchen der Umgebung verstreut ist; wir werden ihr dort in Einzelteilen fast vollständig wiederbegegnen.

Von einem gewaltigen Burgfelsen wird **Mayschoß** überragt. Dort stand mit der Saffenburg die wohl älteste Befestigung des Ahrtals, denn ein Adalbert de Saffenberg wird bereits 1074 erwähnt. Beim Bau der Anlage war der Berggipfel durch zwei ins Gestein gehauene tiefe Gräben in drei Felsplateaus verwandelt worden, auf denen zwei hintereinanderliegende Vorburgen die große Hauptburg schützten. Der fortifikatorische Wert dieser mächtigen Anlage, die das ganze Tal zu sperren vermochte, war selbst nach Einführung der Feuerwaffen so groß, daß die Befestigung im Dreißigjährigen Krieg hart umkämpft war. Zur Vermeidung weiterer Benutzung durch den Gegner wurde die Burg 1704 gesprengt. Daher sind heute hoch über Mayschoß nur noch die drei Felsen mit den trennenden Gräben zu sehen, oben findet sich überwuchertes Mauerwerk, das aber die alte Anlage noch erkennen läßt.

So muß man sich in Mayschoß mit der Besichtigung der 1908 entstandenen Pfarrkirche begnügen, in der sich neben Resten der barocken Ausstattung aus Kloster Marienthal das Grabmal der Gräfin Katharina von der Mark befindet (1647). Die vorzüglich gearbeitete Tumba aus schwarzem belgischem Marmor zeigt die schöne Bildnisfigur der verstorbenen Gräfin, die jugendlich und schlafend im Hochrelief dargestellt ist. Stünde über dem Ort noch die Burg auf dem dreigeteilten Felsgipfel, es wäre ein Anblick, der selbst Altenahr den Rang abgelaufen hätte. Zu diesem unbestrittenen landschaftlichen Höhepunkt des Tales führt die Straße nun durch die eindrucksvollsten Felsschluchten, deren schönste Partien sich allerdings nur dem Fußgänger erschließen: An der Lochmühle und kurz vor Altenahr durchbricht die Straße zweimal die Felswände und schneidet damit zwei langgezogene mäandrierende Windungen des Flusses ab, die, vom motorisierten Verkehr unberührt, einen letzten Eindruck von der einsamen Wildheit der schroffen Landschaft geben.

Altenahr

Kurz bevor die Straße im Dunkel des Felsentunnels von Altenahr verschwindet, erscheinen wie eine Vision die Ruinen der Burg Are über den senkrechten Wänden der Schlucht. Auf der anderen Seite des Tunnels eröffnet sich der Blick auf den Ort mit seiner romanischen Pfarrkirche, doch sollte der erste Weg auf den **Burgfelsen** führen, denn er (und sein Rundblick) sind die eigentliche Attraktion Altenahrs. Dazu benutze man einen Teil des ›Rotweinwanderwegs‹, der übrigens schon unterhalb der Landskron in Bad Neuenahr beginnt und bis hierher führt; mitten in Altenahr folge man an der Straßengabelung

Die klassische Ahrlandschaft mit ihren bizarren Schieferfelsen, dem schluchtartigen Tal und den schmalen, dem Wasserlauf entlanggewundenen Dörfern zeigt sich in ihrer ganzen Dramatik besonders bei Altenahr und Burg Are

etwa 30 m der Straße nach Bonn, dann zweigt rechts der Weg ab, der mit einer unmißverständlichen Rotweintraube gekennzeichnet ist. Bereits nach wenigen Minuten den Berg hinauf erreichen Sie die Gymnichsportz, eine halb im Wald und zwischen hohen Felsen versteckte Torburg, die den Burgberg nach dieser Seite abriegelte. Folgen Sie diesem Weg noch ein paar Minuten, und Sie haben das klassische Ahrtal-Panorama vor sich: »... unter uns Altenahr, in Obstbäumen, Gärten, Kornfeldern versteckt, dicht vor uns aber die prächtigen Burgtrümmer, dahinter die phantastisch zerklüfteten Felsenhäupter, die das Tal von Altenahr so wunderbar und einzig machen. Dies ganze Labyrinth haben wir in einem Blicke vor uns. Es ist keine Stelle, welche den eigentümlichen Zauber der Ahr so tief und mächtig auf den Beschauer wirken ließe ...«, notierte Gottfried Kinkel hier oben, und wem es dort die Sprache verschlug, der griff zu Pinsel oder Stift: So wurde eben dieser Blick in zahlreichen Gemälden, Zeichnungen und Kupferstichen des vorigen Jahrhunderts festgehalten (s. Abb. S. 6f.).

Die Hochburg der **Ruine Are** umschloß einst ein unregelmäßiges Viereck, zu sehen sind Eck- und Tortürme sowie Wehrmauern und Palasreste aus dem 12. bis 15. Jh. Bemerkenswert ist die Ruine der rechteckigen Burgkapelle um 1200, ehemals eine zweistöckige Doppelkapelle mit einem Untergeschoß für das Gesinde, Reste des Kreuzgewölbes sind noch zu sehen. Die Burg bestand bereits im Jahre 1121 und war Sitz der Grafen von Are, die sie 1246 dem Kölner Erzbistum schenkten, das die Felsenkeller sofort als gefürchtetes Gefängnis für aufsässige Kölner Patrizier benutzte. Im Lauf der Zeit zu einer starken Festung ausgebaut, spielte sie noch in den Franzosenkriegen eine Rolle. 1690 wurde die Burg erst nach neunmonatiger Beschießung und Belagerung durch französische Truppen genommen und bis 1706 von diesen besetzt. Danach legte das Kölner Domkapitel eine Besatzung auf den Felsen, die sich jedoch zu einer derartigen Landplage entwickelte, daß Kurfürst Joseph Clemens 1714 die Burg erobern und in die Luft sprengen ließ.

Aus der Blütezeit der Grafen von Are stammt auch das zweite bedeutende Bauwerk Altenahrs. Zwischen den alten Häusern des Ortes schaut der gedrungene Vierungsturm der **Pfarrkirche,** einer dreischiffigen romanischen Pfeilerbasilika, über die Dächer; bereits 1166 genannt, ist der Bau von eindrucksvoller Strenge, die auch durch die 1892 erfolgte dezente Erweiterung des Langhauses um anderthalb Joche nicht verfälscht wurde. Hinter dem Säulenportal öffnet sich der fast schmucklose, klassisch gegliederte Innenraum: Niedrige, düstere Seitenschiffe, durch schmale Bögen auf mächtigen Vierungspfeilern vom erhöhten Mittelschiff getrennt, darüber schwere Gewölbe. Am Ende des rechten Seitenschiffes wurde die ehemalige Sakristei in eine chorartige Kapelle verwandelt. Der Hauptchor ist gotisch (1326) und zeigt figurale Motive an den Rippenansätzen. Man beachte den sechssäuligen romanischen Taufstein aus Basalt im linken Seitenschiff.

Außer dem Rotweinwanderweg versäume man nicht, auf dem unmittelbar den Ort überragenden Felsen diverse **Aussichtspunkte** mit grandiosen Panoramen aufzusuchen. Da ist zunächst das Schwarze Kreuz und das Teufelsloch im Gipfel mit dem Blick eine halsbrecherische Felswand hinunter auf die Ahr, nicht weniger empfehlenswert sind der Bockshardt, das Horn und der Schrock; auf den Ditschhardt führt sogar eine Seilbahn. Falls Sie jedoch ein Freund stiller Betrachtung sind, sollten Sie Altenahr an Sonn- und Feiertagen weiträumig umgehen. Dann herrscht – zumal bei gutem Wetter – ein unerträglicher Rummel in den engen Gassen, garniert durch die chronische Autoschlange, die sich durch dieselben schiebt, und auch auf den Höhenwegen gibt es Gedränge, obwohl es bergauf geht. Bevor man Altenahr verläßt, werfe man noch einen Blick zurück zur Ruine der Burg Are. Durch die riesige, glatte Felswand daneben war bereits im vorigen Jahrhundert ein Straßentunnel gebrochen worden, der außer Kinkel auch seine Zeitgenossen tief beeindruckt hat. Der Kupferstecher Nicolas Ponsart war von der Szenerie so hingerissen, daß er den ›Vue de tunnel‹ gleich in mehreren Stichen festgehalten hat (s. Abb. S. 6f.).

Nur zwei Flußwindungen weiter begegnet man einem weiteren Lieblingssujet der literarischen Ahrwanderer, damals gerade auf einer neuen Chaussee zu erreichen: **Burg Kreuzberg** auf steilen Felsen über dem Zusammenfluß von Ahr, Vischel und Sahr. 1340 erhielt Ritter Cuno von Vischerich von den Herren in Altenahr, den Kölner Erzbischöfen, die Erlaubnis zum Bau einer Burg auf dem Kreuzberg. Sie diente den Kölnern als zusätzliche Sicherung ihrer Besitzungen im Ahrtal gegen die dort beginnenden Eifelterritorien anderer Herren. Prompt wurde die Burg 1686 von den aus der Eifel ins Ahrtal vorstoßenden Franzosen erobert und gesprengt, um 1760 entstand die bescheidene heutige Anlage unter Benutzung eines gotischen Bergfrieds. Die Burg befindet sich in Privatbesitz und ist nicht zu besichtigen, dennoch lohnt sich der kurze Aufstieg, der auf der Rückseite des Felsens hinaufführt. Dort steht vor dem Burgtor eine Kapelle aus dem Jahre 1783 mit einer erhaltenen Ausstattung der Erbauungszeit, bemerkenswert die Skulptur einer sitzenden Madonna (kölnisch, um 1480) und drei schöne Reliquienmonstranzen um 1790. Und wer auf die Idee gekommen ist, ausgerechnet vor dieser Burg das vielbeschriebene Panorama mit einer Schnellstraße auf Betonpfeilern zu verschandeln, den möge der Rotweinteufel persönlich holen.

Ein Abstecher nach Kirchsahr

Kirchsahr ☆ Der Flügelaltar in der Dorfkirche

In Kreuzberg zweigt die Straße ins liebliche Sahrtal ab, wo im kleinen Dorf Kirchsahr mit einem gemalten **Triptychon** der Kölner Schule eines der bedeutendsten Einzelkunstwerke der Eifel zu sehen ist. Der prachtvolle Altar steht in der winzigen Kirche des Ortes, die so klein ist, daß die Gewölberippen des Chores ausgebrochen werden mußten, um ihn aufstellen zu können. Daß er hierherkam, ist Johannes Cremer zu danken, 1750–97 Pfarrer zu Kirchsahr. Als Gastprediger wirkte er auf die Stiftsherren von Münstereifel so überzeugend, daß sie ihm einen Wunsch freistellten. Er wählte den großen Flügelaltar für seine kleine Kirche, von dem sich die Münstereifeler allerdings leichten Herzens trennten. Denn längst waren auch sie der grassierenden Barockmanie erlegen, hatten das gotische Triptychon abgebaut und durch ein zeitgenössisches Barockretabel ersetzt. So verschwand das kostbare Stück wie so viele seiner Art irgendwo in einem Schuppen, in dem es sicher zugrunde gegangen wäre, hätte es nicht die Bitte des Dorfpfarrers gerettet.

Die Kölner Malerschule liebt die gemalten Bildaltäre, im Gegensatz zu den von Figurenreliefs und Rankenwerk überquellenden Antwerpener Schnitzaltären, wie sie zahlreich in die Eifel exportiert worden waren. Von den drei berühmten Werken dieser bis heute in

Zu den bedeutendsten Einzelkunstwerken der Eifel gehört das gemalte Triptychon in der winzigen Kirche von Kirchsahr, ein Werk der Kölner Malerschule im Weichen Stil (Ausschnitt)

ihren einzelnen Künstlerpersönlichkeiten kaum faßbaren Schule, die sich in der Eifel befinden, ist vor dem Aachener Passionsaltar und dem Frauenberger Altar dieser hier in Kirchsahr der älteste. Entstanden zwischen 1400 und 1415, ist er noch ganz dem Weichen Stil verpflichtet; er zeigt in 19 Bildern das Leben und Leiden Jesu, jeweils neun kleinere rahmen die monumentale Kreuzigung auf der Mitteltafel. In diesen Bildern ist von der Spätgotik und ihrem harten Realismus noch kaum etwas zu spüren; edle Gestalten mit fließenden Bewegungen in prächtigen Gewändern bevölkern die Szenen, noch ganz in der idealisierenden Manier höfischer Kunst empfunden. Der Hintergrund der Gemälde ist fast durchweg aus traditionellen Goldflächen gebildet, vor denen sich die harmonisch komponierten Figurengruppen farbenprächtig abheben. Weder weitläufige Stadtarchitekturen noch tiefe Landschaftshintergründe sind zu sehen; die reale Welt, in die die Spätgotik das biblische Geschehen versetzt, ist noch ausgeschlossen, allein die Darstellung des Herrenleidens als höchstes Symbol mittelalterlicher Gläubigkeit beherrscht die Aussage des Altars. Man beachte auch die Rückseite der geöffneten Flügel, hier sind weitere Tafelbilder mit Heiligen und schaurigen Teufeln zu sehen.

Das obere Ahrtal

Zu Gottfried Kinkels Zeiten war eine Ahrreise in Kreuzberg gewöhnlich zu Ende: Die wildromantischen Partien des Tales waren vorbei, Weinhäuser kamen auch keine mehr, die Straße verdiente nicht diesen Namen, und so begab sich das beeindruckte Publikum auf die Rückreise. Nicht jedoch Kinkel. Er liebte das mittlere und obere Ahrtal ganz besonders und gab zahlreiche aufmunternde Hinweise zum Weiterwandern, was vor 150 Jahren in der Eifel freilich einem Abenteuerurlaub geglichen haben muß, so unbekannt, vereinsamt und verarmt war das Land damals, daß Kinkel minutiöse Beschreibungen der wenigen Übernachtungs- und Verköstigungsmöglichkeiten gibt, die zu beachten er dringend anrät, andernfalls der Weiterweg ein böses Ende nehmen könne. Die Eifel, die er vor Augen hatte, kann man sich heute kaum mehr vorstellen, obwohl das Land noch in diesem Jahrhundert als Rheinisches Sibirien verschrien war. Doch wenn in Dümpelfeld die große Durchgangsstraße nach Adenau die Ahr verläßt, versinkt das Tal noch heute in tiefer Einsamkeit, das kaum bekannte Stück zwischen Schuld und Müsch gehört daher zu den schönsten und anmutigsten Landschaften der ganzen Eifel. Doch vorher erblickt man in Pützfeld die hübsche Wallfahrtskapelle am steilen Berghang (1680/81, reiche frühbarocke Ausstattung).

Zwei schöne Seitentäler

In Pützfeld beginnt die Straße ins Tal des Kesselinger Bachs, das geprägt ist von weiten Wiesen, umgeben von waldbedeckten Höhen. Hier ist der unbekannte Teil des Ahrgebirges, die bald abzweigenden Täler des Weidenbachs und des Heckenbachs führen auf alten, schmalen Straßen durch eine menschenleere Landschaft von melancholischer Schönheit hinein in die Hohe Eifel mit ihren Vulkanbergen; über Herschbach und Kaltenborn hat man die eindrucksvollste Zufahrt zur Hohen Acht – auch Kinkel empfiehlt diese Route, freilich zu Fuß.

Der Weg beginnt in **Kesseling,** das überragt wird von seiner großen Pfarrkirche auf einem Felsvorsprung. Aus dem 13. Jh. stammt ihr mächtiger Ostturm mit den Vierpaßfenstern; das weite, einschiffige Langhaus ist ein Bau von 1791. Den Innenraum der Kirche beherrscht ein riesiger Barockaltar, mit dem es seine besondere Bewandtnis hat. 1695 entstanden, wurde er nämlich für die nahe gelegene Abtei Maria Laach angefertigt, wo er bis zur Aufhebung des Klosters auch stand. Ein farbig verspielter Barockaltar in der von strenger Romanik geprägten Basilika zu Laach? Allerdings, die repräsentative Pracht dieses Stils duldete keine Kompromisse, wer

Über eine reiche frühbarocke Ausstattung verfügt die Wallfahrtskapelle bei Pützfeld

sie sich nicht leisten konnte, galt als arm und rückständig. Obwohl der große Altar hier in Kesseling zu den qualitätvollen Stücken gehört, ist die Vorstellung, er stünde in der Klosterkirche von Maria Laach genau dort, wo sich heute das seinetwegen abgebaute einzigartige Ziborium befindet, höchst befremdlich. Man beachte in der Kirche noch ein Weihwasserbecken aus dem 13. Jh. Auf keinen Fall versäume man in dieser Gegend einen Gang zum Wacholdergebiet auf dem Wibbelsberg bei Heckenbach, in dem meterhohe Wacholderbüsche stehen.

Biegt man in Kesseling nicht in das Weidenbachtal und zur Hohen Acht ab, so trifft man einige Kilometer weiter auf das kleine Dorf **Staffel** mit der Kapelle St. Lüfthildis neben der Straße. Darinnen befinden sich eine schöne Madonnenfigur vom Anfang des 15. Jh. und ein origineller polychromierter Altaraufsatz mit figurenreichen Reliefs, in dessen Volutengiebel eine Anbetung der Könige zu sehen ist.

Doch zurück ins Ahrtal. Nur eine kleines Stück flußaufwärts liegt auf der anderen Talseite der Ort **Liers** an der Mündung des gleichnamigen Bachs in die Ahr. Hier beginnt das Lierstal, das wohl reizvollste der Seitentäler der Ahr: Unter alten Weiden strömt der Bach durch liebliche Auen, umgeben von hohen Waldbergen, von denen die einsame Ruine der Wensburg aus den Bäumen schaut. Mit dieser kleinen, aber sehr geschickt angelegten Burg, die 1401 Kölner Lehen wurde, arrondierte das Erzbistum die Kette von Befestigungen um seinen Besitz im Ahrtal; die Wensburg wurde erst 1832 von ihrem damaligen Besitzer teilweise abgerissen.

Auf dem Aremberg

Zurück im Ahrtal, muß man in **Dümpelfeld** rechts auf das Sträßchen in Richtung Schuld und Blankenheim abbiegen. Am Hang über Dümpelfeld steht die Pfarrkirche St. Cyriak aus dem späten 13. Jh. In der zweiten Hälfte des 15. Jh. wurde das Langhaus zweischiffig eingewölbt. Die drei Joche ruhen auf zwei runden Mittelpfeilern, die Kreuzrippengewölbe enden auf verschiedenartig ausgebildeten Konsolen, die unter anderem Köpfe und Traubendolden zeigen. Mit diesem Raumschema begegnet man in Dümpelfeld einem der nördlichsten Beispiele jener Kirchen, die als Erweiterung der klassischen Einstützenkirchen in der Nachfolge der Hospitalkirche von Kues entstanden (s. S. 219f.).

Ein Stück weiter hat sich die Ahr wieder tief durch senkrecht abstürzende Felsen gegraben, auf einem davon liegt **Schuld,** an drei Seiten vom gewundenen Flußlauf eingeschlossen; eindrucksvoll überragt der romanische Turm der zerstörten alten Kirche die teils in den Fels gebauten Häuser. Bei Schuld nun beginnt jener wenig bekannte Teil des Ahrtals, den Kinkel besonders liebte, obwohl er beklagte, daß die Gegend mangels einer Straße völlig verarmt sei: »Stattdessen ist nun die oberhalb Schuld folgende Flußstrecke fast weglos. Der Fußwanderer beklagt das nicht, denn eben diesem Umstand verdankt er dort den stillsten Genuß einer höchst idyllischen Natur. Durch Wiesen, die von Waldhügeln eingefaßt sind, zieht sich das Flüßchen; eine Mühle, ein Maierhof, manchmal ein alterndes Dörfchen liegen da und dort in der milden Naturstille ...« Heute gibt es natürlich eine Straße, doch viel belebter ist es hier nicht geworden, und man kann Kinkels Beschreibung für die ganze Talstrecke bis Müsch für immer noch gültig erklären.

Vor allem liegt hier einer der verwunschensten Orte, die man an der ganzen Ahr finden kann und den auch Kinkel mit romantischer Schwermut betrat: der düstere **Aremberg** mit den im dichten Wald versunkenen Resten einer großen Herzogsresidenz. In Antweiler zweigt die Straße dorthin ab und führt in steilen Windungen den Talhang hinauf. Oben angekommen, erblickt man ein altes Dorf, geduckt im Schatten einer mächtigen bewaldeten Bergkuppe, die der Landschaft wie aufgesetzt wirkt. In der Tat ist der Aremberg einer der größten tertiären Vulkane der Eifel, dessen eruptive Gewalt hier das devonische Grundgebirge durchschlagen und seinen charakteristisch geformten Basaltkegel auf die Hochfläche gesetzt hat. Die Gunst der Lage nutzend, bauten auf diesem Berg die 1166 genannten Herren von Arberg eine mittelalterliche Burg, zu deren Füßen im

14. Jh. ein mit Mauern und Türmen befestigtes Dorf entstand. Das heute noch existierende Haus derer von Aremberg hatte durch alle Jahrhunderte zwei Vorteile auf seiner Seite, die sie klug zu nutzen verstanden: erstens einen gewissen Reichtum, der aus ihren Erzbergwerken im nahe gelegenen Lommersdorf und Freilingen herrührte (in Antweiler und Ahrhütte erfolgte die Weiterverarbeitung), und das durch ihre unbedingte Treue zum deutschen Kaiserhaus erworbene Wohlwollen desselben, das ihnen 1549 den Aufstieg in die Reichsgrafschaft, 1576 den Fürstenstand und 1644 die Herzogswürde einbrachte. Entsprechend ihrer wachsenden Bedeutung bauten sie ihre Burg auf dem Aremberg zu einer so starken Befestigung aus, daß sie in der Jülicher Fehde eine wichtige Rolle spielte; auch in den folgenden Jahrzehnten bewies sich die strategische Bedeutung des Platzes.

Spätestens im Jahr 1670 bedeckte den ganzen Berg ein System spitzwinklig vorstoßender Bastionen mit verbindenden Kurtinen, Gräben mit Faussebrayes, Kasematten und Vorwerken; die mittelalterliche Burg blieb als Zitadelle inmitten der Anlagen bestehen. Die riesige Festung bot Hunderten von Soldaten Platz, die sogar eine Esplanade, eine Art Exerzierplatz, besaßen. In der Tat wagten die Franzosen es in den Raubkriegen Ludwigs XIV. zunächst nicht, den Aremberg anzugreifen, doch als der Herzog nach dem Frieden von Nijmegen 1679 die teure Garnison entließ, nahte das Verhängnis: In einer kalten Februarnacht des Jahres 1682 drangen französische Truppen in die unbewachte Festung ein und erbeuteten die enorme Menge von 46 Geschützen mitsamt reichem Kriegsmaterial. Sofort begannen die Franzosen, den Aremberg weiter auszubauen und zu einem Stützpunkt für 3000 Mann zu erweitern, doch unterlief ihnen bald ein Mißgeschick. Eine falsch angesetzte Sprengung zur Erweiterung des Brunnens brachte die Quelle zum Versiegen. Damit war der Berg wasserlos und als Festung unbrauchbar geworden, schon 1683 zogen die Franzosen wieder ab, nicht ohne vorher das gefährliche Bauwerk mittels Schießpulver zu demolieren, wo es ging.

Damit war die militärische Geschichte des Arembergs vorbei; die zurückkehrenden Herzöge erbauten jedoch aus den Trümmern ein prächtiges Schloß. Es muß seinen besonderen Reiz dadurch gehabt haben, daß dabei die mächtigen Bastionen, denen die Sprengungen nichts anhaben konnten, in Terrassengärten verwandelt wurden, die nun den Berghang bedeckten, während darüber der weithin sichtbare Schloßbau thronte. Doch am 13. Oktober 1794 erschienen die ersten Soldaten der französischen Revolutionsarmee auf dem Aremberg, beschlagnahmten das Schloß, ließen es 1803 versteigern und abbrechen. Nun war das Leben auf dem Aremberg praktisch erloschen, denn wovon sollte ein auf der Grundlage der Versorgung eines herrschaftlichen Hofes entstandenes Dorf noch existieren, wenn es diesen nicht mehr gab? Auch Gottfried Kinkel, der einige Jahre nach den letzten Erreignissen die damals noch aufragenden Ruinen betrat, beklagte die bittere Armut der Bevölkerung nach dem Weggang der Herzöge und notierte: »Durch den öden Garten tritt man

Kirche und Bauernhof: manche Eifeldörfer sind nicht viel größer (hier: Kirmutscheid)

auf das Ruinenfeld. Der erst vor wenigen Jahrzehnten zerstörte Bau macht einen unbeschreiblich wehmütigen Eindruck: Man sieht es diesen Trümmern an, daß nicht ein kleines Raubnest, sondern ein Prachtpalast hier stand ... Frage, wen du willst, von Leuten über dreißig Jahren; jeder wird dir von der Pracht dieses Baues erzählen und von seinem Schmerz, als er mit ganz unbegreiflicher Rohheit abgebrochen wurde ... Der Flecken Aremberg aber, der zu den Füßen des Burgkegels am Ende des Parks liegt, auch einst blühend und auf den Landkarten noch trügerisch als ein ansehnlicher Ort hingezeichnet, ist zum elendsten Dorfe herabgesunken ...«

Wer heute auf den stillen Ort mit dem von dunklem Wald bedeckten Berg zufährt, wird sich nicht vorstellen können, welches Leben hier einst herrschte. Außer in der **Pfarrkirche,** die einen bedeutenden Teil der Barockausstattung des Klosters Marienthal bewahrt, gibt es auf dem Aremberg nicht mehr viel zu sehen. Doch wer Sinn für den Genius loci hat, sollte den Weg hinauf nicht versäumen. Rechts und links der Auffahrt mit der alten Pflasterung erkennt man, daß der ganze Berg künstlich bearbeitet war, der Wald bedeckt ehemalige Gartenterrassen, verfallene Bastionen, Wälle, Gräben und Konterescarpen. Oben angelangt, führt der Weg noch über den tiefen Graben der mittelalterlichen Burg, an dem sich eine schöne alte Allee entlangzieht; der Schloßhof ist eine Wiese, umrahmt von mächtigen Rotbuchen, aus deren Wipfeln der einzige wiederaufgebaute Turm der herzoglichen Residenz schaut. Es herrscht tiefe Stille.

In Müsch ist dann der unbekannte Teil des Ahrtals zu Ende, denn von dort an begleitet die vielbefahrene Bundesstraße vom Nürburgring nach Blankenheim den Fluß. Man folge ihr jedoch ein Stück in Richtung Süden, ins Tal des Nohner Bachs bis **Kirmutscheid.** Dort entdeckt man hinter hohen Bäumen auf einem an drei Seiten umflossenen Bergsporn ein reizvolles Bauensemble, denn der Ort besteht nur aus einer Kirche, einem alten Pfarrhaus (1709) und einer ehemaligen Schule (1829). Diese entlegene Kirche besitzt jedoch seit der Restaurierung ihrer gotischen Fresken einen der schönsten Innenräume der ganzen Gegend. Der schon von außen auffallend gegliederte Bau – der abschließende Polygonalchor ist viel höher als das Schiff – entstand im späten 15. Jh. und besitzt innen reich gestaltete Sterngewölbe mit bemalten Wappenschlußsteinen und eleganten Rankenmalereien; die Gewölberippen steigen aus vielfältigen Konsolfiguren auf. Den Altar ziert ein Sandsteinrelief von erlesener Schönheit, es handelt sich um eine ausdrucksvolle Beweinung Christi, die erst 1949 in der Kirche entdeckt wurde. Im dahinter stehenden Barockaltar des 17. Jh. findet sich das gleiche Thema noch einmal in einer weniger qualitätvollen Arbeit.

Blankenheim

***Blankenheim* ☆**
Besonders sehenswert:
Ortsbild
Schnitzaltäre in der Pfarrkirche
Regionalmuseum

Bald danach breitet sich nach einer letzten Talwindung das burgenbekrönte Panorama von Blankenheim aus, wo die Ahr unter einem Fachwerkhaus entspringt. Der Name der Herren von Blankenheim läßt sich von ihrer ersten Nennung im Jahre 1112 bis zu ihrer Flucht vor den Franzosen um 1794 in ununterbrochener Reihe verfolgen. Seit dem späten Mittelalter waren die Grafen mit den einflußreichen Manderscheidern verwandt; als deren Linien Manderscheid-Gerolstein und Manderscheid-Kail ausstarben, fiel den Blankenheimern ein gewaltiges Erbe zu, das sie zur größten selbständigen Territorialherrschaft der Eifel machten. Die Residenz dieser Grafschaft lag hier auf dem Burgfelsen über Blankenheim, wo ein glanzvoller Hof gehalten wurde. Doch im Jahr 1794 floh die letzte Gräfin von Blankenheim vor den anrückenden französischen Revolutionstruppen; die gräfliche Familie kehrte nie wieder zurück. Nun erging es dem herrenlosen Schloß wie dem in Aremberg: Von den Franzosen beschlagnahmt und auf Abbruch verkauft, wurden die kostbaren Sammlungen in alle Winde zerstreut, die Einrichtung herausgerissen, die weitläufige Burg demoliert. Auch der Ort teilte das Schicksal Arembergs, er verarmte völlig und kam so herunter, daß die preußische Regierung ihren 1816 gehegten Plan, Blankenheim zum neuen Kreishauptort zu machen, nach dem empörten Aufschrei der Betroffenen: »Nur nicht nach Blankenheim!« wieder fallenlassen mußte. Erst nach dem Ende des Zweiten Weltkriegs hat eine umfassende Restaurierung des historischen Blankenheim wieder schöne Straßenzüge von ganz mittelalterlichem Gepräge erstehen lassen.

»In der Stadt selbst führt uns billig der erste Gang zur Quelle der Ahr …«, erweist Gottfried Kinkel am Ende der Reise dem Flüßchen seine Reverenz. Folgt man seiner Aufforderung, so findet man sich mitten im Ort auf einem kleinen Platz zwischen Fachwerkhäusern wieder, wo die Ahr unter einem **Quellhaus** des Jahres 1726 aus einem viereckigen Bassin hervorquillt und in einem gemauerten Kanal

Blankenheim war einst die belebte Residenzstadt der Grafen von Blankenheim. Geblieben sind die Burgkirche und ein Fachwerkdorf in schöner Landschaft. Mitten im Ort entspringt die Ahr

das ganze Dorf durchfließt, vorbei an einer großen Steinfigur des hl. Nepomuk aus dem 18. Jh. Hier, von der Quelle aus, hat man den schönsten Blick des Ortes, denn die den Platz rahmenden Fachwerkhäuser bilden mit der hohen Pfarrkirche und der darüber aufragenden Burg eine höchst malerische Baugruppe.

Wenige Meter von der Ahrquelle entfernt befindet sich das sehenswerte **Regionalmuseum für Naturkunde und Kulturgeschichte der Nordwesteifel.** Gegenüber dessen Eingang erhebt sich ein schöner Fachwerkbau, das sog. **Gildehaus,** in dem eine zweite Abteilung des Museums untergebracht ist. Dort sind original hergerichtete Werkstätten der Nordeifeler Handwerke zu sehen und im obersten Geschoß eine kleine, aber feine Sammlung von Gemälden des berühmten Eifelmalers Fritz von Wille.

Auf steiler Treppe erreicht man das über dem Quellhaus gelegene **Hirtentor** (1404) des inneren Berings, einen dreigeschossigen Turm mit spitzbogiger Durchfahrt mit einem Wappenstein von 1512, an den ein großes Fachwerkhaus mit schön geschnitzten Balken und Fenstern angebaut ist. Durchschreitet man das Tor, gelangt man zum **Georgstor** des äußeren Berings, das einen Fachwerkaufbau und eine Figur des hl. Georg aus dem Jahr 1670 besitzt.

Wendet man sich zurück, führt der Weg an schönen Barockhäusern vorbei, bevor man vor dem Portal des steil proportionierten Baus der **Pfarrkirche** steht. 1495–1505 vom Grafen Johann I. von Manderscheid-Blankenheim und seiner Gemahlin Margaretha gestiftet, stellt die Kirche einen schmalen und hohen einschiffigen Saalbau mit dreiseitigem Chorschluß dar. Innen fallen als erstes die großen Apostelfiguren aus Tuffstein auf, die Ende des 16. Jh. mit reichen Renaissance-Ornamenten den Konsolen der Gewölberippen vorgesetzt wurden, 1954–56 wurden die dekorativen spätgotischen Gewölbemalereien aufgedeckt und restauriert.

Prunkstück der Kirche und einzigartig in der ganzen Eifel sind die drei zusammengehörigen *Schnitzaltäre,* nahezu unbekannte Meisterwerke der spätesten Gotik um 1545, denen die um 1870 entstandenen neogotischen Rahmen gottlob nicht geschadet haben. Die drei Altäre, die erst seit 1982 wieder gemeinsam zu sehen sind, stellen weder flämische noch kölnische, sondern niederrheinische Arbeiten dar und zeigen die dafür charakteristischen figurenreichen Kleinreliefs. Der Hochaltar enthält eine Kreuzigungsgruppe mit Klagenden und Kriegsknechten, darüber zwölf Apostel, darunter zwölf Propheten; der linke Seitenaltar zeigt mehrere Szenen aus dem Leben Marias, der rechte die Passion. Neben diesen vorzüglichen Werken, die aus der zerstörten Burgkapelle gerettet wurden, übersehe man die Kanzel (1616) und ihren originellen, in der Mauerdicke verlaufenden Aufgang nicht, ebenso sind die fünfsitzigen spätgotischen Chorstühle mit Miserikordien und Rankenwerk sowie das Kirchengestühl mit geschnitzten Fabeltieren in den Wangen einen Blick wert.

Im Jahr 1616 wurde der Westturm erbaut, darunter ließ Gräfin Ursula eine zweischiffige Krypta als Begräbnisraum einrichten. Man beachte auf der oberen Empore eines der ältesten Orgelwerke des Rheinlandes (um 1660); die Kirche besitzt außerdem einen bedeutenden Kirchenschatz, darunter das berühmte Kopfreliquiar des hl. Georg (etwa 1450) aus vergoldetem Silberblech.

Bleibt als letzter Gang der Weg zur **Burg** hinauf, die nicht einmal einen Schatten ihrer ursprünglichen Größe darstellt; Teile wurden im 20. Jh. als Jugendherberge wieder aufgebaut. Immerhin hat man von hier oben einen letzten schönen Blick hinunter auf die Ahr, die bald hinter einem gewundenen Waldhang verschwindet. Gottfried Kinkel gibt eine letzte Empfehlung: »Für den aber, der längs der Ahr zurückkehren möchte, sei noch dies zum Schlusse gesagt: Die Ahr ist an einzelnen Schönheiten so überreich, daß man aufwärts und abwärts ganz verschiedene Wege wählen und so die Gegend recht eigentlich doppelt genießen kann.«

Die Hoch- und Vulkaneifel

Johann Wolfgang von Goethe auch ein guter Naturwissenschaftler war, erwies er der geologischen Forschung zu Anfang des vorigen Jahrhunderts einen Bärendienst: Als nach der Entdeckung des vulkanischen Ursprungs der Basalte Schottlands durch Hutton (1785) der Streit zwischen Neptunisten und Vulkanisten ausbrach, ergriff der Dichter Partei für die ersteren – obwohl er durch seine Bekanntschaft mit dem Vesuv während seiner ›Italiänischen Reise‹ eines Besseren hätte belehrt sein müssen. Kernthese des neptunistischen Ansatzes war, daß die Erdkruste ausschließlich aus Meeresablagerungen aufgebaut sei, wogegen die Vulkanisten zusätzlich an die Entstehung von Gesteinen aus der glutflüssigen Tiefe des Erdinnern glaubten. Die ersten namhaften Gelehrten, die den Vulkanismus in Deutschland vertraten, waren keine Geringeren als Alexander von Humboldt und Leopold von Buch, doch hatten sie zunächst gegen die Fraktion der Neptunisten, geführt von G. Werner aus Freiburg und unterstützt von Goethe, keine Chance. Deren Position wurde erst durch den fränkischen Priester F. A. Jäger erschüttert, der 1803 die vulkanische Herkunft der Rhön-Basalte entdeckte. Mit den bahnbrechenden Arbeiten des Trierer Professors Johannes Steininger konnte schließlich jeder Zweifel am vulkanischen Ursprung der Eifeler Basaltlava beseitigt werden. Steininger verkündete 1853 das Ende der Kontroverse: »Nicht in Amerika oder in Italien und Südfrankreich allein, sondern auch in der Eifel, und in Betreff der deutschen Basalte vorzüglich durch die Eifel, wurde der Streit entgegengesetzter Meinungen geschlichtet, welcher so viele Jahre die Gebirgsforscher theilte.«

Die Vulkane der Eifel

Tatsächlich war in dem zu Steiningers Zeiten entlegenen und verödeten Gebiet der Zentraleifel mit den letzten Ausbrüchen der Maarvulkane vor nur 10 000 Jahren eine der jüngsten Vulkanlandschaften Europas entstanden. Die Maare stellen allerdings nur eines – und zwar das letzte – Zeugnis des vulkanischen Geschehens in der Eifel dar, das im Zusammenhang mit der Auffaltung der Alpen und der Hebung des Rheinischen Schildes seinen Anfang nahm. In drei Phasen und im wesentlichen auf drei Gebiete beschränkt, öffneten die Eifeler Vulkane ihre Feuerschlünde, Teil der in weitem Bogen entlang alter Bruchlinien der Erdkruste um die Faltungszonen der Alpen aufflammenden Vulkanreihe, die vom Böhmerwald bis in die Auvergne reichten. Der älteste, der tertiäre, Vulkanismus der Eifel durchbrach die eingeebnete Oberfläche des abgetragenen variskischen Gebirgsrumpfes mit etwa 130 Ausbrüchen, die sich auf das Gebiet zwischen Kelberg und Adenau konzentrierten. Sie setzten der matt gegliederten Fläche der Hocheifel

◁ *In geradezu klassischer Form erhebt sich die Kraterumwallung des Vulkans Hochsimmer über den Ebenen des Maifelds*

Hoch- und Vulkaneifel

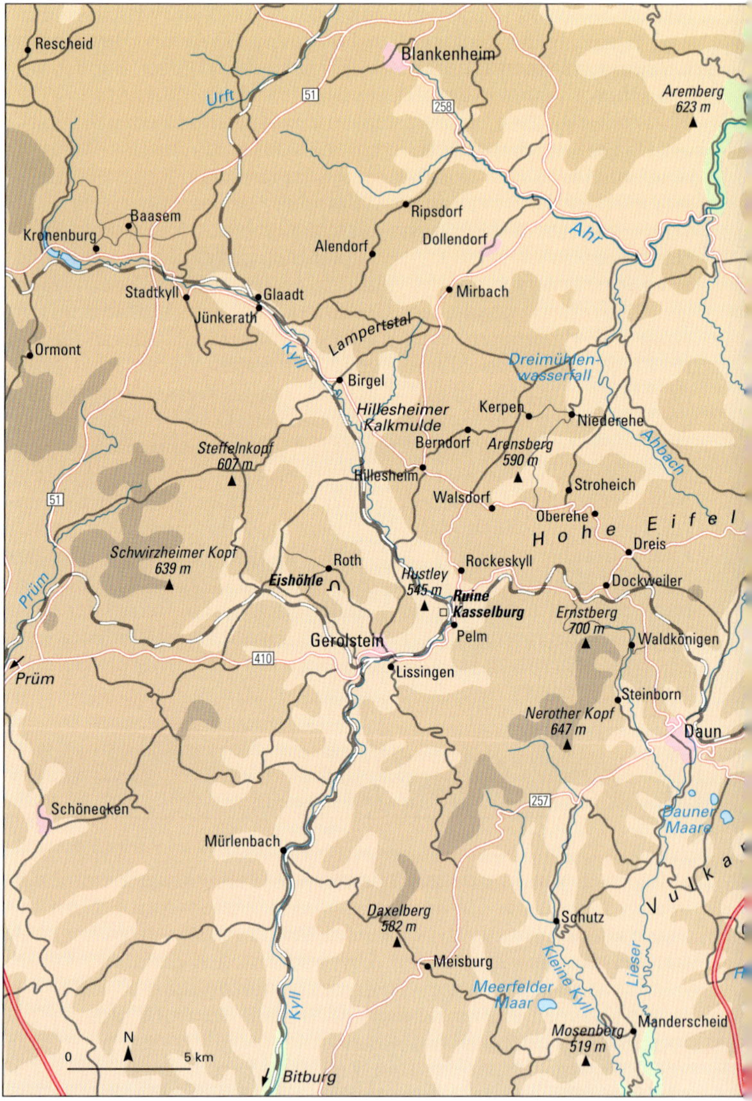

jene markanten Kegelberge auf, die heute die höchsten Erhebungen des Landes bilden: Die Nürburg steht auf einem tertiären Vulkan – 678 m hoch und ca. 33,5 Millionen Jahre alt –, die Hohe Acht ist 747 m hoch und ca. 38 Millionen Jahre alt. Weitere Berge dieser Art sind der majestätische Aremberg bei Antweiler, der die ganze Landschaft des oberen Ahrtals beherrscht, der Hochkelberg, der Selberg,

der Tomberg bei Rheinbach und in der Hillesheimer Kalkmulde der Arensberg, fast alle bekrönt von prähistorischen oder mittelalterlichen Befestigungen. Diese meist aus Basalten gebildeten Vulkankuppen mit ihren dunklen Wäldern und Ruinen stellen das Innere des Kraters dar: Dort stehen die alten Schlotfüllungen, einst glutflüssiges Magma, zu hartem Gestein erkaltet, tief hinabreichend durch den kilometerdicken devonischen Untergrund bis in die Magmakammern. Die schrägen Kraterwände sind längst der Erosion zum Opfer gefallen.

Die jüngere und jüngste vulkanische Tätigkeit in der Eifel bezeichnet man als alt- und jungquartären Vulkanismus. Er konzentriert sich einerseits auf das Gebiet um den Laacher See und stellt außerdem den in der Fachliteratur berühmten Westeifel-Vulkanzug von Bad Bertrich bis nach Ormont. Aus diesen Vulkanen stammen die großen Lavaflüsse, die die Kraterwälle durchbrachen und zu gewaltigen Basaltfeldern erstarrten. Seit Jahrtausenden werden sie in der Eifel abgebaut, riesige verlassene Steinbrüche haben ungeheure Szenerien wie im Mayener Grubenfeld hinterlassen. Das Charakteristikum des quartären Vulkanismus in der Eifel aber sind die Maare, jene runden, teils mit Wasser gefüllten Kessel, die die Ausbruchstellen der letzten Vulkane Mitteleuropas markieren. Die Maarvulkane förderten – mit Ausnahme des Laacher Bimsvulkans – kaum noch Aschen, Schlacken und Lava, sie brachen als gewaltige Eruptionen glühender Gase durch das Deckgestein, das, durch die Ausbrüche zertrümmert, ausgeschleudert wurde oder in großen Schollen einbrach. Die etwa 45 Eifelmaare gelten in den geologischen Lehrbüchern der ganzen Welt als Musterexemplare dieses Vulkantyps in allen seinen Spielarten. Diese Maare – besonders wenn sie sich mit Wasser gefüllt haben, ein Vorgang, der mit ihrer vulkanischen Entstehung nichts zu tun hat – sind jedoch nicht nur in der naturwissenschaftlichen Fachwelt zur Berühmtheit gelangt. Die stillen, unbewegten Seen in der Weite des Kraterrunds haben bis heute ihre Betrachter zutiefst beeindruckt, auch wenn die ursprüngliche Erscheinung als fast unnatürlich runde Gewässer inmitten von kahlen, kaum bewachsenen Hängen durch die beklagenswerte Aufforstung der Kraterwände stark gelitten hat. Die Gemälde und Beschreibungen der Romantiker, die Mitte des vorigen Jahrhunderts auf abenteuerlichen Reisen die unzugängliche und fast vergessene Eifel wiederentdeckten, vermitteln noch einen gänzlich anderen, von bedrohlicher Fremdartigkeit geprägten Eindruck der Maarlandschaft.

Der Boden, auf den die Vulkane ihre mächtigen Kegel setzten oder in den sie die tiefen Kessel der Maare einsprengten, ist uralter Meeresboden, der Grund des über 350 Millionen Jahre alten Großen Devonmeers, das in den letzten Jahrmillionen seines Bestehens von einer absonderlich bizarren Tierwelt bevölkert war, die in diesem tropischen Meer in ungeheurer Artenvielfalt gedieh. Dieser Umstand verhalf der Eifel unter Geologen und Paläontologen ein zweites Mal zum Weltruhm: Kein namhaftes Museum der Welt, das auf Fossilien aus dem Devonmeer der Eifel verzichten könnte. Für Wissenschaftler und Sammler aus allen Kontinenten sind diese Fossilfundstellen – besonders jene um Gerolstein – ebenso seit über 100 Jahren ein internationaler Treffpunkt wie für Vulkanologen der ›Lehrvulkan‹ des Mosenbergs bei Manderscheid.

Neben der Klosterkirche ist der Turm der **St. Nikolauskapelle** an der Klausurmauer nach Südwesten einen Blick wert. Er stammt aus dem frühen 13. Jh. und war ursprünglich reich bemalt. Mit sparsamen Farben hat man vor einigen Jahren den gelungenen Versuch unternommen, den Eindruck einer polychromierten romanischen Fassade wiederzuerwecken. Interessierten sei der Besuch des **Naturkundemuseums St. Winfried** in der Nähe der Abtei empfohlen. In großen, lebensechten Dioramen werden die heimischen Tiere in ihrer natürlichen Umgebung gezeigt. Zu sehen gibt es auch Tiere fremder Länder und eine Mineraliensammlung aus dem Laacher Raum.

Die nördliche Umgebung des Sees

Nicht nur um die vielgerühmte Lage des Klosters am See zu würdigen, empfiehlt sich ein Rundgang um denselben. Sei es auf einem Weg in Ufernähe oder besser durch einsame Wälder über den Kamm des langgezogenen Ringwalls, der, aus mehreren Vulkanen bestehend, den Laacher See umgibt, überall wird man von der friedvollen Schönheit und der Harmonie dieses Landschaftsbilds mit seinem markanten Bauwerk tief beeindruckt sein. Nur dem wissenden Blick werden sich dabei die Spuren jener ungeheuren Katastrophe erschließen, die von hier ausgehend vor nur 11 000 Jahren einen großen Teil der Eifel in eine unbewohnbare, verglühte Staub- und Aschenwüste verwandelt hatte. Bereits lange vor diesem Ereignis war das Gebiet, das heute den Laacher See umgibt, Schauplatz einer lebhaften Vulkantätigkeit gewesen. Davon zeugen die erloschenen Basaltvulkane mit ihren Lavaströmen, die fast die ganze Umwallung des Sees bilden. Nicht weit vom Krater selbst erhebt sich der bewaldete Bergkranz des Krufter Ofens, von dem noch nicht restlos geklärt ist, ob er einen einzigen Vulkan mit einem riesigen Krater darstellt oder ob er aus mehreren besteht.

Alle diese Vulkane waren aber längst erloschen, als der Laacher Bimsvulkan ausbrach. Wie alle Maarvulkane, die das vorläufige Endstadium des Eifeler Vulkanismus markieren, indem sie fast nur noch aus gewaltigen Gaseruptionen bestanden, brach auch hier in Laach ein sehr gasreiches Magma durch die Oberfläche. Im Gegensatz zu den anderen Maarvulkanen wurden hier riesige Mengen magmatischen Materials gefördert, das sich kilometerweit über die Landschaft ergoß: Bimsstein ist ein durch heftige Entgasung der vulkanischen Schmelzen so poröses Gestein, daß es zu Staub zerrieben noch Hunderte Kilometer entfernt niedergehen kann. Da die Auswurfmassen jedes Vulkans so geschichtet sind, daß die zuerst geförderten Aschen und Schlacken zuunterst liegen und die späteren darauffallen, also einen auf den Kopf gestellten Vulkanausbruch darstellen, hat man inzwischen den Gang der Laacher Katastrophe rekonstruieren können: Die Ausbrüche des Bimsvulkans begannen aus mehreren Schloten in der Gegend von Mendig. Ascheströme und Glutwolken zogen in die vom Laacher Gebiet wegführenden Täler bei Mendig, Nickenich und Wassenach. Dann durchbrachen die glühenden Gase den Boden des Laacher Beckens und rissen so viel Bims, Asche und Gesteinsfragmente mit sich, daß sich kochende Glutlawinen das Nette- und Brohltal hinabwälzten und dort zu Tuffstein erstarrten.

Doch erst mit dem nun folgenden Auswurf hellgrauer Bimstuffe, der mit so ungeheuren Erschütterungen einherging, daß die zu hartem Basalt erstarrten Lavaströme der alten Vulkane zerbrachen, nahm dieses prähistorische Pompeji sein ganzes verheerendes Ausmaß an: Das Neuwieder Becken und die angrenzenden Gebiete wurden meterhoch zugeschüttet, um die Ausbruchstellen verschwanden Täler und Wälder. Die Eruptionen waren so heftig, daß Staubschichten aus dem Laacher Vulkan sich nach Norden bis zur Insel Rügen und nach Süden bis Grenoble ablagerten; ein älterer Vulkan, der auf dem Boden des Beckens gestanden hatte und von dem der Schlackenfels der Alten Burg ein Rest ist, wurde durch die Gewalt der Gasexplosionen fast vollständig weggesprengt. Mit den letzten ausgeworfenen Aschen haben sich die Förderschlote des Laacher Bimsvulkans dann selbst zugeschüttet.

Noch heute kann man sich bei einem Gang durch das nahe gelegene Mendiger Grubenfeld eine Vorstellung von den riesigen Massen vulkanischen Materials machen, die hier alles unter sich begraben haben: Dort stehen noch haushohe Wände aus Aschen- und Bimsschichten (die, nebenbei bemerkt, ein Eldorado für Mineraliensucher sind). Das umliegende Land mit seiner reichen Vegetation muß überdies sehr plötzlich vom glühenden Bims verschüttet worden sein, denn noch heute findet man beim Abbau dieses Materials die aufrecht stehenden Hohlräume der Bäume der damals weitläufigen Wälder, erkennbar von der Wurzel bis zu den Ästen: Schneller, als ein verkohlter Baum stürzen kann, waren die Wälder von den Auswurfmassen des Laacher Bimsvulkans bis in die Wipfel zugedeckt. Zurück blieb eine trostlose Landschaft, eine verbrannte und von weißem Staub bedeckte Wüste. Auch der Mensch wurde vom östlichen Eifelrand vertrieben: Man hat Lager- und Siedlungsreste ausgegraben, die unter den Bimsschichten des Laacher Vulkans lagen. Vermutlich durch das Volumendefizit, welches durch die Mengen des ausgeworfenen Materials in der Tiefe entstand, brach der aufgerissene Boden des Laacher Beckens tief ein und bildete den heutigen Kessel, in dem der See mit dem Kloster an seinem Ufer Platz findet.

Auf den Spuren dieser Ereignisse empfiehlt sich der erste der zahlreichen Abstecher zu Kunst und Geologie der näheren Laacher Umgebung. Fährt man vom Kloster hinauf auf den Kamm des Beckenrands und folgt der Straße am Ort **Wassenach** vorbei in Richtung Burgbrohl, so gelangt man bald in ein kleines Bachtal, durch das sich die Glutwolken aus dem Laacher Vulkan hinunter ins Brohltal gewälzt hatten. Hier wie dort erkaltete das vulkanische Material zu einem leichten, aber widerstandsfähigen Gestein, das als Tuff bezeichnet wird. Schon von den Römern in riesigen Brüchen abgebaut, wurde er später zu einem der charakteristischen Bauelemente des niederrheinischen Mittelalters, wo er besonders als gut zu bearbeitender Gewölbestein geschätzt wurde. Parken Sie Ihren Wagen hinter Wassenach am Anfang des Waldwegs, der genau gegenüber der Abzweigung nach Kell auf die Straße stößt, und nehmen Sie den Weg links hinunter in den dichten Wald. Schon nach wenigen Metern befinden Sie sich in einer wildromantischen Schlucht, die von hochaufragenden weißgrauen Wänden aus Tuffgestein gebildet wird. Bald wird sie so schmal, daß selbst der Bach kaum noch Platz findet.

Das Tuffgestein bei Wassenach wurde jahrhundertelang nach Holland exportiert; zermahlen ergibt das poröse Gestein unter Wasser einen betonharten Mörtel für den Deichbau. Die verlassenen Abbaugebiete haben sich in eine wildromantische Höhlenlandschaft verwandelt

Auf markierten Pfaden führt von **Bad Tönisstein** ein sehr empfehlenswerter Weg durch die ganze Schlucht bis zum Laacher See, der auch die Ruinen des 1802 aufgehobenen und seitdem verfallenen Klosters Tönisstein berührt. Bei Bad Tönnisstein mit seiner schon von den Römern geschätzten starken Natron-Lithium-Quelle (erhalten hat sich vom lebhaften Badebetrieb des 18. Jh. ein barocker Brunnentempel) erreicht die Straße das Brohltal, das hier in beiden Richtungen die romantische und bizarre Szenerie der von Höhlen durchzogenen alten Tuffsteinbrüche zeigt. Der heute fast erloschene Abbau hatte im 16. Jh. noch einmal eine ungeahnte Blüte erlebt, nachdem die Holländer entdeckt hatten, daß der Tuff, staubfein zerrieben und mit Kalk vermischt, unter Wasser einen betonharten Mörtel (Traß) bildet, wie sie ihn für ihre Deiche und Hafenanlagen benötigten.

Von Bad Tönisstein muß zu einem Umweg nach Burgbrohl geraten werden. Fahren Sie das Brohltal weiter hinunter durch die rechts und links der Straße sich entlangziehenden Tuffsteinbrüche. Bald erreichen Sie die in malerischer Lage über dem felsigen Tal vor dem dunklen Wald gelegene **Schweppenburg,** einst eine weitläufige mittelalterliche Befestigung, heute ein 1637–39 entstandener Spätrenaissance-Bau. Nach weiteren 2 km durch das hier landschaftlich besonders reizvolle Brohltal zweigt zwischen hohen Waldhängen links die Straße hinauf nach **Niederlützingen.** Die äußerlich unscheinbare Pfarrkirche St. Lambert und Katharina muß vor ihrem neuzeitlichen Ausbau innen eine ungewöhnliche Mischung aus einem strengen, klar gegliederten einschiffigen Bau und dem Formenreichtum einzelner architektonischer Elemente geboten haben. Die östlichen drei Joche des Mittelschiffs sind noch der originale Bau um 1300; dieses im Rheinland nicht häufige Beispiel bester Hochgotik zeigt Kreuzrippengewölbe auf dreifachen Runddiensten mit vielfarbigen Kapitellen aus Weinlaub und einer Muttergottes im Schlußstein. 1873 wurde der Bau um Chor und Querhaus erweitert, 1923 die Seitenwände aufgebrochen und zwei niedrigere Seitenschiffe angebaut, wodurch die Kirche einen basilikalen Grundriß erhielt.

Die Straße führt weiter über Lützingen hinunter nach **Burgbrohl,** wo nur noch das auf einem Felsplateau über dem Ort stehende ehemalige Schloß einen Blick wert ist. Am Schloß vorbei führt eine kleine Straße bergauf, am Ortsrand verwandelt sie sich in einen

Propstei Buchholz: Reste einer der frühesten Gewölbebasiliken der Romanik im Rheinland

Feldweg, der in einer knappen halben Stunde hinauf zu den einsam gelegenen Bauernhöfen der in Ruinen dastehenden **Propstei Buchholz** führt. Man kann den Ort auch mit dem Wagen erreichen, indem man von der Verbindung Burgbrohl–Glees rechts nach Buchholz abbiegt, wobei man noch dem hübschen barocken Weinberghäuschen (1768) des Abtes Ambrosius Specht einen Besuch abstatten kann. Buchholz selbst ist eine jener einsamen und vergessenen Kunststätten in der Stille windbewegter Felder, wie sie in den Rheinlanden allein die Eifel zu bieten hat. Als großer Wurf begonnen, als trauriger Torso hochfliegender Pläne geendet, stellt die ehemalige Propsteikirche St. Servatius den Rest einer der frühesten Gewölbebasiliken der rheinischen Romanik dar, die sensiblen Freunden mittelalterlicher Kunst selbst als Fragment noch Überraschendes vor Augen führt.

Um 1135, gleichzeitig mit St. Matthias in Trier, wurde hier oben in der Abgeschiedenheit der Hocheifel vom Benediktinerkloster Gladbach (Mönchengladbach) unter Abt Walterus die Existenz einer Propstei und ihre Einkünfte bestätigt. Wohl wenig später dürfte mit dem Bau einer großen romanischen Kirche begonnen worden sein, deren Ausmaße sich zum dauernden Problem entwickeln sollten. Errichtet wurde eine dreischiffige Basilika im streng gebundenen System der Hochromanik mit zwei oder drei Mittelschiffjochen (und entsprechend acht oder zwölf Seitenschiffjochen) sowie einem ausladenden Querhaus mit zwei halbrunden Apsiden an den Ostseiten der Querarme. Der Plan wurde nach 1150 noch erweitert: Zwischen die Apsiden baute man ein weites Chorjoch und flankierte es mit zwei großen Türmen; aus dieser kompakten Baumasse wölbte sich effektvoll eine mächtige Hauptapsis mit Blendbogengliederung und Zwerggalerie.

Die Propsteikirche muß wie ein romanischer Dom die einsamen Höhen der Eifel überragt haben. Doch dem ambitionierten Unternehmen drohten höchst kleinliche Fährnisse. Die Ferne zum Mutterkloster in Mönchengladbach nutzend, versuchten die Vögte des Klosters, die auf der Burg Brohl saßen und die weltlichen Belange der geistlichen Herren wahrnahmen, jede Art von Drangsalierung und Ausplünderung der klösterlichen Einkünfte. Schon 1163 mußte Abt Robertus seine Brüder in »bucolz« gegen die Vögte verteidigen. Diese Plage zog sich durch mehrere Jahrhunderte, doch das Mutterkloster hielt zäh an seiner Gründung Buchholz fest. Einer der maßgeblichen Gründe dafür dürfte die Tatsache gewesen sein, daß Buchholz der hauptsächliche Weinlieferant für Gladbach war – ein Kloster war wegen seiner zahlreichen Messen auf Rotwein existentiell angewiesen. Wo heute dichter Eifelwald steht, an den Hängen des Gleestales, gedieh bis ins 18. Jh. ein guter Tropfen.

Doch die Streitigkeiten wegen der bedrückenden Vogteirechte nehmen kein Ende. Zahlreiche Schenkungen des Gladbacher Mutterklosters an die entlegene Tochtergründung (Fischereirechte, Wälder, Mühlen) zeigen den dauernden Versuch, deren wirtschaftliche Grundlage zu verbessern. Doch häufen sich die Berichte über den

Triforium und Blattrankenfries blieben als letzte dekorative Ausstattungselemente der großambitionierten Klosterkirche von Buchholz erhalten

schlechten baulichen Zustand der Kirche und der Propsteigebäude. Als die Anlage 1644 von durchziehenden lothringischen Truppen geplündert wird, kapituliert das immer mehr verarmende Kloster schließlich vor seinem zu groß dimensionierten Kirchenbau und schreitet zur gewaltsamen Verkleinerung. 1683 werden die Seitenschiffe der Basilika und das westliche Langhaus abgebrochen, die Kirche mit einer neuen barocken Westfassade geschlossen. 1802 wird die Propstei aufgehoben und die Gebäude an Bauern verkauft, die die Kirche als Scheune nutzen. Wenige Jahre später wird die große Hauptapsis abgebrochen; ihre Reste stecken noch im Boden. Der stark gefährdete Rest der Kirche wird schließlich Opfer eines Großbrandes im Jahr 1951. Von 1972 bis 1990 dauerten schwierige Restaurierungsarbeiten, die gerettet haben, was noch zu retten war. Seitdem kann das einsame Buchholz mit einem eindrucksvollen Kunsterlebnis der besonderen Art aufwarten.

Auf der Zufahrtsstraße fährt man direkt auf die alten Gebäude der Propstei zu, die einen großen Hof, in der Mitte vom barocken Giebel der Kirche überragt, umschließen. Wenn man die kleine Holztür rechts neben der Kirchenfassade durchschreitet, gelangt man zum Eingang, doch sollte man zuerst um den Außenbau herumgehen. Dabei entdeckt man an den östlichen Ecken die noch anderthalb

Stockwerke hochreichende romanische Blendgliederung der beiden ebenfalls abgebrochenen Chorflankentürme. Im Innenraum mit seiner sehr altertümlichen Atmosphäre sind noch das erhaltene östliche Langhausjoch und die Vierung mit ihren Kreuzgratgewölben des ersten Baus um 1135 zu sehen sowie die südliche Apsis mit ihrer halbkuppeligen Wölbung; ebenso Reste der Treppenanlage, die ins Innere der Chorflankentürme führten.

Vor allem aber zieht das Chorjoch den Blick auf sich: Hier sind an den Wänden rechts und links monumentalisierende Blendtriforien mit Säulen, Kapitellen und Rundbögen zu sehen. Darunter befindet sich der bedeutendste Reste der Bauornamentik des 12. Jh.: zwei ungewöhnlich schön und feingliedrig gearbeitete *Friese*, die, von den Kapitellen der Gewölberippen ausgehend, die ganzen Chorwände entlangziehen. Sie zeigen an der Nordseite Akanthusblätter mit Knospen zwischen ein- und ausgerollten Blättern sowie Drachen im Laubwerk der Kapitelle, an der Südwand Spiralranken ineinander verschlungener Blätter. Die beiden Chorfriese zeigen unverkennbare Verwandtschaft mit ähnlichen Arbeiten der rheinischen Romanik in naher Nachbarschaft: der Ornamentik in der Vorhalle von Maria Laach, der Andernacher Liebfrauenkirche, der Koblenzer St. Kastor-Kirche, dem Bonner Münster. Wie Wolf-Manfred Müller im Klosterführer hervorhebt, steht der Betrachter hier vor einem bedeutenden Werk des Laacher Samsonmeisters. Darunter ist kein einzelner Künstler aus dem Kloster Maria Laach zu verstehen, sondern ein im kölnisch-mittelrheinischen Raum von 1190–1220 verbreiteter Skulpturenstil, der wohl von einer damals vielbeschäftigten Werkstatt herrührt. Ihr Meisterwerk haben die unbekannten Künstler in Maria Laach hinterlassen; nach der dort befindlichen Samsonfigur bezeichnet man die ganze Stilrichtung. Die archäologischen Untersuchungen der Kirche in Buchholz haben noch eine Fülle interessanter Details ergeben, so z. B., daß die Chorfriese weiß, rosa und rot bemalt waren; die Wände waren geweißt mit roten Linien entlang der Gesimse und Rippen, sogar der Fußboden war mit farbigen Kacheln bedeckt.

Wer noch mehr unbekannte Romanik im Brohltal sehen will, der fahre wenige Kilometer das Tal hinauf nach **Niederzissen.** Dort steht mit der Pfarrkirche St. Germanus eine 1250 geweihte dreischiffige Pfeilerbasilika mit mächtigem Westturm. Der außen schmucklose Bau überrascht im Inneren durch die 1970 freigelegte reiche Farbfassung der Erbauungszeit. Man beachte besonders die entlang der Grate gemalten Bandmuster, die Gewölberippen vortäuschen. Der 1965 angelegte Erweiterungsbau hat die alte Kirche fast unberührt gelassen.

Obwohl von Niederzissen eine direkte Straße zum Kloster Wehr mit seiner Barockausstattung führt, empfiehlt es sich, das Brohltal noch 3 km weiter nach **Niederdürenbach** zu fahren: Beherrschend thront hier die riesige Ruine der Burg Olbrück auf einem vulkanischen Phonolithkegel über dem Tal. Die ungewöhnliche Größe der Anlage erklärt sich daraus, daß die um 1100 von den Grafen von Wied begonnene Burg um 1190 der Kölner Lehenshoheit unterstellt wurde, die mehrere Lehensträger zuließ. So wurde Olbrück im 14. Jh. mit vier großen Wohnbauten für vier adelige Familien zur Ganerbenburg ausgebaut; entsprechend umfangreich fielen die Befestigungen aus. Durch diese Sachlage war die Burg geradezu prädestiniert, jahrhundertelanger Gegenstand heftigster Erbstreitigkeiten zu sein. 1689 von den Franzosen gesprengt und niedergebrannt, überragt allein der mächtige Bergfried unversehrt die zerbrochenen Fensterfronten der Wohnbauten; »einer der großartigsten wohnturmartigen Bergfriede des 14. Jh.«, wie Dehio bemerkt. Der 24 m hohe Bau erinnert mit seinen abgerundeten Ecken, dem vorkragenden Wehrgang und seinem Wohnkomfort an französische Donjons: Von den fünf Geschossen sind zwei tonnengewölbt, die restlichen besitzen doppelte Kreuzgewölbe. Von oben hat man einen vielgerühmten Ausblick. Man beachte im Keller des ältesten, südlich gelegenen Palas das Fischgrätenmauerwerk aus dem 11. Jh.

Zurück in Richtung Maria Laach gelangt man zum Kloster **Wehr.** Das mitten im Ort gelegene ehemalige Prämonstratenserkloster, eine

Viele Barockausstattungen wurden im 19. Jh. im Zuge der vom Kölner Bistum geförderten Regotisierung der Kirchen zerstört. Ein selten vollständiger Raum hat sich in Wehr erhalten

Filiale von Steinfeld, empfängt den Besucher mit der langgestreckten Barockfassade der Propsteigebäude, gegliedert durch wechselnde Schichten aus hellem und dunklem Tuffstein. Auch die Kirche, 1702 fertiggestellt, weist diese in den Niederlanden und am Niederrhein so beliebte Außengliederung durch waagerechte Bänder auf. Das äußere Bild des Baus ist aber geprägt vom viergeschossigen Westturm der alten, um 1700 abgebrochenen Kirche: Um 1230 entstanden, ist dieser Turm mit einem Säulenportal und reicher Gliederung durch Lisenen, Blendfelder, Schallarkaden und ornamentierte Konsolsteine ein Musterbeispiel rheinischer Spätromanik. Das dunkle Äußere der Kirche steht in effektvollem Gegensatz zur barocken Pracht im Inneren: In dem gotisierenden vierjochigen Saal mit Kreuzrippengewölben auf Pilastern mit formenreichen Blattkonsolen befindet sich eine der einheitlichsten Barockausstattungen des Rheinlands. Drei nach einem Plan gefertigte Altäre mit Tafelbildern und zwölf lebensgroßen Apostelfiguren, Kanzel und Kommunionsbank aus der gleichen Zeit ergänzen das Bild einer reichen Ausstattung von seltener stilistischer Geschlossenheit. Sollte die Kirche verschlossen sein, begebe man sich in die Vorhalle unter dem Turm, von wo aus man durch ein schmiedeeisernes Gitter den Kirchenraum überblicken kann. Auch das einzige gotische Ausstattungsstück ist zu erspähen: eine thronende Madonna mit Kind aus dem 14. Jh. (linke Seitenwand).

Von Wehr zu erreichen und nicht weit vom kurkölnischen Olbrück entfernt, hatte sich der Trierer Erzbischof mit seiner Festung in **Kempenich** gegen den Kölner Amtsbruder gesichert. Trotz der obligaten heftigen Erbstreitigkeiten spielte die Burg im Mittelalter eine wichtige Rolle, wovon die wenigen Mauer- und Grabenreste auf steil abfallendem Bergvorsprung kaum noch eine Vorstellung vermitteln. Sehenswerter ist die Pfarrkirche St. Philippus und Jakobus, ursprünglich eine große zweischiffige Halle unter dem Einfluß der Hospitalkirche in Kues. Drei achtseitige Mittelstützen aus Tuffstein tragen die Gewölbe mit mehreren skulptierten Schlußsteinen, die Rippen ruhen auf Figurenkonsolen mit Wappenschilden und Zunftzeichen. In neuerer Zeit wurde dieser alte Kern der Kirche mit Seitenschiffen und einem Querschiff regelrecht umbaut, so daß heute die spätgotische Halle baldachinartig das hohe Zentrum des nun weiträumigen Kircheninnern darstellt – eine denkmalpflegerisch gewagte, aber nicht mißlungene Anpassung.

Mayen

Mayen: Das historische Zentrum der Basaltlavaindustrie

Vom Laacher See ist es nicht weit zum nächsten Ausgangspunkt künstlerischer und geologischer Attraktionen ersten Ranges: zur Stadt Mayen. Auf dem Weg dorthin durchfährt man bereits bei Ettringen eine Landschaft, die geprägt ist von der klassischen Kegelform der auf die Hochfläche aufgesetzten Vulkankuppen; bei Mendig erreicht man eines der augenfälligsten und eindrucksvollsten Zeugnis-

se dieser erdgeschichtlichen Ereignisse: die riesigen verlassenen Steinbrüche, in denen seit Jahrtausenden Basalt abgebaut wurde.

Am besten begibt man sich aber zuerst nach Mayen selbst, in dieses historische Zentrum der alten Basaltlavaindustrie, dessen Bedeutung noch an den Resten seiner ausgedehnten Befestigungsanlagen abzulesen ist. Erbaut hatte die 1281 zuerst erwähnte Burg der Trierer Erzbischof Heinrich von Finstingen. Das Interesse, das das Bistum Trier so weit entfernt von seinem Sitz an der Befestigung des Ortes hatte, lag in der im 11. Jh. erfolgten Erwerbung des Reichshofes in Koblenz begründet. Damit war neben Trier ein zweites Zentrum des Erzbistums entstanden, das nun in jahrhundertelangen Fehden um die Sicherung der Verbindungslinien zwischen beiden Städten bemüht war. Bereits 1291 erwirkte Erzbischof Boemund von Warnesberg die Stadtrechte für die im Talkessel – an der alten Eifelstraße von Koblenz nach Trier – liegende Siedlung; als 1326 das Augustinerkloster Lonnig (s. S. 258) »intra muros de Mayene« verlegt wurde, muß die großangelegte Stadtbefestigung weitgehend fertiggestellt gewesen sein. So trat die mittelalterliche Stadt Mayen endgültig die Nachfolge der verschiedenen Siedlungen an, die hier seit Jahrtausenden wegen des Basaltabbaus entstanden waren. Besonders zu der Zeit, als Mayen ein großer römischer Marktort war, gingen die Produkte des hiesigen Bergbaus in weite Teile der damals bekannten Welt bis nach Schottland; das versunkene römische Schiff, das in einem verlandeten Seitenarm des Rheins bei Straßburg gefunden wurde, war mit Mühlsteinen aus Mayen beladen.

Mauerumgürtet und turmbewehrt, mit Bergbau und florierendem Töpfereihandwerk, wurden die Mayener Bürger selbstbewußt und bald bei allen feudalen Herrschaften der Umgebung gefürchtete Gegner, mit denen sich anzulegen sich in der Regel nicht auszahlte. Dem Grafen von Virneburg raubten sie die Ländereien aus, nachdem er während eines Konflikts mit dem Trierer Erzbischof Balduin mehrere Bürger des kurtrierischen Städtchens geplündert hatte; dem Ritter Rolmann von Bell verbrannten sie das Haus und machten es dem Erdboden gleich; schließlich wurden die schlagkräftigen Mayener sogar aufgeboten, um das Kloster Maria Laach zu stürmen, in dem ungehorsame Mönche es gewagt hatten, ihren Prior abzusetzen. Das Jahr 1673 wurde dann zum endgültigen Triumph bürgerlicher Mayener Wehrhaftigkeit: Unter Befehl des Marquis de la Trousse waren während der Kriege mit Ludwig XIV. 3500 Franzosen vor die Stadt gezogen. Der Übermacht standen zur Verteidigung nur 130 Mann trierische Miliz gegenüber – die Stadt schien verloren, hätten die Bürger nicht selbst zu den Waffen und die Bürgerinnen zu den Röcken gegriffen. Denn während die letzteren angeblich auf der Stadtmauer ein den Feind höchst verwirrendes Schauspiel geboten haben sollen, machten die Belagerten im Rücken der Franzosen einen Ausfall und fügten ihnen so große Verluste zu, daß der Marquis erschrocken seine Truppen wieder zurückzog. Die Geschichte ist übrigens in Mayen sprichwörtlich geworden. »Henne erüm hat Maye jewunne«, kommentiert der Volksmund doppelsinnig die rückwärtigen Ereignisse.

Wenige Jahre später jedoch war es mit dem Kriegsglück der Mayener vorbei. 1689 erschienen die Franzosen mit einer ganzen Armee vor der Stadt, die ohne Gegenwehr ihre Tore öffnete. Dennoch wurde sie an allen Ecken angezündet und zerstört. Am 11. Mai berichtete der Virneburger Amtmann seiner Herrschaft: »Die Stadt Mayen ist dergestalt zugerichtet, das, als vorgestern daringewesen, selbige ohn weinente Augen hab nicht anschawen konnen. Das meist Theil von den Häusern seindt geplundert, das Churfürstliche Schloß neben allen Thüren und Pforten gäntzlich verbrändt …« Der blühende Mühlsteinhandel erlaubte der Stadt jedoch einen leidlichen Wiederaufbau, auch die rauchgeschwärzten Ruinen der Burg verwandelten sich um 1700 unter der Planung des Trierer Hofbaumeisters Philipp Josef Honorius Ravensteyn in eine barockisierte Neufassung der alten Anlage mit großem Ziergarten. All dies sank in der schrecklichen Bombennacht des 2. Januar 1945 in Schutt und Asche, als die Alliierten mit ihren Angriffen auf die Nachschublinien der Ardennen-Offensive auch Mayen zu 87 % zerstörten. Trotz einschneidender Veränderungen und zahlreicher Neubauten ist es beim Wiederaufbau der Altstadt gelungen, den historischen Charakter Mayens an vielen Orten wiederherzustellen. So hat das Städtchen entlang seiner geschäftigen Hauptstraße, besonders aber bei den Stadttoren und um die Burg, wieder einige malerische Winkel zurückgewonnen.

Bei einem Rundgang besuche man zuerst die **Burg.** Von der Stadt aus betritt man sie durch das große Prunktor, das beim barocken Umbau von 1710 errichtet wurde. Die beachtlichen Werkstücke aus Eifeler Basaltlava (vorwiegend Mühlsteine aus römischer Zeit bis zur Gegenwart) gehören ebenso wie die riesige Grubenwinde (bis zur Einführung elektrischer Kräne war es eines der schwierigsten technischen Probleme des Basaltabbaus, die in der Tiefe der Steinbrüche behauenen tonnenschweren Blöcke nach oben zu bekommen) zum Bestand des in der Burg untergebrachten **Eifelmuseums.** Es zeigt neben den Abteilungen Geologie und Bergbau reiche Sammlungen aus

Die Genovevaburg war Eckpfeiler der Stadtbefestigung des in den Franzosenkriegen hart umkämpften Ortes Mayen. Heute ist hier ein großes geologisches und heimatkundliches Museum eingerichtet

Vor- und Frühgeschichte der Eifel, Volkskunst und als besondere Attraktion mehrere in allen Details ausgestattete Bauern- und Handwerkerstuben. Man beachte im Museum das große Stadtmodell, das Mayen vor seiner Zerstörung durch die Franzosen zeigt.

Verläßt man den Burgfelsen, so gilt der nächste Blick der hier anschließenden **Stadtmauer** aus dunklem Säulenbasalt, deren Wehrgang auf den hohen Arkaden der Entlastungsbögen verläuft. Einst umzog die fast zwei Kilometer lange Mauer die ganze Stadt; verstärkt durch sechzehn Türme und vier Tore, jedes mit eigener Vorburg gesichert, trotzte sie jahrhundertelang jedem Feind. Erhalten haben sich weite Mauerzüge, besonders entlang der Nette, sowie zwei Türme und zwei Torbauten, darunter das fünfgeschossige Obertor mit spätgotischen Ecktürmchen. Ebenfalls neben dem Burgfelsen ragen die 43 m hohen Türme der **Herz-Jesu-Kirche** auf. Beim Nähertreten muß man jedoch bemerken, daß der Bau nur von weitem als Kulisse taugt; es handelt sich um einen Neubau aus dem Jahre 1911, in einem vorwiegend neoromanischen Stilgemisch, der nicht zu den zurückhaltenden Werken seiner Zeit gezählt werden kann.

Gleich unterhalb des Burgbergs breitet sich der große Marktplatz aus, geprägt von der reizvollen Barockfassade des 1717/18 erbauten alten **Rathauses.** Folgt man der hier in den Marktplatz einmündenden Straße weiter, so erreicht man nach wenigen Schritten die **Pfarrkirche St. Clemens.** Bis zum Jahr 1784 befand sich hier mitten in der Stadt um die Kirche herum der alte Friedhof, auf dessen Gelände – ausgehend von einer fränkischen Holzkapelle um 600 – sich vier Vorgängerbauten der heutigen Kirche befanden. Der letzte war eine romanische Pfeilerbasilika, deren Turm mitverwendet wurde, als nach der 1326 erfolgten Verlegung des Augustinerchorherrenstifts aus Lonnig der jetzige Bau als neue Klosterkirche begonnen wurde.

Im Mayener Grubenfeld. Der über hundert Meter dicke Basaltstrom bei Mayen wurde bis auf den Talgrund abgebaut, den er einst glutflüssig ausfüllte. Geblieben ist eine bizarre Ruine der Eifeler Basaltindustrie

Es entstand eine der ersten gotischen Hallenkirchen des Rheinlandes mit drei Schiffen zu je drei Jochen, ohne Querhaus, mit zwei polygonalen Chören mit gestuften Strebepfeilern; innen tragen schlanke Rundpfeiler das Kreuzrippengewölbe. Der mit der neuen Kirche erbaute Turm trägt das Wahrzeichen der Stadt: den eigentlich achteckigen spitzen Turmhelm, der sich durch einen Konstruktionsfehler zu einer schiefen Spirale gedreht hat. Man beachte innen das (restaurierte) zierliche Sakramentshäuschen vom Ende des 15. Jh. mit Maßwerk und Fialen sowie die sechs überlebensgroßen Heiligenfiguren auf geschnitzten Konsolen, entstanden um 1780/90, vom Autodidakten Heinrich Alken aus Mayen.

Der erste Abstecher von Mayen aus sollte dem Ort gelten, der jahrtausendelang die Bedeutung des Gemeinwesens begründet hatte: dem **Mayener Grubenfeld.** »Fast drohend erhebt sich im Norden über Mayen der Ettringer Bellberg, ein mächtiges Kraterrund, das nach zwei Seiten von Lavaströmen aufgebrochen wurde und nun daliegt wie in seinen eigenen Laven ertrunken«, schreibt Frieder Sauer über jenen Vulkan, dessen glühendes Gestein etwa 3 km weit bis ins heutige Mayener Stadtgebiet geflossen war, ehe es zu Basalt erstarrte. Fast auf der ganze Länge war das leicht poröse und daher gut zu bearbeitende Material des Lavastroms seit Jahrtausenden abgebaut worden; diese weitgehend eingestellte Tätigkeit hat hier einen verlassenen Steinbruch von ungeheuren Ausmaßen hinterlassen. Nehmen Sie in Mayen die Straße in Richtung Ettringen, nach wenigen Kilometern führt sie auf einem hohen gemauerten Damm schnurgerade durch die alten Gruben. Wenn Sie dort anhalten und hinunterblikken, eröffnet sich Ihren Augen das grandiose Panorama einer Mischung aus Urweltlandschaft und Industrieruine: Am Rand der bizarren Felsabstürze stehen noch die alten Kräne, aus deren geborstenen Verkleidungen Drähte und Zahnräder quellen, während tief unten längst die Vegetation zurückgekehrt ist und die künstliche Landschaft in ein Gewirr romantischer Felsschluchten verwandelt hat. Überragt werden die Steinbrüche vom zerbrochenen Kraterrand des Ettringer Bellberges. Die Kraterwände sind aus verbackenen Wurfschlacken aufgebaut und zeigen noch heute, nur von einem dürftigen Magerrasen bedeckt, ein Bild düsterer Kahlheit.

Mendig

Mendig ☆☆
Besonders sehenswert:
Deutsches Vulkanmuseum
Romanische Kirche

Folgt man der Straße über die Steinbrüche weiter, so gelangt man nach Mendig, einem Ort von auffallender Eigenart. Sein Erscheinungsbild prägen lange, schmale Gassen zwischen schmucklosen Häusern aus dunklem Basalt, deren karge Uniformität den Betrachter an walisische Grubenstädte erinnert. In der Tat hat man hier – wie im benachbarten Ettringen – die Arbeitersiedlungen der Basaltsteinbrüche vor sich, deren Bewohner sich jahrhundertelang in den Steinbrüchen plagten. Daß diese Mühen sich nicht mit Wohlstand bezahlt machten, zeigt ein Blick in die alten Gassen, und es ist kein Geheimnis, daß die Arbeitsbedingungen in den Basaltbrüchen – mit schweren Hämmern und bei jeder Witterung – die schlimmsten gesundheitlichen Folgen für die Grubenarbeiter zeitigten. Höchst befremdlich ist heute die Vorstellung, daß der Abbau des Basalts hier im Mendiger Grubenfeld in gigantischer Größenordnung unterirdisch erfolgte. Da die Ausbrüche des Laacher Bimsvulkans den Mendiger Lavastrom über 30 m hoch zugeschüttet hatten, war der Basalt von oben nicht mehr zugänglich. So wurden zylindrische Stollen durch die Tuffdecke getrieben, bis man auf das gesuchte Gestein stieß, das nun in immer größer werdenden Höhlen unter dem

Schacht abgebaut wurde. Mit der Zeit entstand ein ganzes System riesiger unterirdischer Hallen, denen oben die Schächte mit den Grubenwinden nachwanderten.

Dieser vergangenen Welt Eifeler Basaltindustrie hat in **Niedermendig** das **Deutsche Vulkan-Museum** ein einzigartiges Denkmal gesetzt. An einer alten Abbaustätte steigt man endlose Stufengänge hinunter in die Tiefe des erkalteten Magmastroms. Unten steht man in den riesigen Hallen und Gängen des verlassenen Bergwerks; zwischen den Wänden aus schwarzem Basalt haben die Bergleute mächtige Säulen aus Naturstein stehen lassen, damit der Druck der fast 40 m dicken Tuffsteindecke den völlig ausgehöhlten Basaltgang nicht zum Einsturz brachte: die zyklopische Szenerie würde jedem Bühnenbild von Wagners ›Ring‹ zur Ehre gereichen. Nicht versäumen sollte man den Besuch der nahegelegenen Lokalität, die sich **Vulkan-Brauhaus** nennt und immer noch vorzügliches selbstgebrautes Bier ausschenkt. Auch dieser Gebäudekomplex steht über den Schächten ins Innere des Magmastroms. Die Brauerei nutzt seit 1876 die Felshöhlen in der Tiefe zur Kühlung ihrer Fässer und veranstaltet samstags und sonntags um 16 Uhr Führungen in die Unterwelt.

Neben dem Vulkanmuseum hat Niedermendig auch ein ungewöhnliches Kunstwerk zu bieten. Bereits um die Mitte des 13. Jh. wurde hier eine **romanische Kirche** errichtet, von deren kostbarer Ausstattung jahrhundertelang niemand eine Ahnung hatte. Erst 1887 entdeckte man bei Restaurierungsarbeiten einen weitgehend freskierten Innenraum, wie es ihn heute in der Eifel kein zweites Mal gibt: Über dem Triumphbogen nimmt ein dramatisch gestaltetes figurenreiches Jüngstes Gericht in zwei Zonen die ganze Wand ein; oben neben dem thronenden Herrgott blasen Engel die Posaunen des Gerichts, darunter werden die Seligen heimgeführt, während die Verdammten über steile Felsen in die Tiefe gerissen werden. An den Obergaden beider Langhauswände sind die zwölf Apostel unter Rundbögen zu sehen, getrennt durch gemalte Säulen mit Kapitellen, an der Südwand neigen sich jeweils zwei im Gespräch einander zu. Auf den hl. Jakobus d. Ä. beziehen sich die Bilder der Pilgerszenen und über dem ersten Pfeiler der Südwand der Reiterkampf zwischen einem heransprengenden Kreuzritter und fliehenden Sarazenen, zweifellos die überraschendste Darstellung des ganzen Freskenprogramms. Weitere Bildfolgen mit den Themen Taufe, Buße und Barmherzigkeit finden sich in den Laibungen der Arkaden und in den Seitenschiffgewölben, ferner ein hl. Nikolaus aus dem 14. Jh. und eine hl. Anna Selbdritt um 1470. Der größte Teil der Fresken stammt aber aus der Zeit um 1300 oder früher, sie weisen den fast zeichnerischen Stil der frühgotischen Malerei auf; meisterhaft sind die ausdrucksstarken Gesichter der Verdammten unter dem listig triumphierenden Teufel und die expressive Gestik des Reiterkampfes gelungen. Man beachte den züngelnden Drachen im Bild der hl. Margaretha links vom Chor.

Die romanischen Fresken in der Kirche von Niedermendig beeindrucken durch die kraftvolle Bewegtheit ihrer Darstellung ebenso wie durch die lebhafte Phantasie des Malers: ein Kreuzritter verjagt die Heiden, ein Teufel triumphiert über die am Jüngsten Tag der Hölle übergebenen Sünder

Weiter befinden sich im Innern der wohlproportionierten Basilika im klassischen gebundenen System mit runden Arkadenbögen auf quadratischen Pfeilern schöne Kapitelle, ein Weihwasserbecken und eine Altarmensa in der Südapsis, all dies romanisch, während der Sakristeianbau, zu betreten durch eine niedrige Tür in der südlichen Chorwand, ein kleines Gewölbe in zierlichsten gotischen Formen besitzt. Noch bevor man einen Begriff von den Schätzen in St. Cyriakus hatte, widerfuhr der Kirche ein eigentümliches Schicksal: Als sie Mitte des vorigen Jahrhunderts der wachsenden Gemeinde zu klein wurde, errichtete Vincenz Statz, der führende Vertreter historischer Stile im Kölner Raum, daneben einen weitläufigen Neubau im neogotischen Stil und bezog die romanische Basilika vollständig als südliches Seitenschiff in die neue Kirche ein. Dort blieb ihre Bausubstanz zum Glück fast völlig unangetastet, heute ist sie auch äußerlich durch hellen Verputz und einen eigenen Turm vom großen, dunklen Neubau abgesetzt. Man kann daher die alte Kirche direkt durch das romanische Portal mit den umlaufenden Rundstäben, die anstelle von Kapitellen verknotet sind, betreten oder durch das Hauptschiff des (im übrigen sehr gelungenen) neogotischen Neubaus gehen. Dabei beachte man den gemalten spätgotischen Flügelaltar dort an der Südwand, er zeigt eine Beweinung Christi, auf den Flügeln Kreuztragung und Auferstehung. Die Szenen spielen vor weiten Landschaftshintergründen mit Städten und Burgen in der Ferne und deuten auf einen Meister der niederrheinischen Schule zu Kalkar.

Auch der Ortsteil **Obermendig** besitzt eine stattliche, weithin sichtbare **Pfarrkirche,** die der hl. Genoveva geweiht ist. Ursprünglich eine gotische Stufenhalle mit romanischem Westturm, wurde sie 1879 von Friedrich v. Schmidt (nach dessen Plänen auch der Turmhelm des Wiener Doms und das dortige Rathaus erbaut wurden) durch ein Querschiff und drei östliche Joche erweitert, wobei das

Mittelschiff hochgezogen und so die Kirche in eine Basilika verwandelt wurde. Im heute wieder geschlossen wirkenden Innenraum befinden sich schöne Figurenkonsolen im alten Teil der Kirche, im Chor ein ausnahmsweise sehenswerter neogotischer Hochaltar und im nördlichen Querschiff das Genovevakreuz aus Basaltlava aus dem Jahr 1462 mit einer Nische unter einem gotischen Kreuz, in der die Reliquien der Heiligen aufbewahrt werden. Außen kann man an der Nordseite der Sakristei unter einem gewölbten Vorbau hinter zwei gotischen Bögen eine plastische Ölbergszene mit ausdrucksstarken Figuren aus der Zeit um 1500 sehen.

Sowohl von Mendig wie auch direkt von Mayen führt eine Straße nach **Ettringen.** Wenn man kurz hinter dem Ort auf die Hochfläche gelangt, sieht man sich umstellt von drei großen, düsteren Vulkankegeln, dem Hochsimmer, dem Sulzbusch und dem Hochstein. Diese drei landschaftsbeherrschenden Berge stellen mit ihrer geradezu klassischen Kegelform eines der eindrucksvollsten Vulkanpanoramen der Eifel dar. Der **Hochsimmer** ist mit 587 m der höchste Vulkan des Laacher-See-Gebiets. Von seinem Aussichtsturm aus kann man erkennen, daß man mit dem Berg den sichelförmigen Rand eines gewaltigen Kraters bestiegen hat, der durch ausfließende Lava nach Süden aufgebrochen wurde. Keinesfalls unterlassen darf man eine Besteigung des rechts der Straße gelegenen **Hochsteins,** in dessen Felsen sich die sagenumwobene Genoveva-Höhle befindet (Genovevalegende s. S. 251f.). Wenn der Weg kurz unterhalb des Gipfels einen rechts aus dem Wald ragenden Felsen mit einer Aussichtskanzel berührt, sind Sie am Ziel: Unterhalb der Kanzel öffnet sich zwischen knorrigen, alten Bäumen das große schwarze Loch des Höhleneingangs im dunklen Fels. Dies ist neben dem Nerother Kopf und den Eishöhlen bei Birresborn eine der schaurig-schönsten Szenerien, die Sie in der Eifel finden können. Betritt man die gut zu begehende Höhle, die etwa 20 m weit in den Berg hineinführt, so erkennt man ihren künstlichen Ursprung: An der Decke sind noch zwei freigehauene, aber nicht abgelöste Mühlsteine zu sehen.

Schloß Bürresheim

Schloß Bürresheim ☆☆ Jahrhundertelang bewohnter Adelssitz in der Vulkaneifel

Wenige Kilometer nordwestlich von Mayen befindet sich einer der bedeutendsten kunsthistorischen Schätze der Eifel: das vieltürmige Schloß Bürresheim mit seiner Innenausstattung aus mehreren Jahrhunderten. Als 1921 Marie-Louise de Villenfagne de Sorinnes, geb. Gräfin von Renesse, die letzte im Schloß residierende Baronin, mit ihrem Automobil in einen Pferdewagen fuhr und dabei ums Leben kam, war dies das traurige Ende eines fast 800 Jahre währenden, ununterbrochenen feudalen Lebens auf Bürresheim. Zurück blieb ein Ensemble von Wehr-, Wohn- und Repräsentationsbauten aus dem 12. bis zum 17. Jh., überquellend von Ausstattungsstücken, die von

Jahrhundertelang waren die Besitzer des mittelalterlichen Wehrsitzes Bürresheim bemüht, adeligen Lebensstil in ein entlegenes Waldtal der Eifel zu bringen. Das Ergebnis überrascht bis heute jeden Besucher

vielen Generationen seiner Bewohner zusammengetragen und gehütet worden waren.

Die Baugeschichte Bürresheims ist überdies ein eigentümliches Zeugnis dafür, wie hier, im Grenzgebiet von Kurtrier und Kurköln, die keineswegs geistlich ausgetragenen Machtinteressen beider Erzbistümer aufeinandertrafen: Nachdem Heinrich, der zweite namentlich bekannte Besitzer der Burg (sie wurde 1157 erstmals erwähnt), um 1190 seinen Besitz an den Kölner verkauft hatte, erwarb um 1281 auch der Trierer Erzbischof einen Teil der Anlage. Nur allzu verständlich, daß bei den expansiven Gegensätzen der beiden Fürstentümer kein gemeinsamer Ausbau stattfand; seitdem gab es eine Köl-

Der Innenhof von Schloß Bürresheim mit Giebeln in herrschaftlichem Zierfachwerk

ner Burg auf dem niedrigen Felsen über dem Zusammenfluß von Nette und Nitz, und – nicht einen Steinwurf entfernt – eine trierische Hälfte, die sich jahrhundertelang völlig getrennt gegenüberstanden. An verschiedene Edelgeschlechter verliehen, wurde die Anlage im 13. bis 16. Jh. als Ganerbenburg ausgebaut, bis sich die seit 1473 hier residierende Familie von Breitbach nach beträchtlichen Streitereien um 1659 als Alleinbesitzer durchsetzen konnte. In verschiedenen Bauphasen wurde unter denen von Breitbach der trierische (Ost-) Teil der Burg ausgebaut, 1698–1700 überbrückte man die letzte Lücke zur alten Kölner (West-)Burg durch den sog. Kapellenbau; erst jetzt erhielt Bürresheim das Aussehen einer geschlossenen Gesamtanlage, die es im Mittelalter nicht war; dadurch, daß heute die mächtige Kölner Burg in Ruinen liegt, an die sich unmittelbar der prächtig ausgebaute Ostteil von Bürresheim anschließt, kommt der historische Gegensatz der beiden Burghälften wieder augenfällig zur Geltung.

Vorbei an dem 1683 angelegten (1952 rekonstruierten) barocken Terrassengarten, betritt man das Schloß durch ein Burgtor, hinter dem der Weg ansteigend durch den tunnelartigen Gang des Kanonenwegs in den Burghof führt. Zwei Fallgatter sowie Gußlöcher im Gewölbe und Schießscharten im Mauerwerk sollten einem Angreifer bereits hier den Garaus machen. Der Burghof mit einer spätgotischen Fassade, den Arkaden der Sommerküche, dem romanischen Bergfried, dem barocken Prunkportal und den malerischen Fachwerkgiebeln von Vogts- und Amtshaus bildet ein Kleinod der deutschen Burgenarchitektur. Hier beginnen die Führungen durch das Schloß; in den Fluchten von Sälen, Zimmern und Gängen begegnet der Besucher einer unerschöpflichen Fülle an Ausstattungsstücken von der Spätgotik bis zum Barock. Die kunsthistorisch wertvollsten Teile der gesamten Einrichtung sind zwei Rundscheiben im Erker-

Was ein Musikzimmer für die Bewohner eines einsamen Eifelschlosses bedeutet haben mag, läßt sich heute kaum noch ermessen: Einblicke in eine vergangene Kultur adeligen Lebens gewähren die original eingerichteten Räume von Schloß Bürresheim

fenster des Marschallzimmers im spätgotischen Palas, überaus seltene Stücke profaner Glasmalerei um 1490. Ihre Entwürfe werden dem anonymen Meister des Hausbuches zugeschrieben; im süddeutschen Raum berühmt, wirkte er auch in Mainz, wo der Bruder des Johann von Breitbach Domherr war. Auf den beiden Scheiben sind die Wappen des Johann und seiner Frau Loretta von Schöneck zu sehen, eingefaßt von Liebesgartenszenen und verschlungenem Geäst mit Tieren und grotesken Figuren.

Einzig bedauerlich in Bürresheim ist es, daß man die hochinteressanten Ruinen der unmittelbar anschließenden Kölner Burg nicht betreten darf. Um sie zumindest von außen zu sehen, müssen Sie vom Schloßparkplatz links und kurz darauf abermals links fahren, dann folgen Sie nach wenigen Metern dem Wegweiser Mayen-Nitztal. Nur ein kurzes Stück Straße, und es eröffnet sich der höchst romantische Anblick des alten Brückentors zur Nette, verschlossen und mit Efeu behangen; daneben das malerische ehemalige Jägerhaus aus dem 18. Jh. An dieser Stelle führte über eine verschwundene Zugbrücke der Weg in die Westburg, direkt auf die mächtigen Flankentürme der Schildmauer zu. Hier verliert Bürresheim den lieblichen Charakter, den es von der anderen Seite hat und wird wieder zu dem hochaufragenden, düster-drohenden Wehrbau, der es jahrhundertelang gewesen war.

Die Hohe Eifel rund um die Nürburg

Auf vielen anderen Wegen, aber auch hier von Bürresheim aus über die schmale Straße durch das landschaftlich sehr reizvolle Welschenbachtal nach Kirchwald und weiter über Langenfeld nach Jammelshofen, läßt sich eine weitere klassische Eifellandschaft erreichen: die Hohe Eifel, das dicht bewaldete Bergland um Hohe Acht und Nürburg bis hinüber zum Hochkelberg. Hier finden sich die höchsten Erhebungen der Eifel, die als Bergkegel mit markanten Felskuppen das Land überragen. Es sind die ältesten Vulkanruinen der Eifel, denn dieses Landschaftsbild ist geprägt vom sog. tertiären Vulkanismus, der vor Dutzenden von Millionen Jahren begann: »Wollte man ein Menschenleben als Maßstab heranziehen, so könnte man mit aller Vorsicht sagen: die Tertiär-Vulkane der Hohen Eifel sind Mumien; die Maare hingegen gerade geborene Kinder«, schreibt W. Helmes. Entsprechend dem langen Zeitraum, in dem sie am Werk war, hat die Erosion von diesen Vulkanen nur den harten Kern übriggelassen: Verschwunden sind die Kraterwälle, die Tuffhüllen und Lavaströme; was sich dort als markante Felskuppe aus der Landschaft hebt, sind die zu Stein erstarrten, einst glutflüssigen Schlotfüllungen der uralten Vulkane, »die wie mächtige Stämme hinunterreichen bis in die Magmakammern« (F. Sauer).

Die Nürburg und der Nürburgring

Nürburg ☆☆
Besonders sehenswert:
Burg und Bergfried
Nürburgring
Rennsportmuseum

Einer der etwa 130 bekannten Eruptionspunkte des tertiären Vulkanismus ist ein mächtiger Stumpf aus Säulenbasalt, auf dem sich die Nürburg erhebt, mit 678 m die höchstgelegene und eine der eindrucksvollsten Burgruinen der Eifel. Vermutlich ist sie von Graf Ulrich von Nürburg erbaut worden, der 1169 zusammen mit dieser Burg urkundlich erwähnt wird. Er gehörte zur weitverzweigten Familie der Grafen von Are mit ihrem Stammsitz über Altenahr, die traditionell enge Beziehungen zum Kölner Erzbistum unterhielten. Der prominenteste Vertreter der Familie, Erzbischof Konrad von Hochstaden, Erbauer des Kölner Doms, übergab mit seinem Bruder 1246 fast die gesamte Grafschaft Are-Hochstaden, darunter auch die Nürburg und das ganze Ahrtal, dem Kölner Erzbistum. Diese Gabe stellte den entscheidenden Schritt zur Ausdehnung Kurkölns in die Nordeifel dar. Der tatkräftige Machtpolitiker Konrad von Hochstaden regierte das Erzbistum Köln von 1238–61 und ließ die Nürburg stark befestigen, denn nicht weit entfernt begann das Gebiet des Erzbistums Trier, und in territorialen Besitzfragen war die geistliche Gemeinsamkeit von Kurfürsten in der Regel zu Ende. Die Kölner verliehen das nicht erbliche Amt des Burggrafen der Nürburg an zahlreiche verschiedene Adelsfamilien, aus denen Johann von Schleiden herausragt, der die Burg Mitte des 14. Jh. mit jener vieltürmigen Zwingeranlage umgab, die heute den Anblick prägt. Als eine der stärksten Festungen der Eifel wurde die Burg trotzdem im Dreißigjährigen Krieg von den Schweden erobert, 1674 von kaiserlichen Truppen besetzt und in den verheerenden Franzosenkriegen des Jahres 1689 von einer französischen Armee belagert, erobert und zerstört. Die Nürburg wurde danach nie mehr aufgebaut; eine Abbildung aus dem Jahr 1725 zeigt sie als große Ruine.

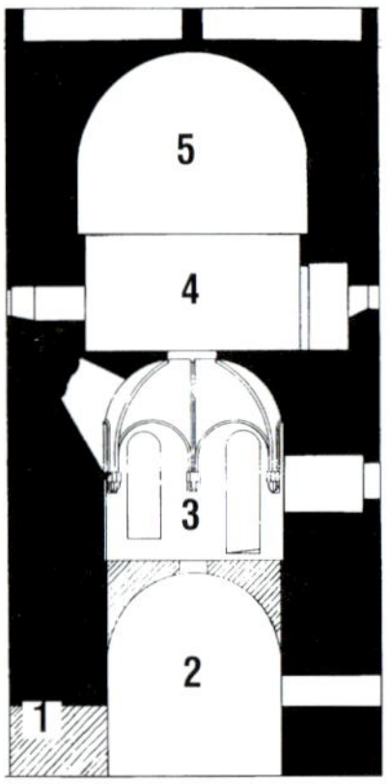

Bergfried der Ruine Nürburg mit spätromanischen Gewölben
1 Eingang
2 Erstes Geschoß, als Verlies einst zugemauert
3 Zweites Geschoß; rechts der frühere Ausgang zur Kallbrücke
4 Drittes Geschoß
5 Viertes Geschoß

Der Weg hinauf beginnt an der Stelle der verschwundenen Vorburg bei den Resten der großen **Burgkapelle** (genannt 1202), von der noch die Westwand mit Resten eines Fensters aufrecht steht. Von den insgesamt fünf Toren, die man auf dem Weg zum Burghof überwinden mußte, ist die große **Doppeltoranlage** der Hauptburg am eindrucksvollsten. In den Ruinen der alten Kernburg sind die Anlage des romanischen Palas (über dem Südzwinger), von Brau-, Fleisch- und Backhaus, dem Küchenbau und den Wehrbauten nur noch schwer zu erkennen. Einen letzten Eindruck von der martialischen Befestigungskunst des Hochmittelalters vermittelt aber immer noch die Mauerschlucht des West- und Südzwingers unterhalb des Bergfrieds. Dieser runde **Bergfried,** erbaut um 1250 vom Erzbischof Konrad von Hochstaden, ist einer der markantesten Türme des rheinischen Burgenbaus. 9,50 m im Durchmesser, noch 20 m hoch, mit einer Mauerdicke von 2,75 m, war er ein Wohnturm mit Schießscharten und Fenstern, einem offenen Kamin mit profiliertem Gewände und Treppen im Inneren der Mauerstärke. Prunkstück ist der herrschaftliche Hauptraum, kreisrund und 5 m hoch mit einem sechs-

Wenn das verhüllende Laub der Bäume gefallen ist, thront die breitgelagerte Ruine der Nürburg wie im Mittelalter majestätisch über der Landschaft

teiligen Gewölbe aus Tuffstein, das auf spätromanischen Konsolsteinen ruht. Von der Turmplattform kann man bei klarem Wetter fast die ganze Eifel überblicken.

Eine ähnlich gute Sicht hat man von der **Hohen Acht,** mit 746 m der höchste Berg der Eifel. Es handelt sich um einen Basaltschlot, der als fast 80 m hohe Felskuppe das durchschlagene Grundgestein aus Schiefer überragt.

Die stille Landschaft um die Nürburg bietet ein bezauberndes Naturerlebnis, duftige Wiesen und rauschende Wälder, blumenübersäte Hänge, Steinbrüche mit den eigentümlichsten Vulkangesteinen und kleinen Wasserflächen darin. Mehrmals im Jahr geht diese Idylle eine dröhnende Synthese mit einem Hexenkessel von röhrenden Motoren, begeisterten Zuschauermassen und höchster Publicity ein: Um die Nürburg führt der **Nürburgring,** die berühmteste Rennstrecke der Welt.

Die einzigartige Mischung aus schönster Natur, raffiniertester Technik und härtestem Kampf auf der Piste zieht Hunderttausende von Rennsportfans in die sonst so stille Landschaft um die Nürburg. Diese Gegend hatte bis zum Jahr 1925 außer ihrer Schönheit nichts zu bieten, nicht einmal den Lebensunterhalt für ihre Bewohner. In selten glücklicher Interessengemeinschaft machten sich der Landkreis Adenau, die Städte Köln und Koblenz, der ADAC und die Reichsregierung in Berlin daran, in einem der ärmsten Landstriche

Deutschlands, der Hocheifel, ein gigantisches Bauprojekt zu verwirklichen. Die Sorge um die wirtschaftliche Unterentwicklung der Eifel mag durchaus Hand in Hand mit der Sorge um das nationale Prestige gegangen sein, nach Italien (Monza) und Belgien (Spa) der international ausgebrochenen Motorsportbegeisterung eine große deutsche Rennbahn entgegenzusetzen. Am 27. April 1925 wurde mit den Bauarbeiten unter den einsamen Ruinen der Nürburg begonnen, ungeheure Erdmassen in Bewegung gesetzt, ganze Wälder abgeholzt. Nach zweijähriger Bauzeit war das Werk vollendet, die schwierigste, schönste, anspruchsvollste, längste und gefährlichste Rennstrekke der Welt: 28 km Straße umzogen die Nürburg (20,8 km die Nordschleife und 7,7 km die – später nicht mehr benutzte – Südschleife).

Allein die Nordschleife hat 173 Kurven aller Radien, einen Höhenunterschied von 300 m, Steigungen und Gefällstrecken, Höchstgeschwindigkeitspassagen und eine Sprungstelle im Brünnchen, bei der die Rennwagen meterweit durch die Luft flogen. Sportwagen, Rennwagen und Motorräder liefern sich hier bis heute Rennen, an denen die Fabrikate aller Weltfirmen vertreten sind. Vor allem aber sind es die Fahrerpersönlichkeiten, die hier die Geschichte des motorisierten Rennsports geschrieben haben: Caracciola, Rosemeyer, Nuvolari, v. Brauchitsch, Stuck, Ascari, Fangio, Moss, W. v. Trips, Brabham, Hill, Clark, Surtees, Rindt, Stewart, Jacky Ickx, McLaren, Regazzoni, Lauda und viele andere waren vom Nürburgring fasziniert und haben die extrem schwierige Strecke gehaßt.

Denn die Technik entwickelte sich schneller, als die Straßenbauer hinterherkamen: Trotz ständiger Erneuerungen wurden die alten Kurven des Nürburgrings für die superschnellen Formel I-Wagen zu eng, die ›klassische‹ Zeit des Nürburgrings ging 1976 mit dem furchtbaren Unfall Niki Laudas zu Ende. Es war klar geworden, daß eine so lange Rennstrecke, die für Autos einer anderen Zeit gebaut worden war, für die heutigen Geschwindigkeiten lebensgefährlich war und von Rettungswagen nicht mehr adäquat überwacht werden konnte. Der alte Nürburgring war zu einem Fossil des Rennsports geworden.

So wurde 1984 eine komplett neue Rennstrecke in Betrieb genommen, die wieder für die Formel I und den Grand Prix tauglich war. Nur noch 4,5 km lang, hat sie eher den Charakter eines Motodroms, in dem der Zuschauer fast das ganze Rennen verfolgen kann. Aber noch ist auf der alten Nordschleife genügend los. Man darf sie selbst befahren, in einem Renntaxi 20,8 km Geschwindigkeitsrausch erleben oder Testfahrten sehen.

Sehr empfehlenswert ist der Besuch des **Rennsportmuseums** im Start- und Zielbereich der Grand-Prix-Strecke. In wechselnder Zusammenstellung findet man hier als Leihgaben von Museen und Privatleuten historische Rennwagen und Motorräder – allesamt noch heute fahrtüchtig und rennerprobt –, die in enger Beziehung zum Renngeschehen auf dem Nürburgring stehen.

Adenau

Von der bis ins Jahr 922 zurückreichenden Geschichte Adenaus ist heute nur noch wenig zu sehen. Am Marktplatz steht als letzter Rest der Herrlichkeit des kurkölnischen Amtssitzes ein Ensemble stattlicher **Fachwerkbauten** aus den Jahren um 1630. Die alte **Pfarrkirche,** die bis ins 10. Jh. zurückreichte, wurde im Zweiten Weltkrieg zerstört, erhalten ist nur der merkwürdige, achteckige Ostchorturm. Im Inneren des Neubaus ist jedoch der mächtige sechsseitige romanische Taufstein sehr sehenswert; polychromiert, mit Säulen und angearbeiteten Kapitellen einer der eindrucksvollsten seiner Art in der Eifel. Ebenfalls aus dem alten Bestand stammt der figurenreiche spätgotische Altaraufsatz, eine flandrische Arbeit vom Anfang des 16. Jh. Er besteht aus mehreren neu gefaßten szenischen Reliefs, drei weitere Skulpturen (Maria, Johannes d. T. und Johannes Ev.) stammen vom selben Altar. Die Pietà zwischen zwei Engeln mit den Leidenswerkzeugen Christi ist ebenfalls eine Arbeit des frühen 16. Jh.

Der ruhige Platz um die Kirche hat in einigen Gebäuden noch das historische Gesicht der Stadt bewahrt. Südöstlich steht die **Komturei,** das Herrenhaus der Johanniter, die hier im 12. Jh. eine Ordenskommende gegründet hatten; seine heutige Gestalt geht auf einen Umbau des 18. Jh. zurück. Ein Fachwerkbau des 17. Jh., in dem bis 1910 der letzte Nagelschmied Adenaus arbeitete, beherbergt das sehenswerte **Zunft- und Heimatmuseum.** Es ist dem Handwerk früherer Jahrhunderte gewidmet und zeigt vollständig eingerichtete Werkstätten der Adenauer Zünfte (Zimmerer, Schreiner, Dachdecker, Gerber, Weber, Seiler, Nagelschmiede, Schuhmacher, Stellmacher und Sattler).

Trotz vieler Veränderungen hat sich in Adenau eine stattliche Fachwerkgruppe erhalten; rechts dahinter der Turm der Pfarrkirche

Das bäuerliche Leben im einstigen Adenau illustriert ein restauriertes Bauernhaus aus dem 17. Jh. In der Schulstraße (im Volksmund Säujass genannt, da hier die Schweine zum Markt getrieben wurden) befindet sich das **Eifeler Bauernhaus-Museum.** Vom Hof mit landwirtschaftlichen Geräten bis zur Knechtkammer und dem Fruchtspeicher im Dachgeschoß zeigt es die typische Einrichtung eines landwirtschaftlichen Betriebes des 19. Jh.

Ein letzter Besuch im historischen Adenau führt zum **Buttermarkt** am Ortsausgang in Richtung Breitscheid/Nürburgring. Den Kern bildet der älteste Profanbau der Stadt, das Burghaus, vielleicht der befestigte Wohnturm des 1396 erwähnten Peter von Adenau, des Burgherrn der Nürburg; daneben das prächtige Fachwerkhaus Romes-Hartmann. Das Ensemble wird heute als Forum für Ausstellungen und Theateraufführungen genutzt und bietet den Vorteil eines anheimelnden Cafés im historischen Ambiente des Burghauses.

Zwischen Mayen und Gerolstein

Nimmt man von Mayen aus die Bundesstraße zum Nürburgring, so kreuzt man bei **Virneburg** abermals das hübsche Tal der Nitz, die bei Bürresheim in die Nette mündet. Mitten in dem kleinen Ort erhebt sich über den Dächern die Ruine der Stammburg der Grafen von Virneburg, eines der bedeutendsten Adelsgeschlechter der Eifel, dessen Blütezeit im 14. und 15. Jh. lag, als das Haus Bischöfe von Köln, Mainz und Münster stellte. Von der weitläufigen Anlage auf der steilen Anhöhe, die an drei Seiten vom Nitzbach umflossen wird, haben sich nur wenige romantische Ruinen erhalten, nachdem auch diese Burg 1689 von den Franzosen zerstört worden war. Aufrecht steht noch der älteste Teil, eine 3 m dicke und 18 m hohe Schildmauer, sowie Reste von Palas und Türmen und eines Torbaus mit Pechnase. Im Dorf beachte man das Amtshaus des 18. Jh. am Burgaufgang sowie das alte Zehnthaus aus dem 17. Jh., noch mit einem Strohdach gedeckt.

Monreal

Monreal ☆
Besonders sehenswert:
Ortsbild
Pfarrkirche

Entschieden mehr von Macht und Ansehen der Virneburger ist noch im nahe gelegenen Monreal zu erblicken. Schmale Gassen ziehen sich im engen Elztal zu beiden Seiten des Baches entlang; umgeben von waldreichen Höhen und überragt von der alten Pfarrkirche und zwei Burgruinen, ist der malerische Reiz des Dorfes schwer zu überbieten.

Im Mittelalter, geschützt von Stadtmauern mit Türmen und Toren, die über zwei (noch erhaltene) Steinbrücken über die Elz den Berg-

Das Ortsbild von Monreal gehört zu den schönsten der Fachwerkidyllen der Eifel

hang hinauf zu den beiden Burgen führten, muß Monreal den Anblick einer imposanten Befestigungsanlage geboten haben. Der Ort war somit eines jener typischen Burgstädtchen, wie sie in der Eifel so oft um die Sitze der örtlichen Dynasten erbaut wurden – doch zeugte die Errichtung einer so stark befestigten Anlage nicht gerade von friedlichen Absichten. So erfolgte bereits die Gründung der Großen Burg im Jahr 1229 auf fremdem Territorium: Graf Herrmann III. von Virneburg baute sie auf dem Gebiet seines Bruders, und die unvermeidliche Fehde mußte durch einen komplizierten Vergleich geregelt werden. 1334 legte sich Graf Heinrich II. mit dem mächtigen Trierer Erzbischof Balduin an und überfiel von Monreal aus die kur-

Monreal, Profilzeichnung der Kleinen Burg

trierische Stadt Mayen. Von den respektlosen Mayenern und dem Erzbischof gleichzeitig bedrängt, mußten die Virneburger Monreal als Trierer Lehen anerkennen. Als das Grafengeschlecht 1545 ausstarb, gelang es dem Erzbistum nach heftigem Streit mit den eigentlich erbberechtigten Manderscheidern, die ganze Grafschaft als erledigtes Lehen einzuziehen; Monreal wurde Sitz eines trierischen Amtes. Im Dreißigjährigen Krieg wurde der Ort 1632 von den Schweden verheert; im Zuge ihres planmäßigen Zerstörungskriegs erschienen 1689 die Franzosen und legten einen Großbrand, dem beide Burgen und fast das ganze Dorf zum Opfer fielen. Dennoch gelang Monreal im 18. Jh. durch die Tuchindustrie ein Aufschwung, wovon noch heute die große Zahl überaus stattlicher Fachwerkhäuser mit ihren hohen Giebeln, vorkragenden Obergeschossen und verzierten Türen und Eckbalken zeugt.

Im Ort führen noch heute nur die drei alten **Bogenbrücken** über die Elz, alle in mittelalterlicher Bruchsteinmauertechnik ausgeführt. Während die obere und untere Brücke die Stadtmauern trugen und schmucklos blieben, steht auf der mittleren, befahrbaren Brücke das berühmte **Löwendenkmal** aus Basaltlava. Um einen achteckigen gotischen Pfeiler mit vier Runddiensten sitzen vier naturalistisch gestaltete Löwen, jeder in einer anderen Haltung. Dieses Zeugnis ritterlicher Kultur – das Denkmal soll früher vor der Großen Burg gestanden haben – findet in der rheinländischen Kunst keine Parallele und stellt in seiner plastischen Durchbildung eine vorzügliche bildhauerische Arbeit dar. Gegenüber auf derselben Brücke steht der meistbenutzte Vordergrund für ein Monrealfoto: die bemalte Sandsteinfigur des **hl. Nepomuk** aus dem Jahr 1803.

Von der kleineren der beiden Monrealer Burgen, dem **Rech,** hat sich nur ein eleganter Turm mit vier runden Ecktürmchen auf einem Rundbogenfries mit geschweiften Konsolen zwischen den Trümmern der Umfassungsmauern erhalten. In der mächtigen Ruine der gegenüberliegenden **Großen Burg,** umgeben von tiefen Gräben und einer dreieckigen Vorburg, befindet sich die sechseckige ehemalige Burgkapelle aus dem 13. Jh. Mitten zwischen den zerstörten Wohngebäuden der Burg ragt auf einer Felskuppe der 25 m hohe, runde Bergfried auf; in seinen 3 m dicken Mauern führt eine düstere Treppe zu den einzelnen Stockwerken.

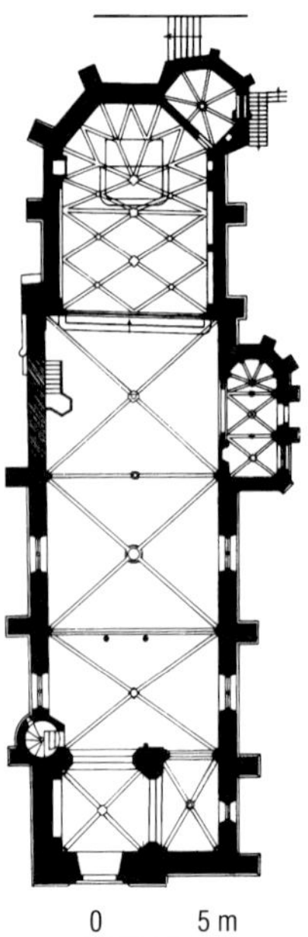

Monreal, Grundriß der Pfarrkirche

Das kunsthistorisch bedeutendste Zeugnis, das die Virneburger Grafen hinterlassen haben, ist die große gotische **Pfarrkirche** unten im Ort. Der langgezogene Bruchsteinbau mit Westturm und hoch ansetzenden Strebepfeilern steht direkt an der Elz. Durch eine kreuzrippengewölbte Turmhalle gelangt man in den weiten einschiffigen Innenraum; die Gewölbe seiner drei Joche ruhen auf Laubkapitellen über gebündelten Wanddiensten und auf Maskenkonsolen mit ausdrucksstarken Gesichtszügen. Im Chor steht unter einem formenreichen Netzgewölbe ein großer neogotischer Hochaltar aus dem Jahr 1876, der aber nicht zu den schlechtesten Schöpfungen seiner Zeit zählt. Original gotisch ist dagegen der schöne Sakramentsschrein an

oben: Gotische Maskenkonsolen in der Pfarrkirche von Monreal

links: Unter den Chorgewölben steht heute ein neogotischer Hochaltar (1876)

der nördlichen Chorwand, mit vielfältig gegliederten Baldachinen, Fialen und krabbenbesetzten Maßwerkbögen, darinnen die Steinfiguren der beiden Johannes. Die architektonische Kostbarkeit der Kirche ist die zierliche Heiligkreuzkapelle, die sich durch einen breiten Spitzbogen zum Kirchenschiff öffnet. Der schmale Bau mit seinem Fünfachtelchor unter einem Gewölbe mit verzierten Schlußsteinen auf reich geschmückten Blattwerkkapitellen hat eine Raumwirkung von eindrucksvoller stilistischer Geschlossenheit, die auch von den (sehr gelungenen) neugotischen Glasmalereien in den Maßwerkfenstern nicht beeinträchtigt wird. Man beachte mehrere Skulpturen aus spätgotischer und barocker Zeit, besonders den hl. Severus mit dem Weberschiffchen in der Hand (um 1750); hier dürfte die prosperierende Monrealer Weberzunft ihren Einfluß geltend gemacht haben. Am östlichen Ortsende ist noch die Friedhofskirche St. Georg (1460) einen Besuch wert.

Von Kelberg nach Hillesheim

Von der Gegend um Mayen und den Nürburgring zieht sich das Kernland der Eifel weit nach Westen zur Landschaft der Kalkmulden. Auf dem Weg dorthin führen alle großen Straßen durch **Kelberg.** Einziges Zeugnis der ins Jahr 1195 zurückreichenden Geschichte des Ortes ist die Pfarrkirche St. Vincentius und Nikolaus mit ihrem romanischen Westturm in einer alten Friedhofsanlage. Im Inneren der im wesentlichen neugotisch gestalteten Kirche, die sich im Grundriß jedoch am spätgotischen Vorgängerbau (einer zweischiffigen Hallenkirche) orientiert, beeindruckt ein Kruzifix aus dem 15. Jh., das in seiner strengen Stilisierung fast modern wirkt. Ein Beispiel qualitätvoller Volkskunst ist das Osterkreuz aus dem Jahr 1696; bei genauerem Hinsehen zeigt es drei originelle Szenen aus der Auferstehungsgeschichte, umrahmt von Voluten, Fruchtwerk und Engelsköpfen. Man beachte auf dem Friedhof den achtseitigen Baldachinbau auf Säulen, darunter das Friedhofskreuz (1708), sowie mehrere alte Grabsteine mit volkstümlichen Darstellungen des Gekreuzigten.

Von Kelberg aus kann man direkt den Weg in die klassische Vulkanlandschaft nach Ulmen oder Daun wählen. Wer nach Gerolstein will, dem sei in Dreis ein Umweg über Niederehe – Kerpen – Hillesheim empfohlen, der neben der reizvollen Landschaft der Kalkmulden einige bedeutende Sehenswürdigkeiten bereithält.

Bei **Dreis,** wo man im Ortskern von einem Gasthaus mit dem vielversprechenden Namen Vulkanstuben empfangen wird, liegt der gleichnamige Weiher, ein um 1800 abgelassenes Maar mit Mineralquelle. Dieses gereichte dem kleinen Ort, zumindest in Fachkreisen, zur Berühmtheit: In den Tuffen, die das Maar umgeben, kommen mehrere Mineralien vor, besonders die als Olivinbomben bekannten vulkanischen Auswürflinge, die vermutlich aus großer Tiefe stammen. Im Dreis selbst ist das Schultheißenamtshaus (1579) mit dem runden Treppenturm und den vier Ecktürmchen nur einen flüchtigen Blick wert; der nächste Ort jedoch, **Oberehe,** besitzt mit seinem kleinen, burgartigen Schloß eine Besonderheit: 1698 anstelle eines wehrhaften Vorgängerbaus errichtet, steht hier eines der seltenen erhaltenen Exemplare eines barocken Eifeler Landschlößchens, das der obligaten Zerstörung durch die Franzosen entgangen ist. Obwohl Privatbesitz und nicht zu betreten, sollte man auch dem Äußeren des ungewöhnlichen Gebäudes mit seinem großen doppeltürmigen Torbau und dem Blick in den Hof mit der reizvollen Schloßfassade – beides in der restaurierten alten Farbfassung – seine Aufmerksamkeit schenken.

Kurz hinter Oberehe biegt man rechts von der B 421 in Richtung Niederehe zum Ortsteil Stroheich ab. Hier beachte man die kleine gotische Dorfkirche mit den schönen Maßwerkfenstern. Neben der Tür steht ein ausdrucksvolles Wegkreuz. Im Inneren befinden sich ein skulpturengeschmückter Barockaltar, ein mit Rankenmalerei verziertes Chorgewölbe und vor allem das gotische Fresko der Südwand des Chores; eine realistisch nachempfundene Kreuzigungsgruppe oder besser Kalvarienbergszene, da auch die beiden Schächer rechts und links von Christus am Kreuz hängen, dazwischen die Gestalten der Maria und des Johannes in klagenden Gesten. Wenn die Kirche verschlossen sein sollte, ist die Besichtigung dennoch kein Problem: Durch das niedrig ansetzende Nordfenster des Chores sind alle Sehenswürdigkeiten der Kirche mit einem Blick zu erfassen.

Niederehe ☆
Besonders sehenswert: Der spätromanische Tierfries in der Apsis der Klosterkirche

Wenige Kilometer weiter stößt man in **Niederehe** auf das höchst reizvolle Bauensemble eines kleinen barocken Klosters mit einer romanischen Kirche. Das romantische Ahbachtal und seine Seitentäler waren schon früh besiedelt, auch Niederehe wird bereits Mitte des 10. Jh. in einem Vertrag des Prümer Klosters als ›Hiea‹ erwähnt. 1136 wird nicht weit entfernt die Burg Kerpen gebaut; die Söhne und Töchter des zweiten Besitzers, Heinrich I. von Kerpen, gründen 1175 in Niederehe ein Kloster für adelige Jungfrauen nach der Augustinerregel. Das neue Kloster hatte einen hoffnungsvollen Beginn: Durch reiche Schenkungen gelangten die Nonnen zu großem Grundbesitz mit hohen Geldrenten, selbst Weinberge in Ahrweiler konnten sie ihr eigen nennen. So viel Wohlstand schien jedoch die weltlichen Bedürfnisse der adeligen Klosterfräulein allzusehr zum Leben zu erwecken, Peter Kees berichtet von einem stetigen »Absinken der Klosterzucht« und vor allem über eine immer ärger werdende finanzielle Situation. Die Nonnen begannen im 15. Jh. gar, sich über ihre reichlichen Einkünfte hinaus bei den Pfarrern der Umgebung zu verschulden. So geht es bis zum Jahr 1505, als das Kloster »durch Oede, Brand und unordentliche Regierung in Wüstung gekommen« und der Abt von Steinfeld und die Grafen von Manderscheid-Blankenheim nicht länger zusehen mögen: Das Nonnenkloster wird kurzerhand aufgehoben und als Heimstatt von Prämonstratensermönchen neu eröffnet. Diesmal gab man dem Kloster neben der ökonomischen auch eine reichhaltige ideelle Absicherung: Der Hochaltar wurde außer der hl. Trinität und der Jungfrau Maria den 10 000 Märtyrern geweiht, der Nebenaltar dem hl. Nikolaus, der hl. Maria Magdalena und den 11 000 Jungfrauen. Bei so viel geistlicher Oberaufsicht konnte der erwünschte Erfolg nicht ausbleiben: Die Klosterfinanzen konsolidierten sich rasch, und es gab bis zur Auflösung des Klosters durch Napoleon (1803) keine Beanstandungen mehr.

Die Klosterkirche von Niederehe ist noch der originale Bau aus der Zeit um 1200. Zu den Resten der spätgotischen Ausstattung gehören vier Kirchenbänke (1530) mit Schnitzereien

Wenn man heute die Kirche betritt, begegnet man zuerst einer Reminiszenz an die adeligen Klosterjungfrauen des frühen 13. Jh.: Unmittelbar hinter dem Portal befindet man sich unter einer tiefgezogenen, zweischiffigen Pfeilerhalle; von mächtigen Viereckpfeilern getragen, nimmt hier die ehemalige Nonnenempore das ganze westliche Joch der Kirche ein. Aus dem Dunkel dieses niedrigen Gewölbes hinaus weitet sich der Blick in die klare Gliederung der schmalen, langgestreckten Klosterkirche mit der reich geschmückten romanischen Apsis. Der einschiffige Bau mit seinen vier Jochen und dem polygonalen Chorabschluß, über 33 m lang und nur 6,50 m breit, gegliedert durch schwere, spitzbogige Gurte auf profilierten Kämpfern über kräftigen Wandpilastern, ist noch der originale Bau aus der Zeit um 1200. Neben den beiden östlichen Jochen erstreckt sich rechts ein schmales Seitenschiff, das den ältesten Teil der ganzen Klosteranlage darstellt: die sog. ahle Kirch, der erste Kirchenbau der Nonnen aus der Gründungszeit um 1175, über dem sich der Glockenturm mit gekuppelten Schallfenstern erhebt. Die fünfseitig geschlossene Apsis ist durch schmale Rundbogenblenden und Säulendienste mit Kelchkapitellen in Form schlanken Blattwerks gegliedert; unter dem Apsisgewölbe verläuft ein schöner spätromanischer Tierfries.

1904 ist im Chorjoch und in der Apsis die originale Farbfassung der Erbauerzeit wiederentdeckt und später restauriert worden. Von den Resten der gotischen Ausstattung sind neben einem 1964 freigelegten Fresko des hl. Leodegarius im Seitenschiff besonders das Chorgestühl und vier Kirchenbänke der Zeit um 1530 sehenswert. Die mit reichen ornamentalen und sehr originellen figürlichen Schnitzereien geschmückten Sitzgelegenheiten stehen heute auf der Nonnenempore, je zwei der Kirchenbänke im alten und links im neu angebauten Seitenschiff. Von der Ausstattung des 17. und 18. Jh. beachte man außer einigen Skulpturen ein überlebensgroßes ehemaliges Triumphkreuz, die schöne Orgel und die Reste des schmiedeeisernen Chorgitters (1643), das heute den Emporenabschluß bildet. Ein Kunstwerk von bedeutendem Rang besitzt die Kirche mit dem 1625 errichteten Hochgrab des Grafen Philipp von der Mark und seiner Gemahlin, gearbeitet aus schwarzem belgischem Marmor; es steht heute im Seitenschiff. Ob der Graf, der dort in lebensgroßer, fast vollplastischer Figur zu sehen ist – »in eleganter Pose, über der Rüstung ein mit Hermelin besetzter Mantel« (Kees) –, ein so ritterlicher Charakter war, wie es die idealisierte Darstellung glauben machen will, wird die Geschichte der nahe gelegenen Burg Kerpen noch zeigen.

Nahe Niederehe befindet sich ein naturkundliches Kuriosum, das beweist, wie sehr die gestaltenden Kräfte der Eifel-Geologie noch immer am Werk sind: der **Dreimühlen-Wasserfall,** der sich im Lauf der letzten 80 Jahre selbst aufgebaut hat und damit auch weiterhin beschäftigt ist. Aus dem Kalkmassiv, das das Ahbachtal begrenzt, treten hier mehrere stark kalkhaltige Quellen aus. Als 1912 die (inzwischen wieder stillgelegte) Bahnlinie Dümpelfeld–Jünkerath erbaut und oberhalb des Baches trassiert wurde, faßte man die Quellen zusammen und leitete sie in einer Rinne zum Rand des Felsens, wo das Wasser zu Tal floß. Durch die starken Kalkabscheidungen wuchs an dieser Stelle in nur 80 Jahren eine 5 m hohe und 11 m lange Kalkmauer, über die das Quellwasser jetzt in den Ahbach stürzt. Grund für dieses ungewöhnliche Tempo sind die großen Laubmoospolster, die den Felsen herabhängen. An ihnen bildet sich Kalksinter, über den ganzen Felsen hinweg sind die verkrusteten Triebe des Cratoneurum commutatum im Gestein sichtbar. Wenn Sie den Wasserfall auf schmalem Weg oberhalb umgehen, finden Sie keine 200 m weiter rechts im dichten Wald die zwar spärlichen, aber romantisch gelegenen Ruinen der Burg der Herren von Drimollen.

Kerpen

Im Vordergrund ein liebliches kleines Wiesental, dahinter, den Hang hinansteigend, die zerklüftete Ruine, beides in hellem Sonnenlicht, das zwischen den Mauern weißblühende Bäume aufleuchten läßt, während auf der Höhe des Burghügels aus dunklem Fichtenwald der riesige Bergfried mit seinen Zinnen bis in die düster dräuenden Wolken eines zerrissenen Gewitterhimmels zu ragen scheint: so sah der Maler Fritz von Wille die **Burg Kerpen,** die er seit 1911 bewohnte. Wer von Niederehe hierherfährt, passiert dabei genau den Punkt, von dem aus der bekannteste aller Eifelmaler den Blick auf die Burg festhielt. Mehr noch als auf dem Gemälde wird von hier aus deutlich, wie der gewaltige romanische Turm das ganze Landschaftsbild beherrscht.

Kerpen
Besonders sehenswert:
Burg mit spätgotischer Einstützenkapelle
Ortsbild

1136 wird in einer Urkunde des Klosters Prüm zum ersten Mal ein Herr von Kerpen, Sigisbertus, genannt. Als 1173 von einem »novum castrum de Cherpene« die Rede ist, ist die heute als große Ruine existierende Burg in Kerpen gemeint. Zur romanischen Kernanlage gehört neben dem Palas und einer ausladenden Umfassungsmauer der Bergfried, 9 × 9 m im Quadrat und mit 3 m dicken Mauern. Bereits im 14. Jh. durch neue Wohn- und Torbauten, Zwingmauern und Flankierungstürme erweitert, erhielt die Anlage kurz nach 1500 durch Dietrich IV. von Manderscheid-Schleiden mit dem Bau der Kapelle und einem neuen Schloßgebäude ein repräsentatives Aussehen.

Doch mit dem Übergang der Herrschaft Kerpen an das Haus Manderscheid im Jahr 1506 gingen die friedlichen Zeiten zu Ende. Selbst im Spätmittelalter war für die kleinen Eifeldynasten Grundbesitz die

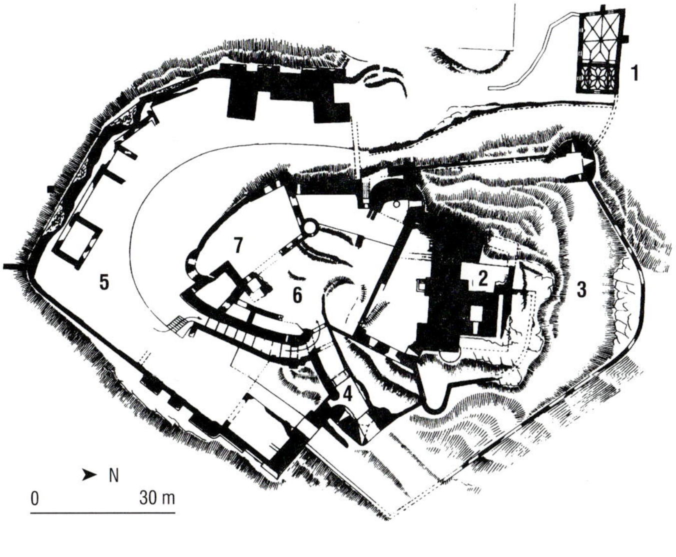

Burg Kerpen,
1 Burgkapelle
2 Bergfried
3 Halsgraben
4 Osttoranlage
5 Vorburg
6 unterer Burghof
7 spätgotischer Palas

Blick in die reich ausgestattete Burgkapelle in Kerpen, eine der spätgotischen Einstützenkirchen der Eifel

einzig erstrebenswerte Form von Reichtum, und so entbrannte mit äußerster Heftigkeit der Streit um jedes Stück Land, jede Burg und jedes Dorf. Selbst ein Ausschnitt aus der Kerpener Geschichte zeigt diese für so viele Eifelburgen typischen Ereignisse: Dietrich IV. übertrug die Burg seinem jüngeren Sohn Franz und nach dessen Tod 1548 seinem älteren Sohn Dietrich V. Die Erben des Franz sahen sich um ihre Ansprüche geprellt und begannen einen langwierigen Prozeß um den Besitz von Burg und Dorf. Daß beide Söhne Ehefrauen aus dem Geschlecht derer von der Mark genommen hatten, beendete den Erbstreit mit einem Gewaltakt, denn da hatten sie in ein Haus eingeheiratet, in dem andere Sitten üblich waren, als vor Gericht zu gehen: Als Dietrich VI. im Januar 1593 auf Burg Kerpen starb, eilte Graf Philipp von der Mark herbei und besetzte am Abend des 6. Februar im Handstreich die Burg, wobei die trauernde Witwe des Manderscheiders in seine Gewalt kam. 1679 übernahmen die Löwenstein-Wertheimer die Burg. Inzwischen hatte zwar das Reichskammergericht 1674 Kerpen den Herzögen von Aremberg zugesprochen. Indes war ein Spruch des Reichskammergerichts eine Sache, ob man ihn hinter den dicken Burgmauern gelten lassen wollte, eine andere: So weigerte man sich, die Burg dem Herzog Philip Franz von Aremberg herauszurücken. Dieser rief luxemburgische Truppen zu Hilfe, die sie für ihn besetzten – und die Gelegenheit wahrnahmen, gleich als neue Herren zu bleiben. So rückten schließlich noch münsterische Verbände vor die Mauern, die die Luxemburger aus der Burg warfen. Die Freude über den endlich gewonnenen Besitz dauerte allerdings nur wenige Jahre. Im Zuge der Reunionskriege erschienen 1682 französische Truppen und sprengten die Befestigungswerke, 1689 zerstörten sie die Burg vollständig. Allein der romanische Bergfried ragte noch aus dem riesigen Trümmerfeld. 1911 erwarb der Eifelmaler Fritz von Wille Wohnhaus und Ruine und fügte einen Atelierbau an. Seit 1968 befindet sich in den Baulichkeiten ein Landschulheim. Nach der letzten Restaurierung zeigt sich Burg Kerpen wieder als eine gewaltige, den ganzen Hügel hinaufgebaute Befestigungsanlage, die auf mehreren Wegen zu begehen ist.

Gottlob nicht in Ruinen, präsentiert sich die ehemalige **Burgkapelle** noch heute als ein kleines Juwel gotischer Architektur und barocker Ausstattung. Es handelt sich um eine sogenannte Einstützenkirche in der Tradition der Hospitalkirche von Kues (s. S. 219f.). Der sechseckige Sockel der zentralen Säule, die das ganze Gewölbe der zweischiffigen Halle trägt, ist mit einem Weihwasserbecken und einer schildtragenden Relieffigur geschmückt. Neben dem reichgestalteten Sterngewölbe des Chors mit seinen bemalten Schlußsteinen ist das verschiedenartige Maßwerk der Fenster beachtenswert. Die beiden Emporen sind neuzeitliche, den Charakter des Innenraums durchaus betonende Zutaten. Die drei Altäre mit ihren Gemälden, Säulen, korinthischen Kapitellen, geschnitztem Blatt- und Knorpelwerk und den zahlreichen figürlichen Engelsdarstellungen gehören ebenso wie die Kanzel zu den besten Beispielen ländlichen Barocks, die in der Eifel noch zu finden sind. Man beachte in der Wand die große eiserne Takenplatte mit einer Kreuzigungsgruppe zwischen Wappen; das seltene Stück stammt aus der ersten Hälfte des 16. Jh. und kam aus der zerstörten Burg Daun hierher.

Auch der unterhalb der Kapelle gelegene Ort Kerpen selbst ist mit seinen zahlreichen historischen Fachwerkhäusern einen Blick wert. Vor allem aber gehört zur Ortsbesichtigung ein Spaziergang zum Grab des berühmtesten Eifelmalers. Hinter der östlichen Toranlage führt ein Weg unterhalb des Bergfrieds den schmalen Rücken des Höhenberges hinauf. Dort liegt, noch in Sichtweite des großen Turms, einsam und in schönster Eifelnatur unter einer hohen Basaltsäule das **Grab Fritz von Willes** (1860–1941). Als hätte auch sein Grabmal noch die Vorlage für eines seiner Eifelgemälde abgeben sollen, hatte er selbst diesen Platz mit sicherem Gefühl für die stimmungsvolle Elegie dieser Landschaft ausgesucht. Obwohl die Eifel zu seiner Zeit als inspirativer Ort malender Künstler längst entdeckt war – besonders in der Düsseldorfer Kunstakademie gab es eine regelrechte Eifelmode –, gelang es keinem anderen, die mit den Jahreszeiten wechselnden Stimmungen dieser Landschaft so einzufangen wie Fritz von Wille. Unübertroffen seine Eifeler Naturdarstellungen mit den fast impressionistischen Blumenwiesen, begrenzt vom dunklen Wald, gesäumt vom tiefgelben Ginster; von höchster Romantik seine Bilder überwucherter Ruinen unter bewegtem Himmel mit wechselndem Licht. Die Begeisterung des Publikums für gerade dieses Sujet – immer wieder wurde gelber Ginster im Grün von Wiese und Wald verlangt – veranlaßte ihn schließlich zu der verdrossenen Bemerkung: » ... Die Leute wollen nun mal immer wieder Rührei mit Spinat.«

In beherrschender Lage steht die alte Wehrkirche von Berndorf hoch über dem Ort

Bevor sich die Straße nach Hillesheim senkt, führt sie auf einer Anhöhe durch **Berndorf,** wo oberhalb der neuen Pfarrkirche in beherrschender Lage die alte Wehrkirche St. Peter das vielgestaltete Relief der Hillesheimer Kalkmulde weit überblickt. Der eindrucksvolle altertümliche Bau bietet innen wie außen das seltene Bild einer strengen, fast schmucklosen Dorfkirche ohne jede moderne Zutat. Schlicht sind die gotischen Gewölbefresken, in fast naiver Art ein Firmament mit Sternen zwischen bemalten Schlußsteinen des Netzgewölbes darstellend. Weiter stellen die spätgotische Sakramentsnische im Chor, die profilierten Portalgewände und die grotesken figuralen Konsolsteine, auf denen die Gurte des Turmhallengewölbes ruhen, die einzigen, jedoch markanten Ausschmückungen dar.

Hillesheim

Hillesheim
Besonders sehenswert:
Ortsbild
Stadtmauer
Pfarrkirche

Wer sich mittels Lektüre verschiedener Kunstführer auf einen Besuch Hillesheims vorbereiten will, der wird spätestens an dem auffordernden Sternchen in Dehios Beschreibung bemerken: nach Hillesheim fährt man wegen der Mauer. Stadtmauern oder deren Ruinen finden sich in der Eifel noch an vielen Orten, einige mögen länger oder höher sein als diese, doch nirgendwo ist das Bild zinnen- und turmbekrönter mittelalterlicher städtischer Wehrhaftigkeit so imposant wie hier. Neben dieser Mauer und den erlesenen alten Ausstattungsstücken der Pfarrkirche ist aber die größte Attraktion des Städtchens neuesten Datums: Nach dem 1964 beschlossenen und bis heute durchgeführten Sanierungsverfahren der durch Kriege und Brände verwüsteten Altstadt wurde der Ortskern mit viel Geschmack in eine Mischung historischer und kontrastierender moderner Architektur verwandelt. Sehr angenehm die großen Plätze mit ihren Brunnen, Cafés und Geschäften, funktionell wie die alten Marktplätze angelegt und auch als solche genutzt, umsäumt von engen Gassen, die mit ihren restaurierten Häuserfassaden wieder mittelalterliche Atmosphäre gewonnen haben.

Doch zurück zur Mauer. Ob Sie den erhaltenen Teil auf Treppen und Wehrgängen beschreiten oder ihn unterhalb des Felsens von außen betrachten, Sie werden sich fragen, wie der kleine Ort zu einer so großangelegten Befestigung gekommen ist. Bei seiner ersten Erwähnung erscheint der Ort als Besitz der Herren von Reifferscheid-Wildenburg, die sich bereits in der für alle Eifeler Dynasten typischen Klemme zwischen den umgebenden mächtigen Territorialherrschaften befanden. So gab 1272 Gerhard III. von Wildenburg sein ›Hildesheym‹ für 200 trierische Denare den Luxemburgern zu Lehen. Doch bereits 1318 wurde ein Teil des Orts Gegenstand einer Verpfändung, bei der die Grafen von Jülich als keineswegs uneigennützige Bürgen ihre Hände im Spiel hatten. Als ihnen 1332 auch noch der andere Teil gegen ein Darlehen von 1000 Mark in die Hände fiel, schien für Jülich die Möglichkeit, sich zwischen Köln und Trier bis in die mittlere Eifel auszudehnen, zum Greifen nahe. Wilhelm V. sprach nur ein Jahr später bereits von »seinen« Bürgern zu Hillesheim. Doch dann kam alles anders. Als eben jener Wilhelm bei der Niederschlagung der Erhebung seiner Söhne 1352 Hilfe benötigte, bot Erzbischof Balduin von Trier ihm diese großzügig an – gegen eine Verpfändung u. a. Hillesheims für die horrende Summe von 10 000 Gulden. Und schon damals zeigte sich die verheerende Wirkung des Kredits: da die Jülicher die Schuldverschreibung nicht einlösen konnten, ließ der Trierer die Stadt besetzen und sich von den Bürgern als neuer Herr huldigen.

So wurde Hillesheim der am weitesten nach Norden vorgeschobene Stützpunkt des Erzbistums Trier zwischen lauter potentiellen

Einst war Hillesheim ein stark befestigtes Marktzentrum mitten in der Eifel. Aus den Zerstörungen der Franzosenkriege hat sich ein Stück der großen Stadtmauer gerettet

Feinden. Entsprechend baute man den Ort – unter Benutzung einer älteren Stadtmauer – zu einer starken Festung aus und richtete darin ein Amt ein. Damit waren die unruhigen Zeiten fürs erste vorbei, und der Ort gelangte zu einem für Eifeler Verhältnisse beachtlichen Wohlstand. Daß das Volk jedoch auch in friedlichen Zeiten seines Lebens nicht froh werden konnte, dafür sorgte die Obrigkeit. Der große Turm an der Südwestecke wurde als Hexenturm ein Ort des Grauens: In den nur sechs Jahren zwischen 1587 und 1593 wurden allein im Trierischen an die 2000 Hexen verbrannt, von den unzähligen, die zur Erpressung von Geständnissen oder Beschuldigungen durch die Hände der Folterknechte des erzbischöflichen Landes gingen, ganz zu schweigen. Die ganze Ungeheuerlichkeit dieses monströsen Irrsinns zeigt dabei ein Zahlenvergleich: Während Hillesheim mit etwa 300 Einwohnern einer der größten Orte der Eifel war, wurden in dem dünnbesiedelten Gebiet 2000 Menschen hingerichtet – jeder zweite oder dritte Mitmensch vom Teufel besessen! Als während des Dreißigjährigen Krieges auch noch die Pest wütete (1637) und eine Hungersnot eintrat, sank die Einwohnerzahl von Hillesheim 1651 auf knapp hundert, die umliegenden Dörfer waren nahezu entvölkert. Obwohl die große Stadtmauer ein letztes Mal 1647 einen Ansturm lothringischer Truppen abwehren konnte, war es nun bald auch um sie geschehen.

In den kurz nach Beendigung des Dreißigjährigen Krieges ausbrechenden Raubkriegen Ludwigs XIV. erschienen 1689 die Franzosen in Hillesheim, sprengten Tore, Türme und Mauern und zündeten die Stadt an, die vollständig niederbrannte. Kurz nach dem Wiederaufbau lagerte 1705 im Spanischen Erbfolgekrieg eine englische Armee vor Hillesheim, die einen erneuten Brand verursachte und – obwohl verbündet – dabei die Stadt überfiel und plünderte. Der Schrecken der Ereignisse spricht noch aus dem Bericht des Amtsverwalters: »Alles, was die Eingesessenen retten wollten, war durch Maroden gestohlen, geplündert ... viele Eingeborene tot blessiert, durch Brand geschädigt, die ganze Stadt bis auf Pfarrhaus, Kirche und noch ein Haus abgebrannt. Das arme Städtlein!«

Das war das Ende des alten Hillesheim. Ein Wunder, daß überhaupt etwas von der historischen Substanz übrigblieb. Neben dem, was durch die gelungene Sanierung in das heutige Ortsbild einbezogen wurde, sind die hauptsächlichen Sehenswürdigkeiten die Pfarrkirche und die besagte **Mauer.** Letztere stellt einen Rest der einst umfangreichen Befestigung dar, die die Stadt in einem unregelmäßigen Fünfeck umschloß und mit zwölf Türmen verstärkt war. Der heute wieder begehbare Wehrgang verläuft auf großen, pfeilergestützten Rundbogenarkaden, sein originaler mittelalterlicher Plattenbelag ist zum Teil erhalten. Über den Wehrgang können der Burgundische Turm an der Westecke und der berüchtigte Hexenturm betreten werden.

Der Vorgängerbau der heutigen **Pfarrkirche St. Martin** war eine um 1500 errichtete zweischiffige Einstützenkirche. Von Zerstörungen und Bränden ohnehin arg mitgenommen, wurde sie 1851 abgebrochen, um dem Neubau der jetzigen Kirche Platz zu machen. Diese war bereits 1852 vollendet und stellt einen großen Saal in klassizistischem Stil mit halbrunden, in gleicher Breite des Schiffs ansetzendem Chor dar. Die kühle Atmosphäre des flachgedeckten Saalbaus wird durch einige farbige, detailreiche Ausstattungsstücke aus dem alten Vorgängerbau in glücklicher Weise bereichert, als fände das Gesamtkonzept der Stadtsanierung hier sein sakrales Pendant. Das bedeutendste Kunstwerk aus der alten Kirche ist der Sakramentsaltar in der Mitte der Chorwand. 1602 vom Trierer Erzbischof und Kurfürsten Lothar von Metternich gestiftet, stellt er eine vorzügliche Arbeit der Spätrenaissance dar. Sie stammt höchstwahrscheinlich von dem bekannten Bildhauer Hans Ruprecht Hoffmann, der von 1569 bis 1619 in Trier arbeitete; zumindest ist der Altar ein Stück aus seiner Werkstatt, wie die große Ähnlichkeit der Reliefs mit der sicher seiner Hand zugeschriebenen Arbeit am Toraufsatz der Trierer Domkanzel beweist. Der Altar ahmt die antike Form eines dreiteiligen Triumphbogens nach. Zwischen den vollplastischen, kannelierten korinthischen Säulen und den ornamentierten seitlichen Pilastern befinden sich drei perspektivisch gestaltete Nischen, in denen figurenreiche Reliefs die Szenen von Geburt, Kreuzigung und Auferstehung Christi wiedergeben, vervollständigt durch eine Himmelfahrt im Giebelaufbau. Dieser wird flankiert von einem St. Martin zu Pferde und dem Drachentöter. Mit dem typischen Selbstbewußtsein eines Renaissancefürsten hat der Erzbischof Lothar von Metternich mehrmals sein Wappen am Retabel anbringen lassen.

An der Ostwand der Kirche steht heute der nur wenig später (1609) vom kurtrierischen Kellner Matthias Deckler für seine verstorbene Gemahlin gestiftete Seitenaltar, der wahrscheinlich ebenfalls von Hans Ruprecht Hoffmann oder aus seiner Werkstatt stammt. Das Retabel zeigt vor einer perspektivischen Hintergrundarchitektur das Relief einer sehr liebenswürdigen Verkündigungsszene: Von rechts stürzt der Engel in den Raum, als käme er zu spät, ihm gegenüber eine jungfräuliche Maria in faltenreichem Gewand, über den stürmischen Erzengel offenbar ebenso erschrocken wie über die Botschaft. Beide Altäre sind aus Sandstein, sie wurden nach aufgefundenen Farbresten neu polychromiert. Als letztes Werk der Renaissance befindet sich gegenüber dem Seitenaltar ein Ölgemälde aus dem Jahr 1610 mit einer Marienkrönung. Gestiftet wurde es von demselben Matthias Deckler und seiner zweiten Frau.

Das Verkündigungsrelief am Seitenaltar der Pfarrkirche von Hillesheim mit dem vielzitierten stürmischen Engel

Von den barocken Ausstattungsstücken ist neben dem großen Gabelkruzifix und der Pietà (beides 1662) besonders die ehemalige Kanzel aus dem gleichen Jahr zu erwähnen. Sie dient heute – leicht verändert – auf den Stufen des Chors als Ambo. Pilaster mit Knorpelwerk und Engelsköpfen trennen vier Felder, in denen die Steinfiguren der Evangelisten mit ihren Symbolen zu sehen sind. Daneben steht der schöne Osterleuchter, er war früher die von Weinreben mit Blättern und Trauben umrankte gedrehte Tragsäule der Kanzel. Ein bedeutendes Kunstwerk besitzt die Kirche noch in der nach zahlreichen Veränderungen wieder restaurierten Orgel mit dem prächtigen barocken Gehäuse (1772). Es ist ein Werk der berühmten Orgelbauer-Familie Stumm aus Sulzbach im Hunsrück, die aus den fünf Generationen ihrer Tätigkeit als bestes Stück die große Barockorgel in der Benediktinerabtei Amorbach im Odenwald hinterließ.

In und um Hillesheim finden sich noch zahlreiche alte **Wegkreuze.** Hervorzuheben sind besonders das Ablaßkreuz an der Straße nach Oberbettingen (um 1500) sowie die Bildstöcke an der Straße nach Lommersdorf und in Buch, beide frühes 17. Jh. In Hillesheim selbst steht ein schöner Bildstock aus dem Jahr 1656 in der Neutorstraße.

Die **Hillesheimer Kalkmulde** besitzt ebenso wie die benachbarten Dollendorfer und Blankenheimer Kalkmulden eine unerschöpfliche Vielfalt geologischer Phänomene und landschaftlicher Schönheiten, dazu noch einige Orte von künstlerischer und historischer Bedeutung, die ein weiteres Umsehen in dieser Gegend sehr empfehlenswert machen. Beginnen wir aber ganz in der Nähe von Hillesheim. Beim kleinen Ort **Walsdorf** liegen der Goßberg, die Ruine eines quartären Schichtvulkans, und die sog. Schilierwiese, das trockene Walsdorfer Maar, eines der größten in der Eifel. Interessanter noch sind die tief im Wald gelegene Schwedenfeste und die Mühlsteinhöhle, zwei große alte Mühlsteinbrüche mit Ablösestellen der Mühlsteine, die im Felsen geschlagen und dann erst abgelöst wurden. Beide Höhlen sind mit einer starken Taschenlampe gut zu begehen, doch benötigen Sie eine Wanderkarte, um sie zu finden.

Nördlich der Straße Walsdorf–Zilsdorf liegt die größte Attraktion der Gegend: der geheimnisvolle **Arensberg** (Arnulfusberg) mit dem geologisch hochinteressanten verlassenen Steinbruch. Angeblich war der Vulkankegel Standort der verschwundenen Burg Spielberg, auch eine alte Wallfahrtskapelle befand sich bereits 1182 dort, sie wurde jedoch im 19. Jh. abgerissen; vereinzelt finden sich noch Reste der Kreuzwegstationen. Nur von weitem wirkt der Arensberg flach und unauffällig, nach seiner belebten Vergangenheit liegt er heute in tiefster Einsamkeit und birgt in sich die dramatische Szenerie des aufgelassenen Basaltsteinbruchs. Um ihn zu besichtigen, fahre man von Walsdorf nach Zilsdorf, dort biege man kurz hinter dem Ortseingang nach links in die Basaltstraße ein. Diese kann man bis zur Schranke am Waldrand befahren, von dort sind es wenige hundert Meter den Schotterweg des Steinbruchs hinauf, bis sich ein großer Stollen öffnet. Am Ende des Stollens steht man überrascht auf dem Grund eines tiefen Felsenkessels. Hier befinden Sie sich direkt im Basaltschlot des alten Vulkans, in dem die aufsteigenden glühenden Lavamassen stehenblieben und beim Erkalten die charakteristischen Basaltsäulen bildeten, deren eckige Abbruchstellen man noch überall an den Wänden des Steinbruchs sehen kann. An der Ostwand des Kessels ist eine von Sammlern geschätzte Mineralienfundstelle.

Von Mirbach nach Kronenburg

Mirbach

Mirbach ☆
Die Erlöserkapelle: ein kurioses Meisterwerk des Historismus

Im kleinen Dorf Mirbach stehen zwei Bauwerke, die zu den kuriosesten kunsthistorischen Objekten der Eifel gehören: die 1902 erbaute große Erlöserkapelle in neoromanischem Stil und – ein Jahr jünger – eine künstliche Burgruine. Die Bewandtnis, die es mit der Entstehung dieser beiden seltsamen Baulichkeiten hat, entbehrt nicht einer gewissen Komik, Herbert Wagner hat in seinem Mirbach-Band aus den ›Rheinischen Kunststätten‹ mit zurückhaltender Ironie den Bauherrn und seine beiden Werke so treffend gewürdigt, daß wir seinen Ausführungen folgen wollen.

Es begann alles so um das Jahr 1200, als die Herren von Mirbach – neben einem weitverstreuten Besitz – im Ort Mirbach zwei Bauernhöfe erhielten. Abgesehen davon, daß die Familie daher ihren Namen hat, wäre das Ereignis absolut folgenlos geblieben, zumal die Familie, die im Spätmittelalter die Eifel verließ, beide Höfe im Jahr 1595 verkaufte. Hier wäre die Geschichte schon zu Ende gewesen, wenn nicht knapp 300 Jahre später der junge Ernst von Mirbach eher zufällig mit seinem Vater die Eifel bereist hätte. Den Knaben hatte bereits die Ritter- und Ruinenschwärmerei der wilhelminischen Zeit gepackt. So schreibt er über seinen ersten Besuch in Mirbach: »Daß auch unsere Vorfahren hier gewohnt hatten, erfüllte mich mit hohem Stolze, und mir schien das Ritterleben und die Burgen in romantischem Zauber verklärt. Ich betrat den geweihten Boden meiner Ahnen auf einer Wiese an alten, ein bis zwei Meter hohen und starken Mauerresten…« Die hat er denn auch gleich für die Ruinen der Stammburg derer von Mirbach gehalten und war von dieser Ansicht nicht mehr abzubringen. Zum Manne gereift, besuchte er das kleine Eifeldorf immer häufiger, kaufte dort größere Ländereien zusammen und entschloß sich endlich, dortselbst anstelle der baufälligen kleinen Kapelle aus der Zeit um 1500 einen repräsentativen Neubau errichten zu lassen. Dies fiel ihm um so leichter, als er neben seinem Amt als Oberhofmeister der späteren Kaiserin Auguste Viktoria auch Vorsitzender des äußerst rührigen Evangelischen Kirchenbauvereins war, der u. a. auch die Erlöserkirche in Jerusalem und die Kaiser-Wilhelm-Gedächtniskirche in Berlin gebaut hatte. Der Kirchenbauverein hatte es sich zur Aufgabe gemacht, als neuen künstlerischen Impuls den neoromanischen Stil durchzusetzen und die Mosaikkunst wiederzubeleben. In diesem Sinne fiel die Gestaltung der Erlöserkapelle aus, die Ernst von Mirbach 1902 als »Denkmal unseres Geschlechts« zu bauen begann. So eigentümlich es auch erscheinen mag, daß ein hoher politischer Beamter im Schatten des aufziehenden Ersten Weltkrieges kein größeres Problem als das seiner genealogischen Repräsentation hatte, so befand er sich doch auf der Höhe des Zeitgeistes: Der Kaiser selbst nahm lebhaften Anteil an seinem Vorhaben, gehörte doch gerade die Beschäftigung mit vergangener deutscher Größe auf allen kulturellen Gebieten zum ideologischen Rüstzeug der kommenden Auseinandersetzung mit dem ›Erbfeind im Westen‹ (weshalb auch die – kunsthistorisch unhaltbare – Wiederbelebung des romanischen als ›altdeutschem Style‹ keineswegs zufällig war).

Wenn man heute die **Kirche** betritt, ist man in gewissem Sinne überwältigt. Es fragt sich nur, in welchem. Schon von außen gibt sich der Bau mit dem mächtigen halbrunden Chor, dem Vierungsturm, den verwinkelten Treppen, Portalen und Türmchen und dem großen, mit Blattornamenten reich verzierten Portalgewände des Haupteingangs ein monumentales Gepräge. Innen empfängt den überraschten Besucher eine unerschöpfliche Vielfalt goldglänzender Mosaiken mit figuralen und ornamentalen Darstellungen. Hier ist auf einen Blick fast alles versammelt, was die Formenwelt der Romanik hervorgebracht hat: Säulen, Kapitelle, Rundbogenarkaden, umlaufende Friese, profilierte Portalgewände, ein Tympanon, Engelsmosaiken mit byzantinischen Reminiszenzen und vieles mehr. Edelste Materialien fanden Verwendung: der Altar – gestiftet von Kaiser und Kaiserin – aus weißem Sandstein, die Säulen des Antependiums aus Cipolinomarmor, die Türen des Tabernakels aus schwarzem Eichenholz mit Bronzebeschlägen und Edelsteinen auf weißem Leder, die Kanzel ruht auf einem geduckten Löwen aus Sandstein.

Fast alle diese Werke – auch die Orgel – wurden von namhaften Kunstprofessoren der Jahrhundertwende geschaffen und gestiftet. Und überall ist der Freiherr von Mirbach anwesend: Neben dem Eingang befindet sich eine Konsole in Form seines Kopfes, aus den bunten Kirchenfenstern leuchtet sein Wappen, hinter der rechten Gale-

Ein einzigartiges Zeugnis des Historismus in Deutschland ist die 1902 erbaute Erlöserkapelle in Mirbach, ausgestattet mit kostbaren Kunstwerken im Historienstil, darunter den Engelsmosaiken

rie von Doppelsäulen aus Labrador öffnet sich die Familienloge, in den Mosaiken tauchen Lieblingsblumen und -sprüche von Familienmitgliedern auf. Man muß zugeben, daß es schwierig ist, über ein neoromanisches Bauwerk von solcher Konsequenz ein kunstkritisch gerechtes Urteil zu fällen. Diese Architektur hatte sich von den technischen Möglichkeiten ihrer Zeit – die in der verachteten ›Ingenieurbauweise‹ mit Stahl und Glas ihren adäquaten Ausdruck gefunden hatte – ebenso abgehoben wie die Werte, die sie verherrlichen sollte, von den wirklichen Grundlagen der damaligen Gesellschaft. Deren feudale Ideale von Ahnenreihe bis Kaisertreue waren längst durch die Realität des Kapitalismus blamiert. Industrie, Fabrikarbeit, Ausbeutung, Profit und der daraus resultierende Erste Weltkrieg um die Vorherrschaft der Kolonialmächte ließen wenige Jahre später das Kaisertum mit einem Schlag verschwinden. Es dürfte im gesamten Einflußbereich dieser Kunstströmung nur wenige andere Kirchen geben, in der die steingewordene Zwiespältigkeit dieser Mischung aus Ideologie und Kunst so bis in die kleinsten Details erhalten ist wie hier in Mirbach.

Doch dem Bauherrn war dieses großangelegte Denkmal seines Geschlechts längst nicht genug. So machte er sich an die Mauerreste, auf denen als Kind sein Ahnenstolz erwacht war und von denen er beschlossen hatte, es seien die letzten Ruinen einer Burg. Eine solche hatte es aber in Mirbach nie gegeben. Daher schaffte man aus anderen (echten) Ruinen schön bearbeitete Steine, Gewölberippen und Fenstereinfassungen hierher und baute sie ein. Obwohl nun von originalem Bestand nicht die Rede sein konnte, schrieb Ernst Freiherr von Mirbach unbeirrt: »So steht die Burg unserer Ahnen, nicht im Traum, sondern in Wirklichkeit vor uns...« So ist diese ›Burgruine‹ ein eigenartiges Zeugnis, wie sehr sich bei einem geschichtsbegeisterten Schwärmer Traum und Wirklichkeit vermischt hatten. Die Stammburg seiner Phantasie erblicken Sie, wenn Sie vor dem Hauptportal der Kirche links hinauf schauen. Sie liegt dort sehr stimmungsvoll unter Bäumen.

Wenn Sie schon in Mirbach sind, sollten Sie sich auf keinen Fall die landschaftliche Schönheit des Wacholdergebietes im Lampertstal und um Alendorf entgehen lassen. Beide – zusammen mit der Fossilienfundstelle in einem aufgelassenen Lehrsteinbruch – sind von hier aus auf einer kurzen Rundfahrt zu erreichen. Dazu begeben Sie sich zuerst nach **Dollendorf.** Dort befinden sich in der Kirche zwei barocke Seitenaltäre und eine Kanzel aus der gleichen Zeit, ebenso eine Orgel aus dem Jahr 1679. Empfehlenswert ist es, vom Ort aus dem alten Kreuzweg mit sieben Fußfällen und einer Kapelle zu folgen, gestiftet 1701 vom Kölner Domherrn Maximilian Philipp, Graf zu Manderscheid-Falkenstein. Die Kapelle ist ein achteckiger Zentralbau, sie steht wahrscheinlich in einem alten römischen Tempelbezirk, wie überhaupt Dollendorf Mittelpunkt einer großen Römersiedlung gewesen sein muß. Vom Dorf führt der Kreuzweg hinüber zum Ortsteil Schloßtal, wo die Burgruine der Herren von Dollendorf steht, zuerst erwähnt um 1077.

In Dollendorf wählen Sie nun die Straße nach Ripsdorf. Diese kreuzt nach kurzer Strecke das Naturschutzgebiet Lampertstal und erreicht – schon von wacholderbestandenen Hügeln gesäumt – bald den gleich neben Straße und Parkplatz gelegenen Steinbruch im Hang des Hönebergs. Die hier zutage tretenden mitteldevonischen Kalke sind Teil des ca. 370 Millionen Jahre alten Meeresbodens des großen Devon-Meeres. Die Riffkalke sind vorwiegend aus Korallen und dickschaligen Stringocephalen aufgebaut.

Auf dem Weg nach Alendorf erreichen Sie kurz hinter dem Steinbruch **Ripsdorf.** Dort steht eine weißgetünchte Kirche mit roten Fenstereinfassungen und einem wuchtigen Westturm. Sie besitzt einen schönen zweischiffigen Innenraum, der in gotisierenden Formen gehalten ist, obwohl er erst 1667 sein heutiges Gesicht erhielt. Die Kirche gehört damit zu den letzten, die auf die in der Eifel verbreitete Tradition der zweischiffigen Anlagen zurückgreift, deren Ausgangspunkt die Hospitalkirche in Kues war. Die damals neu eingezogenen Gewölbe verweisen nur dadurch auf ihre Entstehung zu barocken Zeiten, daß sie auf zwei toskanischen Säulen ruhen, eine höchst elegante Variation des spätgotischen Themas. Man beachte die restaurierte alte Farbfassung des Raumes, die barocke Kanzel und die Masken, auf denen die Gewölberippen stehen.

Das Wacholdergebiet um Alendorf

Alendorf☆
Besonders sehenswert: Das Wacholdergebiet auf dem Kalvarienberg

Auch der Besuch Alendorfs beginnt mit einer Kirche. Es ist die **Agathakapelle,** die alte Pfarrkirche, rechts oberhalb der Straße gelegen, noch bevor Sie den Ort erreichen. Die Kirche mit dem fensterlosen Westturm wurde 1494 gestiftet, das Schiff bildet einen netzgewölbten Saalbau, im Chor befinden sich dekorative Gewölbemalereien und eine Sakramentsnische aus der Erbauungszeit. Wenn die Kirche verschlossen sein sollte, entschädigt Sie dafür ein Blick hinüber auf den wacholderbestandenen **Kalvarienberg,** die eigentliche Attraktion Alendorfs. Ein Kreuzweg mit sechs Stationen, errichtet gegen Ende des 17. Jh., führt von der Agathakapelle zum gegenüberliegenden Berg, auf dem das Schlußkreuz steht.

Dieser Kalvarienberg ist ein einzigartiger Ort. Er bewahrt in einer Weise, wie sie in der Eifel kein zweites Mal zu finden ist, die Erinnerung an jene Zeit, als weite Teile des Landes von Wacholderheiden bedeckt waren. Nach den Jahrhunderten von Krieg und Ausplünderung, Pest und Hungersnöten griff die Bevölkerung zu den letzten Ressourcen: Die Wälle der Maare wurden aufgegraben, um nach dem Abfließen des Wassers den Torf als letzte Einnahmequelle aus dem Boden zu kratzen; um die Öfen der Eisenindustrie in Gang zu halten, wurden die Wälder abgeholzt, und selbst für karge Äcker, die rasch wieder verödeten, wurden weite Gebiete gerodet. So ver-

Der unter Naturschutz gestellte Kalvarienberg bei Alendorf zeigt mit seiner Wacholderheide einen Rest jenes Landschaftsbildes, das die Eifel nach ihrer völligen Verarmung im 18. Jh. weitgehend prägte. Die von den Preußen im 19. Jh. verfügte Aufforstung mit Fichten ließ die Wacholderheiden fast vollständig verschwinden

schwand der Wald fast gänzlich aus dem Eifeler Landschaftsbild, riesige Schafherden zogen über die kahlen Hügel, das einzige, was auf den Magertriften und Schiffelheiden noch wirtschaftlich nutzbar war. Allein im Kreis Prüm gab es 1830 über 50 000 Schafe, die mit ewig hungrigen Mäulern dafür sorgten, daß der Wald nicht wiederkam, denn sie fraßen fast alles – die große Wacholderzeit begann, denn er allein wurde von den Schafen gemieden. So verwandelte sich die Eifel für lange Zeit in eine Graslandschaft, die sich erst durch die systematische Aufforstung unter der preußischen Regierung wieder veränderte.

Heute ist die Zeit des Eifelwacholders vorbei. Nur in mehreren, weit verstreuten kleinen Naturschutzgebieten ist er noch in größerer Anzahl zu finden, doch auch dort ereilt ihn schon sein Schicksal, vom zurückgekehrten Wald überwachsen, des Lichts beraubt und verdrängt zu werden: Schon wachsen auch im Alendorfer Wacholdergebiet die Kiefern. Doch die Vorstellung, daß der Blick von diesem Berg wie vor 150 Jahren in eine Landschaft ginge, die, soweit das Auge reicht, das gleiche karge, einsame Gepräge hat wie der Kalvarienberg selbst, läßt die alten Beschreibungen verstehen, in denen von der Eifel immer als einer Landschaft voller Trauer und Elegie die Rede ist. Und als die Maare noch tief unten in kahlen Kraterwänden lagen, bevor sie durch die Aufforstung eher den Charakter von Waldseen erhielten, müssen sie noch ganz die suggestive Wirkung einer fremdartigen Naturerscheinung an sich gehabt haben, wie sie heute nur noch in den Eifelgemälden der Romantiker zu finden ist. Auf dem Alendorfer Kalvarienberg, dieser einsamen Wiesenlandschaft mit ihrem Teppich kleiner Blumen zwischen den verstreuten Wacholderbüschen, durchzogen vom Passionsweg mit seinen verwitterten Steinkreuzen, verdichtet sich diese Vergangenheit des Landes ein letztes Mal zu einem Erlebnis von tiefer Eindrücklichkeit.

Östlich von Alendorf zieht sich fast bis zur Ahr das langgestreckte Naturschutzgebiet **Lampertstal** hin. Auch hier finden sich großflächige Wacholderbestände, meist bereits vom Kiefernwald überragt; auf den Hochflächen am Rand des Tals wachsen wunderbare alte Rotbuchenwälder. Unter Naturfreunden beruht der Ruhm dieses Gebiets aber auf der außerordentlichen Artenvielfalt, die auf dem Kalkmagerrasen (Kalktriften) der Trockentäler, in denen das Wasser rasch im durchlässigen Kalkgestein versickert, sowie an den thermophilen Säumen gedeiht. Auf vielen Wegen ist das landschaftlich äußerst reizvolle Naturschutzgebiet auch von Ripsdorf, Mirbach und Dollendorf zu erreichen.

Auf dem Weg von Hillesheim nach Kronenburg durchfährt man das obere Kylltal; von der bewegten römischen und mittelalterlichen Geschichte der Orte Jünkerath, Glaadt und Stadtkyll ist leider kaum noch etwas erhalten. Allein **Jünkerath** lohnt den Besuch wegen des Eisenmuseums (in der Nähe des Bahnhofs). Es ist der systematischen Erfassung und Erklärung der Eisenerzgewinnung und -verhüttung gewidmet, die in der Eifel neben der Landwirtschaft über Jahrhunderte ein wesentlicher Wirtschaftsfaktor war. Zu sehen sind einige Exponate aus keltischer und römischer Zeit, eine exquisite Sammlung von Taken-, Ofen- und Kaminplatten – vor allem aus der Gotik und der Renaissance – mit figuren- und dekorationsreichen Darstellungen, dazu eine schöne Sammlung von Gußöfen und Gebrauchsgegenständen der letzten beiden Jahrhunderte.

Für den Besuch des Museums sollte man sich Zeit nehmen, denn die hervorragenden Erklärungstafeln erläutern verständlich und lehrreich die geologischen Bedingungen sowie die Technik des Bergbaus und der Verhüttung; ausführlich wird die wirtschaftliche Bedeutung der Eisenerzverhüttung für die Eifel beschrieben und auf die technischen wie soziopolitischen Probleme bei der Ausbeutung dieses Rohstoffs eingegangen. Man erfährt, daß der wirtschaftliche Segen dieser Produktion, die in ihrer Blütezeit vom 16. bis zum 19. Jh. europäische Bedeutung besaß, mit einem verheerenden Raubbau am Eifeler Wald einherging, daß aufgrund mangelnder finanzieller Mittel der Abbau der Erzvorkommen höchst unrationell betrieben wurde, da die adeligen Grubenbesitzer den Profit für ihren feudalen Lebensstil aus der Produktion herauszogen, oder daß in der feudalen Eifel der Bergbau während der Saat- und Erntezeit fast zum Erliegen kam, da der Abbau von der Verfügbarkeit der zehntpflichtigen Bauern als Arbeitskräfte in den Stollen abhängig war.

In **Birgel** bei Lissendorf kann man freitags und samstagnachmittags die Historische Wassermühle Birgel besichtigen. Sie stammt aus dem 14. Jh., erhielt später drei zusätzliche Räder und noch im Jahr 1917 eine Wasserkraftturbine.

Kronenburg

Ein Besuch Kronenburgs gehört in mancherlei Hinsicht zu den Höhepunkten einer Eifelreise. An diesem Ort verdichten sich landschaftliche, historische und künstlerische Charakteristika dieses Landes wie an kaum einem anderen. Der abseits gelegene Ort hat, durch keinen Neubau berührt, das Aussehen eines jener typischen Burgenstädtchen bewahrt, wie sie in der Eifel kleine Adelige um ihre Stammburgen entstehen ließen. Von diesem Typus gab es zahlreiche Exemplare in der Eifel, doch außer in Reifferscheid und vielleicht Neuerburg ist er nirgendwo so gut erhalten wie hier.

Kronenburg ☆
Besonders sehenswert:
Ortsbild
Pfarrkirche

Als Kronenburg 1277 in einer Urkunde der Abtei Stablo-Malmédy zum ersten Mal erwähnt wurde, gehörte es zur Herrschaft der mächtigen Edelherren von Dollendorf. Diese schlugen sich 150 Jahre lang wechselweise auf Luxemburger, Jülicher und Kölner Seite und konnten im 14. Jh. nicht verhindern, daß sich auch noch Trier Rechte in der Herrschaft Kronenburg einkaufte. Angesichts der unübersichtlichen finanziellen und juristischen Abhängigkeiten schien es da die politische Klugheit zu gebieten, sich dem immer mächtiger werdenden Haus Luxemburg anzuschließen und dessen Lehenshoheit zu akzeptieren: Ein Schritt mit eigentümlichen Folgen, wie sich noch zeigen wird. Im Jahr 1327 trennte sich von den Dollendorfern eine eigene Kronenburger Linie ab. Diese starb 1414 mit dem Ritter Peter

Das fast unversehrte Burgdorf von Kronenburg liegt wie vor Jahrhunderten unverbaut in der Landschaft

Auch im Inneren zeigt Kronenburg ein Erscheinungsbild wie im späten Mittelalter

aus, einem Haudegen in eigener und luxemburgischer Sache, der die Kronenburger zu höchstem Ansehen brachte, aber trotz dreier Ehen keinen männlichen Erben hinterließ. Damit war die Rolle der Kronenburg als Residenz zu Ende. Sie wurde fortan von Amtsmännern wechselnder Eigentümer verwaltet und war für diese höchstens wegen der in der Umgebung aufblühenden Eisenindustrie von Interesse.

Während seiner Zugehörigkeit zu verschiedenen Herrschaftsbereichen blieb Kronenburg aber letztlich luxemburgisch. Als daher der deutsche Kaiser Karl V., gleichzeitig Herzog von Luxemburg, 1555 die Niederlande seinem Sohn Philipp II. von Spanien übergab, bildete Kronenburg mitten in der Eifel eine spanische Enklave, wodurch es im Volksmund den Namen Spanisches Ländchen erhielt. 1715 fand die bis dahin nicht abreißende Kette von Kriegen und die ständig wechselnde Besetzung des Ortes durch Holländer, Lothringer, Spanier, Franzosen und Kaiserliche ein Ende, und das Land erholte sich langsam. Geradezu einen wirtschaftlichen Aufschwung nahm die Gegend, als die Franzosen 1794 das linksrheinische Gebiet besetzt und die Eisengruben Stadtkylls und Dahlems intensiver ausbeuteten – die Besatzer haben sich noch lange bester Erinnerung bei der Bevölkerung erfreut.

Den endgültigen Niedergang erlebt Kronenburg unter seiner Zugehörigkeit zu Preußen (seit 1819): In mehrere neugeschaffene Verwaltungsbezirke zerrissen, verliert das Gebiet seinen wirtschaftlichen Zusammenhang, an neue Absatzmärkte wird es nicht angeschlossen, so daß Mitte des Jahrhunderts sogar die beiden eisenverarbeitenden Hütten schließen müssen. Ohne Verdienstmöglichkeiten, von Hunger und Mißernten geplagt, verläßt ein großer Teil der Einwohner

Kronenburg und die Umgebung – im Jahr 1800 gibt es in Kronenburg 600 Einwohner, um 1900 sind es nur noch 350. Wie so oft in der Eifel ist es diese leidvolle Verödung, der wir heute einen fast musealen Erhaltungszustand des Ortes verdanken, auf dem unser touristisches Auge mit so viel Wohlgefallen ruht.

Wie seit Jahrhunderten betritt man Kronenburg durch das spitzbogige **Nordtor.** Es stammt aus dem 14. Jh., als die kleine Bürger- und Handwerkersiedlung unterhalb der Burg mit einem zusätzlichen Mauerring in die Befestigung eingegliedert wurde. In den geschlossenen Straßenfronten aus alten Häusern, deren Rückwände in die Ringmauer einbezogen sind und die straßenwärts hübsche Außengliederungen und Fachwerkaufsätze zeigen, verdient die Nr. 22, das **Haus Pallandt** mit seinem Wappen an der Fassade, besondere Beachtung. Vor dem zweiten Tor, das den bürgerlichen vom feudalen Teil des Ortes trennte, steht ein langgestrecktes Fachwerkhaus. In dessen Erdgeschoß, unter einem großen Gewölbe, ist 1925 ein weiteres Stadttor gebrochen worden, welches aber nur über eine Treppe zu erreichen war und einen kürzeren Weg ins Tal ermöglichen sollte. Gleich hinter dem Mitteltor befindet sich links der kleine Friedhof, auf dem sich ein barockes Kreuz aus dem 17. Jh. erhebt. Dahinter an der Mauer steigt jene schmale, halsbrecherisch steile Treppe empor, die man von allen Kronenburg-Ansichtskarten kennt. Sie führt zu einer Stube, in der ehemals die Ratsversammlungen abgehalten wurden. Der darüber aufragende Kirchturm war als Wehrturm in die Umfassungsmauer einbezogen, wie auf dem Stich von Merian (um 1620; s. Abb. S. 221) zu sehen ist.

Zur engen Straße hin zeigt nun eine schöne alte Holztür an, daß Sie vor der größten Attraktion Kronenburgs stehen: der **Pfarrkirche St. Johannes** mit einem der bedeutendsten spätgotischen Innenräume der Eifel. Ein einziger, in der Mitte stehender Pfeiler trägt die vier reich geschmückten Gewölbe. Dies ist eines der seltenen Exemplare der sog. Einstützenkirchen, deren eindrucksvoll klare Raumproportionen in vollkommenem Gegensatz zu den aus der romanischen Bautradition herrührenden dreischiffigen basilikalen Kirchenräumen mit ihren unregelmäßigen Durchblicken in niedrigere Seitenschiffe steht: Die Einstützenkirchen werden von Götz zu Recht als originale Zentralraumschöpfung der Gotik bezeichnet.

Die Herkunft der eigentümlichen Bauweise hat die Forschung ebenso intensiv beschäftigt wie die Frage, welcher Umstand eine solche Kirche in einer so abgelegenen Herrschaft wie Kronenburg hat entstehen lassen. Man ist sich heute weitgehend darüber einig, daß die Wurzeln dieses zweischiffigen Grundrißschemas einerseits in den großen Hallenkirchen der Bettelorden zu suchen sind: Diese Entwicklungslinie nahm mit der Jacobinerkirche in Toulouse (Baubeginn 1260) ihren Anfang; mit den zweischiffigen Hallen dieser Predigerkirchen wählte man eine Architektur, in der die Kanzel von jeder Stelle der Kirche aus gut sichtbar war. Andererseits läßt sich eine vergleichbare architektonische Tradition über die ebenfalls von einem Pfeiler getragenen Kapitelsäle und Sakristeien der Klöster verfolgen. Zu erster Blüte gelangte diese Grundrißform im Böhmen des 14. Jh., von dort lassen sich Ausstrahlungen nach Schlesien und in die Slowakei sowie im 15. Jh. ins nahe gelegene Nieder- und Oberösterreich feststellen, wo sie besonders von der Stethaimer Schule zu höchster Vollendung gebracht wurde. Nun fragt es sich, wie diese von den weltläufigen geistigen und künstlerischen Zentren der Gotik tradierte Bauform ihren Weg bis in die Eifel fand. Zur Zeit der spätesten Gotik läßt sich nämlich an Saar und Mosel sowie in der Eifel ein auffallender Ballungsraum des Grundrißschemas der zweischiffigen und der Einstützenkirchen feststellen; allein 37 Einstützenkirchen lassen sich nachweisen, 17 davon sind noch erhalten.

Diese aus keiner lokalen Tradition erklärbare Bauidee ist ein Import des Kardinals Nikolaus Cusanus nach Kues an der Mosel. Wo genau er auf seinen Visitationsreisen durch halb Europa der ihn offenbar faszinierenden Grundrißform begegnete, ist unbekannt – wahrscheinlich war es aber der von Stethaimer aufgeführte Hallenchor der Franziskanerkirche in Salzburg, wo Cusanus im Frühjahr 1451 auf einer Provinzialsynode weilte. Noch im gleichen Jahr begann er mit dem Bau der Hospitalkirche St. Nikolaus in Kues bei Bernkastel und errichtete damit den ersten Einstützenraum in den alten Rheinprovinzen. Das hohe Ansehen, das der Kardinal und das Hospital genossen, wird der raschen Verbreitung dieses Grundrißschemas ebenso förderlich gewesen sein wie die Tatsache, daß so einflußreiche Herrschaften wie der Erzbischof von Trier und die Manderscheider ein Besetzungsrecht des Hospitals besaßen.

So war es auch ein Manderscheider, Graf Cuno von Manderscheid-Schleiden, der den Bau in Kronenburg initiierte; seine Gemahlin Mathilde, Gräfin von Virneburg, ließ ihn 1492 beginnen. In 16jähriger Bauzeit gedieh die Pfarrkirche St. Johann Baptist in Kronenburg zu dem Exemplar einer Einstützenkirche, das von allen erhaltenen in seiner Gewölbefiguration die größte Ähnlichkeit mit ihrem Vorbild, der Hospitalkirche in Kues, aufweist. In typisch spätgotischer Manier steigen elegant geschwungen die Gewölberippen ansatzlos, ohne trennende Kapitelle und Kämpfer aus dem Mittelpfeiler und den Wanddiensten empor; die zierliche Rankenmalerei in den Gewölbefeldern ist zwar erst wenige Jahrzehnte alt, paßt sich aber sehr geschmackvoll der Architektur an. Beim Blick hinauf beachte man die schönen Gewölbeschlußsteine, auf denen Wappen, symbolische Darstellungen und in Form kleiner Figuren mehrere Heilige zu sehen sind. Besonders originell ist dabei der Eligius gelungen, vor seiner Missionstätigkeit Münzmeister König Chlothars II. und daher mit Hammer, Amboß und Prägestock ausgestattet. Ebensolches Interesse verdient der Schlußstein mit dem Steinmetzzeichen des Baumeisters, hinter dem er sich (vermutlich) mit einer kleinen Selbstdarstellung der Nachwelt präsentieren wollte.

An weiteren gotischen Ausstattungsstücken ist zunächst der Altar (um 1500) mit dem Relief eines Maßwerkfensters und einer Taube bemerkenswert, sodann steht auf dem linken Seitenaltar eine steinerne Pietà (um 1530), geschlagen aus einem einzigen Stück. Dahinter befindet sich an der Wand ein großes Fresko, das den Drachenkampf des hl. Georg darstellt; kein Meisterwerk der gotischen Malerei, aber interessant durch die älteste Abbildung der Kronenburg im Hintergrund. Entschieden bessere Arbeiten sind die 1952 aufgedeckten Fresken der klugen und törichten Jungfrauen am Triumphbogen. Aus späteren Zeiten stammen die große Kreuzigungsgruppe im Chor (17. Jh.) und eine barocke Madonna im rechten Seitenschiff (18. Jh.).

Einige Schritte weiter endet die Straße unterhalb der Burgruine in der ehemaligen Vorburg. Hier steht seit dem Jahr 1766 das stattliche **Amtshaus** für den gräflichen Verwalter. Nachdem die Herrschaft Kronenburg 1719 für 120 000 Gulden an die Blankenheimer Grafen verkauft worden war, begann es dem eingesetzten Amtmann Lafontaine auf der baufälligen Burg zu ungemütlich zu werden; so wurde auf sein Drängen hin das neue Burghaus errichtet. Dies jedoch war das jähe Ende seiner Karriere: Weil die Kosten jeden Voranschlag weit überstiegen, wurde er fristlos entlassen. Die Familie Faymonville, die 1769 den Posten übernahm, residierte hier bis vor wenigen Jahren, und ihrer letzten Vertreterin, dem allseits bekannten Nettchen Faymonville, ist es im wesentlichen zu verdanken, daß Kronenburg in den vergangenen Jahrzehnten nicht vollends in Vergessenheit geriet: Sie verwandelte das große Amtshaus in eine Herberge für Wanderer und Landschaftsmaler und begründete einen ersten bescheidenen Tourismus in dem abgelegenen Ort.

Auf dem Stich von Matthäus Merian (17. Jh.) beherrscht die mächtige Kronenburg das kleine Burgdorf

Die einzige gelinde Enttäuschung Kronenburgs ist die **Burgruine.** Den Stich von Merian, auf dem ein gewaltig aufragendes Bergschloß zu sehen ist, vor Augen, findet man nur ein ausgedehntes Trümmerfeld, das wenige aufrecht stehende Mauer- und Turmreste überragen. Immerhin erläutert ein Informationsschild die alte Burganlage und ihre strategische Verzahnung mit dem erhaltenen Burgdorf.

Baasem

Baasem: Spätgotische zweischiffige Hallenkirche mit eindrucksvoller Gewölbefiguration

Den Kunstfreund wird es noch von Kronenburg nach Baasem ziehen. Dort steht ein weiteres – und ungleich größeres – Exemplar einer zweischiffigen Kirche der oben beschriebenen Tradition. Die **Pfarrkirche Mariä Geburt** überrascht im Inneren durch ihre eindrucksvolle gotische Raumwirkung. Vier Pfeiler teilen die Kirche in zwei langgezogene Parallelschiffe; sie tragen weitläufige und aufgrund der Rekonstruktion ihrer farbigen Fassung ungemein prächtige Netz- und Sterngewölbe mit figürlichen Schlußsteinen. Ursprünglich war die Kirche von Baasem ein einschiffiger Bau in romanischen Formen, was sich an dem massiven Westturm mit seiner Blendbogengliederung aus dem 12. Jh. noch gut erkennen läßt. Beim spätgotischen Umbau um 1500 machte sich neben dem ästhetischen noch ein konstruktiver Vorteil der zweischiffigen Kirchen bemerkbar:

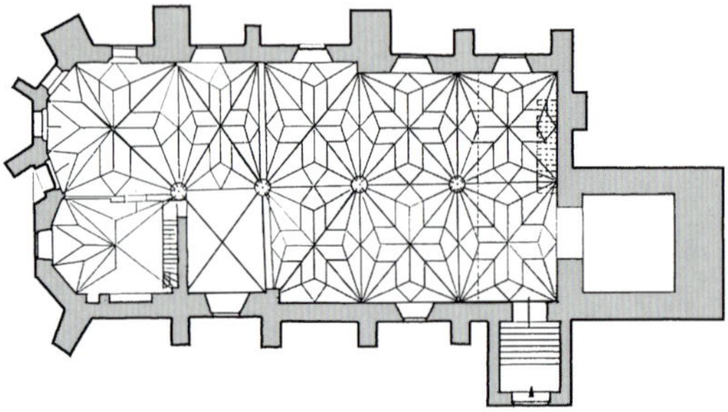

Baasem, Grundriß der Pfarrkirche Mariä Geburt

Man konnte den Grundriß des vorhandenen romanischen Schiffes beibehalten, errichtete statt einer niedergelegten Wand die vier Pfeiler und baute daran ein weiteres, gleich großes Kirchenschiff an. Dadurch entstanden zwei schmalere Gewölbe, die auf das Mauerwerk einen geringeren Seitenschub ausübten, als es ein vergrößertes, weitgespanntes getan hätte. Dafür wären ohnehin weitreichende bauliche Maßnahmen, besonders eine ausreichende Verstärkung der Außenwände, erforderlich gewesen – was für die kleinen Gemeinden nicht zuletzt auch eine finanzielle Frage war. Neben der beeindrukkenden Wirkung des Innenraums der Baasemer Pfarrkirche übersehe man nicht den schönen Marienaltar im linken Schiff aus dem Jahr 1625 in Formen der späten Renaissance mit seinem figurenreichen Relief (Jesus als Knabe im Tempel in zeitgenössischen Gewändern) über der schönen Madonnenfigur.

Gerolstein und Umgebung

Doch nun nach Süden, zum weltberühmten Paradestück der Eifeler Kalkmulden: nach Gerolstein. Wer von Hillesheim dorthin fährt, versäume nicht einen Blick auf den 554 m hohen Rockeskyller Kopf zwischen **Rockeskyll** und Dohm. Der Vulkan ist durch einen gewaltigen ehemaligen Steinbruch angeschnitten, der eine düster-romantische Szenerie hinterlassen hat; der Ort wird als Mineralienfundstelle geschätzt. Auch in Rockeskyll stand eine spätgotische Einstützenkirche, die jedoch um 1840 in einen zweischiffigen Bau mit zwei Mittelstützen verwandelt wurde – immerhin blieb die Bautradition gewahrt.

Wer gleich von Dreis nach Gerolstein will, halte in **Dockweiler:** Dort steht oberhalb der Straße die Pfarrkirche St. Laurentius, ein malerischer Baukomplex, fast verdeckt von großen alten Bäumen. Der Ursprung der Kirche liegt bereits im 11. Jh., im 12. Jh. wurde sie zu einer dreischiffigen Basilika umgebaut. Von diesem Bau hat sich der romanische Chor erhalten, er besteht aus einem quadratischen Joch mit Kreuzgratgewölben und fünfseitiger Apsis mit einem Halbkuppelgewölbe. Innen und außen ist er mit Rundbogenblenden gegliedert – hierin der Außengliederung des Chors der Klosterkirche im nahe gelegenen Niederehe verwandt. Der wohlproportionierte dreischiffige Innenraum in markanter Farbfassung zeigt heute gotische Formen; man beachte die reliefierten und bemalten Schlußsteine des Gewölbes und die ungemein leutseligen Engelsgesichter, die die Konsolen der Gewölberippen bilden.

Die Fossilien von Gerolstein

Gerolstein ☆
Besonders sehenswert:
Korallenriff mit Buchenloch und Papenkaule
Naturkunde- und Waldmuseum mit paläontologischer Sammlung
Erlöserkirche
Villa Sarabodis

Um die Jahrhundertwende hatte Gerolstein stets im Herbst seine Hochsaison. Die Touristen vergnügten sich jedoch nicht bei einer Traubenkur oder bei mildem Wetter im herbstlich gefärbten Wald; selbst bei schneidendem Wind standen sie geduldig am Rand steiniger Äcker und warteten, bis der Bauer mit seinem Ackergaul zum Pflügen kam. Zog sich der Himmel zu und es begann auch noch zu regnen, war die Freude unter den Wartenden besonders groß. Kaum hatte sich der Pflug in den Boden gesenkt, folgten ihm diese merkwürdigen Urlauber Furche um Furche, jeden ausgepflügten Stein, von dem der fallende Regen rasch das Erdreich abwusch, sorgfältig begutachtend. Schon bald hatten die Sammler so viele davon aufgelesen, daß sie keine mehr tragen konnten, und wenn sie sich dann am Feldrand einen ersten Eindruck von der Ausbeute verschafften, lagen dort am Boden Trilobiten, Korallen, Seelilien, Armfüßler, Muscheln und Schnecken in der bizarren Formenvielfalt einer vor 350 Millionen Jahren untergegangenen Tierwelt.

Die Äcker um Gerolstein stellen nicht nur im übertragenen Sinne ein Meer von Fossilien dar, denn hier liegt der mitteldevonische Meeresboden, gebildet aus den kalkhaltigen Resten unzähliger Meerestiergenerationen, nur wenige Zentimeter unter der kargen Ackerkrume. Und nicht nur dort: Das Wahrzeichen Gerolsteins, die steil aufragenden Felswände der Munterley sind ebenso wie der benachbarte Auberg und die Hustley Reste eines einst gewaltigen Korallenriffs, dessen ehemalige Ausdehnung auf 120 km geschätzt wird. Hier um Gerolstein und seine Korallenbänke muß sich das Leben in diesem warmen Urmeer des Mitteldevon in ungeahnter Blüte entfaltet haben, unter Bedingungen, wie sie heute nur in der Südsee anzutreffen sind. Und nur hier, im Gebiet der Eifeler Kalkmulden, haben sich die fossilführenden Ablagerungen in solcher Reichhaltigkeit erhalten, daß diese Zeit in der Geologie auch als Eifelstufe bezeichnet wird. Die Fossilienfundstellen um Gerolstein genossen Weltruf, die großen Museen aller Kontinente zierten sich mit Fundstücken vom Fuß des Aubergs, aus dem Mühlenwäldchen, vom Dachsberg, von der Barley bei Pelm. Jahrzehntelang folgten Paläontologen von Rang und Namen gebeugten Hauptes dem schweren Pflug auf den berühmten Krebsfeldern von Gees, die die absonderlichsten Versteinerungen von Trilobiten freigaben.

In den markantesten Zeugen der urgeschichtlichen Vergangenheit der Gerolsteiner Gegend, den aufragenden Felsen des Korallenriffs, finden sich jedoch keine Versteinerungen. Zwar sind die Strukturen ihrer Erbauer den Wänden des Riffs noch anzusehen, doch hat ein chemischer Prozeß das Gestein verändert. Man streitet sich darüber, ob schon im Meerwasser oder erst später durch den Regen das Calciumcarbonat der Kalkfelsen partiell ausgewaschen und das Magnesiumcarbonat angereichert wurde. Jedenfalls fand eine Umkristallisation des Gesteins zu Dolomit statt, in dem die Formen der Fossilien verlorengingen. Gerolstein wird somit von Dolomitfelsen überragt.

Papenkaule und Buchenloch

Einen besonderen Reiz – und zusätzlich geologische Attraktionen – erhält die Landschaft dadurch, daß auch die Gerolsteiner Kalkmulde vom Westeifel-Vulkanzug gekreuzt wird, der hier einige markante Erscheinungen hinterlassen hat. Die bekannteste ist die **Papenkaule,** ein Vulkan, der den großen Felsen der Munterley an einer Bruchlinie des Dolomitmassivs durchschlagen hat und auf dessen Rücken einen ovalen Krater mit geschlossener Umwallung hinterließ. Der Vulkan ist deshalb in seiner Form so lehrbuchhaft erhalten, weil die nach den Gasausbrüchen aufsteigende Lava nicht durch den Krater nachstieß, sondern durch die Klüfte und Höhlen des uralten Korallenriffs schon vorher einen seitlichen Ausweg fand. So floß das glühende Gestein aus der Nordwand des Felsens und bildete dort erkaltend charakteristische Schweiß- und Wurfschlackenmauern, die die Ausbruchstelle kraterartig umschließen. Dieser Ort wird die Hagelskaule genannt. Ein mächtiger Lavastrom entquoll ihr und floß bergab in den Einschnitt zwischen Munterley und Auberg. Dort ergoß er sich ins Kylltal, wo er den Talgrund auf einer Länge von über 800 m bedeckte. Dann erkaltete er und erstarrte zu Basalt. Heute steht auf seiner Ostkante die Erlöserkirche, neben der Straße nach Lissingen und entlang der Eisenbahn erkennt man ihn als fast 3 m hohe Wand. Dieser Ausbruch der Papenkaule – die nahe gelegene Hagelskaule ist nur die Förderstelle des Vulkans – gehört den jungquartären vulkanischen Ereignissen an, die erst vor etwa 10 000 Jahren zu Ende gingen.

Dieses dramatische Geschehen spielte sich nur wenige hundert Meter vom **Buchenloch** entfernt ab, einer großen Höhle, die ebenfalls in der Nordwand der Munterley liegt. Als der Maler Eugen Bracht in den achtziger Jahren des vorigen Jahrhunderts einen Feuerstein am Fuß des Felsens entdeckte und mit der Ausgrabung der 36 m tief in den Berg reichenden Höhle begann, fanden sich neben Knochenresten von Eisfuchs, Höhlenbär und Mammut – während der Eiszeiten war die Eifel zwar nicht von Gletschern bedeckt, doch herrschte ein arktisches Klima – auch Spuren des Mousterien-

Menschen, also der Rasse des Neandertalers. Der sicher nur sporadische Aufenthalt dieser altsteinzeitlichen Sammler und Jäger in der Buchenlochhöhle wird auf etwa 30 000 v. Chr. geschätzt, damals existierten die Papenkaule und ihr Lavastrom also noch nicht. Diese drei Orte – die aufragenden Felstürme des devonischen Korallenriffs der Munterley, der Trockenkrater der Papenkaule und die Buchenlochhöhle, die sich in schaurig-schöner Szenerie im tiefen Wald zwischen Felswänden öffnet – sind auf gut markierten Wegen auf einem weniger als einstündigen Spaziergang zu erreichen, der zwischen den Häusern am Hang unterhalb der Felsen seinen Ausgang nimmt.

Kulturgeschichtliche Entwicklung

Beginnend mit den ersten Bewohnern des Buchenlochs, kann Gerolstein also auch ohne Fossilien und Vulkane auf eine lange, von Menschen gemachte Geschichte zurückblicken. Als ältestes erhaltenes Zeugnis für eine dauerhafte Besiedlung wurde gleich eine prähistorische Großanlage ausgemacht: der Ringwall der Dietzenley, vermutlich zu Beginn der Bronzezeit, also vor knapp 4000 Jahren, angelegt. Dieses Zeugnis der Siedlungsgeschichte bildet eine ein-

Vom großen Korallenriff des Devonmeeres haben sich die Dolomitfelsen bei Gerolstein erhalten

drucksvolle Synthese mit der geologischen, denn die Dietzenley ist ein altquartärer Vulkan, der mit 617 m die höchste Erhebung des Gerolsteiner Landschaftsgebiets bildet. Während seine Kraterwände längst verwittert sind, blieb die erstarrte Schlotfüllung erhalten und bildet heute eine aus senkrechten Basaltfelsen den Berg überragende imposante Vulkankuppe. Den Fuß dieser Naturfestung umzog in weitem Bogen eine langovale Steinmauer aus mächtigen Blöcken, die heute jedoch völlig zusammengestürzt ist. Aus zahlreichen Fundstücken ergab sich die Vermutung, daß die Anlage bis in spätrömische Zeit als Fluchtburg gedient hat. Die Wege hinauf zweigen von der Landstraße Gerolstein – Büsch ab. An klaren Tagen ist der Blick von dort oben superb.

Die nächsten sichtbaren Zeugnisse der Vergangenheit gehören bereits der keltisch-römischen Kultur an. Eine der wichtigsten Tempelstätten dieser Zeit ist der sog. **Judenkirchhof** auf der Hustley, nur 400 m östlich der Papenkaule. In der nie systematisch ausgegrabenen Anlage standen zwei Umgangstempel. Einer war dem Herkules geweiht, von dessen zerschlagener Steinskulptur noch Reste entdeckt wurden; der zweite gehörte der keltischen Göttin Caiva. Verstreut über die ganze Kultstätte, die noch weitere Gebäude und eine Umfassungsmauer aufwies, fanden sich zahlreiche Münzen und Knochen von Tieropfern; besonders beliebte Devotionalien der keltisch-römischen Bevölkerung waren Bronzeschmuck und kleine Götterfiguren, die den Amateurarchäologen im Volksmund die Bezeichnung Püppchensucher eintrugen. Diese interessante Anlage ist heute jedoch teilweise unter Wiesen und Wald verborgen, vereinzelt finden sich alte Mauerzüge sowie römische Ziegelreste und Scherben. Das Eindringen der Franken bereitete der römischen Kultur – wie überall in der Eifel – auch hier in und um Gerolstein ein gewaltsames Ende. Das völlige Fehlen von Bodenfunden über fast 300 Jahre läßt auf eine starke Dezimierung, wenn nicht sogar auf eine Ausrottung der eingesessenen Bevölkerung schließen. Erst aus späterer fränkischer Zeit fanden sich Grabanlagen.

Der Name Gerolstein erscheint dagegen erst im Jahr 1115 in einer Urkunde des Stifts Münstereifel, in der ein Gerhard, Herr zu Blankenheim, Schleiden, Kasselburg und Gerolstein, genannt wird. Dieser Gerhard wird als Stammvater des Hauses Blankenheim angesehen. Während seiner Regierungszeit entstand auf einem steilen Dolomitfelsen gegenüber der Hustley eine mächtige Burg, zu deren Füßen sich bald ein Burgdorf im Tal ausbreitete. In einem ungewöhnlichen Akt mit großer Urkunde verlieh Kaiser Ludwig der Bayer 1336 »den bescheiden leuten zu Gerhardstein« mit »kaiszerlicher Gewalt« die Stadtrechte. Da diese das Recht der Bewehrung des Ortes mit Mauern und Toren einschlossen, bauten die Blankenheimer Gerolstein zu einer starken Festung mit einer Straßensperre des Kylltals aus, die ihre Besitzungen gegen Süden schützen sollte. Nur 17 Jahre später trat der befürchtete Fall ein: der Erzbischof Balduin von Trier, der bereits einen großen Teil der Südeifel in seine Abhängigkeit gebracht hatte, griff mit einem Heer die Stadt an. Trotz einer längeren Belagerung gelang es ihm jedoch nicht, Gerolstein zu erobern. Dieser Sieg über den mächtigen Kurfürsten hat wesentlich dazu beigetragen, daß die Blankenheimer als eine der wenigen Eifeler Dynasten ihre Unabhängigkeit wahren konnten.

Die Stadt prosperierte in den nächsten zwei Jahrhunderten und gelangte durch Marktrechte und Landwirtschaft zu einem gewissen Wohlstand, der Sebastian Münster in seiner Kosmographie zu der berühmten – und sicher etwas schöngefärbten – Beschreibung anregte: »Umb Manderscheid und Geradstein möcht es zu Sommerszeiten vergleichet werden Italiae seiner Sommerfrüchten halber; dann bringt es Malven, Cucumern [Gurken], Krausen-Lattich und dergleichen Welsche Früchte.« In den großen Kriegen des 17. und 18. Jh. fand auch die Stadt Gerolstein ihr gewaltsames Ende, wovon noch heute die Ruinen der Löwenburg zeugen. Die Geschichte ihrer Zerstörung ist eine so unselige Mischung aus kaltblütiger Großmachtpolitik, untertäniger Feigheit und feudaler Niedertracht, daß sie einen tragischen Opernstoff hergegeben hätte.

Heute liegen die Ruinen der **Burg** recht romantisch unter hohen Bäumen auf einem großen Felsplateau oberhalb des alten Stadtkerns, das nach drei Seiten steil ins Kylltal abbricht. Nur von Westen war das Burggelände ebenerdig zu betreten, dort schützte eine noch erhaltene 35 m lange und 11 m hohe Schildmauer den Zugang. Dahinter lag eine Vorburg mit Wirtschaftsgebäuden, die durch einen tiefen, natürlichen Felsspalt von der eigentlichen Kernburg getrennt war. Von den Stadtmauern, die, vom Burgfelsen ausgehend, den Ort umzogen, ist fast nichts mehr erhalten. Im Ortszentrum ist die interessanteste Sehenswürdigkeit das **Naturkunde- und Waldmuseum** im alten Rathaus mit den spektakulärsten und umfassendsten Sammlungen zur Geologie und Paläontologie der Vulkaneifel.

Erlöserkirche und Villa Sarabodis

Durch die Zerstörungen des Jahres 1691 und zwei Großbrände (1703 und 1784) ist das mittelalterliche Stadtbild Gerolsteins unwiederbringlich vernichtet worden. Das einzige Gebäude von kunsthistorischem Rang, das sich kein Besucher entgehen lassen sollte, ist daher neueren Datums: die **Erlöserkirche** im Ortsteil Sarresdorf, erbaut 1911–13, unmittelbar neben den Ruinen der römischen Villa Sarabodis. Dieses Jubiläumswerk des Berliner Evangelischen Kirchenbauvereins, sein 100. und letztes Projekt, stellt den monumentalen Höhepunkt des Historismus in der Eifel dar. Bevor man das Bauwerk betritt, mag man sich jedoch fragen, wie in der katholischen Eifel ein evangelischer Kirchenbauverein dazu kommt, zu einer Zeit, da die Architektur längst die Schwelle der Moderne überschritten hatte, eine Kirche im Stil eines byzantinischen Zentralbaus zu errichten.

Um sich und seinem Evangelischen Kirchenbauverein in der Eifel die Weihe von Tradition und höchster Kunst zu verleihen, ließ sich Kaiser Wilhelm II. in der Erlöserkirche zusammen mit seiner Gemahlin Auguste Viktoria auf einem byzantisierenden Mosaik abbilden

Auch die Eifel war 1815 mit der Bildung der Rheinprovinz ein Teil des preußischen Staates geworden, dessen meist protestantisches Beamtentum hier seinen Einzug hielt und im Lauf der Jahre kleine Gemeinden bildete. Da es für die ›neue‹ Konfession keine Kirchen in der Eifel gab und man sich mit provisorischen Betsälen behelfen mußte, packte den Freiherrn von Mirbach, der nicht weit von Gerolstein entfernt seine Erlöserkapelle hatte errichten lassen (s. S. 211), das Bedürfnis nach einem Ausgleich. Für diesen Kirchenproporz gelang es ihm, die Aufmerksamkeit des Berliner Evangelischen Kirchenbauvereins – im Vorstand: der Freiherr von Mirbach – bei seiner Suche nach einem würdigen Jubiläumswerk für seinen 100. Bau auf die winzige protestantische Gemeinde Gerolstein-Jünkerath zu richten. Kaiser Wilhelm II. war von dieser Idee seines Kirchenbauvereins – Protektorat des Vereins: Kaiserin Auguste Viktoria, Oberhofmeister der Kaiserin: der Freiherr von Mirbach – sehr angetan, konnte er doch auf diese Weise seiner Aufgabe als Schirmherr der evangelischen Kirche des Reiches effektvoll nachkommen, indem er gerade eine kleine Diasporagemeinde mit einem so überaus prunkvollen Gotteshaus ausstattete. Auf welche Weise er sich bei diesem Vorhaben auch der Repräsentation des Kaisertums und des Hauses Hohenzollern befleißigte, wird sich noch zeigen.

Bauplanung und Ausführung wurden dem Berliner Architekten Franz Schwechten übertragen, der auch die Kaiser-Wilhelm-Gedächtniskirche in der Reichshauptstadt erbaut hatte. Er war ebenso wie der Freiherr von Mirbach und der ganze Kirchenbauverein ein konsequenter Vertreter der sog. historischen Stile des 19. Jh., also der Nachahmung antiker oder mittelalterlicher Bauweisen, besonders von Romanik und Gotik. In Deutschland stehen klangvolle Namen wie Schinkel, Gärtner und Klenze für diese Entwicklung.

Gehorchte die Vielfalt der imitierten Stilrichtungen zunächst noch dem ungeschriebenen Gesetz, den Stil auszuwählen, der die Zweckbestimmung eines Bauwerkes schon in seiner Fassade auszudrücken vermochte (architecture parlante), und diesen so exakt wie möglich zu kopieren – so gab es in Köln einen Erlaß, neue Kirchen nur im gotischen Stil zu errichten, da er besonders geeignet sei, religiöse Gefühle zu erwecken –, machte sich bald eine völlige Willkür breit. Bei der Adaptation immer neuer vergangener Stile durch das Bildungsbürgertum traten griechische, römische, byzantinische Elemente hinzu, eine China- und sonstige fernöstliche Moden trieben ihre Blüten, und bisweilen entstanden völlig neue Mischungen wie der sog. Rundbogenstil in Deutschland. Gegen Ende des Historismus nach der Jahrhundertwende hatte sich der Gebrauch der perfekt beherrschten Stilvielfalt in immer oberflächlichere und theatralischere Formen gesteigert. Die ins Pompös-Kolossale gewachsenen Dimensionen standen in keinem Verhältnis mehr zur Funktion des Bauwerks, so wurden griechische Säulenfassaden gleichermaßen Theatern, Postämtern und Bahnhöfen vorgeblendet; die exakte Stilnachahmung wich völlig der willkürlich zusammengestellten Mischung verschiedenster Elemente zur Erzielung bestimmter Effekte.

Ein solches Werk, auf dem letzten Höhepunkt historistischer Prachtentfaltung, ist auch die Erlöserkirche in Gerolstein. Betritt man ihre Vorhalle, so wird man trotz der edlen Baumaterialien – Wände mit einer Verkleidung aus Cipolinomarmor, Gewölbe mit leuchtend blauen Mosaiken – nicht auf das höchst eindrucksvolle Erlebnis des Kirchenraums vorbereitet. Unter der Orgelempore hervortretend, stehen Sie dort unter der gewaltigen Kuppel, die, vollständig mit Goldmosaiken bedeckt, im Glanz der 240 Lichter des großen Kronleuchters erstrahlt, der in der Mitte des Raumes herabhängt. Die Kuppel ruht auf ebenfalls mosaikverzierten Rundbögen, die von acht massigen Granitsäulen getragen werden. Obwohl der Grundriß eigentlich die Form eines Kreuzes mit verkürzten Kreuzarmen zeigt, ist es diese großartige Kuppel, die der Kirche den Charakter eines Zentralbaus verleiht. Erst auf den zweiten Blick bemerkt man, daß auch hier der ›Maskenball der Stile‹ in vollem Gange war. Neben dem byzantinischen Gesamteindruck erweckt das große Apsismosaik einer Himmelfahrt Christi griechische Assoziationen; die Motive des Fußbodens aus Mettlacher Platten sind eindeutig der römischen Kunst entliehen, wogegen die Außengliederung der Kuppel mit einer Zwerggalerie romanisch ist. Geradezu kurios sind jene Details, die offensichtlich auf den direkten Einfluß des Förderers dieses Bauvorhabens, Kaiser Wilhelm II., zurückgehen. Mußte man schon in der Vorhalle das Konterfei des Kaisers mit Gemahlin als seltsame Bereicherung der würdevoll-altchristlichen Atmosphäre empfinden, die hier beschworen werden sollte, so erblickt man im oberen Teil der Kuppel einen Kranz von ornamentierten Medaillons, in denen der Kaiser Glanz, Glorie und Konfession seines Hauses in historischen Dimensionen gefeiert wissen wollte: Neben Martin Luther, Melanchthon, Bonifatius, Willibrord, König Pippin, Barbarossa und Wilhelm I. erblickt man auch Karl den Großen, der mit seinem mosaizierten Schnurrbart einer wilhelminischen Majestät verdächtig ähnlich sieht.

Die Verbundenheit des Kaisers mit diesem Bauwerk erwies sich auch in seiner persönlichen Teilnahme am Eröffnungsgottesdienst. Damals setzte er eine noch heute gezeigte Weihinschrift in die Bibel der Erlöserkirche und datierte sie mit dem 15. Oktober 1913. Dieses Datum wirft zwar nicht auf das Bauwerk, jedoch auf seinen großen Förderer ein bezeichnendes Licht: Nur wenige Monate später begann unter seiner entscheidenden Mitwirkung der Erste Weltkrieg. Denn während sich seine Majestät an ihren verspielten Historienbauten mit ihren unheiligen Versatzstücken vergangener Größe ergötzte, in deren Tradition er sich durch ihre stilistisch zusammengewürfelte Darstellung – Martin Luther auf byzantinisch! – sehen wollte, rollten aus den qualmenden Fabriken seiner Rüstungsindustrie jene Kanonen, die bald das millionenfache Sterben auf den Schlachtfeldern übertönen sollten. Nach dem Ende dieses Krieges war es mit dem Kaisertum ebenso vorbei wie mit dem Evangelischen Kirchenbauverein und der ganzen Glorie der wilhelminischen Ära. Damit war auch die Zeit der historischen Stile vorüber, Bauten wie die Erlöserkirche in Gerolstein wurden nie wieder errichtet. Somit ist diese Kirche, zusammen mit der im gleichen Geist gebauten Erlöserkapelle in Mirbach, ein seltenes kunsthistorisches und zeitgeschichtliches Dokument.

Von der Kirche führt ein neoromanischer Säulengang hinüber zum Museum der **Villa Sarabodis.** Die unmittelbar anschließenden Ruinen einer Villa rustica, also eines der zahlreichen römischen Landsitze in der Eifel, wurden im Jahre 1907 bei den Vorbereitungen zum Bau der Erlöserkirche entdeckt. Die Anlage dürfte im 1. Jh. nach Christi entstanden und recht luxuriös ausgestattet gewesen sein, wie das aufwendige Heizsystem (hypocaustum), Funde von bleiernen Abflußröhren der Badeanlage und Reste von Glasfenstern beweisen. Die Villa mit ihren zahlreichen Räumen war bis Mitte des 4. Jh. bewohnt, dann fand sie ein gewaltsames Ende – die aufgefundenen Mauerreste waren 1 m hoch mit Brandschutt bedeckt. Besonders rätselhaft geblieben ist bis heute die Entdeckung von 27 Gräbern in den Ruinen (eines davon ist im Museum zu sehen). Die darin befindlichen Skelette von jungen Männern, wahre Hünen von über 2 m Größe, wiesen alle die gleichen Verletzungen auf: ein zerschlagener rechter (Schwert-)Arm und eine zertrümmerte rechte Schädeldecke. Ob hier eine Hinrichtung stattgefunden hat und ob der Tod der 27 Männer etwas mit der Zerstörung der Villa rustica zu tun hat, ist unbekannt. In dem gut sortierten Museum befinden sich neben einer Fossiliensammlung zahlreiche Funde aus der Villa Sarabodis und von der römisch-keltischen Tempelstätte ›Judenkirchhof‹ auf der Hustley.

Fährt man die Sarresdorfer Straße in Richtung Lissingen nur wenige hundert Meter weiter, so erblickt man rechts neben der Straße das ebenfalls besuchenswerte **Kreisheimatmuseum.** Es ist im alten Sarresdorfer Pfarrhaus aus dem Jahr 1545 untergebracht, dem schönsten mittelalterlichen Gebäude, das es in Gerolstein noch zu sehen gibt, leicht zu erkennen an dem Votivaltar mit Heiligenfiguren aus der Zeit um 1600, der in den Giebel des Hauses eingemauert ist. Das Museum zeigt Beispiele Eifeler Wohnkultur aus vergangenen Jahrhunderten.

Die Umgebung von Gerolstein

Folgt man der Straße am Fuß des turmartigen Felsens des Aubergs entlang noch weiter, kommt nach einer großen Windung der Kyll das Dorf **Lissingen** in Sicht. Seine Silhouette wird geprägt vom malerischen Baukomplex der ehemaligen Wasserburg, die eigentlich aus zwei zusammengebauten Burgen besteht. Wohl schon im 11. Jh. begonnen, erhielt der Bau mit seinen beiden Burghäusern, ihren Innenhöfen und dem gemeinsamen großen Wehrturm im 16. und 17. Jh. sein heutiges Aussehen.

Gerolstein und seine Umgebung sind heute eines der Zentren des Tourismus in der Eifel. Weltbekannt wurde der Name des Ortes in diesem Jahrhundert durch sein Mineralwasser, das schon den Römern bekannt war. Die reichhaltigen Kohlensäurevorkommen der Gegend gehen auf den Vulkanismus zurück – erkaltendes Magma sondert bei Abkühlung unter 400° Kohlensäure ab, die sich mit dem Grundwasser verbindet – und versorgen aus zahlreichen Quellen mehrere Großbetriebe. Mit über 200 Millionen Flaschen Mineralwasser jährlich überrundet der Ort alle anderen deutschen Brunnenstädte. Auf dem Gerolsteiner Sprudelfest, alljährlich am ersten Sonntag im September, kann das Getränk geradezu berauschende Wirkung entfalten.

In der nächsten Umgebung Gerolsteins befinden sich mit den Eishöhlen bei Roth und der Kasselburg bei Pelm noch zwei Sehenswürdigkeiten, die Sie nicht auslassen sollten. Obwohl die Eishöhlen bei **Roth** eine lokale Berühmtheit darstellen, werden sie wenig besucht, liegen in tiefer Abgeschiedenheit und sind schwer zu finden. Man nehme die Straße zur Villa Sarabodis und zweige in Richtung Roth auf der Straße zwischen Auberg und Munterley ab. Im Ort muß man die Kirche umfahren, wo ein kleiner Wegweiser das Befahren einer sonst gesperrten Werkstraße zur Vulkansandgrube gestattet. Spätestens vor deren unasphaltierter Einfahrt muß man den Wagen abstellen; der Fußweg zu den Höhlen führt rechts an der riesigen Sandgrube vorbei den Berg hinauf in den dichten Wald, der den Vulkankegel des Rother Kopfes bedeckt. Auf halber Höhe bietet sich kurz vor dem verfallenen Maschinenhaus ein grandioser Blick in den tiefen Kessel der Lavagrube, die in weiten Linien die feine Schichtung der Auswurfmassen sichtbar macht.

Kurz danach beginnt der Berggipfel jenes wildromantische Landschaftsbild zu zeigen, das für die uralten, verlassenen Mühlsteinbrüche der Eifel charakteristisch ist. Der Rother Kopf ist ein Schweißschlackenberg, er besteht also aus jenem betonharten Material, das entsteht, wenn riesige Lavafetzen ausgeschleudert werden, die nicht in der Luft erkalten, sondern glühend zu Boden fallen und zu grobkörnigen Konglomeraten verbacken. Um Abbauflächen für die großen Mühlsteine zu gewinnen, wurde der Berg mit künstlichen kleinen Schluchten durchzogen und tiefe Schächte und Trichter eingegraben, die bis heute, vom Hochwald überragt und vom Unterholz überwuchert, schaurig-schöne Szenerien entstehen ließen. Mitten in der Düsternis öffnen sich die schwarzen Löcher der Höhlen, denen ein eisiger Hauch entströmt. Entstanden sind sie durch einen teilweisen Zusammensturz des einst offenen Tagebaus, der aber auch schon so tief in den Berg geführt hatte, wie es die Höhlen heute tun. Mit gutem Schuhwerk, einer starken Taschenlampe oder besser einer Pechfackel können die Höhlen gefahrlos begangen werden. Deren große Attraktion, die Eisbildung im Sommer, wird man allerdings nicht mehr finden. Sie entstand dadurch, daß die einströmende warme Außenluft in der Höhle abkühlte und verdunstend als Reif an den Wänden niederschlug, der zu Eis wurde. Seit durch den benachbarten Abbau des vulkanischen Materials das Gefüge des Berges erschüttert wurde, ist in der Höhle eine schwache Luftzirkulation entstanden, die einen Temperaturaustausch ermöglicht. Seitdem findet keine Eisbildung mehr statt.

Die Kasselburg: Berühmt wegen ihres 37 m hohen, landschaftsbeherrschenden Doppelturms

Oberhalb des Dorfes Pelm, nicht weit von der Papenkaule entfernt, hat ein zweiter Vulkan den Rücken des Dolomitmassivs durchschlagen. Auch hier am Kasselburger Hahn war ein Teil des Magmas seitlich aus den Felsen hervorgebrochen und in großen Brocken den steilen Hang hinabgestürzt; als Blocklava findet man sie bis zur Talsohle. Oben am Rand der Felsen hat das erkaltende Magma einen großen Basaltstock gebildet, auf dem sich heute die mächtigen Ruinen der **Kasselburg** erheben. Die weitläufige Anlage besteht aus Bauteilen romanischer bis spätgotischer Zeit. Nach der letzten großen Erweiterung durch das Erzstift Trier in der zweiten Hälfte des 15. Jh. lag die eigentliche Kernburg wie eine eigene Zitadelle im weiten Rund der Vorburg und der Zwingermauern; drei stark befestigte Tore waren zu nehmen, um ungebeten hineinzugelangen. Der dreigeschossige Palas muß einen prachtvollen Rittersaal enthalten haben, von dem noch riesige Kamine und Fenster mit Sitznischen zeugen. Angebaut ist eine große Kapelle. Mit Tortürmen, Zwingern, Flankierungstürmen und Ausfallpforten ist die ganze Anlage ein Lehrstück eines ausgeklügelten Befestigungssystems des Spätmittelalters; die Berühmtheit der Kasselburg beruht jedoch auf dem großen Doppelturm, der mit 37 m Höhe die Ruinen überragt und das ganze Landschaftsbild beherrscht. Dies ist einer der bedeutendsten Türme der deutschen Burgenarchitektur; in seiner Grundform rechteckig, bewehrt mit zwei vorspringenden runden Halbtürmen, enthält der

Die Kasselburg bei Pelm überragt weithin sichtbar die Landschaft der Eifeler Kalkmulden

linke größere davon die Wendeltreppe. Nachdem seine ursprüngliche Funktion als Torturm aufgegeben und das Portal vermauert worden war, wurde er auf neun Geschosse aufgestockt und als Wohnturm großzügig ausgebaut, bekrönt von hohen Zinnen.

Zunächst im Besitz der Herren von Blankenheim, dann des Erzstifts Trier, geriet auch die Kasselburg in die Erbfehden des Hauses von der Mark, das sich 1611 der Burg bemächtigte. Wie in Kerpen mußte auch hier der Bischof von Münster als Bevollmächtigter die Burg von seinen Truppen besetzen lassen, danach diente sie ab 1681 als Kaserne der Herzoglich Arembergschen Artillerie. Von den Franzosen sicher nicht unbeschädigt gelassen, wurde die Kasselburg 1744 als »modo verfallen« bezeichnet, es drohte der völlige Untergang der Ruinen. Der Anstoß zu ihrer Rettung kam Mitte des vorigen Jahrhunderts aus unerwarteter Richtung. Damals hatte die Bahn einen Service, von dem man heute nur träumen kann: Nachdem die Rheinische Eisenbahngesellschaft die Strecke Köln–Trier durch die Eifel fertiggestellt hatte, spendete sie – »um den Reisenden etwas zu bieten« – 1000 Taler zur Restaurierung des berühmten Turms.

Heute ist die Kasselburg weit über ihre architektonischen Besonderheiten hinaus bekannt wegen des weitläufigen Adler- und Wolfsparks, der Teile der Burganlage miteinbezieht.

Im Zentrum der Westeifeler Vulkanlandschaft

Begibt man sich nun aus dem Gerolsteiner Raum hinunter nach Süden, so gelangt man in das Herzstück des Westeifel-Vulkanzugs, weltberühmt durch seine Maare; die Namen Daun und Manderscheid sind Synonyme für Höhepunkte eindrucksvollster Vulkanlandschaft und zugleich Zentren der Eifeler Geschichte.

Daun und seine Maare

Daun ☆☆
Besonders sehenswert: Landschaft um Daun mit den Maaren

Als sich die Herren von Dune im 10. Jh. auf dem fast senkrecht abfallenden Felsen aus Säulenbasalt im heutigen Daun ihre Stammburg errichteten, begann ihr Aufstieg zur Macht; 1107 stiftete Benigna von Daun das Kloster Springiersbach, 1158 avancierten sie zu Ministerialen des Erzbischofs von Trier, kurz darauf erreichten sie unter Kaiser Konrad III. die begehrte Reichsunmittelbarkeit. In der Folgezeit stellte die Familie einen bekannten Haudegen der Kreuzzüge, gründete mehrere Nebenlinien und konnte Bischöfe von Worms und Köln vorweisen, ehe sie mit Aegidius von Daun, genannt ›der tolle Gilles‹, den Höhepunkt ihrer Macht in der Eifel überschritt.

Die Geschichte vom Aufstieg und Fall des Aegidius, überdies eine der kuriosesten Episoden des Kampfes der beiden Erzbistümer Köln und Trier um ihren Einfluß in der Eifel, endet, wie bei so vielen Eifeler Dynasten, mit einem Kriegszug des Trierer Erzbischofs Balduin zur Arrondierung seines Herrschaftsgebiets zwischen Koblenz und Trier. Noch 1352 in Fehde mit dem Kölner Erzbischof Wilhelm, erfährt er ein Jahr später, während er die Eroberung Gerolsteins plant, daß der Kölner die Dauner Burg belagert. Sofort läßt Balduin seine Truppen dorthin weiterziehen, und in einer seltsamen Allianz erobern die beiden Gegner gemeinsam, durch einen Verrat begünstigt, die stark befestigte Burg auf dem steilen Felsen. Beide Erzbischöfe schließen einen Vorvertrag über die Teilung der Beute, doch gelingt es der geschickten Diplomatie Balduins, daß Daun bald darauf ihm allein von Kaiser Karl IV. verliehen wird – obwohl Daun in der Diözese Köln liegt; der Amtsbruder und Waffengefährte ist also der Geprellte. In den folgenden Jahrhunderten kurtrierischer Amtssitz, wurde die Burg in den Raubkriegen Ludwigs XIV. 1689 von den Franzosen gesprengt, der Zweite Weltkrieg zerstörte den Rest mitsamt dem Ort und der romanischen Pfarrkirche fast völlig.

Wenig ist daher sichtbar geblieben von der ereignisreichen Geschichte Dauns; noch überragt der steile **Burgfelsen** den Ortskern, doch trägt er neben dem vom Trierer Hofbaumeister Ravensteyn 1712 errichteten Amtshaus (heute ein Hotel mit einem vorzüglichen Restaurant) und einer 1865–67 gebauten neugotischen Kirche nur noch geringe Reste der mittelalterlichen Anlage: Neben dem Außentor mit einem Wächterhaus sind ein Basteiturm und Teile der Ringmauer erhalten, in deren östlicher Partie ein verwittertes Marmorrelief eingemauert ist; die strategisch günstige Lage des Basaltfelsens hatten schon Kelten und Römer genutzt.

Antik ist auch der Sockel des originellsten Kunstwerkes in Daun. Vor dem Forum Daun in der Ortsmitte (in dem sich auch die Touristeninformation befindet), steht auf einem römischen Steinquader mit Jagd- und Opferszenen die bekannte gußeiserne **Bacchusfigur,** die drall und behäbig auf einem Faß sitzt. Kaum einer weiß jedoch, daß dieses Standbild ein alter Ofen ist, 1591 hergestellt und ein Meisterwerk der Eifeler Eisenindustrie: Das Faß war die Feuerung, ein Loch im Rücken der weinseligen Figur diente als Rauchabzug. Auch die **Pfarrkirche St. Nikolaus,** einst eine romanische Pfeilerbasilika, blieb von den Zerstörungen des 2. Januar 1945 nicht verschont, erhalten hat sich der Westturm mit frühgotischem Rundbogenportal und die über einer Mittelsäule gewölbte Krypta aus dem 13. Jh. Man beachte in der Kirche eine thronende Muttergottes, eine ländliche Arbeit des 14. Jh., und in der Turmhalle einen Totenschild des Grafen Philipp Ernst von Daun, auf Kupfer gemalt.

Die vielgerühmte Landschaft um Daun gehört in der Tat zu den schönsten Gegenden in der Eifel, und das nicht nur bei den Maaren. Diese jedoch bilden die charakteristischsten Naturschöpfungen der Eifel, und die vier eng beieinanderliegenden Maare bei Daun stellen ein einmaliges vulkangeformtes Landschaftsbild dar. Die modellierenden Kräfte des Vulkanismus haben hier drei große Sprengtrichter hinterlassen, das Gemündener Maar, das Weinfelder oder Totenmaar und das Schalkenmehrener Doppelmaar, wovon eines verlandet ist und das andere noch mit Wasser gefüllt ist. Die erlöschende Kraft des Eifeler Vulkanismus zeigt sich hier daran, daß es bei den Ausbrüchen nicht mehr zur Förderung von Aschen, Schlacken und Lavaströmen kam; vorbei war die Zeit der Schichtvulkane, die sich als Kegel aus magmatischem Material auf das Grundgebirge aufsetzten, also sog. positive Reliefformen bildeten. Die Ausbrüche der Maarvulkane waren langsam beginnende, sich steigernde Eruptionen glühender Gase, die nur noch wenig vulkanisches Material förderten;

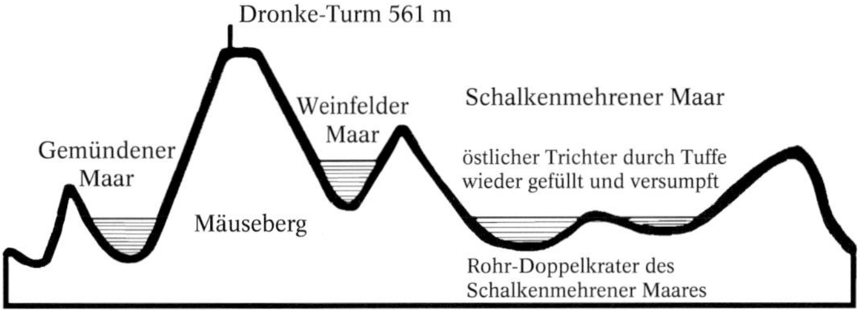

Die Dauner Maare im Querschnittschema; deutlich sind die unterschiedlichen Wasserspiegel zu sehen

Einzigartig innerhalb der vulkanischen Landschaften Europas sind die Dauner Maare. Eng beieinander gelegen, weisen sie extrem unterschiedlich hohe Wasserspiegel auf, da sie ihre Entstehung drei verschiedenen Ausbrüchen desselben Vulkans verdanken

durch Einsturz des Deckgebirges über ausgeblasenen Hohlräumen entstanden dann tief eingesenkte Trichter im Grundgestein, also negative Reliefformen.

Mit unbewegten Wassern gefüllt, umgeben von düsteren, sand- und ascheverschütteten Trichterwänden, müssen die Maare vor der Rückkehr der Vegetation und der planmäßigen Aufforstung zutiefst fremdartige und bestürzende Panoramen geboten haben, ein An-

blick, an den heute noch am ehesten das **Weinfelder oder Totenmaar** erinnert. Der Blick über das dunkle Gewässer in weitem Rund, eingefaßt von kahlen, ginsterbestandenen Hängen, auf die schwere, geduckte Kirche des mit der Pest untergegangenen Dorfes Weinfeld, die zwischen alten Grabkreuzen einsam auf dem Rand des Trichters steht, hat zu allen Zeiten die Betrachter zutiefst beeindruckt. Die Melancholie dieses Ortes fand in Sagen und Legenden, wie der von der versunkenen Burg auf dem Grund des Maarsees, und in zahlreichen romantischen Gedichten und Gemälden ihren Ausdruck. Die Weinfelder Kirche, die Pfarrkirche des im 16. Jh. verschwundenen Dorfes, besitzt noch den Turm und den kreuzrippengewölbten Chor des 14. Jh.

Nur durch einen schmalen Sattel getrennt, liegt tief unterhalb des Totenmaars das **Gemündener Maar** inmitten seiner hohen, bewaldeten Trichterwände. Der fast kreisrunde See ist dadurch sehr idyllisch gelegen, im Sommer belebt ein reger Badebetrieb einen Teil des sonst einsamen Waldufers. Wiederum von gänzlich anderem Charakter präsentiert sich das **Schalkenmehrener Maar,** in dessen weitläufigem Kessel neben dem See ein vermoortes älteres Maar und ein Dorf mit der dazugehörigen Landwirtschaft eine ausgesprochen ländliche Szenerie geschaffen haben. Die Wanderung um die drei Maare und über die sie trennenden schmalen Sättel mit immer wechselnden Ausblicken auf die runden Gewässer ist sehr empfehlenswert.

In unmittelbarer Nähe Dauns gibt es mit der Kirche in Steinborn und der Burgruine auf dem Nerother Kopf noch zwei weniger bekannte Ziele, die man nicht auslassen sollte. In **Steinborn** entspringt mitten im Dorf eine sehr wohlschmeckende Kohlensäurequelle; nach dem erquickenden Trunk aus dem Sauerbrunnen begebe man sich zur Kirche, am Hang über dem Ort in einem alten Kirchhof gelegen. Der ursprünglich spätromanische Bau sticht heute als ein kleines Juwel gotischer Architektur aus den zahlreichen Dorfkirchen der Gegend hervor. Anfang des 16. Jh. wurde sie in eine Einstützenkirche nach dem Vorbild des Hospitalkirche in Kues (s. S. 219f.) verwandelt, die nach ihrer letzten Restaurierung und farblichen Neufassung die ganze Eleganz und Harmonie der von einem Pfeiler getragenen Innenräume zurückgewonnen hat. Aus einer achteckigen kapitellosen Mittelstütze aufsteigend, verzweigen sich die Rippen des reichen Netzgewölbes, übersät mit figürlichen und bemalten Konsol- und Schlußsteinen in zahlreichen verschiedenen Motiven. Die Fresken in den Gewölbefeldern zeigen seltsamerweise musizierende Landsknechte, die aus großen Blüten hervorwachsen. Unbedingt beachten sollten Sie das prächtige römische Kapitell, das nun neben dem zentralen Pfeiler als Weihwasserbecken steht. Ein ebenso auffallendes Stück ist die Holzempore aus dem 16. Jh., von denen es in den Eifelkirchen nur noch ganz wenige gibt. Ebenso selten sind inzwischen die alten Bauernhausformen mit einem Wohnteil über gewölbtem Stall geworden, von denen sich im Dorf noch einige erhalten haben.

Nur 2 km nördlich von Steinborn liegt idyllisch im Tal des Pützbachs ein Ort mit dem vielversprechenden Namen **Waldkönigen;** in der Tat wird er überragt von den prächtigen Wäldern des Ernstbergs, dem mächtigsten der zahlreichen Vulkanberge der Umgebung. Höchst eindrucksvoll sind auch hier die Spuren eines überwucherten, verlassenen alten Mühlsteinbruchs. Auf der Suche nach geeignetem Gestein ist hier eine heute noch begehbare Höhle 200 m weit in den Gipfel des Lavaberges getrieben worden.

Blick in den schönen Einstützenraum der Kirche von Steinborn. Das Charakteristikum der Einstützenkirchen besteht darin, daß alle Gewölbe in der Mitte des Kirchenschiffs in einer Säule zusammenfinden

Nerother Kopf: Eine der schaurig-schönsten Landschaftsszenerien der Eifel

Den Höhepunkt wildromantischer Landschaftsbilder der Eifel bildet aber der nahe gelegene **Nerother Kopf:** Man fahre von Steinborn südlich ins direkt anschließende Neunkirchen, dort biegt ein wenig versteckt eine schmale Straße nach Neroth ab. Wenn nach etwa 2 km linker Hand ein die Landschaft dominierender, dicht bewaldeter Vulkan in geradezu klassischer Kegelform ins Blickfeld rückt, biege man links in einen der den Hang hinaufführenden Schotterwege ab. Nach kurzem Weg über weite Wiesen gelangt man an den dunklen, scharf abgrenzenden Waldsaum, und es ist, als betrete man eine andere Welt: Steil führt nun der Weg bergauf im Dämmerlicht eines riesigen Buchenhochwalds. Weiter oben bricht der Waldboden auf, und Felsblöcke aus schwarzem Vulkangestein ragen heraus, zwischen denen man plötzlich vor der großen Ruine eines Burghauses steht. Nur wenige Schritte weiter auf dem Gipfel eröffnet sich eine phantastische Szeneric: Übersät von gewaltigen Felsbrocken, klammert sich hier ein Labyrinth von Wurzeln hoher Bäume an das Gestein, als hätten sie die Blöcke in ihren vielgliedrigen Klauen. Beinahe unwirklich heben sich aus dem Gewirr von Felsen und uralten Baumwurzeln im spärlichen Licht die Ruinen einer weitläufigen Ringmauer und eines Wohnturmes hervor, die, aus schwarzem Gestein erbaut, der Düsternis der Szene in nichts nachstehen.

Doch der eindrucksvollste Anblick steht noch aus, bis man sich den Ruinen nähert: Als ein unheimliches schwarzes Loch öffnet sich direkt unter der Mauer eine riesige Höhle, als stünde man vor den Pforten der Unterwelt. Daß die Burg an diesem schaurig-schönen Ort ausgerechnet den Namen Freudenkoppe trägt, mag man als Widerspruch empfinden. Viel Freude hat sie ihrem luxemburgischen Gründer, dem blinden König Johann, auch nicht gemacht, denn bereits sechs Jahre nach ihrer Entstehung (1340) mußte der Luxemburger auch hier seine Stellung vor der Konkurrenz aus Trier räumen; Erzbischof Balduin organisierte von hier aus seinen Kampf gegen die Grafen im nahe gelegenen Daun.

Wenige Kilometer südlich ist mit dem Burberg bei **Schutz** eine weitere landschaftliche Attraktion zu finden. Es handelt sich ebenfalls um einen steilen, dichtbewaldeten Vulkan, dessen Lavakuppe jedoch zur Hälfte abbrach und so einen spektakulären Felsgipfel hinterließ. Bis heute sichtbar, sind in das Gestein mehrere Baufugen einer spätrömischen Fluchtburg eingehauen.

Manderscheid

Manderscheid☆☆
Besonders sehenswert:
Burgen
Mosenberg-Vulkane

Von hier aus über die Straße oder auf Wanderwegen durch das schöne Tal der Lieser ist es nicht mehr weit nach Manderscheid, wo man zunächst die Burgruinen besichtige. Wenige Meter nach dem Ortsende, gerade wo die Straße sich ins Liesertal senkt, liegt links ein Parkplatz. Von dort eröffnet sich ein geradezu atemberaubender Blick auf die gewaltige Ruine der Niederburg unten im Tal. Folgt man von hier dem kurzen Weg hinunter, so schiebt sich langsam eine zweite Burg ins Blickfeld; an der Spitzkehre der Straße angelangt, ist das Bild dann vollständig: Vor Ihnen liegt das grandiose Manderscheider Burgenpanorama der zwei auf steilem Felsen hintereinander gestaffelten Ruinen, einer der eindrucksvollsten Anblicke mittelalterlicher Wehrarchitektur, die sich in Deutschland finden lassen.

Zugleich stellen diese beiden Burgen eine martialische Variation des nun schon bekannten Themas dar: dem Kampf um die Macht in der Eifel zwischen den sie umgebenden Großterritorien, hier zwischen Trier und Luxemburg, denn die Lieser, die die beiden senkrecht abstürzenden Burgfelsen trennt, war die Grenze zwischen den beiden Fürstentümern. Die Oberburg und die Ortschaft Manderscheid gehörten zu Kurtrier, die größere Niederburg mit der stark befestigten Talsiedlung zu Luxemburg: So haben sich die Wächter auf den beiden gegenüberliegenden Turmriesen jahrhundertelang mißtrauisch ins Auge geblickt – und das mit gutem Grund. Die bereits 973 genannte Oberburg – somit eine der ältesten in der Eifel – lag auf

Das berühmte Burgenpanorama von Manderscheid. Ebenso dramatisch wie die Lage der beiden Wehrbauten ist ihre Geschichte: jahrhundertelang waren ihre Besitzer verfeindet

einem Gebiet, das die Karolinger dem Kloster Echternach geschenkt hatten. Diese hatten auf der Niederburg Vögte eingesetzt, da sich die Ausübung der Blutgerichtsbarkeit für die geistlichen Herren nicht ziemte. Mit diesen Agenten ihrer Macht hatten sie aber zugleich ihre Konkurrenten geschaffen: Aus den Vögten wurden Herren von Manderscheid, Lehensleute des Grafen von Luxemburg, die bald die geistliche Hoheit über die nun zum Bistum Trier gehörende Oberburg nicht mehr anerkennen wollen. Zusammen mit den Luxemburgern unterliegen sie im Kampf mit Albero von Trier und bauen nun ab 1147 die ihnen verliehene Niederburg zu ihrem Stammsitz aus. Noch einmal erobert Richard von Manderscheid mit der Hilfe Heinrichs von Luxemburg die strategisch wichtige Oberburg, doch müssen sie sich 1160 der Belagerung durch Erzbischof Hillin von Trier ergeben.

Seitdem bildete die Oberburg einen der Stützpunkte der weltlichen Macht des Erzbistums gegen Luxemburg, dem die Festung der Manderscheider fast auf Steinwurfweite als dauerndes Ärgernis gegenüberlag. So schritt der erfolggewohnte Trierer Erzbischof Balduin auch hier zur Tat: 1346 begann er die Belagerung der Niederburg, doch nahm das Unternehmen ein ungewohntes Ende. Nach Avenarius hielt sich die Burg zwei Jahre, fünf Monate und 15 Tage, dann

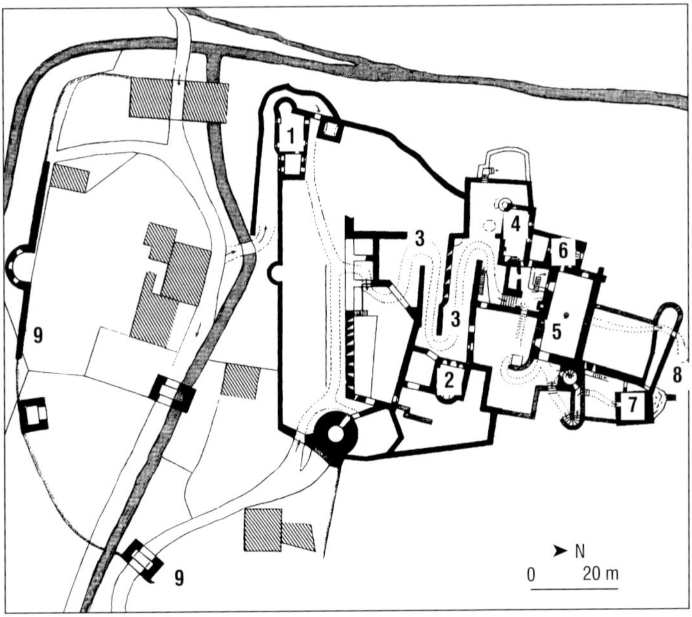

Burgruine und Ort Niedermanderscheid
1 Torhaus
2 Burgkapelle
3 Zwingermauern
4 Burgmannenhaus
5 Palas
6 Wohnturm
7 Bergfried
8 Mantelmauer
9 Dorfbefestigung mit Toren von Niedermanderscheid

mußte der Versuch, die Manderscheider in die Knie zu zwingen, aufgegeben werden. 1427–28 wurde die Niederburg unter Dietrich II. schließlich zu einer großangelegten Befestigung mit Vorburg und ummauerter Talsiedlung ausgebaut, die 1618 von Erzherzog Albrecht, dem katholischen Statthalter der spanischen Niederlande, erobert wurde, weil die Manderscheider versucht hatten, in ihren Landen den Protestantismus heimisch zu machen; seitdem verfiel ihre Stammburg. Inzwischen war das Grafengeschlecht durch die Gründung der drei Linien Schleiden, Blankenheim und Kail zu einem der mächtigsten Häuser der Eifel aufgestiegen, das allerdings 1780 ausstarb. Bald darauf erschienen die französischen Revolutionstruppen und machten der Herrschaft des Adels in der Eifel für immer ein Ende.

Die beiden Burgen von Manderscheid sind noch heute eindrucksvolle Zeugen ihrer bewegten mittelalterlichen Geschichte. Aus diesem Grund darf man keinesfalls den etwa 20minütigen Rundgang auslassen, der beide Burgen verbindet und knapp oberhalb des erwähnten Parkplatzes bei der Pension Talblick von der Straße abzweigt. Der Weg führt auf schmalem Grat zunächst zur **Oberburg;** zwischen zerklüfteten Felsen eröffnet sich der Blick auf eine großartige Szene: tief unten die Schluchten, die die Lieser um die beiden Burgfelsen herum gegraben hat, rechts hebt sich das helle Gestein der Niederburg als markante Silhouette vor dem dunklen Wald ab, während zur Linken langsam der Koloß des romanischen Bergfrieds der Oberburg aus den Baumwipfeln wächst. Seit der Zerstörung der Burg durch die Franzosen (1673) ist es dieser fünfgeschossige Turm zwischen zerstörten Ringmauern, Tor- und Gebäuderesten, der das Bild der Ruine bestimmt. Der Bergfried gehört fast unverändert dem 1166 erfolgten Neubau der Burg nach ihrer Eroberung durch Erzbischof Hillin an. Errichtet wurde der Turm auf einem ungewöhnlichen rautenförmigen Grundriß mit 9 m Seitenlänge; das letzte Geschoß besitzt halbkreisförmig vorspringende Rundtürmchen. Der sorgfältig gemauerte Brunnen reichte über 80 m tief hinunter bis auf die Talsohle der Lieser.

Dorthin führt nun auch der Weg zur **Niederburg,** deren Anlage in ihrer ganzen Kühnheit von hier oben deutlich wird: Wie im Modell einer Idealburg liegt der Bergfried an der höchsten Stelle, um ihn stürzen die Felsen senkrecht ins Liesertal, auch sinnfällig der letzte Zufluchtsort der weitläufigen Burg. Unten angekommen, bietet sich vor der großen Sperrmauer, die das ganze Tal abriegelte, ein anderer Anblick: Hier wächst wie ein unbezwingbarer Berg Mauer um Mauer den Felsen hinauf. Dieses charakteristische Bild der Niederburg entsteht dadurch, daß der weniger steil abfallende Südhang des Burgfelsens, gegen den sich einzig ein Angriff richten konnte, durch mehrfache, jeweils eine Felsterrasse höher stehende Zwingmauern gesichert war, zwischen denen sich der Burgweg durch mehrere Tore und an Türmen vorbei hinaufwand bis zur alten Kernanlage. Dort führt eine in den Fels gehauene Treppe zur Zisterne und zur Ruine des romanischen Palas mit dem Rest einer achteckigen Säule vom gotischen Umbau, darunter zwei Kellergeschosse mit großen Tonnengewölben. Auf der letzten Gebäudeterrasse des Burgfelsens erhebt sich noch 18 m hoch der Bergfried des 12. Jh. Vor der Burg liegt die bis heute kaum erweiterte kleine Ortschaft Niedermanderscheid, umgeben von den Resten ihrer türmebewehrten Ummauerung aus der Zeit um 1437.

Westlich von Manderscheid ist im Ort **Meisburg** die Historische Schneidemühle zu sehen, ein altes Sägewerk mit vollständig erhaltener mechanischer Einrichtung. Im Lohsalmtal nahe des Dorfes treibt die natürliche Wasserkraft eines Mühlengrabens ein fast 7 m großes oberschlächtiges Wasserrad an. Über komplizierte Übersetzungen werden zwei alte Sägeblätter in Bewegung gesetzt, die bis heute Balken und Bretter sägen können.

Mosenberg und Meerfelder Maar

Man mag sich darüber streiten, ob sich in der Umgebung von Daun oder von Manderscheid die landschaftlich schönsten Schöpfungen des Eifeler Vulkanismus finden, eine Wanderung über den **Mosenberg,** der als einer der klassischen ›Lehrvulkane‹ der Geologie gilt, ist für jeden Besucher unerläßlich. Eng beieinander finden sich hier

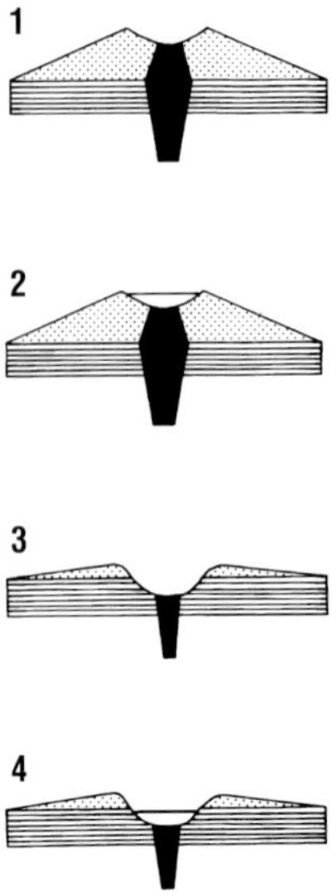

Am Mosenberg finden sich alle wichtigen Erscheinungen des quartären Vulkanismus versammelt: Schichtvulkan (1), Kratersee (2), Maar (3) und Maarsee (4)

Vulkanasche
Devondecke
Lavastock (Schichtvulkan, Kratersee) bzw. Eruptionskanal (Maar, Maarsee)

alle wichtigen Erscheinungen des quartären Vulkanismus: Schichtvulkane, Lavaströme, Kraterseen und ein Maar – auch der geologisch weniger Interessierte wird dieses vielfältige Landschaftsbild zu schätzen wissen. Die Straße führt von Manderscheid in Richtung Bettenfeld durch das romantische Tal der Kleinen Kyll hinauf zu einem links gelegenen Parkplatz. Von dort sind es nur wenige Minuten hinauf zum Windsborn, dem besterhaltenen und schönsten Vulkankrater der Eifel, mit einem runden See zwischen hochaufragenden, schwarzen Schweißschlackenmauern.

Am Windsborn befindet man sich allerdings schon mitten im Gang des vulkanischen Geschehens, welches mit vielzitierten »plutonischen Paukenschlägen« lange vor dessen Entstehung ein wenig südöstlich begann. Die Urheberschaft durch eine musizierende Gottheit ist natürlich nicht die Wahrheit über den Ursprung des Mosenbergs. Diese Landschaft hat ein anscheinend langsam nach Nordwesten wandernder Magmaherd hinterlassen, der im Quartär im Laufe von wenigen hunderttausend Jahren (nach F. Sauer) mit fünf Eruptionen das devonische Grundgebirge durchschlug. Die ältesten Ausbrüche schufen die beiden südlichen Schichtvulkane der Mosenberggruppe. Während der nördliche der beiden kaum noch zu erkennen ist, dokumentiert der hufeisenförmige Wall des südlichen Kraters die gewaltige Energie dieses Ausbruchs noch heute: Ein breiter Lavastrom entquoll dem Förderschlot, durchbrach den bereits aufgeschichteten Schlackenring und floß im Horngraben bis zum Tal der Kleinen Kyll. Dort staute sich die Lava und hinterließ Basaltgestein von bis zu 30 m Mächtigkeit.

Hier, im unteren Teil des Horngrabens, befindet sich die sog. **Wolfsschlucht,** ein enges Tal, das den Basalt durchschnitten hat, heute erweitert durch einen lange aufgelassenen Steinbruch. Dies ist ein besonderer Ort: Nicht nur wird der geologisch Interessierte die schlanken Basaltsäulen bewundern, die sich der Kontraktion beim Erkalten der Lava verdanken, die wildromantische Szenerie würde jeden Bühnenbildner zu Webers ›Freischütz‹ vor Neid erblassen lassen. Auf dem Gang zurück zu den beschriebenen Kratern ist an dem unteren Weg, der westlich am Mosenberg vorbeiführt, ungefähr unterhalb des Gipfels noch eine in die Schlacken eingelagerte 2 m dicke Lavabank zu sehen, etwas weiter ein fast senkrecht stehender Basaltgang.

Der nächste Ausbruch des Mosenberg-Vulkans ließ wenige hundert Meter nordwestlich, gleich neben der Straße von Manderscheid nach Bettenfeld, einen rundum geschlossenen Wall aus Schlacken und Lapilli mit kleinen Lavaanteilen entstehen. Die vulkanische Energie hatte bei der Entstehung des **Windsborn** schon abgenommen, es wurde noch magmatisches Material gefördert, das so heiß herausgeschleudert wurde, daß es mit feineren Bestandteilen fest verschweißte. So wurden die bizarren Formen der südlichen Kraterwand kreiert, in der man auch im Flug durch die Luft verformte und zusammengeklappte Wurfschlacken entdecken kann. Es ist jedoch

nicht mehr, wie beim südlichsten Krater der Mosenberggruppe, zum Ausbruch eines Lavastroms gekommen. Der Windsborn ist, obwohl er oft so genannt wird, kein Maar, sondern ein Schichtvulkan mit Kratersee. Auch beim unmittelbar nordöstlich an den Windsborn anschließenden **Hinkelsmaar** ist der Name irreführend. Die Fördertätigkeit der Magmakammer hatte erneut abgenommen, doch liegt auch hier das Maarbecken in einem flachen Schlackenring, der den Wall des Windsborn angeschnitten hat – ein Beweis, daß das Hinkelsmaar jünger ist.

Fährt man vom Mosenberg zurück in Richtung Manderscheid und biegt unten im schluchtartigen Tal der Kleinen Kyll links ab zum **Meerfelder Maar,** so befindet man sich nach einem kurzen Stück gewundener Straße im weiten Rund eines gewaltigen Kessels. Mit hoch aufragenden Wänden ist er so groß, daß er neben dem See noch einem Dorf und Feldern Platz bietet; hier hat man es nun wirklich mit einem Maar im geologischen Sinn zu tun. Nach der Entstehung des Hinkelsmaars hat die verlöschende Kraft des Magmaherds im Erdinnern hier noch einmal mit einer Serie von Gasexplosionen den größten Maartrichter der Eifel in das devonische Grundgestein gerissen, in das bereits ausgehöhlte Tal des Meerbachs hinein. Die Tufflagen

Das Meerfelder Maar bedeckt nur noch einen Teil des großen Kraterkessels. Hier bestand der Vulkanausbruch nur noch aus gewaltigen Gasexplosionen, die den größten Maartrichter der Eifel in das Grundgestein rissen

um das Maar bestehen fast ausschließlich aus fein zerriebenem devonischem Gestein – darin findet sich als charakteristischer Auswürfling Olivin –, das im Süden bis zum Mosenberg verfrachtet wurde. Da diese Sande auch in das Hinkelsmaar eingeweht wurden, konnte mittels der Pollenanalyse das Alter des Meerfelder Maares auf ca. 11 500 Jahre festgesetzt werden. Wie bei vielen Maaren besteht auch in Meerfeld ein auffallendes Mißverhältnis zwischen der Größe des Kessels und der geringen Menge des ausgeworfenen Gesteins. Dies erklärt sich höchstwahrscheinlich aus dem nachträglichen Einbrechen und Abrutschen von Gesteinsschichten unterhalb der Oberfläche. Der See, der sich im Maarkessel gebildet hat, ist im Lauf der Jahrtausende von Schwemmland des Meerbachs und durch menschlichen Eingriff zur Gewinnung von Ackerland zurückgedrängt worden. Der verbliebene Rest ist ein reizvoller und im Sommer gern besuchter Badesee.

Von Manderscheid nach Ulmen

Besonders sehenswert:
Pulvermaar
Ulmen und
Ulmener Maar

Auf dem Weg von Manderscheid nach Ulmen (man nehme nicht die Autobahn) gelangt man nach **Gillenfeld,** in dessen Umgebung sich zahlreiche Maare verschiedensten Charakters befinden. Noch vor dem Ort stößt man auf das liebliche Holzmaar mit seinem Teppich blühender Seerosen und den botanischen Raritäten in der Verlandungszone der Ufer. Nur durch einen Waldstreifen getrennt, liegt wenige hundert Meter nordwestlich das Dürre Maar, ein blühendes Hochmoor, das die Umrisse des verlandeten Sees noch deutlich gegen die Wiesen und Felder der Umgebung abgrenzt. Nochmals ein kurzes Stück Weg in der gleichen Richtung bietet sich der eigentüm-

Das Strohner Maarchen, ein verlandetes Maar, bildet ein von den umliegenden Äckern scharf abgegrenztes Hochmoor. Ein weicher, meterdicker Pflanzenteppich bedeckt den Kraterschlund

liche Anblick der Hütsche, ein ebenfalls vermoortes Maar, das mit nur 70 m Durchmesser das kleinste aller Eifelmaare ist – geradezu niedliche Dimensionen, wenn man bedenkt, daß auch dessen Ursprung der Ausbruch eines – winzigen – Gasvulkans war.

Von ganz anderen Ausmaßen ist dagegen das imposante **Pulvermaar** östlich von Gillenfeld, ein kreisrunder See mit 700 m Durchmesser, umgeben von steilen Trichterhängen, die von einem großen, lichterfüllten Buchenwald bestanden sind. Die vielgerühmte azurblaue Quellenwasserklarheit dieses Maarsees kommt daher, daß er von unter dem Wasserspiegel liegenden Quellen eines alten Tals gespeist wird, in das sich der Ausbruch des Pulvermaarvulkans eingesprengt hat. Wenn man von Gillenfeld die Straße in Richtung Immerath zum Pulvermaar wählt, so erblickt man gerade, wenn links der helle Maarsee durch die Bäume schimmert, rechts neben der Straße einen kleinen, dicht bewaldeten Berg. Dies ist der Schlackenkegel des Römerbergs, hinter dem sich eine der seltsamsten Erscheinungen der Vulkaneifel verbirgt: das **Strohner Maarchen,** dessen ovaler Kratersee von einem üppigen Hochmoor vollständig bewachsen ist. Scharf grenzt sich das Dunkelgrün des bemoosten Pflanzenteppichs vom Gelb eines das Oval umlaufenden Kornfelds ab.

In **Ulmen** ist noch einmal alles versammelt, was den Reiz der Eifeler Vulkanlandschaft ausmacht: ein tief eingesenkter Maarkessel, darinnen ein See und ein Dorf, dessen Fachwerkhäuser bis an das Wasser gebaut sind, überragt von einer Kirche und umrundet von hohen Hängen, auf der einen Seite steil und bewaldet, gegenüber sanft abfallend und mit Wiesen bedeckt. Und was man mit einem Vulkan alles anfangen kann, zeigt die das malerische Bild vervollständigende Burg Ulmen: Ihre Erbauer haben sie direkt auf den Kraterrand gesetzt und so das steil abfallende Gelände geschickt genutzt. Die heute in Ruinen liegende Wehranlage, die einst aus einer Ober- und Niederburg bestand, war seit etwa 1150 der Stammsitz der Ritter von Ulmen. In der Pfarrkirche St. Matthias, einem in das alte Dorf gut eingepaßten Neubau von 1905, der einen großen zweischiffigen Hallenbau der Spätgotik nachahmt, befinden sich noch einige vorzügliche Kunstwerke aus der abgebrochenen Vorgängerkirche. Neben dem spätgotischen Sakramentshäuschen besticht vor allem der Renaissance-Altar aus der Nachfolge des Hans Ruprecht Hoffmann mit seinen figurenreichen reliefierten szenischen Darstellungen. Hinter dem mächtigen sechssäuligen Taufstein aus Basaltlava, einem eindrucksvollen frühgotischen Werk des 13. Jh. mit Wappen der Ritter von Ulmen, steht das 1605 errichtete Grabmal des Ritters Philipp Haust von Ulmen mit einer großen Figur in einer Rüstung; daneben, am Aufgang zur Empore, hängt der dazugehörige Totenschild.

Das Ulmener Maar ist eine der beliebtesten Badegelegenheiten der ganzen Gegend, denn die Temperatur seines Wassers nimmt nach der Tiefe zu. Die warme Quelle, die den Maarsee speist, ist ein letztes Zeugnis der Zeit, als in der Eifel das glutflüssige Erdinnere an die Oberfläche trat.

Die südliche Voreifel

Die weite Landschaft zwischen Koblenz, Wittlich und dem Moseltal, die sich südlich an die Hoch- und Vulkaneifel anschließt, zeigt gegenüber dieser einen charakteristischen Wechsel im Erscheinungsbild: Anstelle des vielfältigen Reliefs aus Maaren und Vulkankuppen, bewaldeten Bergen und Felsen bestimmen hier flachwellige Hügellandschaften das Bild. Deren intensive landwirtschaftliche Nutzung verleiht ihnen mitunter monotone Züge, doch kann zu bestimmten Jahreszeiten und bei geeigneten Lichtverhältnissen der weite Blick über die sanft gewellten, endlos sich aneinanderreihenden Felderkarrees mit kleinen eingestreuten Dörfern einen unverwechselbaren Reiz besitzen. An das in dieser Hinsicht besonders typische Maifeld zwischen Koblenz und dem Elztal schließen sich südwestlich die ähnlich gestalteten Kaisersescher, Lutzerather, Öfflinger und Littgener Hochflächen an, wobei die letzten beiden bereits die Wittlicher Senke umschließen. Erst hier unten bringen der Kondelwald und die steil abfallenden Moselberge Bewegung in die Landschaft. Dennoch besitzt gerade diese einförmige Gegend einige Partien von großer Schönheit: Die Hochflächen werden zerteilt von mehreren stark mäandrierenden Tälern, an deren steil abstürzenden Hängen sich innerhalb weniger Meter geradezu dramatische Wechsel des Landschaftsbildes erleben lassen. Die einsamen, tief eingekerbten Waldtäler von Elz, Endert, Ueß und Lieser gehören zu den landschaftlichen Glanzpunkten der Eifel, die, von Straßen nur gekreuzt und selten ein Stück begleitet, nur zu erwandern sind und daher dem Sonntagnachmittagstourismus bis heute völlig unbekannt geblieben sind.

Ebenso wie die Fruchtbarkeit des Maifelds schon früh zahlreiche Bauerndörfer hat entstehen lassen, so hat die Abgeschiedenheit der Täler die Mönche hierhergelockt; daher befinden sich in der südlichen Voreifel bedeutende dörfliche und klösterliche Kirchenbauten wie in Mertloch, Driesch, Münstermaifeld und Springiersbach. Auch an Burgen hat es in der Gegend nicht gefehlt; zwar ist nur eine einzige von ihnen unversehrt geblieben, doch die gehört zu den berühmtesten, die es überhaupt gibt: Burg Eltz, die türmereiche Ganerbenburg auf dem Felsen im tiefen Wald mit ihrer vollständigen Innenausstattung, ein Pilgerziel der Burgenromantiker aus aller Welt.

Die mittelalterliche Geschichte dieses südlichen Eifelteils ist bestimmt von seiner Nähe zur Mosel – und damit von dem politischen Interesse Kurtriers, zwischen seinen beiden Machtzentren Koblenz und Trier und entlang der Verbindungswege freie Hand zu haben. So ziehen sich die Fehden zwischen den Trierer Bischöfen und den zäh um ihre Unabhängigkeit ringenden kleinen Rittergeschlechtern wie ein roter Faden durch die Vergangenheit dieses Landstrichs. Neben diesen eher romantischen Episoden hat die Nähe zu Rhein und Mosel – und damit zu den Heerstraßen des Dreißigjährigen Krieges und der Raubkriege Ludwigs XIV. – dem Land aber seit der Neuzeit ein unbeschreibliches Elend beschert. Besonders das fruchtbare Maifeld als Quartier nutzend, plünderten es die Armeen von Freund und Feind so gründlich aus, daß es auf Jahrzehnte verödete und fast die

◁ *Das Maifeld, der südöstliche Teil der Eifel, ist eine eigentümliche und manchmal suggestive Landschaft der weichen Linien und des weiten Himmels*

Die südliche Voreifel

ganze Bevölkerung zugrunde ging. Zerstört ist daher vieles, doch haben sich in den wiederaufgebauten Dorfkirchen mitunter erstaunliche Kunstschätze erhalten: dazu gehört der Bassenheimer Reiter, eine der bedeutendsten Schöpfungen der deutschen Plastik des 13. Jh., ebenso wie der formenreiche Chor der ehemaligen Klosterkirche zu Lonnig, ein klassisches Beispiel rheinischer Spätromanik.

Auf dem Maifeld

Die Fraukirch bei Thür

Fraukirch ☆ Der volkstümliche Hochaltar der Wallfahrtskirche St. Maria

Bester Ausgangspunkt für eine Fahrt durch das Maifeld und zur Burg Eltz ist die Stadt Mayen. Von dort führt der Weg zuerst zu einem der eigenwilligsten und überraschendsten Werke, die die Volkskunst der Eifel hervorgebracht hat: dem großen Hochaltar in der bis in frühkarolingische Zeit zurückreichenden Wallfahrtskirche St. Maria, bekannt unter dem Namen Fraukirch bei Thür. Hat man das einsame Anwesen gefunden, glaubt man sich in eine andere Zeit versetzt unter rauschenden Baumkronen zwischen der alten Kirche und einem gegenüberliegenden Barockgebäude, dem Frauenkirchhof.

Nachdem man die kleine Eisentür neben dem Chor durchschritten hat, steht man im Inneren, unmittelbar unter dem hochragenden Altaraufbau, der bis hinauf in das Gewölbe reicht. Er trägt in der Mitte, umgeben von gedrehten Säulen, reichem Knorpelwerk und Engelsfiguren, ein großes polychromiertes Steinrelief, das in szenischer Darstellung dramatische Ereignisse zeigt: Von einer Burg aus sprengt eine Reiterschar durch einen Wald mit hohen Bäumen und grünen Wipfeln, ein Priester in vollem Ornat weiht eine Kapelle, und der ganze untere Teil des Reliefs ist in martialischer Detailtreue der Vierteilung eines Verurteilten gewidmet. Dies ist die Darstellung von mehreren ineinanderkomponierten Szenen der Genovevalegende, die ihren Ursprung hier im Maifeld hat; die Fraukirch steht an dem Ort, an dem die Heilige in der Wildnis gelebt haben soll. Der 1664 aufgestellte Altar freilich sieht die Ereignisse im Stil seiner Zeit; das ungewöhnliche Werk erweist sich auf den ersten Blick als eine höchst originelle volkstümliche Arbeit: Keine vergeistigten Figuren in ausgewogenen Kompositionen wie auf den Reliefaltären des Hans Ruprecht Hoffmann und seiner Werkstatt, sondern bockende Pferde und vierschrötige Knechtsgesichter blicken den Betrachter an, hier herrscht das Bemühen um die wirklichkeitsgetreue Darstellung der legendären Ereignisse vor, wie ein bäuerlicher Wallfahrer seiner Zeit sie sich hätte vorstellen können. Selbst die Hörner des Rindviehs, das an den Seilen zerrt, die gleich den Bösewicht zerreißen werden, sind nicht vergessen worden; bis in die kleinsten Details ist die zeitgenössische Kleidung der Personen ausgearbeitet, von den Knopflöchern eines Wamses über wehende Hutfedern und Helmbüsche, kurze Pumphosen und fließende Gewänder bis zu den kunstvoll geflochtenen Mähnen der Pferde sind alle Einzelheiten der damaligen Mode festgehalten.

Die Genovevalegende, die rührende Geschichte von der zu Unrecht verstoßenen Pfalzgräfin, ist weit verbreitet; Dichter, Maler und Musiker der Romantik haben sich des Stoffes angenommen, und selbst Robert Schumann komponierte eine Genoveva-Ouverture. Ihren Sprung hat die Legende aber hier im Mayengau, und es sind mehrere Niederschriften aus dem 15. Jh., besonders diejenige des Johannes von Andernach, bekannt. Danach lebte Genoveva zur Zeit des Bischofs Hydulf von Trier, den die Historiker im 8. Jh. ausfindig gemacht haben, und war die schöne, tugendhafte Gemahlin des Pfalzgrafen Siegfried. Als dieser sich zu einem Heerzug gegen die Heiden rüstet, ergreift er bezüglich seiner geliebten Gattin Maßnahmen, um jeden unerlaubten Umgang zu vermeiden. Liebe macht schließlich nicht blind, und so bestimmt er den trefflichsten seiner Ritter, Golo, zur Aufsicht über die Gräfin. Kaum hat sich Pfalzgraf Siegfried entfernt, entbrennt Golo in treuloser Liebe zu seiner Herrin und versucht mit schändlichsten Methoden, ihrer habhaft zu werden. Indes widersteht Genoveva seinen Werbungen und schenkt alsbald einem Sohn das Leben, den sie in der Nacht vor der Abreise ihres Gemahls von diesem empfangen hatte.

Als nun die Nachricht von der bevorstehenden Rückkehr des Pfalzgrafen eintrifft, gerät der Ritter Golo in eine unangenehme Lage, da er die Aufdeckung seiner Absichten befürchten muß. So reitet er dem Grafen entgegen und hinterbringt ihm die verleumderische Meldung, seine Gemahlin habe während seiner Abwesenheit – ausgerechnet – mit einem Koch ein Kind gezeugt. Der Pfalzgraf, ganz ein liebender Ehemann, ist sofort bereit, diese schäbige Geschichte über seine Frau zu glauben, und gibt dem Golo den Auftrag, Weib und Kind umzubringen. Die Diener, die die Tat ausführen sollen, kalkulieren jedoch mit ihrem Seelenheil und wollen das Blut einer Unschuldigen nicht auf sich laden, so bringen sie die Gräfin und das Kind an einen Ort, wo wilde Tiere das traurige Geschäft für sie erledigen sollen. Doch da geschieht Genovevas wundersame Errettung. Die Stimme der Jungfrau Maria ruft ihr zu: »O meine Freundin! Ich werde dich nicht verlassen!«, und alsbald erscheint eine Hirschkuh und nährt den Knaben. Sechs Jahre und drei Monate sind vergangen, als Hörnerklang durch den Wald schallt und der Pfalzgraf mit seinem Jagdgefolge, eben diese Hirschkuh verfolgend, auf das elende Reisiglager der Genoveva trifft. Nach reichlichem Zögern erkennt er seine totgeglaubte Gemahlin wieder und, durch das Wunder ihrer Errettung überzeugt, schenkt er ihrer Erzählung Glauben, was nun freilich den Golo das Leben kostet: Er wird ergriffen und gevierteilt.

Das ist die Geschichte der heiligen Genoveva, die nicht eher bereit war, den Ort des Wunders zu verlassen, bis er geweiht worden war. Bei ihrem Tod ließ der Pfalzgraf dort eine Kirche errichten, wo er seine Gemahlin begrub; dies war ein Vorgängerbau der Fraukirch, in der Sie gerade stehen – als im Jahre 1951 Grabungen in der Kirche stattfanden, stellte man fest, daß die Fundamente des Mittelschiffs von einer frühkarolingischen Saalkirche stammen, also aus der Zeit des Bischofs Hydulf, der in den alten Niederschriften der Genovevalegende genannt wird. Darüber hinaus entdeckte man unter dem karolingischen Hochaltar und im Chor drei Gräber aus dieser Zeit, deren Gebeine bereits 1260 als Reliquien ausgestellt worden waren.

Um 1664 wurde der ungewöhnliche Altar in der Fraukirch bei Thür aufgestellt. Die große Mitteltafel zeigt mehrere Szenen, darunter die Vierteilung des Verleumders, ein Thema aus der Genovevalegende, die im 8. Jh. spielt

Um 1900 noch vorhanden, sind sie auf ungeklärte Weise verschwunden – die alte Kirche ist also mindestens so interessant wie ihr Altar.

In romanischer Zeit erweiterte man den Bau zu einer dreischiffigen Basilika, wenig später kam ein frühgotischer Chor hinzu; 1718 wurden jedoch der Westturm und 1829 die beiden Seitenschiffe wegen Baufälligkeit abgebrochen und die Arkaden vermauert. In der heute also einschiffigen Kirche beachte man die fünfteiligen spätromanischen Fächerfenster im vierjochigen Langhaus, die Kelchkapitelle über Bündeldiensten und die spätgotische Sakramentsnische im Chor sowie den eindrucksvollen Doppelgrabstein aus dem 14. Jh., der in der Südwand eingemauert ist. Ursprünglich war dies die

Deckplatte eines großen Hochgrabs im verschwundenen rechten Seitenschiff, auf der ein Mann in Ritterrüstung und eine Frau dargestellt sind, wahrscheinlich ein später aufgestelltes Stiftergrab mit dem Pfalzgrafen und seiner Gemahlin.

Hier bei der Fraukirch befindet man sich bereits in der Pellenz, dem noch vom Vulkanismus geprägten Landstrich, der dem Maifeld nördlich vorgelagert ist. Sie stellt eine endlose, geschwungene Ebene dar, auf der sich ein Felderkarree an das andere reiht; die einzige, jedoch markante Abwechslung bilden auch hier die Vulkankegel, die sich auf die Fläche gesetzt haben. Doch sind hier fast alle Vulkane in Lavasandgruben verwandelt worden und stark zerstört, wie man überhaupt in der Pellenz an jeder Ecke auf die Spuren des Abbaus vulkanischen Materials stößt, da die ganze Gegend meterhoch vom Ausbruch des Laacher Bimsvulkans (s. S. 173f.) verschüttet worden war. Hier wie auf dem Maifeld wird die Sicht durch die großen Vulkanberge des Laacher-See-Gebiets begrenzt, die besonders an klaren Tagen in düsterer Erhabenheit das endlose Feldermosaik überragen. Die Landschaft ist wegen einiger künstlerischer Meisterstücke eine kurze Rundfahrt wert.

Beginnt man im nahe der Fraukirch gelegenen Ort **Kruft,** so sieht sich der an historischen Stilen Interessierte dort der riesigen Pfarrkirche St. Dionysius und Sebastian gegenüber, errichtet 1911/12 in neobarocker Manier. Der eindrucksvollen Gesamtwirkung der reich ausgestatteten, weiträumigen Kirche steht die ausladende, figurengeschmückte Altarfassade mit Aufsätzen von 1772 und 1776 in nichts nach. Herausstechende Einzelstücke sind der große romanische Taufstein mit achtseitigem Becken und vier Doppelsäulen vom Anfang des 13. Jh. sowie das farbenprächtige Tafelbild einer Kreuzabnahme aus der Mitte des 16. Jh. In typisch spätgotischem Realismus spielt die figurenreiche Szene vor einem tiefen Landschaftshintergrund; das vorzügliche Werk stammt übrigens nicht aus einem Vorgängerbau der Kirche, sondern wurde 1828 im Handel erworben. In der Nähe befindet sich der Bahner Hof, ein mit doppeltem Graben und Mauern befestigter Gutshof der Barockzeit.

Von Kruft führt die Fahrt weiter über Plaidt nach **Saffig,** wo der erstaunte Kunstfreund einem Werk Balthasar Neumanns gegenübersteht. Nach dessen Plänen führte der ebenfalls im Süddeutschen wirkende Johannes Seiz von 1738–42 den Bau aus, bei dessen Anblick man sich nach Franken versetzt fühlt: Mit ihrem lisenengegliederten Äußeren, dem Turm, auf dem eine doppelte welsche Haube thront, den geschwungenen Volutengiebeln und den Pilastern des Hauptportals könnte die Kirche genauso am Main stehen. Die originale Innenausstattung wurde um 1900 ein Opfer der besonders im Rheinland grassierenden Manie der Verwendung historischer Stile: Bis auf den Taufstein und einige Bildwerke wurde sie entfernt und diese Perle der barocken Baukunst in der Eifel durch eine neoromanische verunziert. Diesen Stilbruch hat man gottlob wieder behoben, indem zwischen 1960 und 1970 aus verschiedenen Orten eine komplette barocke Ausstattung zusammengekauft wurde, die heute mit Beichtstühlen, Tabernakel, mehreren Altären und Gestühl wie aus einem Guß zusammenpaßt und dem Innenraum sein geschlossenes barokkes Gepräge zurückgegeben hat. Man beachte die kleine Orgel mit verziertem Gehäuse und den geschnitzten Christuskopf (um 1500) im Tabernakel. Auftraggeber dieser in der Eifel einmaligen Kirche war der Graf von der Leyen, der durch seine Gemahlin Maria Sophia von Schönborn Beziehungen zum fränkischen Raum hatte. Hier in Saffig besaß er zudem ein Barockschloß; es ist bis auf wenige Reste verschwunden, doch im Park befinden sich noch reizvolle Überbleibsel der Wasserspiele und ein schöner Gartenpavillon.

Bassenheim

Bassenheim ☆☆
Der Bassenheimer Reiter, die bedeutendste mittelalterliche Skulptur der Eifel

Nur ein kleines Stück weiter liegt der Ort Bassenheim, der um die Kirche herum noch ein hübsches Ortsbild mit schönen Fachwerkhäusern bewahrt hat. Hierher fährt man wegen eines nicht nur für die Eifel, sondern für den ganzen deutschen Sprachraum einzigartigen Kunstwerks: das große Sandsteinrelief des **Bassenheimer Reiters,** einer szenischen Darstellung der Mantelteilung zwischen dem Bettler und dem heiligen Martin aus dem Jahr 1239. Das eher zufällig aus dem Mainzer Dom nach Bassenheim gelangte Werk wurde erst 1935 wiedererkannt und im linken Seitenschiff der Pfarrkirche aufgestellt, wo es suggestiv die Blicke aller Eintretenden auf sich zieht. Doch der Betrachter wird nicht nur von der tiefen Dramatik

Der berühmte Bassenheimer Reiter, eine fast lebensgroße Reliefdarstellung der Mantelteilung des hl. Martin, entstand 1239

der Szene und der Figuren beeindruckt sein. Der Bassenheimer Reiter zählt zu den wenigen erhaltenen Werken eines besonderen Übergangs von der Romanik zur Gotik, wie sie für einen Wimpernschlag der Kunstgeschichte in wenigen Jahren nur in Deutschland entstanden sind.

In den ersten Jahrzehnten des 13. Jh. befanden sich die deutschen Bildhauer in einer seltsamen Situation. Seit einigen Jahrzehnten schon beherrschten die revolutionären Neuerungen der frühgotischen französischen Monumentalplastik die europäische Bildhauerei. Angestoßen von den ersten gotischen Kathedralbauten in Frankreich, bei denen zum ersten Mal auch das Bürgertum als Mäzen und Auftraggeber erschien, machten sich auch in der skulpturalen Darstellung des Menschen die Anfänge des bürgerlichen Realismus der Gotik bemerkbar: die verklärte Ekstatik reiner Religiosität der Romanik wich menschlichen, individuellen Porträts, unter den nun bewegt erscheinenden steinernen Gewandfalten spürte der Betrachter einen realistisch proportionierten Körper; die vielzitierte ›Naturwahrheit‹ war ein zentrales Anliegen der Skulptur geworden.

Auch die deutschen Bildhauer dieser Zeit pilgerten in die neuen Kunstzentren nach Frankreich und lernten in den gotischen Dombauhütten von Chartres und Reims. Doch als sie zurückkehrten, mußten sie an den Bauten der deutschen Spätromanik weiterarbeiten, denn zwischen Deutschland und Frankreich hatte sich damals eine tiefgreifende Ungleichzeitigkeit der Stilentwicklung vollzogen. Verhaftet im allein stilprägenden Geist des imperialen deutschen Kaisertums und seiner mystischen Religiosität des Hochmittelalters, blieb in Deutschland die Romanik mit ihren schwer lastenden Mauern und den gewaltigen dunklen Innenräumen der Kaiserdome lebendig, während die fortschrittlichen gesellschaftlichen Kräfte in Frankreich längst die Gotik mit ihren konstruktiven Raffinessen und ihren lichtdurchfluteten Raumkonzeptionen hervorgebracht hatten. 1145 war der Bau der gotischen Kathedrale von Chartres bereits in vollem Gange, doch der romanische Dom in Worms wurde erst 1224 vollendet. Die großartige gotische Fassade von Notre Dame in Paris stand bereits aufrecht, als man 1239 am Mainzer Dom noch im Stil bester Romanik baute. So fehlte den deutschen Skulpteuren, die mit den erlernten frühgotischen Errungenschaften aus Frankreich in ihre Heimat zurückkehrten, im wahrsten Sinn des Wortes ihr Betätigungsfeld. Denn der wichtigste Platz, an dem die neue Skulptur ihre Aufstellung fand, waren die riesigen gotischen Figurenportale, die bis heute alle Westfassaden der französischen Kathedralen prägen – doch solche gab es an den romanischen Domen Deutschlands nicht.

Diese merkwürdige Situation führte in der deutschen Skulptur für wenige Jahrzehnte zu einer einzigartigen Lösung: Alle Errungenschaften der Frühgotik – Realismus, Dramatik, Individualisierung – mußten sich nicht wie in Frankreich der Architektur (z. B. eines Portalgewändes) unterordnen, sondern konnten sich für kurze Zeit völlig frei entfalten. So entstanden allein hier in wenigen Jahren auch nur wenige Werke aus dieser Situation, die aber zu den Höhepunkten europäischer Plastik des Mittelalters gehören und zudem der reinste Ausdruck idealisierten Selbstverständnisses des ritterlich-staufischen Geistes sind: der Engelspfeiler am Straßburger Münster (1230) gehört ebenso dazu wie der berühmte Bamberger Reiter im Dom zu Bamberg. Der wohl letzte Vertreter dieser kurzen Epoche ist der sog. Naumburger Meister, der im Naumburger Dom mit dem Fürstenpaar Ekkehard und Uta (1250) die vollendetsten Figuren des ritterlichen Kunstideals der Stauferzeit hinterlassen hat: in gemessener Würde der Fürst mit seinem riesigen Schwert, weiblich und elegant seine Gemahlin, selbstbewußt mit lässig hochgeschlagenem Mantelkragen unter ihrer Krone.

Ein Frühwerk eben dieses Naumburger Meisters ist der hl. Martin hier in Bassenheim, vermutlich 1239 für den Lettner des Mainzer Doms geschaffen. Äußerster Realismus und zugleich höchste Idealisierung prägen die Darstellung. Der hl. Martin ist kein demütiger Heiliger, sondern ein selbstbewußter ritterlicher Herr, der nicht einmal sein Pferd anhält, das ungerührt weitertrabt, während er sich dem Bettler zuwendet. Dieser läuft dem Ritter hinterher, ein elendes Tuch hängt in steinernen Fetzen um seine Hüfte, gierig rafft er mit dem linken Arm bereits einen Teil des Mantels an sich, den über ihm der hl. Martin in der kurz entschlossenen, fliegenden Bewegung eines Vorbeireitenden mit einem großen Schwert teilt. Frappierender Realismus – das wehende Haar des laufenden Bettlers, seine vom Elend gezeichneten Gesichtszüge, die Hand des Reiters, die den Mantel hält und dabei mit einem Finger noch die Zügel führt – mischt sich mit dem tiefempfundenen Schönheitsideal staufischen Rittertums, wie man es an der gemessenen Haltung des Körpers und dem veredelten Antlitz des Ritters Martin empfinden kann. Diese Plastik ist nur der Zeit nach spätromanisch, nicht aber in ihrem Geist. So hat sich die Kunstgeschichte entschlossen, die Werke dieser Zeit treffender mit der Klassifizierung spätstaufisch-frühgotisch zu versehen. Spätestens als 1280 das große Figurenportal am Straßburger Münster vollendet war, wurde auch die Skulptur der deutschen Gotik ein Bestandteil der Architektur. Werke wie der Bassenheimer Reiter sollten nie mehr entstehen.

Die **katholische Pfarrkirche,** in der dieses singuläre Kunstwerk steht, ist übrigens eine um 1900 errichtete neoromanische Basilika mit ausladendem Querschiff. Es handelt sich um ein stilistisch konsequentes und daher selten gelungenes Beispiel eines historischen Kirchenbaus, der in einigen Ornamenten – besonders in den Laibungen der Seitenschiffbögen und der Vierung – deutliche Elemente des Jugendstils zeigt. Gegenüber der Kirche, auf der anderen Seite der Durchgangsstraße, steht in einem schönen englischen Park ein verwunschen-historistisches **Schloß** der Familie Waldbott von Bassenheim, die auch auf dem nahegelegenen Karmelenberg 1662 eine barocke Marienkapelle erbauen ließ.

Von Bassenheim zur Burg Pyrmont

Bei Ochtendung im Nettetal erheben sich die Landschaftsbeherrschenden Ruinen der **Burg Wernerseck,** die ab 1402 vom Trierer Erzbischof Werner von Falkenstein als eine der vorgeschobenen Festungen gegen das kurkölnische Andernach errichtet wurde und somit eine der letzten rheinischen Höhenburgen darstellt. Es entstand eine fünfeckige Hauptburg mit einem gewaltigen Bergfried, der Wohn- und Wehrturm in einem war. Bemerkenswert sind der sechsteilige, rippengewölbte Erker im zweiten Geschoß, der die Altarnische des Kapellenraums darstellt, und die Kamine in drei Obergeschossen. Das außergewöhnlich starke Mauerwerk war bereits für eine Belagerung mit Feuerwaffen eingerichtet.

Nach wenigen Kilometern gelangt man in das abgelegene **Lonnig,** ein kleines Bauerndorf, das von einem prachtvollen Bauwerk überragt wird. Es ist der Chor des 1326 endgültig nach Mayen verlegten Augustinerstifts; die Stiftskirche, ein runder Zentralbau, muß einen imposanten Anblick geboten haben, denn allein der übriggebliebene Chor ist so groß, daß er heute als Pfarrkirche des Ortes dient. Der etwa 1225 errichtete Bau prunkt im ganzen Formenreichtum rheini-

Burg Wernerseck bei Plaidt wurde mit ihrem riesigen Bergfried um 1402 von den Trierer Erzbischöfen zum Schutz vor ihren Kölner Amtsbrüdern errichtet

scher Spätromanik; aus hellem Tuffstein errichtet, ist die gesamte Mauerfläche von Schmuckwerk aus dunklem Basalt überzogen, den unteren Teil gliedert ein Bogenfries auf vorgelegten Pilastern, den mittleren große Blendbögen auf Säulen mit kunstvollen Kapitellen, während der ganze obere Teil von einem umlaufenden Plattenfries und einer Zwerggalerie mit zierlichen Säulchen gebildet wird – trotz des Reichtums auch sorgfältig gearbeiteter Kleindetails ein Werk von eindrucksvoller Monumentalität. Von den ursprünglich zwei Türmen der Stiftskirche ist der nördliche erhalten; er hat fünf Geschosse und zeigt strengere und schlichtere Formen.

Von ganz gegensätzlicher Art, doch ebenso unerwartet, präsentiert sich das nächste romanische Bauwerk der Gegend: die St. Georgskirche in **Polch** auf dem 1806 angelegten Friedhof. Vor der Pfarrkirche im Ortskern, einem monströsen Historienbau aus dem vorigen Jahrhundert, nehme man die Straße nach Münstermaifeld, kurz hinter den letzten Häusern beginnt der besagte Friedhof, wo man unter den hohen Bäumen die niedrige Kirche fast übersehen könnte. Hier steht eine frühromanische Pfeilerbasilika mit quadratischem Chor und einem Turm (um 1200) – Romanik en miniature, möchte man meinen, wenn man im Inneren die winzigen Dimensionen der drei Schiffe gewahrt: niedrig, massig, schmucklos und würdevoll, von einem gänzlich anderen Raumempfinden als die mit Formen überladenen großen neoromanischen Machwerke. Die Pfeiler der vier Arkadenbögen zu den Seitenschiffen sind so niedrig, daß man sich den Kopf stoßen könnte, doch ist es gerade dieser Eindruck unverfälschter dörflicher Romanik, der ihr ein für die Eifel einmaliges Gepräge verleiht. Man beachte ferner die romanische Hochaltarmensa, die hübschen kleinen Barockaltäre und den römischen Grabstein im Sturz des Eingangs im südlichen Seitenschiff; diese Tür ist in der Regel geöffnet.

Mertloch: Pfarrkirche mit schöner Ausstattung

Nur drei Kilometer weiter steht in **Mertloch** mit der Pfarrkirche St. Gangolf ein Prunkstück einer romanischen Basilika von ausgewogenen Proportionen, bereichert um reizvolle gotische Ausstattungsstücke. Gegen Ende des 12. Jh. entstanden und ursprünglich flachgedeckt, erhielt das Mittelschiff Anfang des 13. Jh. vier Gratgewölbe zwischen breiten Gurten, das östliche Joch besitzt einen hängenden Schlußstein. Als die Seitenschiffe im 15. und 16. Jh. umgebaut und durch Arkaden zum Chor geöffnet wurden, entstand im nördlichen, in der heutigen Taufkapelle, ein Kleinod gotischer Architektur: Vollendet schöne Engelskonsolen tragen das reiche Netzgewölbe, der Schlußstein zeigt Christus als Schmerzensmann. Die Herkunft der erlesenen Arbeiten ist zweifellos in Koblenz zu suchen, gefertigt von einer Werkstatt in der Nachfolge des Nikolaus Gerhaert, deren Wirken man im nahe gelegenen Münstermaifeld wiederbegegnen wird. Das originellste Stück der Ausstattung ist die spätgotische Kanzel, polygonal über achteckigem Fuß, die in ihrem Mittelfeld, umgeben von verschlungenen Inschriftenbändern, Christus wie einen mahnenden Pfarrer als Kanzelprediger zeigt (obwohl derartige liturgische

Möbel zu seiner Zeit noch gänzlich unbekannt waren). Das seltene Stück, einzig den Kanzeln in St. Goar und Moselweiß verwandt, ist wohl ebenfalls der Koblenzer Kunst des 15. Jh. zu verdanken; wahrscheinlich stammt es aus der Werkstatt des Hermann Sanders (um 1465). Man beachte in der Kirche weiter zwei Heilige Gräber, eines aus dem 14., das andere aus dem 15. Jh., eine ländliche Anna Selbdritt, Mitte 15. Jh., und eine als Gnadenbild bekleidete Muttergottesbüste, eine kölnische Arbeit vom Anfang des 16. Jh.

Bevor es nun endgültig zum Münster im Maifeld geht, kann man unterwegs noch einen Blick in die Kirche von **Kollig** werfen (an den Bänken von 1731 Wangen mit volkstümlichen Menschen- und Affenköpfen); auch die stattliche Pfarrkirche St. Firminus in **Pillig** aus dem Jahr 1772 lohnt einen kurzen Halt, da sich in ihr das seltene Stück einer runden Kanzel in klassizistischen Formen befindet (Ende 18. Jh. von Michael Alken aus Mayen). Auf jeden Fall aber sollte man sich von Pillig zur **Burg Pyrmont** begeben auf einer kurzen Fahrt, die mit einem überraschenden Erlebnis verbunden ist: Den gleichförmigen Anblick des Maifeldes noch vor Augen, stellt man innerhalb weniger Meter einen vollkommenen Wechsel des Landschaftsbildes fest. Steil fällt die Straße ins Elztal ab, schroffe Felswände treten hervor, und im Talgrund wird die Szenerie be-

Brückenkapelle, Wasserfall, Fachwerkmühle und Burg: das Elztal bei Burg Pyrmont gehört zu den schönsten Landschaftsidyllen der Eifel

herrscht von der mächtigen Kulisse der Burg Pyrmont mit ihrer hohen Palasfront und dem großen, runden Bergfried. Über die steinerne Bogenbrücke mit ihrer Kapelle und dem bäuerlichen Reliefbild überquert man die Elz und steigt hinunter zur Fachwerkmühle, wo man erst am Mühlteich gewahrt, daß das Flüßchen unter den Bögen der Brücke schäumend einen Wasserfall hinunterstürzt – als hätte jemand alle liebenswürdigen Klischees idyllischer Landschaftsromantik an diesem Ort zusammengetragen. Burg Pyrmont, 1225 erstmals erwähnt und seit 1963 auf private Initiative rekonstruiert, ist geöffnet von April bis Oktober.

Münstermaifeld

Münstermaifeld ☆☆
Besonders sehenswert: Stiftskirche

Wenn man nun endlich von Naunheim hinüberfährt nach Münstermaifeld, so mag einem das Städtchen an einem nebligen Herbstmorgen oder an einem dunstigen Sommertag erscheinen wie eine Vision des Mittelalters: Über den geduckten, den Hang hinaufgebauten Häusern erhebt sich das gewaltige Westwerk der ehemaligen Stiftskirche. Auf dem höchsten Punkt des Maifelds gelegen, beherrscht diese Turmgruppe die ganze Landschaft, über 40 km im Umkreis bis weit in den Hunsrück hinein ist sie sichtbar. Vielleicht mag sogar der berüchtigte General Boufflers etwas von der Erhabenheit dieses Baus verspürt haben, als er im Jahr 1690 mit seinen Truppen vor die Stadt rückte, die kurz darauf nur deshalb in Flammen aufging, weil er sie auf seinem Einsatzbefehl mit Münstereifel verwechselt hatte. Dieses Fanal war indes nur das schreckliche Ende einer Zeit unbeschreiblichen Elends, das mit jahrelangen Truppeneinquartierungen während des Dreißigjährigen Krieges begonnen hatte. Gar der Gedanke, daß das große Münster die Kirche eben jenes Stifts war, dessen Pröpste die Hochgerichtsbarkeit besaßen und auch hier zwischen 1626 und 1652 eine Serie von grauenvollen Hexenprozessen veranstalteten, läßt die jüngere Geschichte des Städtchens in keinem glücklichen Licht erscheinen. Die Regelung, die den Besitz eines vom Satan Besessenen nach dessen Feuertod dem Landesherrn zufallen ließ, war für alle weltlichen und geistlichen Herrschaften ein Grund, das mörderische Treiben der Hexenjäger mit einem wohlwollenden Auge zu betrachten.

Dabei hatte das Stift durchaus bessere Tage gesehen. Bereits im 6. Jh. war Münstermaifeld ein Zentrum der Mission der südlichen Eifel, und mit den im 9. Jh. erwähnten »fratres in loco sancti Martini« zogen Kultur und Bildung in die Weiten des »Meynefelds«. Mit einem Geramnus wird im Jahr 1052 der erste Propst des Stifts genannt, das nun einen raschen Aufschwung nahm und bald so reich und mächtig wurde, daß es wagen konnte, dem Papst zu trotzen. Der hatte oft genug versucht, die Stellung des Propstes von Münstermaifeld, die mit hohen Einkünften verbunden war, seinen Günstlingen in der Kirchenhierarchie zukommen zu lassen. Doch die Kanoniker dach-

Der Bau der ehemaligen Stiftskirche von Münstermaifeld (begonnen um 1225) gehört zu den bedeutendsten Werken des sog. Übergangsstils von der Romanik zur Gotik

ten nicht daran, sich solche Verfahrensweisen gefallen zu lassen, und wählten mehrmals Gegenpröpste, was schließlich zur Exkommunizierung des ganzen Stiftskapitels führte. Während der nicht enden wollenden Konflikte mit dem Papst standen bedeutende Persönlichkeiten dem Stift als praepositus (= Propst) vor; der bekannteste dürfte Nikolaus von Kues, genannt Cusanus, gewesen sein, einer der angesehensten Gelehrten seiner Zeit. Nachweislich hat er hier in Münstermaifeld seine noch heute für die Sozialwissenschaften so aktuelle Schrift ›De docta Ignorantia‹ verfaßt. Nachdem es im Jahr 1515 dem Erzbischof von Trier gelungen war, die Pfründe des Propstes endgültig an sich zu ziehen, und nur noch Dechanten das Stift verwalteten, begann dessen Stern rapide zu sinken, bis hin zur Barbarei der Hexenverfolgung im 17. Jh. Als die französischen Revolutionstruppen 1802 das Stift auflösten und seinen gesamten Besitz versteigern ließen, gingen nach den Elendszeiten des Dreißigjährigen Krieges noch die letzten Reichtümer verloren; geblieben sind von der alten Herrlichkeit nur die großartige Stiftskirche mit ihrem vergoldeten Flügelaltar und einige profane Gebäude. Noch 1828 wurde der gotische Kreuzgang abgebrochen.

Die ehemalige Stifts- und heutige **Pfarrkirche St. Martin und St. Severus** gehört zu den bedeutendsten Werken des Übergangsstils von der Romanik zur Gotik, die sich im Rheinland noch finden lassen. Begonnen wurde der Bau um 1225 mit der Errichtung des monumentalen Chors, von einer 1103 geweihten Vorgängerkirche wurde nur deren Westwerk übernommen. Dieser Chor vereinigt in bestechender Weise die architektonische Vielfalt einer spätromanischen Wandgliederung mit dem neuen Formengefühl der beginnenden Gotik. Schon das äußere Erscheinungsbild des Chors, der in der vollen

Höhe von Querschiff und Langhaus errichtet wurde, zeigt statt einer halbrunden Apsis eine fünfeckige, die noch dazu in höchst ungewöhnlicher Weise von fünf spitzen Dachgiebeln über jeder Seite bekrönt wird. Der Wandaufbau folgt mit seinen drei durch Lisenen und Bogenfriese getrennten Geschossen noch ganz der spätromanischen horizontalen Gliederung, doch wird das gotische Element bereits sichtbar in der Betonung der Vertikalen, durch die über zwei Geschosse hochgezogene Arkadenreihe und die hohen Spitzbogenfenster des Lichtgadens.

Noch deutlicher wird der Übergang von einem Stil zum anderen an dem der Apsis vorgelagerten Chorrechteck: Zu den Horizontalgesimsen treten hier Dreipaßblenden im Sockelgeschoß, die Mittelzone wird durch drei die Vertikale stark hervorhebende schmale und spitze Lanzettfenster gebildet, während der obere Teil der Wandgliederung die Synthese des Formempfindens der sich ablösenden Stile in ästhetischer Vollendung zeigt. Dort wird die umlaufende Zwerggalerie, eine genuin romanische Bauidee, von gotischen spitzbogigen Blendarkaden gerahmt; einen Meter vorher, im Obergeschoß der kurz vorher entstandenen fünfseitigen Apsis, sind es noch runde Blendbögen.

In der nun folgenden Bauphase entstanden das Querschiff und das erste Joch des Langhauses, schließlich wurde mit den zwei westlichen Jochen die Baulücke zum übernommenen Westwerk des rein romanischen Vorgängerbaus geschlossen. Dieses Wahrzeichen des Maifelds stellt eine mächtige Dreiturmgruppe dar, die aus einem querrechteckigen Mittelbau und zwei flankierenden runden Treppentürmen besteht; die wuchtige Breitenwirkung dieses massigen, viergeschossigen Baukörpers wird durch horizontale Lisenen und Rundbogenfriese noch betont. Überraschenderweise stellte man fest, daß das romanische Mauerwerk der seitlichen Rundtürme bis zum Zinnenkranz reicht, das des Mittelbaus aber bereits mit dem dritten Geschoß endet; die beiden schlanken Treppentürme haben diesen also einst überragt. Sein heutiges Aussehen erhielt das Westwerk nach der Fertigstellung des Langhauses zu Beginn des 14. Jh., damals wurde der Mittelturm um ein viertes Geschoß mit vorkragenden, polygonalen Ecktürmchen auf die Höhe der Flankentürme aufgestockt und ein umlaufender Zinnenkranz angebracht, wodurch das Westwerk seinen wehrhaften Charakter erhielt. Kurz danach wurde noch vor dem Südeingang des Langhauses das Paradies errichtet, eine quadratische Vorhalle mit großer, reich profilierter Spitzbogenöffnung, bekrönt von einem Giebel mit Blendmaßwerk und Fialen, der einzige Bauteil der Kirche im Stil reiner Hochgotik.

Weithin sichtbar überragt das monumentale Westwerk der ehemaligen Stiftskirche von Münstermaifeld die Landschaft des Maifelds

Innen öffnet sich die Kirche zu einem klaren und weitläufigen Raum. Den runden Pfeilern der dreischiffigen Basilika sind Dreivierteldienste vorgelagert, die die Kreuzgewölbe mit profilierten Rippen tragen; an Pfeilern und Diensten findet sich vielgestaltiger Kapitellschmuck. Charakteristisch zeigt sich der Übergangsstil auch im Inneren des Chors: rundbogige, reichgeschmückte spätromanische Blendarkaden bestimmen das Untergeschoß, darüber eine überhöhte Fensterzone mit hohen, schmalen Spitzbögen, getragen von rechteckigen Pfeilerkernen, die mit schlanken Säulenbündeln verblendet sind. Obwohl der Besitz des Stifts durch Krieg und Brand vernichtet oder von den Franzosen versteigert und verstreut wurde, lassen die wenigen in der Kirche verbliebenen Kunstwerke den Reichtum und die außerordentliche künstlerische Qualität ihrer einstigen Ausstattung erahnen.

Sobald man das Mittelschiff betreten hat, nimmt der große Hochaltaraufsatz, der berühmte Münstermaifelder Goldaltar, mit seinem hohen Mittelschrein und den weit ausladenden Flügeln den Blick gefangen. Es handelt sich auch hier um die Arbeit einer jener Antwerpener Werkstätten um etwa 1520, die zu spätgotischer Zeit die ganze Eifel belieferten, wobei die Qualität dieser fast in Massenproduktion gefertigten Exportstücke erstaunt: Der reich vergoldete Münstermaifelder Altar zeigt den über gemalte Flügel und geschnitzte Schreine fortlaufend<<<en Zyklus der Heilsgeschichte, vollständig vom Tempelgang Mariens über Heimsuchung, Anbetung der Könige, Flucht nach Ägypten, bethlehemitischen Kindermord, Gefangennahme, Geißelung, Kreuzigungsgruppe und Auferstehungsszenen bis zur großen Gregorianischen Messe auf den (geschlossenen) Flügelaußenseiten. Allein im Mittelschrein sind zwischen geschnitzten gotischen Architekturen 92 einzelne Relieffiguren zu sehen; besondere Meisterwerke stellen die Flügelgemälde dar: Man beachte die expressive Gestik und Mimik der Personen, den reichen Faltenwurf der Gewänder und die typisch niederländischen Stadt- und Landschaftshintergründe der Szenen. Diese Flügelgemälde sind nicht die einzigen Bilder in der Kirche. Von 1930–32 wurde eine Reihe zum Teil vorzüglicher Fresken freigelegt: Neben dem achteinhalb Meter großen Christophorus in einem orientalischen Prunkgewand aus dem 13. Jh. befindet sich an der Stirnseite des südlichen Querhauses eine als Altarbild gemalte Kreuzigung (um 1500), darüber sechs von ursprünglich neun Passionsszenen aus dem Jahr 1396.

Die vom französischen Skulpturenstil um 1320 beeinflußte Madonna in der Kirche von Münstermaifeld erweist ihrer Eifeler Heimat eine besondere Reverenz: in der Hand hält sie eine Rose aus vulkanischem Tuffstein

Besondere Kunstwerke sind die zahlreichen Pfeilerbemalungen, teils datierte Epitaphe verstorbener Kanoniker des Stifts. Einige der Pfeilerbilder sind fast illusionistisch wie um Säulen gelegte Wandteppiche gestaltet. Weitere hervorstechende Ausstattungsstücke sind der romanische Taufstein aus Namurer Blaustein mit maskenartigen Köpfen, ein Heiliges Grab um 1500 mit fast lebensgroßen Figuren, die Barockorgel, das reich geschnitzte Erstlingswerk des Johann Michael Stumm, des Gründers der berühmten Orgelbauerwerkstatt (1721/22), und an der Stirnseite des linken Querhauses der Alabasteraltar des Balthasar Regius (um 1797) mit einem Abendmahl im Mittelbild. Neben einzelnen Barockskulpturen und gotischen Grabmälern gilt der letzte Blick der liebenswürdigen Schönen Madonna am linken Vierungspfeiler, ein um 1320 entstandenes, im vollendeten Faltenwurf des steinernen Gewandes von der nordfranzösischen Gotik beeinflußtes Werk. Dennoch könnte die Skulptur nur hier in der Eifel stehen: In der Hand trägt die Madonna eine Rose aus vulkanischem Tuffstein.

Außerhalb der Kirche ist die ehemals von eigenen Mauern und Toren umgebene Stiftsimmunität am Straßenverlauf noch deutlich zu erkennen. Sehenswert in der noch auf ihre Restaurierung wartenden Altstadt von Münstermaifeld sind das alte **Rathaus,** ein Renaissancebau von 1575–83, die barocke ehemalige **Dechanei** (um 1770) und vor allem die Kanonikerhäuser in der **Stiftsstraße,** unter denen das bekannte ›Doppelerkerhaus‹ mit seinem Fachwerkvorbau und dem Treppengiebel einen besonders malerischen Anblick bietet.

Burg Eltz

Burg Eltz☆☆
»Hoch, großartig, fremd, düster - ich habe noch nichts Ähnliches gesehen.« (Hugo)

Wer nicht von der Mosel eine Wanderung das Elztal hinauf oder von Burg Pyrmont hinunter bevorzugt, für den ist Münstermaifeld die unumgängliche Station auf der Anfahrt zum berühmtesten Bauwerk der Eifel. »Hoch, großartig, fremd, düster«, notierte Victor Hugo bei seinem Anblick und fügte hinzu: »Ich habe noch nichts Ähnliches gesehen.« Mit diesem kurzen Satz ist der Eindruck eines jeden Betrachters getroffen, der zum ersten Mal am steil abfallenden Rand des gewundenen Elztals steht und tief unter sich Türme und Mauern auf einem langgestreckten Felsen aus den dichten Wäldern aufragen sieht: dort steht Burg Eltz, eine einzigartige Anlage unter den erhaltenen mittelalterlichen Wehrbauten und der Inbegriff deutscher Burgenromantik. »Durch die Einsamkeit und Schönheit der Lage der Phantasie wunderbar entgegenkommend – so ist Burg Eltz für den unmittelbaren Eindruck die Burg schlechthin« – erwachen selbst bei dem sonst so nüchternen Dehio bei diesem Anblick literarische Ambitionen.

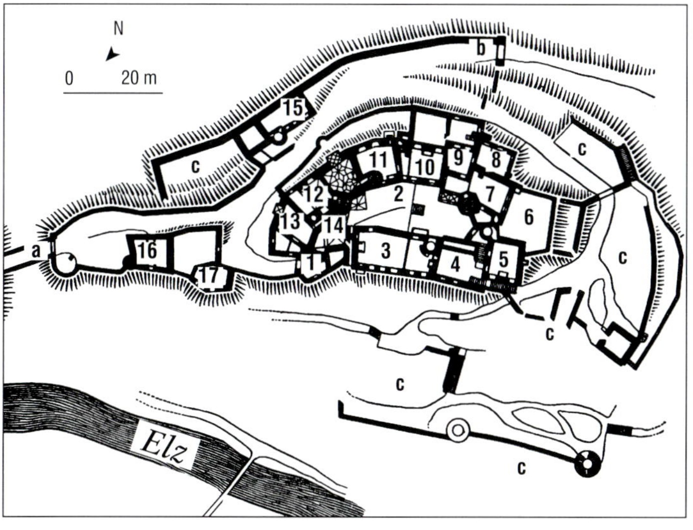

Plan der Burg Eltz
a Äußerer Torbau
b Talpforte
c Zwingeranlagen
1 Inneres Burgtor
2 Innenhof
3 Rübenacher Haus
4 Terrasse
5 Platteltz
6 Amtmannsgärtchen
7-10 Kempenicher Häuser
11, 12, 14 Rodendorfer Häuser
13 Kapellenbau
15 Remisenbau
16 Goldschmiedehaus
17 Handwerkerhäuschen

Eine typische Burg ist Eltz indes nicht, im Gegenteil, sie stellt in historischer und architektonischer Hinsicht einen Sonderfall dar. Ihr charakteristisches Aussehen – ohne Bergfried und Palas scheint sie nur aus einer Aneinanderreihung vielgestaltiger Turmbauten zu bestehen – verdankt sich dem Umstand, daß Eltz eine Ganerbenburg war. Bereits im 12. Jh. in einer Urkunde Friedrich Barbarossas genannt, teilt sich das Haus derer von Eltz um 1268 in drei Linien, die sich nach ihrem Wappen Eltz vom goldenen Löwen, vom silbernen Löwen und Eltz von den Büffelhörnern nennen. Alle drei besitzen als Ganerben gemeinsam Burg Eltz, d. h. sie sind Mitglieder einer Art mittelalterlicher Erb- und Wohngemeinschaft, von denen jeder innerhalb des Burgberings ein eigenes Haus errichten konnte; für die Erhaltung von Toren, Brunnen und Wehranlagen war man gemeinsam zuständig. Die sonst in der Eifel üblichen gewalttätigen Erbstreitereien haben die Eltzer vermieden, und so entstanden auf dem engen Raum des schmalen Felsens vom 12. Jh. bis etwa 1650 mehrere Residenzen von verschiedenen Linien der Familie, in sieben turmartigen Bauten, jede eine kleine Burg für sich. Da der Platz beschränkt war, nutzte man jeden schrägen Meter für die Grundmauern und war gezwungen, in die Höhe zu bauen; so bildete sich mit der Zeit eine seltsame Anlage aus vielen ineinander verschachtelten hochragenden Wohntürmen. Da jede Familie auf die repräsentative Gestaltung ihres Hauses großen Wert legte, ergab sich hier auf engstem Raum eine Überfülle reizvoller architektonischer Details in schmuckvoller Ausgestaltung: Mehr noch als von den Außenfassaden wird der Betrachter im **Burghof** überwältigt vom überquellenden Formenreichtum der Türme und Portale, der Fensterfronten und Fachwerkgiebel, der vorkragenden Erker und der steilen Dächer mit ihren runden und eckigen Türmchen.

Ihren vorzüglichen Zustand verdankt die Burg nicht nur der aufwendigen Restaurierung, die die Linie Eltz-Kempenich Mitte des vorigen Jahrhunderts durchführen ließ, nachdem sie 1815 Alleinbesitzer der ganzen Anlage geworden war. In der berühmten Eltzer Fehde (1331–36) geriet die Burg zwar in höchste Gefahr, doch blieb sie unzerstört: Im Zuge der Niederwerfung der reichsfreien Ritter entlang der Verbindungswege zwischen Trier und Koblenz waren dem gefürchteten Erzbischof Balduin von Trier auch die Eltzer ein Dorn im Auge – schließlich stand ihre Burg in einem Tal, das wenige Kilometer weiter ins Moseltal mündete, die für das Erzbistum lebenswichtige Verkehrsader. Die Eltzer schlossen mit den ebenfalls bedrohten Rittern von Waldeck, Schöneck und Ehrenburg (aus dem Hunsrück, also von der anderen Moselseite) ein Schutzbündnis, in dem sich alle verpflichteten, neben ihren Burgbesatzungen 50 schwerbewaffnete Reiter zu stellen. So viel Widerstandsgeist ging dem Trierer Bischof zu weit: Noch im gleichen Jahr (1331) begann er mit einem Feldzug gegen das Ritterbündnis. Wie gefährlich er dabei gerade die Eltzer einschätzte, zeigt sich daran, daß er auf einem vorspringenden Felsen hoch oben am Talrand eine eigene Belagerungsburg errichten ließ, die sog. **Trutzeltz,** von wo aus die Burg der Eltzer tief unten im Tal mit gewaltigen Steinkugeln beschossen wurde, die noch heute im Burghof gezeigt werden. (Der Fußweg vom Waldparkplatz zur Burg führt an der Ruine der Trutzeltz vorbei.) Dennoch gelang es in einer zweijährigen Belagerung nicht, die Burg zu erobern; ausgehungert mußten die Eltzer zwar 1333 kapitulieren; die Burg jedoch wurde nicht zerstört. Am 9. Januar 1336 wurde dann die ›Pax de Eltz‹ geschlossen: Das Ritterbündnis mußte aufgelöst werden, die Eltzer erhielten ihre Burg als Trierer Lehen zurück; Erzbischof Balduin war abermals Sieger geblieben.

Zwar nicht durch ein Wunder, aber schon aufgrund eines eigentümlichen Umstandes blieb Eltz auch in den Raubkriegen Ludwigs XIV. unversehrt. Während die Armeen des Sonnenkönigs das ganze Land zwischen der französischen Grenze und der für sie nicht haltbaren Rheinlinie vollkommen verwüsteten und besonders alle Wehrbauten gründlich zerstörten, diente ein Johann-Anton von Eltz-Üttingen als Offizier im französischen Heer. Ihm gelang es, eine Zerstörung seiner Stammburg zu verhindern, während die umliegenden Dörfer, Städte und Burgen der Eifel in Flammen aufgingen.

Aus diesem Grund ist nicht nur das Äußere der Burg unversehrt, auch die erhaltene Innenausstattung aus vielen Jahrhunderten sucht

Ebenso faszinierend wie Burg Eltz selbst ist ihre Lage: umgeben von schmalen Zwingeranlagen, erheben sich die sieben hohe Wohntürme der sieben Familienzweige auf einer felsigen Anhöhe inmitten eines einsamen Waldtals

ihresgleichen. Es wäre müßig, jeden der unzähligen historischen Gegenstände in der Burg aufzählen zu wollen; die Führung durch die Innenräume des **Rübenacher Hauses,** der Rodendorfer und Kempenicher Häuser zeigt von einem Stockwerk zum anderen alles, was sich die Phantasie in einer Ritterburg erträumen könnte. Hervorgehoben seien hier nur der Waffensaal mit einer in den Türkenkriegen erbeuteten Waffensammlung, der Rübenacher Untersaal mit alten Möbeln und einer Gemäldesammlung (u. a. von Lucas Cranach d. Ä.), das berühmte Rübenacher Schlafgemach, vollkommen mit Blüten und Rankenwerk ausgemalt, darinnen ein um 1520 entstandenes Stufenbett mit geschnitztem Baldachin, angrenzend ein freskengeschmückter Kapellenerker mit kostbaren Glasfenstern aus dem späten 15. Jh. In den **Rodendorfer Häusern** befinden sich das Kurfürstenzimmer mit französischen Gobelins, der Rittersaal mit Prunkrüstungen des 16. Jh. sowie eine weitere Waffensammlung; ein architektonisches Meisterstück ist der Fahnensaal mit seinem reichen spätgotischen Netzgewölbe und einigen historisierenden Zutaten des 19. Jh. wie dem prächtigen Kachelofen, der nach alten Vorbildern gefertigt wurde.

Der berühmteste Innenraum von Burg Eltz ist das Rübenacher Schlafgemach, vollkommen mit gotischem Rankenwerk ausgemalt und mit einem Stufenbett (1520) ausgestattet

Rund um Bad Bertrich

Mit der Fahrt nach Eltz ist die Reise durch das Maifeld zu Ende. Auf den sich nach Westen erstreckenden Hochflächen der südlichen Voreifel gibt es landschaftlich und künstlerisch wenig zu sehen. Für den Kunstfreund wird es erst weiter westlich wieder interessant, wenn er von Ulmen aus nach Süden fährt. Dort steht in **Alflen** die Pfarrkirche St. Johann Baptist, in der sich eine sehr originelle, perspektivisch etwas fragwürdige gemalte Wandgliederung befindet, die in illusionistischer Manier gewaltige Säulenaufbauten vortäuschen soll, die das Gewölbe tragen. Mit den dort befindlichen Deckenmalereien aus der gleichen Zeit (um 1760 vom vielbeschäftigten Jakob Alken aus Mayen), dem schönen Orgelprospekt (1743), dem festlich freskierten Chor und dem großen Hochaltar ist dies eine der hübschesten Barockkirchen der ganzen Gegend.

Eine ebenso angenehme Überraschung befindet sich nur ein Stück weiter in **Driesch,** hier auf gotisch: die Wallfahrtskirche Mater Dolorosa, ein klassisches Exemplar der Eifeler Einstützenkirchen (s. S. 219f.). Die achteckige Mittelstütze trägt ein reiches Rippengewölbe in dezenter Farbfassung mit schönen, zum Teil figürlichen Schlußsteinen. Das Prunkstück der Kirche aber ist der riesige Altar im Südchor, ein Werk des Bartholomäus Hammes aus dem benachbarten Alflen, entstanden gegen 1672. Das ungewöhnliche Stück mit seinem dreistöckigen Aufbau zeigt zwischen reichem Knorpelwerk und der vergoldeten Säulenpracht des Barock unverkennbar volkstümliche Reliefs mit fast unbeholfenen Figuren in von zahlreichen Personen bevölkerten szenischen Darstellungen der Leidensgeschichte Christi. Der spätgotisch anmutende Realismus der eng gedrängten Figurengruppen und des martialischen Geschehens findet sich in den Hintergrundmalereien der unteren Außenreliefs wieder. Rechts ist gar der perspektivisch gestaltete Innenraum einer gotischen Kirche zu sehen, ein für einen barocken Altar anachronistisches Detail, das auf eine gediegene Konservativität der ländlichen Eifeler Kunst schließen läßt.

Bad Bertrich

Bad Bertrich: Barockes Badehaus eines Trierer Kurfürsten

Über Lutzerath und Kennfus gelangt man nun in der Nähe der Ruine Entersburg auf gewundener Straße hinunter ins reizvolle Ueßbachtal und nach Bad Bertrich. Schon bei den Römern war die 32° C warme Glaubersalzquelle mit ihrer Heilwirkung für Magen-, Darm-, Leber- und Stoffwechselkrankheiten sowie degenerative Erkrankungen des Bewegungsapparates bekannt und sehr geschätzt; noch heute bestehen die untersten Lagen der Quellfassung aus römischem Mauerwerk. Das Bad wurde 1762 von Kurfürst Johann Philipp von

1784 wurde in Bad Bertrich das schöne Kleine Kurhaus als Badegebäude des Trierer Kurfürsten errichtet

Walderdorff gekauft. Dessen Nachfolger, Clemens Wenzeslaus von Sachsen, ließ es in den folgenden Jahren von bedeutenden Baumeistern und mit einem Aufwand von 150 000 Reichstalern großzügig herrichten, Promenaden, Parkanlagen und ein Kurhaus entstanden. Nach vielen Querelen und Eifersüchteleien unter den erlauchten Architekten fertigte schließlich kein Geringerer als Andreas Gaertner d. J., tätig in Dresden, Versailles und Paris, 1786 einen Plan für ein repräsentatives Kurfürstliches Badegebäude, das unter dem Namen **Kleines Kurhaus** noch heute steht. Der rundum reizvolle Bau mit einem hochgezogenen Mittelteil unter dem sechsseitigen, geschieferten Zentralturm besitzt im Obergeschoß sieben große Fenster, drei davon im Mittelrisalit, umgeben von Pilasterarchitektur. Innen befindet sich im ersten Stock der heute als Lesesaal öffentlich zugängliche ehemalige Festsaal mit profiliertem Stucksims an der Decke. Des weiteren sind zwei große Spätrokoko-Spiegel mit prachtvollen Goldrahmen und ein Lüster aus der Zeit um 1850 bemerkenswert sowie das fast lebensgroße Bildnis des Kurfürsten Clemens Wenzeslaus, ein Gemälde von Heinrich Foelix um 1775.

Durchschreitet man die rundbogige Durchfahrt in der Mittelachse des schloßartigen Anwesens, so steht man auf dem von schönen Gebäuden umgebenen und mit Gärten verzierten Kurplatz. Gleich neben dem Kurfürstlichen Badehaus steht das heutige **Kurhotel,** im Kern um 1788/89 entstanden; im Winkel schließt sich der schöne Bau des **Kursaales** an, der in seiner heutigen Form um 1875 entstand.

Eine warme Quelle in der Eifel wird der durch das Kapitel über die Vulkan-Eifel gebildete Leser unschwer als vulkanisches Phänomen erkennen. In der Tat beginnt hier bei Bad Bertrich der Westeifel-Vulkanzug, der hinauf bis zum Goldberg bei Ormont reicht und sein Zentrum in der Maarlandschaft um Daun und Manderscheid hat. Auf den 70 km markierter Wanderwege um Bad Bertrich sind daher auch empfehlenswerte Ziele für den vulkanologisch Interessierten zu erreichen, so die **Falkenlay,** ein 413 m hoher Basaltkegel mit steilen Felswänden, und die **Elfengrotte,** ein aus Basaltsäulen gebildeter Fels.

Kloster Springiersbach

Kloster Springiersbach: Romanischer Kapitelsaal neben einer Rokokokirche

Sehr empfehlenswert ist nun die Weiterfahrt durch das tief eingeschnittene waldreiche Ueßbachtal hinunter zur Mosel. Wer der weinseligen Versuchung noch widerstehen kann, der biege kurz vorher ab in Richtung Kinderbeuren zum Kloster Springiersbach. Die Straße führt durch das kurze, aber eindrucksvolle Höllental; kurz danach rückt rechter Hand ein schlanker Kirchturm ins Bild. Mit den dunklen Bergen des Kondelwaldes als Kulisse bilden dort in sanft gewellten Wiesenauen die Rokokoformen und -farben der Klosterkirche eine friedvolle Synthese zwischen Landschaft und Kunst – wenn man nicht gerade Sonntag nachmittag vorbeifährt. An anderen Tagen vermittelt die Lage des Klosters noch viel von der stillen Abgeschiedenheit, die die Augustiner des frühen 12. Jh. suchten, nachdem Benigna, Witwe eines pfalzgräflichen Ministerialen, ihr Witwengut um 1102 in eine klösterliche Zelle hatte umwandeln lassen. 1803 wurde das Kloster von den Franzosen aufgelöst, doch entging die Kirche dem Verfall, weil sie zur Pfarrkirche des Nachbarortes Bengel gemacht wurde. 1922 begann der Karmeliterorden wieder ein klösterliches Leben in den Gebäuden, 1940 verwüstete ein Brand die Kirche, doch wurde sie in den folgenden Jahren restauriert.

Im Kloster Springiersbach hat sich ein zweischiffiger romanischer Kapitelsaal der Zeit um 1220 erhalten

Ein Baumeister aus Straßburg vollendete 1772 die heutige Klosterkirche von Springiersbach in bewegten Rokokoformen

Die heutige **Klosterkirche** hat mit ihrem romanischen Vorgängerbau wenig gemeinsam. In den hellen Farben und bewegten Formen des Rokoko kontrastiert sie effektvoll mit dem Grün der Wälder und Wiesen; 1769–72 vom Straßburger Baumeister Paulus Stehling errichtet, erhebt sich über dem prächtigen Portal der Westfassade ein Turm, der aus einem Giebelrisalit herauswächst und von balustradenverzierten Seitenbauten flankiert wird. Das Äußere des Saalbaus mit dreiseitigem Schluß gliedern hohe Pilaster und Langhausfenster mit aufgesetzten Okuli. Das Innere wird auf den ersten Blick beherrscht von dem gewaltigen Deckengemälde, das das gesamte Tonnengewölbe des Kirchenschiffs bedeckt; in schweren, düsteren Farben zeigt es zwischen Flammenfriesen und Rocaillekartuschen die hl. Dreifaltigkeit, die Himmelfahrt Mariens und den Ordenspatron St. Augustinus. Man muß jedoch zugeben, daß diese weitläufigen Fresken weder in Komposition noch in der Detailausführung zu den Sternstunden der Malerei des Rokoko gerechnet werden können. Erst auf den zweiten Blick wird man die höchst qualitätvolle Innenausstattung aus der Erbauungszeit der Kirche bemerken, die in der Einheitlichkeit ihres späten Rokokostils mit Übergängen zu den edlen Formen des frühen Klassizismus in der Eifel kein Beispiel hat. Die gesamte Inneneinrichtung besteht aus naturfarbenem Eichenholz mit Vergoldung; man beachte zwischen den drei einheitlichen Altären das Chorgestühl und das Kommunionsgitter, auch die geschnitzten Wangen der Kirchenbänke mit klassizistischen Motiven tragen zum harmonischen Formenreichtum der Ausstattung bei.

Die kunsthistorisch bedeutendste Räumlichkeit in Springiersbach stammt jedoch aus seiner Gründungszeit: Im Erdgeschoß des sich an den Chor anschließenden Ostflügels der Klostergebäude befindet sich der original rekonstruierte, zweischiffige spätromanische **Kapitelsaal** aus der Zeit um 1220; seine weitgespannten Gewölbe werden von Bündelpfeilern mit Kapitellen von erlesener Schönheit getragen. Die vorzüglich gemeißelten Stücke, deren Verwandtschaft mit den Steinmetzarbeiten der Andernacher Liebfrauenkirche unübersehbar ist, weisen verschlungene Ranken- und Blattformen auf. In der Meisterschaft der Details und den ausgewogenen Proportionen des Gesamtraums ist dieser Kapitelsaal eines der eindrucksvollsten Zeugnisse romanischer Architektur in der an solchen Kunstwerken einst so reichen Eifel. Es gibt zwei Möglichkeiten, ihn zu besichtigen: Entweder man läutet an der Klosterpforte, oder man geht außen um den Chor der Kirche herum. Die sich nun anschließenden großen Fenster erlauben ungehinderte Blicke in den Saal, mit denen alles Sehenswerte zu erfassen ist.

Bei diesem Weg kommt man über den kleinen **Klosterfriedhof** hinter dem Chor, auf dem sich ein 4 m hohes steinernes Kreuz mit lebensgroßer Christusfigur in ausdrucksvoller Gestaltung erhebt; es stammt aus der Zeit um 1530. Des weiteren sind der nördlich anschließende **Flügel** mit Tordurchfahrt und rückwärtigem Treppenturm, die ehemalige **Abtswohnung** von 1629 und das **spätgotische Haus** mit einem Maßwerkfenster auf der anderen Bachseite bemerkenswert. Wahrscheinlich handelt es sich bei letzterem um das ehemalige Klosterhospital, für das man aus guten Gründen eine etwas abseitige Lage in der Nähe des klaren Wassers gewählt hatte.

Wittlich

Wittlich: Renaissance-Rathaus

Wer immer sich Mitte August in die Innenstadt von Wittlich begibt, der sieht sich an jeder Ecke von Schweinebraten umgeben. Im dichten Trubel weinseligen Markttreibens wird dann die ›Säubrenner-Kirmes‹ gefeiert, bei der ganze Exemplare dieser Spezies an einem Stück über offenem Feuer geröstet werden. Die Sache hat ihren Ursprung in einer Sage: Als Wittlich 1397 in einer Fehde mit dem Ritter Friedrich von Ehrenburg erobert und zerstört wurde, soll die Niederlage auf einer ausgesprochenen Viecherei beruht haben. Ein Wachsoldat fand abends den Bolzen nicht, mit dem man das Stadttor verschließen konnte, so behalf er sich mit einer Rübe, die er in das Riegelloch steckte. Und dann geschah es: In der Nacht zerbiß

Landschaft der südlichen Voreifel

ein hungriges Schwein die Rübe, das Tor sprang auf, und der Feind war in der Stadt.

Das aufgeknabberte Tor hatte für die erbosten Wittlicher üble Folgen. Da sich nach der allgemeinen Unordnung nicht mehr herausfinden ließ, welche Sau es gewesen war, beschloß der Stadtrat, sich an der ganzen Gattung zu rächen. So wurde alles, was an Schweinen noch zu finden war, am Marktplatz in ein großes Feuer getrieben; irgend jemand muß dabei auf die Idee gekommen sein, Wein auszuschenken und das Eßgelage war perfekt. Den Wittlichern hat diese schmackhafte Rache an der armen Kreatur offenbar sehr behagt, denn seit den fünfziger Jahren ist die Säubrenner-Kirmes ein etabliertes Volksfest, das sich noch immer steigender Beliebtheit erfreut. Und nur nüchtern gebliebene Wahrheitsapostel halten es für nötig, darauf hinzuweisen, daß die Bezeichnung ›Säubrenner‹ daher rührt, daß die Schweine hier mit einem Brandeisen gekennzeichnet wurden.

Dabei war der Handstreich des Ritters Friedrich von Ehrenburg bei weitem nicht die schlimmste Katastrophe, die das lange Jahrhunderte wohlhabende Wittlich heimgesucht hat. Die Stadt zählte zu den Lieblingsaufenthalten der Trierer Bischöfe, die bereits 1065 als Grundherren über Wittlich genannt werden. Ende des 14. Jh. begannen sie mit dem Bau der großen erzbischöflichen Burg Ottenstein, die zusammen mit der befestigten Stadt zweimal in den chronischen Fehden der Trierer mit dem Eifeler Adel zerstört wurde. Nach Pestseuchen und religiösen Unruhen, Brandschatzung durch die Spanier im Konflikt zwischen Kurfürst Philipp Christoph und der Abtei St. Maximin in Trier (1625) vernichtete nach der Explosion des Pulver-

turms ein Großfeuer die ganze Stadt und endgültig Burg Ottenstein. Mit den Bombennächten des Zweiten Weltkriegs schien der letzte Rest der historischen Bausubstanz des Ortes endgültig dahin. Verschwunden ist daher vieles, Burg und Schloß, Stadtmauern und Fachwerkhäuser, der geschlossene Eindruck ländlichen Barocks der Amtshäuser – und doch wird jeder Besucher der Innenstadt auf den ersten Blick bemerken, daß er sich in Wittlich in einem seltenen Kleinod eines urban gestalteten Altstadtkerns bewegt.

Neben der **Pfarrkirche** – wie in Prüm ein typischer gotisierender Bau des Trierer Barocks um 1720 mit spitzbogigen Kreuzrippengewölben und einem prächtigen Chorgestühl um 1750 – fällt besonders das **Wittlicher Rathaus** ins Auge, dessen Fassade die schönsten Formen deutscher Spätrenaissance zeigt. Ursprünglich war das Erdgeschoß eine offene Markthalle auf Pfeilern, heute wird das Gebäude, das nach dem Stadtbrand von 1647 entstand, durch Gesimsfriese, figürliche Konsolen, Säulen und eine volutengesäumte Figurennische im Giebel reich gegliedert. Besonders auffallend ist die vielfältige Farbgebung des Rathauses: Da findet sich vergoldetes Beschlagwerk an den Sockeln der Säulen, die Dekorationselemente reichen bis zu farblich imitierten Edelsteinen am Fries und an den fünf oberen Säulensockeln. Der ganze Marktplatz ist von weiteren schönen Fassaden des späten 17. Jh. und der Barockzeit umgeben; man beachte die ehemalige **Posthalterei Thurn und Taxis** (Marktplatz 3) mit Freitreppe, Portal und großem Mansardendach sowie die **Nr. 5** mit den zwei Erkern im ersten Geschoß und die Nr. 6, das **Haus Neuerburg,** heute mit der Marktschänke. Zahlreiche weitere restaurierte historische Gebäudeensembles sind in der Altstadt zu entdecken.

Die Täler von Salm, Kyll, Nims und Prüm und das Bitburger Gutland

Wer aus dem kargen Hochland durch die nach Süden gerichteten, tief eingeschnittenen Täler in Richtung Bitburg fährt, der gelangt einige Kilometer vor der Stadt in eine Landschaft, von der er sich fragen mag, ob er sich noch in der Eifel befindet. Die einsamen Wälder und Berge noch im Sinn, eröffnet sich dem Blick nun weites, fruchtbares Ackerland mit behäbigen alten Dörfern und großen Bauernhöfen. Dies ist das Bitburger Gutland, der nördliche Teil der großen Trier-Luxemburger Bucht, deren Fortsetzung jene Mitteleifelsenke bildet, die sich als Reihe von Kalkmulden durch die ganze Eifel zieht und im Norden in die Mechernicher Triasbucht mündet. Im weiten Senkungsfeld der Trier-Luxemburger Bucht bildeten sich durch Ablagerung von Verwitterungsmaterial und Sedimenten einer zeitweisen Meeresüberflutung mehrere Gesteinsarten, die heute das Landschaftsrelief und die Art der landwirtschaftlichen Nutzung bestimmen: In den Buntsandstein, der an den bewaldeten Rändern des Bitburger Gutlandes die tafelartigen Sandsteinplateauberge bildet, um die sich die Flüsse tief eingegraben haben, hat sich nach innen der fruchtbare Muschelkalk, danach noch Keuper und liassischer Sandstein abgelagert.

Dieses von einem warmen Klima begünstigte Land war schon immer die Kornkammer der Südeifel und kann auf eine weit zurückreichende, durch viele Funde belegte Siedlungsgeschichte zurückblikken. Als Cäsar im Jahr 54 v. Chr. mit vier Legionen in die südliche Eifel einrückte, traf er dort auf die ausgeprägte Kultur der keltischen Treverer, unter denen bereits der Vorläufer des heutigen Bitburg, ein Ort namens Beda, gegründet worden war. Trotz eines Aufstands arrangieren sich die unterlegenen Treverer mit den Römern; als wichtiges Hinterland des aufstrebenden Trier und als Versorgungsbasis der die Rheinfront sichernden Truppen wird das fruchtbare Bitburger Land intensiv kultiviert. Einig ist man sich vor allem in einer gemeinsamen Abwehr der beide bedrohenden germanischen Barbarenstämme. In den 200 Jahren der Pax Romana erlebt das Land eine Blütezeit wie nie wieder in seiner Geschichte; inmitten eines dichten Straßennetzes entstehen zahlreiche römische Villen und Tempelanlagen, Mosel und Sauer werden schiffbar gemacht, und Beda wird zum Hauptort des Pagus Bedensis, des Bitgaues, den die Agrippa-Straße mit allen Errungenschaften römischer Zivilisation verbindet. All dies wurde ein Opfer der schrecklichen Verwüstungen, die der Germanensturm des Jahres 275 anrichtete; Städte und Villen wurden niedergebrannt, die Bevölkerung getötet oder vertrieben, zurück blieb ein auf Jahre verödetes und fast menschenleeres Land.

Erst mit der Neuordnung des Reiches unter Kaiser Diokletian (284–305) regt sich wieder Leben im Bitburger Land. Bei der 293 erfolgten Aufteilung des römischen Reiches ist Trier bereits Kaiserstadt. Doch trotz der Nähe der neuen Metropole sind die guten Zeiten für das Bitburger Land vorbei, zu nahe ist die immer mehr gefährdete Rheingrenze. Wer reich genug ist, zieht sich in sicherere Gegenden zurück, die Straßenstationen, auch der Vicus Beda werden

◁ ***Noch heute zeigt die Schneeifel ein in Mitteleuropa kaum mehr vorkommendes Landschaftsbild entlegener Einsamkeit***

Die Täler von Salm, Kyll, Nims und Prüm und das Bitburger Gutland

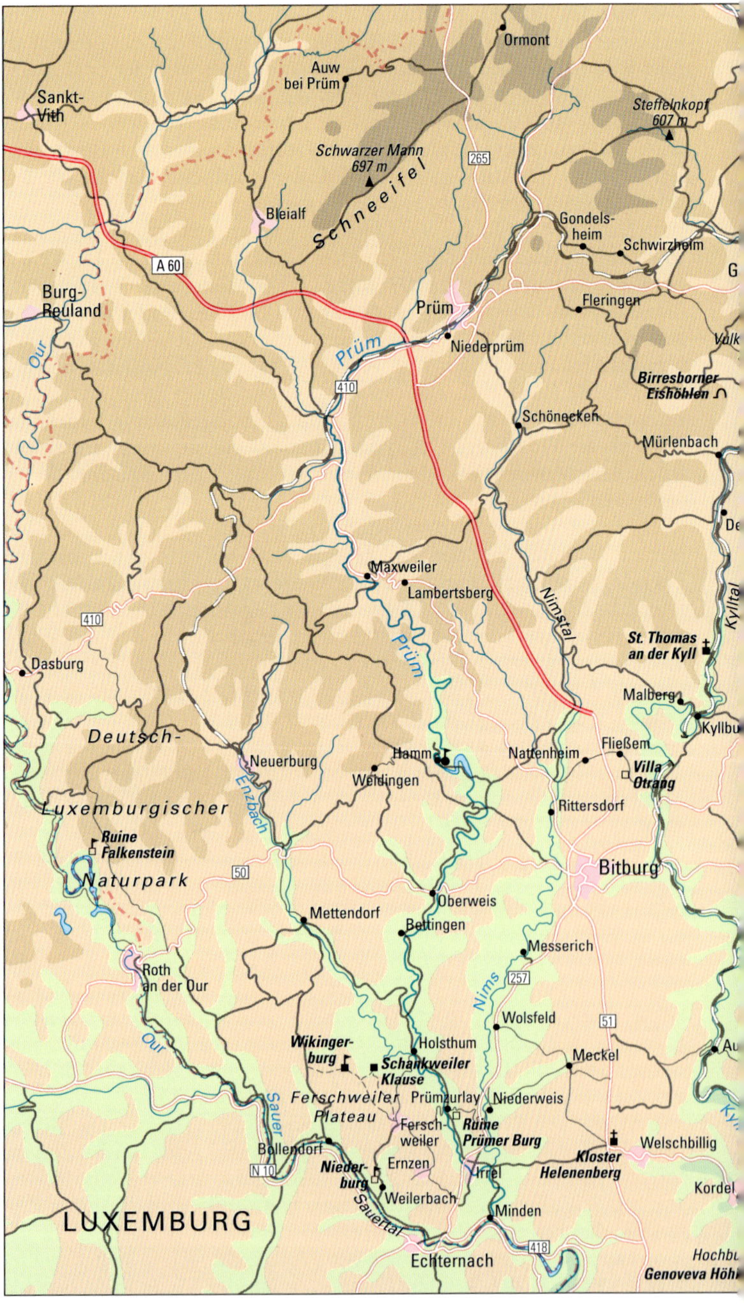

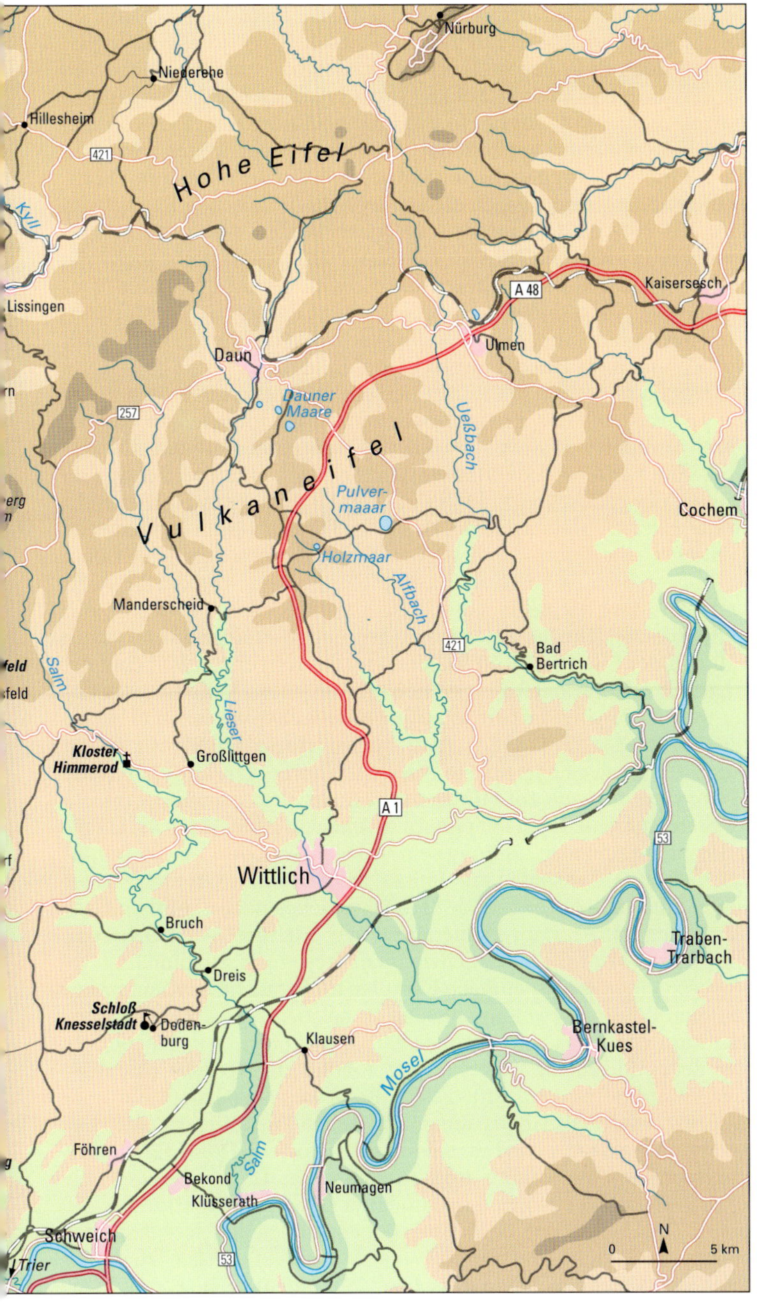
Nürburg
Niederehe
Hillesheim
421
Hohe Eifel
Kyll
Lissingen
Kaisersesch
A 48
Ulmen
Daun
Dauner Maare
257
Vulkaneifel
Ueßbach
Pulver-maaar
Cochem
Holzmaar
Alfbach
Manderscheid
421
Bad Bertrich
Salm
Lieser
Kloster Himmerod
Großlittgen
A 1
53
Wittlich
Bruch
Traben-Trarbach
Dreis
Schloß Knesselstadt
Dodenburg
Bernkastel-Kues
Klausen
Mosel
Föhren
Salm
Bekond
Neumagen
Klüsserath
Schweich
Trier
53
N
0
5 km

zu starken Kastellen ausgebaut und selbst die kaiserlichen Domänen mit Mauern umgeben: Eindrucksvollstes Beispiel ist die an vielen Stellen noch in Resten auffindbare Landmauer mit einer Länge von 72 km, die ein Areal von 220 km² umfaßte. Doch alle Vorkehrungen nützen nichts, Mitte des 4. Jh. beginnt das Ende. Ihrerseits von den in den Donauraum vorstoßenden Hunnen immer weiter nach Westen getrieben, drängen die germanischen Stämme, allen voran Franken und Alemannen, gegen die Grenzen des Römischen Reiches; im Jahr 405 muß die Rheinfront aufgegeben werden, wenige Jahre später kann in der Südeifel von römischer Herrschaft nicht mehr die Rede sein. Die Kaiserstadt Trier selbst wird unter furchtbaren Umständen 411, 416 und 427 von den Franken erobert und geplündert; kurz zuvor muß auch die römische Prachtvilla und der Tempelbezirk von Otrang nahe Bitburg zerstört worden sein.

Damit war die Zeit der Römer und der romanisierten Kelten in der Eifel vorbei und die Errungenschaften jahrhundertelanger Kulturblüte vernichtet. Bis ins 7. Jh. liegt völliges geschichtliches Dunkel über dem Land, währenddessen sich die Franken fernab der großen Ruinen der römischen Villen in kleinen Dörfchen aus Holzhäusern in der ganzen Eifel ansiedeln. Allein in Trier bezogen sie nachweislich auch eine Stadt – und stießen dort auf einen bereits seit dem 3. Jh. bestehenden Bischofssitz. Die Christianisierung der Franken war spätestens zu Beginn des 7. Jh. abgeschlossen; 698 wurde das einflußreiche Kloster Echternach gegründet, wenige Jahre später Prüm in der Eifel. Seit König Chlodwig, der zum ersten Mal eine Art fränkischer Zentralgewalt errichten konnte, entwickelte sich das unter den Merowingern bereits ausgeprägte Lehenswesen und damit die Macht der Grundherrschaft: Neben einem grundbesitzenden Adelsstand gab es ebensolche geistliche Herren, das alte fränkische Freibauerntum sank zur Hörigkeit ab. Außer dem mächtigen Bistum Trier entstand die reich mit Gütern beschenkte Abtei Prüm als ein regelrechter Kleinstaat, Bitburg wurde beherrscht von einem fränkischen Grafen, der sich in den Ruinen des Römerkastells eingerichtet hatte; mit dem Niedergang des Frankenreiches nach Karl dem Großen treten immer mehr kleine und große Adelsgeschlechter hervor, die ihre zur Verwaltung verliehenen Ländereien als persönlichen Besitz betrachten und in blutigen Kämpfen als Familieneigentum zu behaupten oder zu erweitern suchen. In solchen Auseinandersetzungen kam der Bitgaugraf Stephan 901 ums Leben, sein Nachfolger war der einflußreiche Wigerich, dessen Sohn um 963 die kleine Burg Lucilinburhuc erwarb. Mit diesem Kauf war der Grundstein zum Aufstieg eines der mächtigsten europäischen Fürstenhäuser, der Luxemburger, gelegt; den ›Lützelburgern‹ gehörte bis zum Einmarsch der Franzosen der weitaus größte Teil des alten Bitgaus.

Es ist unschwer zu erraten, daß damit eine neue Variation des die ganze Geschichte der Eifel durchziehenden Themas feststand: der Kampf um Macht und Einfluß, im Norden ausgetragen zwischen Köln und Jülich, im Osten zwischen Köln und Trier, hier im Westen der Eifel zwischen Trier und Luxemburg. Es begann damit, daß Kaiser Otto II. im Jahr 973 dem Bistum Trier das riesige Areal des sog. Kyllwalds schenkte und damit den Trierern eine Herrschaftsposition mitten im luxemburgischen Gebiet sicherte. Die Luxemburger, denen mit den Grafen von Vianden ohnehin eine mächtige Konkurrenz direkt vor der Haustür entstanden war, schlugen sich jahrhundertelang erbittert mit dem Erzbistum um jede Burg, jedes Dorf oder alle Pfründen, die zwischen ihnen zur Disposition standen. Das führte zu so kuriosen Erscheinungen wie der Teilung ganzer Dörfer; so gab es in Neidenbach zehn luxemburgische und acht trierische Haushalte. Zwischen den Machtblöcken suchten wie üblich die kleinen Eifeler Rittergeschlechter ihr Heil in schwer kalkulierbaren Frontenwechseln und aussichtslosen Machtproben mit beiden Parteien.

Eine besondere Episode dieser Zeit ist noch erwähnenswert. Während die ganze Eifel vor den Expansionsgelüsten des Erzbischofs Balduin von Trier zitterte, herrschte für die Dauer seiner Regierung (1307–54) gerade hier, im spannungsreichen Grenzgebiet zum Rivalen Luxemburg, tiefer Friede. Der Grund: Balduin entstammte ebenfalls dem Haus Luxemburg, 1308 hatte er sogar seinem Bruder Heinrich zum deutschen Thron verholfen. Bei so viel Familiensinn schwiegen die Waffen zwischen Trier und Luxemburg, dafür wurden sie um so heftiger gegen andere Gegner geschwungen. Das erste Opfer dieser ungewöhnlichen Allianz wurden die Grafen von Vianden, die ihre reichen Eifeler Lehen Schönecken und Falkenstein an die Luxemburger verloren, die nächsten waren zahlreiche Ritter der südlichen Eifel und des Hunsrücks, die sich das Erzbistum unterwarf.

Im Lauf seiner wechselvollen Geschichte wurde das Herzogtum Luxemburg im 15. Jh. habsburgisch, kurz danach wird es von Burgund beherrscht, um unter Kaiser Maximilian an das Haus Habsburg zurückzufallen. Zusammen mit Burgund wird es den Niederlanden einverleibt, die 1555 an die spanische Linie der Habsburger übergehen. Damit wird auch das Bitburger Land in die niederländischen Unabhängigkeitskriege und den Spanischen Erbfolgekrieg (1701–14) hineingezogen und erleidet die entsprechenden Verwüstungen. Nach den französischen Revolutionskriegen schließlich werden auf dem Wiener Kongreß 1815 die Flüsse Sauer/Our als Grenze des deutschen Reiches festgelegt, womit die über 700jährige Zugehörigkeit des Bitburger Landes zu Luxemburg endet.

Das Salmtal

Die Salm durchströmt in ihrer ganzen Länge die östlichen Randlandschaften des historischen Bitburger Landes. Aus der Kyllburger Waldeifel kommend, wendet sie sich in die Wittlicher Senke und mündet nach den Moselbergen bei Klüsserath in die Mosel. Auf ihrem ganzen Weg bildet die Salm nirgendwo dramatische Akzente, wie sie Kyll und Prüm setzen; ihr Tal, das über weite Strecken nur zu erwandern ist, prägen meist liebliche, waldumkränzte Auen oder anmutige ländliche Szenerien.

Kloster Himmerod

Kloster Himmerod ☆
Die Klosterkirche: ein ungewöhnlicher Zisterzienserbau des Barock

Kurz hinter Eisenschmitt beginnt eine der schönsten Passagen des Salmtals, und nach wenigen Kilometern ragt die mächtige Barockfassade von Himmerod aus den dunklen Wäldern hervor. Die Lage dieses einsamen Klosters in den Wiesen des Talgrunds gehört zu den reizvollsten Synthesen zwischen Landschaft und Kunst, die sich in der Eifel finden lassen. Als der Blick der zwölf Zisterziensermönche, die 1134 Clairvaux mit dem Auftrag einer Klostergründung in der Eifel verlassen hatten, nach langem Suchen auf das Salmtal fiel, wußten sie, daß der rechte Ort gefunden war. Das von Urwald bestandene einsame Tal kam ihrem benediktinischen Mönchsideal in jeder Hinsicht entgegen, es versprach Stille und Abgeschiedenheit, Einkehr und viel Arbeit.

Die Westfassade der Klosterkirche von Himmerod (1751) ist ein einziger gelungener Versuch, eine Grundregel zisterziensischer Sakralarchitektur zu umgehen: Da die Kirchen keine Türme besitzen durften, errichtete man eine Barockfassade, die wie ein riesiger Turmbau wirkt - eine der eigenwilligsten Schöpfungen des deutschen Barock

Die Klosteranlage wurde jahrhundertelang von der romanischen Klosterkirche überragt, einer fast 70 m langen dreischiffigen Pfeilerbasilika mit Querhaus, geweiht am 1. Juni 1178. Im 17. Jh. begann man einen Klosterneubau, der – besonders der Kreuzgang – im für die Eifel typischen gotisierenden Renaissancestil ausgeführt wurde. Im nächsten Jahrhundert jedoch wollten auch die strengen Zisterzienser in Himmerod die eitle Mode des Barock nicht länger missen. Nun kann man sich das Dilemma eines Barockbaumeisters vorstellen, dem von Zisterziensern ein Auftrag erteilt wird: Als Vertreter von Prunk und Pracht muß er für einen Orden bauen, dem, in allen Lebensbereichen, so auch in der Architektur, Bescheidenheit und Demut oberstes Gebot war – so sehr, daß selbst die Kirchen keine anmaßenden Türme haben durften, denn noch immer galt die Vorschrift »turres non habemus«, ein kleiner Dachreiter für die Glocke war das Äußerste, was erlaubt war. Darüber hinaus mußte sich der Himmeroder Neubau aus Gegebenheiten des Geländes auch noch an die schmalen Proportionen der romanischen Kirchen halten – unmögliche Voraussetzungen für einen großangelegten Barockbau!

Doch der sächsische Architekt Christian Kretschmar fand eine geniale Lösung, mit der er seinem Stil und die Zisterzienser ihren Grundsätzen treu bleiben konnten. Wenn die Kirche keine Türme haben durfte, bitte, dann bekam sie eben auch keinen: So entwarf er für die drei schmalen Kirchenschiffe eine einzige Giebelfassade; hochragend, schlank und monumental zugleich, wirkt sie mit ihrer Pilastergliederung wie ein einziger, gewaltiger und prachtvoller Turmbau, ohne einer zu sein – diese Fassade gehört zu den eigenwilligsten Schöpfungen des deutschen Barock.

Doch der 1751 geweihten Kirche war kein langer Bestand beschieden. 1802 von den Franzosen aufgehoben, diente das Kloster in der folgenden Zeit als Steinbruch und verfiel. Eineinhalb Jahrhunderte ragte die grandiose Westfassade aus einem riesigen Trümmerfeld, bis 1925–27 die Klostergebäude, 1952–60 auch die Kirche wiedererrichtet wurden. Man hielt sich dabei genau an den Grundriß und die Maße des alten Baus, so daß der Betrachter, nachdem er das reich gegliederte Portal durchschritten hat, heute wieder in einer weiträumigen Hallenkirche steht, von steil aufragenden Pfeilern in drei Schiffe gegliedert, mit extrem schmalen Quer- und Seitenschiffen unter Kreuzgratgewölben ein sehr wirkungsvoller Innenraum.

Man versäume nicht einen kurzen Spaziergang auf das andere Ufer des Baches, dort am Kloster vorbei und dann den ersten Weg rechts auf den Berg hinauf: Von dort hat man den besten Blick auf Himmerod in der Einsamkeit des Salmtales.

Die Straße führt nun weiter nach Großlittgen; auf den nächsten Kilometern kann die Salm nur zu Fuß verfolgt werden. Erst ab dem Ort **Bruch** führt wieder eine Straße durch das Tal, das hier überragt wird von den beiden markanten Rundtürmen der gleichnamigen Wasserburg. Zwischen den verlandeten Gräben stehen die Reste der wieder bewohnten Kernburg und einer weitläufigen Vorburg. Heute befindet sich die hochinteressante Anlage in Privatbesitz und kann nicht besichtigt werden. Jedoch ist auch hier der Blick von weitem mit der Lage von Burg und Dorf in einer von bewaldeten Bergen umgebenen Niederung der Salm sehr reizvoll. Im Dorf stehen noch schöne Bauernhöfe des 18. und 19. Jh.

Nach wenigen Kilometern auf einer schönen Straße erreicht man den Ort **Dreis** mit seinem hübschen Lustschloß, das 1774 als Sommerresidenz der Äbte von Echternach erbaut wurde. Da sich das Schloß ebenfalls in Privatbesitz befindet, ist es schon schwierig, wenigstens einen Blick auf die reizvolle Fassade mit den vorgelagerten Gärten zu erhaschen, auch von der Gemäldesammlung und den originellen französischen Bildtapeten im Inneren bekommt man nichts zu sehen. Überhaupt ist die Gegend schlecht für Liebhaber von Schloßbauten. Denn auch die nächsten drei Exemplare dieser Sorte werden zwar überall gerühmt, doch darf man ihnen nicht einmal nahe treten. Sowohl **Schloß Kesselstadt** bei Dodenburg (eine 1279 erwähnte Burg; im 18. Jh. zum Barockschloß umgebaut und 1894 mit neorenaissanceistischen Schmuckformen versehen, bietet sie heute einen recht ausgefallenen Anblick) als auch das Schloß in **Föhren** (eine wundervolle Anlage mit Park in einem romantischen kleinen Tal) und das Schloß in **Bekond** (1709 erbaut, eher ein gefälliger Landsitz mit hübscher Orangerie im Park) sind allesamt in Privatbesitz und bewohnt, wohl Grund genug, sich zum Teil mit bissigen Hunden vor streunenden Kunstfreunden zu schützen.

Wallfahrtskirche Klausen

***Klausen* ☆**
Gotische Wallfahrtskirche mit reicher Ausstattung

Da fährt man doch besser gleich weiter nach Klausen – der alte Wallfahrtsort ist Besucher gewöhnt. Majestätisch thront dort die langgestreckte Kirche über der Landschaft; »der bedeutendste Bau der Spätgotik in der Südeifel und im Moseltal«, kommentiert Dehio, und wie üblich hat er recht. Zur Verehrung eines 1442 in Trier hergestellten Vesperbilds von 1474–1502 errichtet, stellt die Wallfahrtskirche St. Maria ein Meisterwerk gotischer Architektur dar. Der hoch aufragende zweischiffige Hallenbau auf asymmetrischem Grundriß wird außen durch einen Kranz von Strebepfeilern markant gegliedert; hohe Spitzbogenfenster mit reichem Maßwerk lösen die Schwere des Mauerwerks auf. Das Innere ist geprägt von schlanken Achteckpfeilern, die das vielgestaltige Netzgewölbe mit reliefierten Schlußsteinen tragen. Ehemals trennte ein großer spätgotischer Lettner den weiten und lichten Innenraum, seine Reste dienen jetzt als Abschluß der Gnadenkapelle am Westende des Seitenschiffs; dort befinden sich auch die beiden Gnadenbilder, denen noch heute die Wallfahrt gilt: ein älteres aus Holz (1442) und ein jüngeres aus Sandstein mit vier Figuren (Übergang 16./17. Jh.).

Wenigstens so bedeutend wie der ganze Bau ist seine weitere Innenausstattung: Prunkstück ist hier, wie in Münstermaifeld, ein großer Antwerpener Schnitzaltar mit fast hundert Figuren, die in vergoldeten Reliefszenen die Passion Christi darstellen. Entstanden um etwa 1480, wird er dem Peerken von Rosselder zugeschrieben; mit der eleganten Komposition der Figurengruppen kontrastieren die spröden Gemälde der Flügel, die zweifellos von weniger begabten Mitarbeitern der flandrischen Werkstatt geschaffen wurden. Neben zahlreichen Skulpturen, Grabsteinen, weiteren Altären, großfigurigen Reliefs und einem Ölgemälde mit Wunderdarstellungen beachte man die prächtige Kanzel mit dem formenreichen Schalldeckel (1774) und die gleichzeitigen Beichtstühle, vorzügliche Werke des Rokoko, sowie das gotische Chorgestühl (1475) und den Steinaltar aus der Werkstatt des Hans Ruprecht Hoffmann mit Reliefs der Legende der hl. Katharina (um 1588).

Grabstein des Ritters Philipp von Ottenesch in Landsknechtstracht

Ein Ausstattungsstück verdient noch besondere Erwähnung, weil zu ihm eine zweite, freilich inoffizielle Wallfahrt im Gange ist, die allein das weibliche Geschlecht antritt: In der Turmhalle steht der große Grabstein des 1535 verstorbenen Ritters Philipp von Ottenesch, auf dem er selbst in einer ungemein flotten Landsknechtstracht abgebildet ist; eine Mode, die großen Wert darauf legte, die Männlichkeit ihrer Träger detailgetreu zur Geltung zu bringen. Jedoch zieht nicht allein der erbauliche Anblick des wohlgeformten Herrn die unverheiratete Damenwelt hierher; unschwer läßt sich erahnen, welche Sorte von Fürbitte das Mannsbild im Jenseits einlegen soll: Einen tauglichen Ehemann erflehen die Wallfahrerinnen vor diesem Stein, Ähnlichkeiten mit dem stattlichen Ritter wären sicher kein Hindernis.

Kurz vor 1500 entstand der große Antwerpener Flügelaltar der Wallfahrtskirche von Klausen. Mit fast hundert geschnitzten und vergoldeten Figuren zeigt der Schrein die Passion Christi

Von den alten Klostergebäuden hat sich als sehenswerter Teil die gewölbte Bibliothek erhalten, in der sich ein Freskenzyklus der Zeit um 1500 befindet, er zeigt eine Kreuzigung und 19 überlebensgroße Figuren; leider ist der Raum nicht immer zu besichtigen. Ihrer alten Bestimmung nicht unverwandt, sind die weiteren Reste der ehemaligen Klostergebäude – Remise, Brauhaus und Herberge – heute in Gasthöfe umgewandelt.

Das Kylltal

Keine Gegend der Eifel vereinigt auf so wenigen Kilometern eine solche Fülle anmutiger und malerischer Landschaftsbilder wie das Kylltal zwischen Gerolstein und Malberg. Zu Beginn zwischen breiten Auen dahinströmend, gerahmt von steilen Berghängen, hat der kleine Fluß bald tiefe und einsame Waldschluchten gegraben, bevor er kurz vor dem Eintritt ins Bitburger Gutland hohe Sandsteinformationen durchbricht; in großen Schleifen windet sich hier die Kyll um die Felsen der Hochplateaus, auf denen sich Ort und Stiftskirche Kyllburg und das Schloß Malberg gegenüberliegen. Gesäumt von alten Dörfern mit Burgen und Klöstern, fließt die Kyll auch an mehreren bedeutenden Kunststätten der Romanik und Gotik vorbei; und wie um jeder interessierten Fachrichtung etwas zu bieten, haben auch einige Vulkane die Ränder des Tals als Ausbruchsstellen bevorzugt.

Mürlenbach und die Birresborner Eishöhlen

Die Kyll hat schon einen langen Weg hinter sich, bevor sie bei Lissingen in ihr ›klassisches‹ Tal eintritt, dessen Schönheit schon von den ersten reisenden Schriftstellern gerühmt wurde, die um die Mitte des vorigen Jahrhunderts die geschmähte und vergessene Eifel wiederentdeckten. Das Herz hätte ihnen höher geschlagen, hätte man sie zu den **Birresborner Eishöhlen** geführt. Der vulkanische Schlackenkegel diente einst als Mühlsteinbruch – aber in welchen Dimensionen! Eine ganze Bergflanke war aufgebrochen worden, am Fuß steiler Felsen und im Dämmerlicht eines hohen Laubwalds führen die überwucherten künstlichen kleinen Schluchten des längst verlassenen Werkplatzes zu den pechschwarzen Löchern mehrerer großer Höhleneingänge, hinter denen langgezogene Gang- und Kammersysteme im Berg abwärts führen. Der Weg zu den Höhlen, die mit einer starken Taschenlampe oder einer Pechfackel gefahrlos begangen werden können, ist ein bißchen schwer zu finden. Man nehme im Ortskern von Birresborn die Straße nach Kopp, wenige Meter nach dieser Abzweigung zeigt ein örtlicher Wegweiser nach links zu den Eishöhlen. Man kann noch ein ganzes Stück mit dem Wagen eine schöne Waldstraße fahren, bevor in einer großen Kurve rechts ein geschotterter Waldweg abbiegt. Von dort sind es noch etwa 20 Minuten den Berg hinauf, bis Sie direkt zwischen den Felsblöcken des alten Steinbruchs stehen, an dessen oberem Ende man noch einen schmalen Pfad hinaufsteigen kann und sich nach wenigen Metern auf den weiten Wiesenmatten des Bergrückens wiederfindet. Solche Orte lassen verstehen, warum nicht nur Lokalpatrioten über das Naturerlebnis Eifel so ins Schwärmen geraten.

Will man von Birresborn zum gleich daneben liegenden Vulkan **Kalem,** so empfiehlt sich ein kleiner Umweg durch eine der eigentümlichsten Landschaftsformationen, die man in der ganzen Eifel zu Gesicht bekommt. Man fahre nach Kopp und biege dort am Ortseingang rechts ab hinauf nach Eigelbach. Bald darauf erreicht man ein kleines Dorf, das tief unten in den grünen Wiesenflächen eines riesenhaften, fast kreisrunden Kessels liegt, dessen Ränder es weit überragen: Dies ist das größte Trockenmaar der Eifel, ländliche Idylle im erloschenen Gasvulkan. Der Kalem ist ein interessanter, wenngleich kein attraktiver Vulkan, seine Aschenschichtung ist durch eine Sandgrube unterhalb des Gipfels aufgeschlossen. Jedoch ist sein Lavastrom von dort aus hinunter ins Hundsbachtal geflossen, wo sich der Bach tief in das erkaltete Gestein eingegraben und so eine wildromantische Landschaft geschaffen hat.

Mürlenbach: Romantisch restaurierte Burganlage

Wenige Kilometer weiter steht der freundliche Ort **Mürlenbach** an den Ufern der Kyll, der mit schönen alten Häusern und Gasthöfen neben der Pfarrkirche noch einen hübschen Ortskern besitzt. Die mächtige Burgruine über den Dächern läßt freilich ahnen, daß es hier nicht immer so friedlich zuging, wie es heute scheint. Angeblich soll schon Bertrada hier gelebt haben, die merowingische Urgroß-

Über Mürlenbach am Ufer der Kyll steht die Bertradaburg aus dem späten 13. Jh. mit ihrer doppeltürmigen Torbefestigung. Der Legende nach soll hier Karl der Große geboren worden sein

mutter des Karolingerhauses; da auch die Mutter Karls des Großen diesen Namen trug, hält sich hartnäckig das Gerücht, dieser erste nachrömische Kaiser sei hier in Mürlenbach geboren, weshalb die Burg auch den Namen Bertradaburg trägt. Doch auch ohne die Dame mit dem Walkürennamen ist die Ruine eindrucksvoll genug. Geschichtlich belegt ist der Bau seit dem Jahre 1331, entstanden ist er wohl schon 50 Jahre vorher, und zwar als Grenzburg der Abtei Prüm gegen das Erzbistum Trier. Der Kampf der geistlichen Brüder währte mehrere Jahrhunderte und hatte höchst materielle Gründe, denn auf die reiche Abtei hatte der Trierer Fürstbischof von Anfang an ein Auge geworfen. 1513 kam es gar zur Belagerung, doch wurde Burg Mürlenbach erfolgreich verteidigt. Als sich Kurtrier 1576 endlich der Abtei Prüm und ihrer Besitztümer bemächtigt hatte, ließ es 1589 die alte Burg mit zwei Bastionen für Feuerwaffen als Straßensperre ausbauen. In den Kriegen Ludwigs XIV. zerstört, geriet sie in Privatbesitz und beherbergte bis in unsere Tage eine Brauerei.

Inzwischen ist die Anlage schön und romantisch restauriert und öffentlich zugänglich. Ihr eindrucksvollster Teil ist die große Torburg mit ihren zwei Rundtürmen. In ihrer Doppelfunktion als Tor und Bergfried (wie in der Kasselburg bei Pelm), im Inneren mit bewohnbaren Räumen, Kapelle und Pförtnerstube, war diese Toranlage eine in sich abgeschlossene kleine Festung innerhalb des Wehrbaus. Ein weiter Mauerring mit vorspringenden Flankierungstürmen umschließt noch einen Burghof, Brunnen und Palas, in dem an Wochenenden eine hübsche Weinstube geöffnet hat.

St. Thomas an der Kyll

St. Thomas an der Kyll: Romanische Kirche eines Nonnenklosters

Vorbei an Densborn mit den mageren Resten einer 1290 erwähnten Wasserburg erreicht man die von hohen Waldhängen umgebene Gebäudegruppe des ehemaligen Zisterzienserinnenklosters St. Thomas an der Kyll. Nahezu unversehrt hat sich die 1222 geweihte spätromanische Kirche erhalten, die wie ein vierter Flügel den quadratischen Innenhof des Klosters mit umschließt. Sie stellt eine der am besten erhaltenen Nonnenkirchen des Rheinlandes mit ihrer charakteristischen Innenraumaufteilung dar. Gerade die strenge Klausur der Zisterzienser verbot den Nonnen jeden Kontakt mit der nichtklerikalen Außenwelt, deshalb erhielten sie in ihren Kirchen große Emporen, die vom Konvent direkt zugänglich waren. Unter der Empore befand sich der einzige Teil der Kirche, der von Laien betreten werden durfte und der mit einem Eisengitter gegen die restliche Kirche

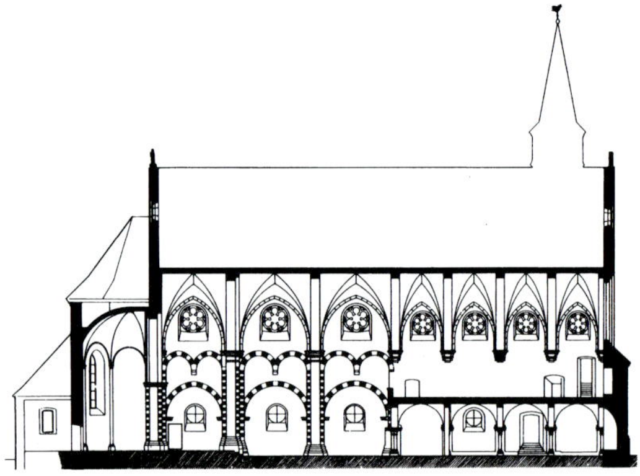

St. Thomas an der Kyll, Längsschnitt der Kirche

abgeschlossen war, wodurch selbst ein Blickkontakt mit den Nonnen unmöglich wurde. Hier in St. Thomas nimmt die Empore die halbe Länge des ganzen Kirchenschiffes ein. Ein kunstvolles Säulensystem trägt darunter niedrige Gewölbe, eine Reihe von Mittelstützen teilt dabei den ehemaligen Laienraum in eine eindrucksvolle zweischiffige Halle, die fälschlicherweise oft als Krypta bezeichnet wird. Heute ist der Boden unter der Empore bedeckt mit Grabplatten von Äbtissinnen und Geistlichen aus dem 14. bis 18. Jh. Die vier Joche der Gewölbe unter der Empore bestimmen im westlichen Teil auch die Gliederung des Kirchenschiffs, über Konsolen aufsteigende Gurtbögen trennen vier schmale, weitgespannte Gewölbe über der Nonnenempore.

Davon abweichend besteht die östliche Hälfte der Kirche nur aus drei Jochen, die zusammen so lang sind wie die westlichen vier, sie ruhen auf mächtigen Wandpfeilern, zwischen denen sich eine in der spätromanisch-frühgotischen Baukunst einmalige Wandgliederung befindet: Dreifach gestaffelt durch große Rundbögen, darüber kleinere Zwillingsbögen, darüber Spitzbögen, verleiht sie in der markanten Farbigkeit der 1962 restaurierten romanischen Quadermalerei der Kirche neben der Empore ihren zweiten charaktervollen Akzent. Von der Innenausstattung sind die spätromanische Altarmensa mit vier Säulen an der Rückseite und der qualitätvolle, fast lebensgroße gotische Kruzifixus in originaler Farbfassung bemerkenswert; ferner eine sitzende Muttergottes (14. Jh.) und eine Steinkanzel mit Wappenreliefs von 1634 sowie eine polychromierte Steinfigur des Kirchenpatrons Thomas Becket (um 1370).

In der romanischen Kirche von St. Thomas an der Kyll (1222) bedecken mittelalterliche Grabsteine den Boden unter der Nonnenempore

Sollte die Kirche verschlossen sein, so wende man sich zum Hauptportal der Klosterfassade. Die Gebäude enthalten heute eine Bildungsstätte für kirchliche Dienste und sind geöffnet. Treten Sie ein und gehen Sie im 1744 errichteten Kreuzgang nach rechts, eine kleine Pforte an seinem Ende führt in die Kirche.

Kyllburg und Malberg

Das Kloster St. Thomas an der Kyll wurde von den Zisterziensern im Jahr 1180 für Thomas Becket gegründet, den Erzbischof von Canterbury, der 1170 ermordet und bereits drei Jahre später heiliggesprochen worden war. Obwohl die Nonnen das Kloster in der für Zisterzienser so typischen Einsamkeit eines abgelegenen Tals gründeten, hatte es selbst dort seine Ruhe nicht vor ungebetenen Interessenten an seinem Besitz und seinen Einkünften. So bedrängte 1235 Rudolph von Malberg, über den die Geschichtsschreiber auch sonst nichts Gutes zu vermerken wissen, das Kloster so sehr, daß die Nonnen nach Trier zum Erzbischof Theoderich flüchten mußten. Für den war dieses Ereignis höchst beunruhigend, deutete es doch auf einen neuen Gegner an der Grenze des trierischen Kyllwalds, denn die Malberger hatten sich seit einigen Jahren in verdächtiger Weise dem großen Konkurrenten Luxemburg genähert (dessen Lehensmänner sie wenige Jahre später auch wurden). Da hieß es, einer gefährlichen Entwicklung zuvorzukommen, und so begann der Erzbischof im Jahr 1239 mit dem Bau einer großen Burg, die den Malbergern genau gegenüberlag: **Kyllburg** heißt der Ort heute, damals Kiliberg oder Kileburhc genannt. Als Erzbischof Arnold von Isenburg 1256 die Burg verstärkte und die Ortschaft mit einer Ringmauer umschloß, war die Trierer Festung komplett – jedenfalls im militärischen Sinne. Denn ab 1276 sahen die Luxemburger langsam die Mauern einer großen Kirche emporwachsen; Erzbischof Heinrich von Finstingen ließ auf dem höchsten Punkt seines Burgbergs ein neugegründetes Kollegiatsstift errichten, an dem sich zu vergreifen selbst bei größten Gegensätzen kaum mehr möglich war. So darf man die Gründung des Stifts gerade hier in Kyllburg durchaus als politischen Affront gegen Luxemburg verstehen – denn wer die kirchlich garantierte Stiftsimmunität verletzte, der hatte nicht nur mit Feuer und Schwert, sondern mit Kirchenbann und Exkommunikation zu rechnen: verheerende Waffen aus dem diplomatischen Arsenal, entbanden sie doch die Untertanen vom Treueid.

Kyllburg☆ Eine vollständig erhaltene Stiftsanlage mit gotischer Kirche und Kreuzgang; Glasfenster der Renaissance

Viel beklagt und nicht verhindert, hat das Städtchen Kyllburg noch in den letzten Jahrzehnten viele seiner historischen Fassaden verloren, dennoch finden sich noch etliche malerische Winkel; besonders der Blick zwischen den Häusern tief hinunter zur Kyll ist immer wieder überraschend. Steigt man hinauf zum Stiftsbezirk, so begegnet man an den letzten Häusern dem, was von der erzbischöflichen Burg übriggeblieben ist: Zwischen Mauerresten ragt der massige Bergfried auf, selbst als Ruine noch über 23 m hoch und mit 2,5 m dicken Mauern. Weiter bergauf fühlt man sich Schritt für Schritt in eine andere Zeit versetzt: An überwucherten Gärten vorbei, unter rauschenden alten Bäumen hinweg kommt langsam zwischen den Blättern das hochragende rötliche Sandsteinmauerwerk der Stiftskirche ins Blickfeld, die mit dem angebauten Kreuzgang und dem Kapitelhaus noch eine vollkommene mittelalterliche Baugruppe darstellt. Selbst wenn man nicht wüßte, daß der Baumeister ein Zisterzienser namens Heinrich war, wäre auch dieser Kirche das benediktinische Architekturideal anzusehen. 1276 vom Chor her begonnen und kurz nach 1300 mit dem Langhaus vollendet, präsentiert sich das fertige Werk als klar umrissener, monumentaler Baukörper von strenger Gliederung. Hoch hinaufreichende abgetreppte Strebepfeiler zwischen den spitzbogigen Maßwerkfenstern und eine glatte, gequaderte Fassade prägen das Äußere. Einzig die beiden Portale zeigen sparsame Ausschmückung: Am Westportal ein Wimperg zwi-

Chorfenster der Stiftskirche in Kyllburg: Die reiche Renaissance-Ornamentik in den Architekturrahmungen der Glasgemälde verrät ihre Entstehungszeit (um 1533/34). Hier die Geburt Christi in einem perspektivisch illusionierten Raum, durch dessen Bögen sich der Blick in die Landschaft öffnet: ein seltenes Meisterwerk der Glasmalerei der deutschen Renaissance ▷

schen Fialen, an der Mittelsäule des Doppelportals der Nordwand steht eine steinerne Madonna unter einem Baldachin, im Maßwerk des Tympanons ein Kruzifix mit Lamm und Kreuzfahne, ursprünglich von Malereien umgeben. Der Innenraum überrascht durch seine lichterfüllte Weite, denn der große Bau stellt einen einschiffigen Saal dar. Da die Ostwand jedoch drei basilikal abgestufte Chorbögen zeigt, dauert die Diskussion bis heute an, ob nicht ursprünglich auch eine dreischiffige Kirche geplant war, bevor man sich zu der kühnen Lösung entschloß, die gesamte Breite des Langhauses mit einem einzigen weitgespannten Gewölbe zu überdecken.

Der Innenraum besitzt eine reiche Ausstattung, allem voran die berühmten Glasgemälde in den drei hohen, schlanken Fenstern des Chorschlusses. 1533/34 von den beiden Stiftsherren, den Brüdern Jakob und Bernhard, gestiftet, stellen sie in mehreren Szenen das Leben und Leiden Christi in reicher Renaissance-Architektur mit Ornamenten, Engeln und Putten dar. Obwohl sich die Bilder der betonten Vertikale der gotischen Architektur anpassen müssen, ziehen sie sich in harmonischer Gesamtkomposition über alle Fensterunterteilungen hinweg und werden so zu transparenten Großgemälden von unerschöpflichem Formenreichtum in leuchtenden Farben.

Die Bildfolge zeigt im (linken) Nordfenster ganz unten eine lateinische Sockelinschrift, darüber den knienden Stifter mit Heiligen, im mittleren Hauptbild eine Geburt Christi in einer offenen Ruine mit schwebenden Engeln, im abschließenden Vierpaß eine Verkündigung in einem reich ausgestatteten Renaissanceraum mit einem großen Himmelbett. Im (mittleren) Ostfenster sieht man unten ebenfalls eine Inschrift, darüber unter Doppelbögen den zweiten knienden Stifter vor Maria, im Hauptbild eine Kreuzigung mit der Passionsgruppe und im Vierpaß eine Dreifaltigkeit mit manteltragenden Engeln. Das (rechte) Südfenster, dessen Inschrift und unteres Drittel nach Schäden erneuert wurde, zeigt in der Mitte die Grablegung Christi, im Vierpaß die Auferstehung. Die Herkunft dieser kostbaren Stücke ist bis heute nicht geklärt. Vergleichbare Fenster finden sich nur in St. Peter in Köln und in zwei Kirchen in Lüttich. Allenthalben werden die Kyllburger Fenster daher einer ›flandrisch-kölnischen Frührenaissance‹ zugeschrieben.

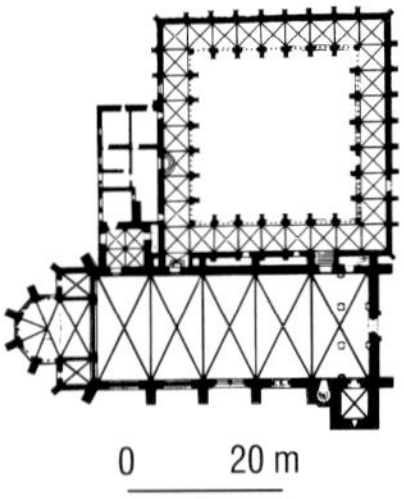

Kyllburg, Grundriß der Stiftsanlage (nach Wackenroder)

Im vielfarbigen Licht der Chorfenster sind noch weitere qualitätvolle Werke zu sehen. Man beachte rechts die in die Mauer eingelassene Doppelpiscina unter spitzem Giebel, daneben den zierlichen Dreisitz für den Zelebranten und die Diakone unter Vierpaßblenden; gegenüber das spätgotische Sakramentshäuschen mit seinem Fialenaufbau zwischen dem Stiftergrabmal des Hugo von Schmidburg (1630) und der vorzüglich gearbeiteten Grabplatte des Ritters Johann von Schönenburg (um 1540) mit Ahnenwappen und Inschriftenband. Hinter dem Hochaltar steht eine steinerne Muttergottesfigur, eine nicht minder gute Trierer Arbeit um 1350. Aus St. Thomas an der Kyll stammt das alte Chorgestühl im ersten Joch des Kirchenschiffs mit Schnitzarbeiten des 14. Jh.; ein weiteres bedeutendes

Stück ist das große Triumphkreuz, entstanden um 1300. Rechts neben der Rokokokanzel sind noch die beiden Bildnisgrabsteine der Ritter Konrad und Johann von Brandscheit zu sehen, gestorben 1438 und 1411, die wegen ihrer ungewöhnlichen Rüstungen von kostümkundlichem Interesse sind.

Durch eine Tür im zweiten Joch des Kirchenschiffes gelangt man in das stimmungsvolle Geviert des Kreuzgangs. Alle zum quadratischen Hof sich öffnenden großen Spitzbogenfenster sind einheitlich dreigeteilt, mit bekrönender Vierpaßzone und lilienförmig gebildeten Nasen des Maßwerks. Das profilierte Rippenwerk der Kreuzgewölbe ruht auf Dienstbündeln, man beachte die Schlußsteine mit ständig wechselnden Tier-, Blatt- und Maskenverzierungen. An den Ostflügeln des Kreuzgangs schließt das später entstandene gotische Kapitelhaus an. Es besitzt noch schöne gekuppelte Fenster mit maßwerkgeschmücktem Sturz und im Erdgeschoß, an die Kirche anschließend, den ehemaligen Kapitelsaal (jetzt Sakristei), der von vier Kreuzgewölben auf einer Mittelstütze überspannt wird.

Stiftskirchen, die nicht den strengen Regeln von Klosterkirchen unterlagen, waren beliebt als repräsentative Begräbnisstätten des Adels der Umgebung; hier das Grabmal des Ritters Johann von Brandscheit (1411), das den Ritter in voller Rüstung zeigt

Von Kyllburg empfiehlt sich ein Ausflug zur Wasserburg **Seinsfeld** beim gleichnamigen Dorf, ein wenig nördlich gelegen. Sie ist allerdings schwer zu finden, denn anstatt stolz von einem Berg zu grüßen, hat sie sich so gelungen in der Senke eines kleinen Tales versteckt, daß wohl jeder Feind nach aussichtsloser Suche entnervt sein Unternehmen abgebrochen hat. Burg Seinsfeld liegt nordwestlich des Dorfes am Kailbach, kurz hinter den letzten Häusern; mitten im Ort beginnt die Burgstraße, die auf einen kleinen Wald zuzuführen scheint. Daß sich unter den großen alten Bäumen die Burg verbirgt, bemerkt man erst, wenn man schon halb unter dem Torbogen steht. Niemand weiß genau, wann hier der erste Wehrbau entstanden ist, denn die Anlage der Burg folgt auffällig dem Schema einer sog. frühmittelalterlichen Motte: Von einem kreisrunden Wassergraben mit einem Wall umgeben, liegt die Burg wie auf einer kleinen Insel in der flachen Talsenke. Die heutigen Gebäude sind im Kern spätmittelalterlich und wurden um 1680 erneuert; sehr romantisch der lauschige Innenhof mit efeubehangenen Fassaden; im fünfseitig vorspringenden Treppenturm sind zwei Bildnisgrabsteine von 1519 und 1560 eingemauert.

Malberg ☆
Prachtvoll gelegenes Barockschloß in einer Schleife der Kyll

Was für Kyllburg das Stift, ist für das gegenüberliegende **Malberg** die vollständig erhaltene Schloßanlage, die das altertümliche Dorf überragt. Auf zwei Seiten von der Kyll umflossen, steht das Schloß auf einem Bergsporn eindrucksvoll über dem Tal. Ursprünglich der Sitz der Herren von Malberg, wurde die Befestigung bereits im 11. Jh. in zwei Burgen aufgeteilt, die im 13. Jh. in die Hände verfeindeter Trierer und Luxemburger Parteigänger fielen. Nach wechselvoller Geschichte gelangte die ganze Herrschaft Malberg 1681 an die Familie von Veyder. Aus deren Reihen bekleidete ein Johann Werner ab 1703 das Amt des Weihbischofs in Köln, das nicht schlecht dotiert gewesen sein muß, denn ihm verdankt das Schloß einen großangelegten Neu- und Umbau, wodurch im wesentlichen die heutige Anlage entstand. Hinter dem Eisernen Garten mit dem zierlichen Gitter erhebt sich der Alte Bau mit Tor und schlankem Uhrturm, der anschließende Hof wird gesäumt von einem langgestreckten barocken Arkadenbau, der hinüberführt zur prunkvollen Fassade des Neuen Hauses.

Ab 1711 schuf hier der damals in kurpfälzischen Diensten stehende venezianische Architekt Matteo Alberti ein Stück Italien in der Eifel, denn das Schloß stellt eine barocke Adaptation der im 16. Jh. erbauten Villa Valmarana des Andrea Palladio dar. Innen befinden sich repräsentative Räume, ausgestaltet mit kostbaren Holztäfelungen, formenreichen Stuckdecken, Gemälden, alten Möbeln und der vielgerühmten bemalten Wandbespannung, die einen Gobelin imitiert. Auf der Rückseite, zum Kylltal hin, baute der nicht minder bedeutende Architekt Christian Kretschmar über dem Runden Garten um 1730 eine wundervolle Terrasse mit Pavillons, auf deren Balustrade die graziösen zehn Gartenfiguren des genialen Rokokobildhauers Adam Ferdinand Tietz Aufstellung fanden, der wertvollste Kunstschatz des Schlosses. Malberg befindet sich in Privatbesitz. Einen Eindruck von der Schönheit der Anlage kann man während der wenigen Führungen mitnehmen; die Termine sind am Schloßtor angeschlagen.

Die Täler von Nims und Prüm

Obwohl nah beisammen, sind beide Täler in ihrem Landschaftscharakter völlig verschieden. Ähnlich wie die Kyll durchfließt die Nims ein tief eingeschnittenes, einsames Waldtal, bevor sie ebenfalls auf der Höhe von Malberg das Bitburger Gutland erreicht. Ähnlich wie die Salm auf der anderen Seite sieht die Prüm dagegen die ländlichen Randlandschaften des Islek an ihren Ufern, bevor sie weit unterhalb Bitburgs in einer wildromantischen Schlucht mit den Stromschnellen von Irrel zur Trierer Bucht durchbricht und kurz darauf die Sauer erreicht.

Prüm und Umgebung

Prüm: Die Abtei als altes geistliches Zentrum eines im Mittelalter mächtigen Klosterstaats

Gemeinsamer Ausgangspunkt für beide Täler ist der Ort Prüm, einstiger Hauptort eines kleinen Klosterstaats, der bis 1576 seine Selbständigkeit verteidigen konnte und damit eines der seltsamsten historischen Phänomene der Eifel darstellt. Zur Zeit der Karolinger mächtiger und angesehener als das Bistum Trier, erwuchs der Reichsabtei gerade in diesem Geistesbruder ein erbitterter Gegner, der nicht eher ruhte, bis er die Gewalt über den Kleinstaat gewonnen hatte. Damit war die Feindschaft keineswegs beigelegt, endgültig wurde der

Widerstand des Klosters erst gebrochen, als Trier mit Waffengewalt zur Zerstörung der Zeugen seiner großen Vergangenheit schritt. Wer daher nach Prüm kommt, angelockt vom legendären Ruf der Abtei im frühen Mittelalter, wird sich angesichts der biederen Kirchenfassade fragen, ob er am richtigen Ort ist. Denn nichts verkörpert Glanz und Elend der Abtei Prüm besser als dieser in seinen Ausmaßen noch gewaltige, in seiner Ausführung von provinzieller Mittelmäßigkeit gezeichnete Kirchenbau.

Was war geschehen? Im Jahr 721 hatte die fränkische Edle Bertrada mit ihrem Sohn Charibert das Kloster gestiftet. Im Gründungsdokument bekam es zur Aufgabe, Tag und Nacht die Barmherzigkeit Gottes herabzuflehen, damit der Stifterin und ihren Söhnen die Sünden vergeben würden. Diese scheinen nicht gering gewesen zu sein, was bei der mord- und intrigensüchtigen Familienpolitik der Merowinger auch kein Wunder ist. Pippin der Kurze wiederholt 751 die Gründung. Von nun an mit Ländereien und Privilegien überschüttet, entwickelt sich die Abtei zu einer Art karolingischem Hauskloster, das seinen ersten Höhepunkt erlebt, als im Jahr 799 die wegen ihres Reichtums so genannte Goldene Kirche in Prüm von Papst Leo III. in Anwesenheit Karls des Großen geweiht wird. Der Enkel Karls, Kaiser Lothar I., tritt gar als Mönch ins Prümer Kloster ein, wo er sechs Tage später stirbt; sein Grab befindet sich im Chor. Zu dieser Zeit ist die Abtei bereits unermeßlich reich, sie besitzt verstreute Ländereien von der Bretagne über die Loire bis zur Rhône, in Holland, im Münsterland und am Main, im 893 aufgestellten Verzeichnis des Klosterbesitzes werden 32 Grafen und Edelherren als Prümer Vasallen genannt. Die damalige kulturelle Bedeutung des Klosters kann gar nicht hoch genug eingeschätzt werden. Nach der Gründung eines Kollegiatsstifts (1017; es stand der Abtei gegenüber und ist heute verschwunden) und mit einem 1190 zu Niederprüm ins Leben gerufenen adeligen Nonnenkloster ist Prüm so mächtig, daß es seine weltlichen Vögte abschütteln kann, es wird zur Fürstabtei mit eigenen Vögten und landesherrlicher Gewalt auf seinem Territorium, mit Sitz und Stimme im Reichstag.

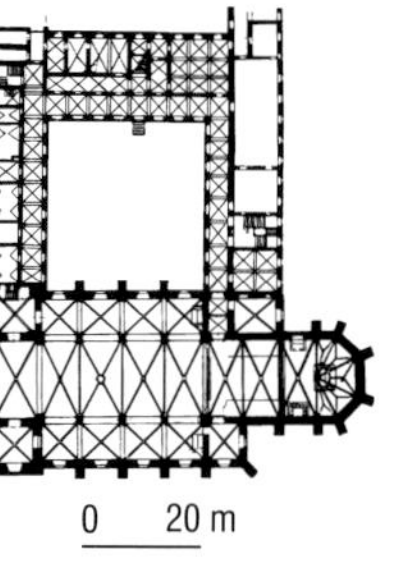

Prüm, Grundriß der ehemaligen Klosterkirche mit einem Teil der Klostergebäude

Doch auch die Wertschätzung geistlicher Fürsprecher unterliegt Konjunkturen. Wie viele andere traditionsreiche Klöster mußte dies auch Prüm schmerzlich erfahren, als sich zu Beginn des 13. Jh. das allgemeine Interesse dem neugegründeten Zisterzienserorden zuwandte – und damit auch alle frommen Spenden und Stiftungen, die einen Großteil der Klosterfinanzen ausmachten. Und da hatte Prüm in nächster Nähe mit der Zisterzienserniederlassung in Himmerod (s. S. 282f.) eine böse Konkurrenz bekommen. Gegen die neuen Ideen des Reformklosters verblaßte die altehrwürdige Fürstabtei so gründlich, daß bald die ersten Schulden gemacht werden mußten. Kein Zufall, daß in diesem Moment der beginnenden Schwäche zum ersten Mal das begehrliche Auge Kurtriers auf die großen Ländereien von Prüm fiel; doch der listige Plan, die Abtei zum Bistum zu erheben, das sich dann dem Erzbistum Trier zu unterstellen hätte, ließ sich nicht verwirklichen. Die Auseinandersetzungen mit Trier nahmen von nun an immer gewalttätigere Formen an, jedoch dauerte es noch 200 Jahre, bis das mächtige Erzbistum die kleine Eifelabtei, der durch eine ruinöse Finanzpolitik immer mehr Ländereien verlorengegangen waren, endgültig kassieren konnte: Stück für Stück kaufte Trier Prümer Landbesitz auf, mit den daran haftenden Vogteirechten konnte der geistliche Nachbar immer mehr weltliche Macht im fremden Gebiet ausüben. 1576 war es dann so weit: Trier hatte so viele landesherrliche Rechte in Prüm, daß es selbst als Prümer Vogt auftreten konnte. Damit war die Exekutive des Kleinstaats gewissermaßen in der Hand des Feindes, und ein Staat, der seine Gewalt nicht mehr ausüben kann, ist keiner mehr.

So wurde der Erzbischof von Trier gegen den heftigen Widerstand des Konvents Prümer Fürstabt, dem Kloster stand fortan nur noch ein Prior vor. Doch die Mönche gaben noch lange nicht auf. Die dauernde Abwesenheit des an Trier nicht interessierten Kurfürsten Ludwig von Pfalz-Neuburg, der sein Erzbistum von Breslau aus verwaltete, hielten sie fälschlicherweise für eine gute Gelegenheit, ihre Autonomiebestrebungen durchzusetzen. Der Irrtum sollte auch kunstgeschichtlich üble Folgen haben: Nicht nur, daß der Prior verhaftet und auf dem Ehrenbreitstein zu Koblenz eingekerkert wurde, demonstrativ wurde nun die ehrwürdige Goldene Kirche abgerissen und 1721 der heutige Neubau befohlen. Allein schon dessen Zweitklassigkeit wäre ein Grund für das nächste Aufbegehren des Konvents gewesen. Noch 1768 wagten die Prümer einen bewaffneten Aufstand gegen den Erzbischof, doch mußten sie vor trierischem Militär kapitulieren.

Damit sind wir bei der Baugeschichte der **Klosterkirche** angelangt, zu deren Verständnis man außer dem politischen Hintergrund noch den kunsthistorischen beleuchten muß, und der hat einiges mit den damaligen Zuständen im Kurstaat Trier zu tun. Hatte es dort nach den Zerstörungen des Dreißigjährigen Krieges zunächst an Geld zum Bauen gemangelt, so fehlte später das Interesse, im eigenen Land repräsentative Werke zu errichten. Und so spricht Franz Josef Faas mit einem Satz die ganze traurige Wahrheit über dieses eigentümliche Phänomen des gotisierenden Barock in der Eifel aus, das viele Autoren als eine gediegen-bodenständige Konservativität des Eifelers auch in Stilfragen gedeutet haben möchten: »Dem geringen Bauinteresse der Landesherrn entsprach auch das Können ihrer Hofbaumeister.« Schon mit der 1708–24 von Honorius Ravensteyn errichteten Pfarrkirche von Wittlich hatte die Baukunst des Erzbistums den Anschluß an die Entwicklung des Barock verloren; noch schlimmer wurde es unter Hans Georg Judas, seinem früheren Zimmermann, der nur noch mäßige Kopien des alten Dienstherrn zustande brachte. Endgültiger Tiefpunkt war die Berufung des Franziskanerbruders Paul Kurz zum Hofbaumeister, den man aus seinem luxemburgischen Kloster holte, weil er »des Bauwerks verständig« sei – höhere Ansprüche wurden damals in Trier nicht gestellt.

Der Mittelrisalit der Abteigebäude von Prüm offenbart in seiner markanten Pilasterordnung die Handschrift Balthasar Neumanns. Bekrönt wird der Bauteil von seinem berühmten Rocaille-Giebel

Erst als 1729 Franz Georg von Schönborn Kurfürst in Trier wurde und den Familienbaumeister seines Hauses, den vielgerühmten Balthasar Neumann, mitbrachte, kam etwas vom Glanze des süddeutschen Barock auch in die Eifel. Da aber war die neue Abteikirche in Prüm schon fertig. Begonnen vom Judas, beendet vom Kurz, erweist sie sich innen wie außen als vergrößerte Imitation der Pfarrkirche von Wittlich, die Ravensteyn erbaut und an der Judas als Zimmermann mitgearbeitet hatte. Man werfe einen vergleichenden Blick auf die neben der Kirche stehenden barocken Abteigebäude, wenig später von Balthasar Neumann entworfen und von seinem Schüler Seiz ausgeführt: Besonders die prachtvolle Nordfront mit dem Mittelrisalit und dessen monumentaler Pilasterordnung unter dem gebrochenen Giebel mit dem ›tosenden Rocaille‹ der Wappenrahmung zeigt die zeitgemäße Höhe der barocken Baukunst gegenüber der mageren Kirchenfassade. Deren ansprechendstes Detail ist die große dekorierte Muschelnische über dem Mittelportal, in der eine schöne Madonna auf Wolken, umgeben von Engeln, zu sehen ist; die das Mittelfeld eingrenzenden Pilaster tragen ionische Kapitelle unter einem doppelt geschwungenen Giebel.

Innen stellt die Kirche eine gotisierende dreischiffige Basilika dar, deren Kreuzrippengewölbe statt auf Diensten auf flachen Pilastern ruhen; jedoch ordnen sich solche barocken Formelemente völlig dem mittelalterlichen Raumschema der anachronistischen Gesamt-

Barocke Schnitzkunst in der ehemaligen Klosterkirche von Prüm: Chorgestühl aus dem Jahr 1731

konzeption unter. Einzig die 1730 an die Westwand angebaute Orgelempore zeigt reiche Stukkaturen mit Emblemen der Musik, der Bildhauerei und der Architektur. Der kühn geschwungene Orgelprospekt ist wieder ein Entwurf des Neumann-Schülers Johannes Seiz. Als Trost befinden sich aber in der Kirche zahlreiche Ausstattungsstücke von teilweise vorzüglicher Qualität. Bis auf die Kanzel entstammen sie nicht dem Vorgängerbau, sie sind aus anderen Kirchen – besonders aus der des verschwundenen Kollegiatsstifts – hier zusammengetragen worden, von den legendären Schätzen der mittelalterlichen Goldenen Kirche zu Prüm fehlt jede Nachricht.

Den Innenraum beherrscht die düstere Pracht des großen Hochaltars. 1727 für die Karmeliterkirche in Kreuznach in den für die Altäre dieses Ordens typischen dunklen Farbtönen gefertigt, kam er um 1925 hierher. Zwischen mächtigen Säulenaufbauten zeigt er Gemälde, Engelsskulpturen und zierliche Ornamente im Übergang zu Rokokoformen. Zwischen Hochaltar und Chorgestühl steht an der rechten Chorwand das 1878 von Kaiser Wilhelm I. gestiftete neue Grabmal für die Gebeine des 855 verstorbenen Karolingers Lothar I. Ein Meisterwerk barocker Schnitzkunst ist das Chorgestühl aus dem Jahre 1731 mit großen reliefierten Medaillons mit Darstellungen aus der Geschichte des Benediktinerordens zwischen karyatidenartigen Figuren, Verkörperungen der Tugenden und der Künste. Ebenfalls ein sehr qualitätvolles Werk ist die Sandsteinkanzel aus der Werkstatt des Hans Ruprecht Hoffmann aus Trier. Entstanden um etwa 1590, zeigt sie auf vier Relieftafeln, aus denen der Kanzelkorb gebildet ist, biblische Motive; den achteckigen Fuß zieren Engelsköpfe. In der Personendarstellung noch gotisch empfunden, ist die Ornamentik von der Renaissance geprägt.

Die originellsten Stücke der Ausstattung sind fünf polychromierte Figurengruppen, die in der linken Turmkapelle, der sog. Ärztekapelle, zu einem Passionsaltar zusammengesetzt wurden. Es handelt sich bei ihnen um die Reste eines jener großen spätgotischen Schnitzaltäre, die zu Beginn des 16. Jh. in Mengen aus Flandern in die Eifel exportiert worden sind und von denen sich in Münstermaifeld und Klausen noch vollständige Exemplare erhalten haben. In ihrem typisch spätgotischen Realismus, der auf die Würde des Dargestellten nur mehr wenig Rücksicht nahm, sind selbst die Passionsdarstellungen nicht ohne Witz: Man beachte die Knechte, die sich um die Kleider des Herrn raufen, im Eifer des Gefechts packt einer den anderen an der Nase und verabreicht ihm eine Maulschelle. Der Altar stand in einer Kalvarienbergkapelle, die erst 1949 bei der Explosion eines Munitionslagers zerstört wurde; von dort kamen auch einige Einzelfiguren und die Grablegungsgruppe mit ihren großen Figuren aus Sandstein und Terrakotta in das rechte Seitenschiff. In der rechten Turmkapelle, der Marienkapelle, stehen die beiden großen Grabplatten des Abts Robert von Virneburg (1476–1513) und der Franziska von Rodemachern, einer Wohltäterin des Stifts. Die ehemaligen Abteigebäude mit dem schon erwähnten Mittelrisalit der Nordfront beherbergen heute ein Gymnasium.

In der Tiergartenstraße, beim Rathaus, befindet sich das sehenswerte **Museum Prüm.** Auf drei Etagen illustrieren seine umfangreichen Sammlungen bürgerliche und bäuerliche Lebensweisen in der Prümer Gegend.

Bevor man sich von Prüm aus in eines der beiden Täler begibt, beachte man einige lohnende naturkundliche und künstlerische Objekte der näheren Umgebung. Da ist zunächst die schöne barocke Anlage des 1190 gegründeten Benediktinerinnenklosters im zwei Kilometer entfernten **Niederprüm.** In den Gebäuden um den Kreuzgang befindet sich heute eine Missionsschule der Vinzentiner, doch die Kirche (1677 geweiht) ist zugänglich. Sie besitzt einen schönen Innenraum mit sieben rippenlosen Kreuzgewölben sowie Hochaltar, Chorgestühl und eine prächtige Kanzel aus der Erbauungszeit; sehr reizvoll ist die balkonartige Äbtissinnenempore an der Nordwand.

Empfehlenswert ist eine kleine Rundfahrt über Fleringen und Gondelsheim, die auch ein Stück Landschaft der Prümer Kalkmulde zeigt, die übrigens bekannt ist für ihre Orchideenvorkommen. In **Fleringen** steht die Pfarrkirche St. Lukas aus dem Jahre 1683 mit einem in die Außenwand eingelassenen Relief, einer typischen Arbeit bäuerlicher Provenienz. Im Inneren befindet sich ein hübscher spätgotischer Chor; man wage einen Schritt hinein und betrachte die vier ungemein originellen figürlichen Konsolsteine des Sterngewölbes. Bekannt ist der Ort aber für die Figur der Muttergottes im Seitenaltar, ein erlesenes Exemplar der Schönen Madonnen der ersten Hälfte des 14. Jh.; ebenso freundlich wie das Kind auf ihrem Arm lächelt sie den Besucher an, während ihr Sohn die heilige Taube mit der Linken etwas unsanft am Hals hält.

Zu den wie durch ein Wunder den vielen Kriegen der Eifel entgangenen Schönen Madonnen des Weichen Stils der Gotik gehört die Madonna mit Kind in der Pfarrkirche von Fleringen (um 1420)

Fährt man auf **Schwirzheim** zu, so ergibt sich das überraschende Panorama eines bewachsenen, hoch das Dorf überragenden Dolomitfelsens. Auf ihm stand einst die Burg Hartrardstein, bereits 943 in Prümer Besitz genannt. Eindrucksvoller als die wenigen Ruinenreste sind die großen, zerklüfteten Felsen des Dolomitmassivs.

Im benachbarten **Gondelsheim** steht die ehemalige Wallfahrtskirche St. Fides. 1461 als dreischiffiger Bau errichtet, wurde sie 1523–31 in eine unsymmetrisch zweischiffige Anlage umgewandelt, die mit ihren Mittelstützen und den beiden polygonalen Chören einen eindrucksvollen hallenartigen Innenraum mit vielzitierten »stimmungsvollen Durchblicken« bildet. Die ehemals prächtigen Gewölbe mit zahlreichen Schlußsteinen wurden 1945 zerstört und leider nur durch einfache Kreuzrippengewölbe ersetzt. Noch finden sich aber überall die alten figürlichen Konsolsteine an den Wänden, man beachte ferner das Vesperbild und die drei Heiligenfiguren (um 1500) sowie die zwei schaurigen Relieftafeln mit Marterszenen vom Anfang des 18. Jh.

Die Schneeifel

Der dunkle Höhenzug, der von Prüm den Blick nach Westen begrenzt, ist die Schneeifel mit dem Schwarzen Mann (698 m) als höchster Erhebung. Beide Namen wirken wenig einladend, und in der Tat gehörte die ›Schneifel‹ zu den unwirtlichsten, ärmsten und einsamsten Gebieten des ganzen Landes. Gerade deshalb ist sie für den Touristen, für den bekanntlich andere Maßstäbe gelten, eines der angenehmsten Reiseziele, denn der ehemals als unheimlich verschriene dichte Wald und die aufgrund der enormen Niederschlagsmengen zahlreich sprudelnden klaren Quellen und Bäche sind heutzutage ebenso gesuchte Ziele wie der früher gefürchtete Schnee, der an sonnigen Wintertagen die Skifahrer legionenweise hierherzieht. Abgesehen davon ist die Schneeifel mit ihren endlosen Fichtengroßwäldern ein geschätztes Wandergebiet mit reichlich Waldesrauschen und mit ihren kleinen einsamen Moorflecken und dem gelegentlichen Blick in die Weite einer menschenleeren Landschaft eines der eindrucksvollsten Eifelerlebnisse.

Wer die Schneeifel-Höhenstraße von Süden aus befährt, der folge ihr noch ein Stück weiter bis zum kleinen Dorf **Ormont.** Wie jeder geologisch Gebildete weiß, endet hier der Westeifel-Vulkanzug; der wegen der Farbe seiner Sande so genannte Goldberg hinter dem Dorf ist seine nordwestlichste Ausbruchstelle. Hier in Ormont hat eine alte Vulkansandgrube fast den halben Bergkegel weggegraben und damit den Goldberg zu einer letzten phantastischen Szenerie des Vulkanzugs gestaltet. Wer ein kurzes Stück hinter dem Dorf auf der Straße nach Kerschenbach an der Einfahrt hält und ein paar Schritte zu Fuß in die Grubenanlage geht, der sieht hinter Bergen von grotesk geformten Wurfschlacken eine riesige Wand aufragen.

Die Vulkansandgruben des Goldbergs bei Ormont zeigen in rötlicher Schichtung die ausgeworfenen Sande und Aschen

Hunderte von Metern sind an ihr in zahlreichen Gold- und Brauntönen die charakteristischen Linien der verschiedenen Auswurfschichtungen zu verfolgen.

Westlich von Ormont trifft man auf **Auw bei Prüm.** Im Saalbau der spätgotischen Pfarrkirche St. Peter und Paul können ein Netzgewölbe mit figürlichen Konsol- und Schlußsteinen sowie Barockaltäre und zahlreiche alte Einrichtungsgegenstände betrachtet werden. Außen am Turm befinden sich in einer Nische drei gotische Steinfiguren. Weiter südlich, zu Füßen der Schneeifel, liegt **Bleialf,** ebenfalls mit einer gotischen Kirche als unbenutztem Appendix eines weitläufigen Neubaus. In der alten Kirche wurde ein umfangreicher Freskenzyklus entdeckt. Er stammt aus dem Jahr 1498 und zeigt in großangelegten Kompositionen die zehn Gebote in entsprechenden Darstellungen. Passend sind gegenüber die zehn ägyptischen Plagen zu sehen – göttliche Verordnungen und ihre Folgen für den Fall der Nichtbeachtung. Weiter wurden noch eine Krönung Mariens und vier Apostel von der Tünche befreit. Auch der große barocke Hochaltar, in den mehrere figurenreiche gotische Reliefgruppen inkorporiert sind, steht wieder an seinem alten Platz. Wie schon der Name sagt, ist Bleialf eine alte Bergmannssiedlung, die direkt auf einem Bleigang erbaut ist. Seit Römerzeiten wurde dieses Erz hier abgebaut und noch im vorigen Jahrhundert war die Gegend geprägt von den alten industriellen Anlagen des Bergbaus. Als dieser 1894 eingestellt wurde, verschwanden die Schachtanlagen und ihre Aufbauten, geblieben sind aber die Halden, und sie stellen noch heute ein Eldorado für Mineraliensammler dar. In die vergangene Welt der Bergleute führt das Bleibergwerk Mühlenberger Stollen, das einen Versuchsstollen des ehemaligen Bleibergwerks ›Neue Hoffnung‹ für Besucher zugänglich gemacht hat.

Das Tal der Nims

Begibt man sich nun von Prüm nach Süden in das Tal der Nims, so wird man bald von der Romantik des schmalen, tief eingekerbten Waldtales angenehm berührt sein. Der erste Ort, an dem sich ein Halt empfiehlt, ist **Schönecken** mit seiner großen Burgruine. Aus den Kalkstein- und Dolomitfelsen des oberen Nimstals führt Sie die Straße gleich am Ortsanfang unter den mauer- und türmebekrönten steilen Burgberg. Kurz vorher öffnet sich links das Schalkenbachtal, das sich bald in die Schluchten seiner beiden Quellbäche verzweigt und wegen einer gewissen landschaftlichen Dramatik den Namen Schönecker Schweiz trägt. Die Herrschaft Schönecken mit dem anschließenden Wetteldorf ist sehr alt, das Dorf wird bereits 993 im Zinsbuch der Abtei Prüm erwähnt. Als deren Vögte brachten die Grafen von Vianden die Burg im frühen 13. Jh. in ihren Besitz und lieferten sich hier bald darauf eine blutige Familienfehde. 1383 kam sie im Zuge der gegen Prüm gerichteten Erwerbspolitik der Trierer Erzbischöfe an den Kurstaat, wo sie bis zum Einmarsch der französischen Revolutionstruppen im Jahre 1794 verblieb. Da die Burg bis dahin Sitz eines trierischen Amtsmanns war, wurde sie gut unterhalten und stand im Gegensatz zu den meisten anderen Eifelburgen um 1800 noch aufrecht. Doch nachdem sie um 1802 mit dem ganzen Dorf abgebrannt war, erhielten die Schönecker die Erlaubnis, das ausgedehnte Mauerwerk der Wehranlage als Steinbruch für den Wiederaufbau des Orts zu benutzen. Dieses Recht wurde so ausgiebig in Anspruch genommen, daß heute von der imposanten Hauptburg auf dem breiten, steil zur Nims abfallenden Bergrücken nur noch die

Im schmalen Waldtal der Nims thront die Ruine der Burg Schönecken, einst ein stark befestigter Trierer Amtssitz, über den Dächern des gleichnamigen Orts

Ringmauer mit mehreren großen Türmen übriggeblieben ist, doch sind die Reste noch eindrucksvoll genug. Zwischen den beiden hohen Türmen der Westseite sind noch Mauern mit Fenstern zu sehen, hier stand der Palas.

Unterhalb der Burg beherrscht das große Gebäude der ehemaligen kurfürstlichen Kellnerei, erbaut 1718 nach Plänen von Philipp Honorius Ravensteyn, mit dem aufgetreppten Straßenportal das Ortsbild. Weiter unten, im Ortsteil Wetteldorf, steht direkt neben der Durchgangsstraße die seit dem anschließenden Neubau von 1955 unbenutzte alte Pfarrkirche St. Leodegar. Man kann sie jedoch betreten; in der eigentümlichen Atmosphäre des großen verlassenen Kirchenbaus übersehe man nicht den Grabstein des Hermann von Hersel (um 1592) mit einer überlebensgroßen Ritterfigur im Harnisch zwischen Ahnenwappen.

Das Nimstal wird nun still und einsam, weite Wälder bedecken seine Hänge, ab und zu steht eine alte Mühle am Bach. Hinter Seffern, das etwa auf der Höhe von Malberg liegt, tritt auch die Nims ins Bitburger Gutland ein, was an einem charakteristischen Wechsel im Landschaftsbild nicht zu übersehen ist. Die Nims weiter nach Süden trifft man auf **Rittersdorf,** dessen vielversprechender Name nicht enttäuscht: Mitten im Ort steht eine Wasserburg, die mehr architektonische Schätze birgt, als man ihr von außen ansehen könnte. Die Burg wurde 1263 als Besitz der Abtei St. Maximin genannt, um 1290 erbaute man den noch heute das Bild bestimmenden runden Bergfried. 26 m hoch, ist er so schmal und schlank, daß man ihn bestenfalls für einen Flucht- oder Beobachtungsturm halten möchte, doch entpuppt er sich im Inneren als höchst ungewöhnlicher Wohnturm. Fünf der sieben Geschosse sind mit Kuppelgewölben versehen, in der Mauerdicke führen steinerne Treppen nach oben, Sitznischen, Wandschränke und Kamine vervollständigen das Bild eines erstaunlichen Wohnkomforts. Einen quadratischen spätgotischen Palas erbaute gegenüber um 1550 die Familie von Enschringen: Beide erhaltenen Geschosse besitzen schöne Gewölbe, die von einer einzigen Rundsäule in der Raummitte getragen werden. 1575 wurden noch ein weiterer Palas und das prächtige Renaissanceportal aufgeführt. Die romantisch zwischen Wassergräben und alten Bäumen stehende Anlage ist durch ein Burgrestaurant neu belebt worden.

Die römische Villa in Otrang

Kurz vor Rittersdorf zweigt über Nattenheim und Fließem die Straße zur Villa Otrang ab – neben der Villa am Silberberg (Ahrweiler) das bedeutendste Zeugnis römischer Kultur in der Eifel, das es außerhalb eines Museums zu sehen gibt. Vom 2. bis 4. Jh. in mehreren Ausbauphasen in der Nähe der Heerstraße Trier–Köln errichtet, entstand hier ein großer, repräsentativer Wohnbau vom Typ der im Trierer Land verbreiteten Risalitvillen, der mit 66 Räumen, Bädern, Säulenhallen und -gängen und einer ausgedehnten unterirdischen Warmluftheizung

Otrang ☆
Ruine einer Römervilla mit bedeutenden Bodenmosaiken

Außer in Trier hat man aus antiker Zeit nirgendwo so bedeutende Mosaiken gefunden wie in den Ruinen der römischen Villa von Otrang

zung für Böden und Wände zusammen mit einem anschließenden Wirtschaftshof die auch für römische Landvillen ungewöhnlichen Ausmaße von fast 400 × 130 m erreichte. Heizungsanlage und Bäder sind noch teilweise zu sehen, von den Räumlichkeiten und Prunkfassaden zeugen indes nur noch Grundmauern, was sich jedoch zwischen diesen befindet, gibt ein letztes Zeugnis von der Pracht und dem Komfort einer Wohnkultur, wie sie in der Eifel kaum wieder erreicht wurde: Unter den kleinen Schutzhäuschen befinden sich noch mehrere Mosaikfußböden, die mit unerschöpflichem ornamentalen Reichtum aus Kreisen, Rhomben, Achtecken, Rosetten, verschlungenen Flechtmustern, Mäandern, Blüten- und Blattsternen teils bortengesäumte Teppichimitationen darstellen, teils den Betrachter durch perspektivisch erzeugte Plastizität täuschen. Diese Mosaiken sind die eigentliche Attraktion der Villa Otrang; zwischen den kunstvollen Ornamenten sind auf einem Fußboden Tierabbildungen zu sehen, unter denen sich eine kleine Hommage des Römers an seine ungewohnte Umgebung befindet: Neben Löwe, Antilope und Panther zeigen sich zwei Eichhörnchen und eine typisch Eifeler Eule.

Gegen Ende des 4. Jh. haben die vorrückenden Barbarenstämme der Germanen die Villa zerstört. Wenig später brach die römische Rheinfront zusammen und Franken besiedelten das Land. Nichts deutet darauf hin, daß sie ihre luxuriöse Eroberung auch nur einen Tag bewohnt hätten.

Das Tal der Prüm

Obwohl auf keiner Karte als landschaftlich schön eingezeichnet, führt die Talstraße von Prüm nach Waxweiler durch eine reizvolle Gegend. In Waxweiler zweigt die Straße den Berg hinauf nach **Lam-**

bertsberg ab, dessen ehemalige Wallfahrtskirche den Abstecher auf jeden Fall lohnt. Es handelt sich um ein klassisches Beispiel einer spätgotischen zweischiffigen Anlage. Der klare Raumeindruck der drei kreuzrippengewölbten Joche mit Achteckpfeilern auf der Mittelachse des Langhauses wird glücklicherweise durch die querschiffartigen Anbauten des Jahres 1954 kaum beeinträchtigt. Die eigentliche Attraktion der Kirche aber ist die Steinkanzel aus dem Jahr 1618: Sie stammt wohl aus der Werkstatt des Hans Ruprecht Hoffmann aus Trier und ist offenbar das Werk eines volkstümlich orientierten Gehilfen, denn der Kanzelkorb zeigt in polychromierten Reliefs originelle Darstellungen aus der Jugendgeschichte Christi. Von geradezu rührendem Realismus ist dabei die Beschneidungsszene, in der ein kindlicher Christus mit besorgter Miene die vorbereitenden Hantierungen verfolgt, bei denen ein beunruhigend großes Messer nicht zu übersehen ist. Am Fuß der Kanzel befinden sich Nischenfiguren der Evangelisten. Man beachte links vom Chor die spätgotische Skulptur des hl. Nikolaus; zu seinen Füßen als Attribut der Bottich, der auf eine seiner Wundertaten verweist: Drei Knaben waren ermordet und zur Vertuschung der Untat in einem Bottich eingepökelt worden; der Heilige erweckte sie wieder zum Leben.

Von Waxweiler führt ein empfehlenswerter Wanderweg durch das stille Prümtal nach **Hamm,** die Straße erreicht den kleinen Ort über einen Umweg, der am Stausee Bitburg vorbeiführt. In der Geschichte berüchtigt für eine der entsetzlichsten Serien von Hexenprozessen, die die dortigen Herrschaften veranstalten ließen, um Geständnisse gegen einen Mann zu erpressen, bei dem sie Schulden hatten, ist das Dorf heute bekannt für eine der größten noch bewohnten Eifelburgen. Der mächtige Wehrbau, eindrucksvoll gelegen auf einem langgestreckten, von der Prüm in großer Schleife umflossenen Bergrücken, verbittet sich jedoch jede Besichtigung.

Von Hamm aus sind zwei Routen zu empfehlen: Entweder über Oberweis und Bettingen weiter die Prüm entlang oder über Weidingen nach Neuerburg und von dort durch das waldreiche Enztal über Mettendorf bis zur Mündung der Enz in die Prüm. Wählt man die erste Strecke, so finden sich im hübsch an der Prüm gelegenen **Oberweis** wiederum die Reste einer sehr ausgedehnten römischen Villa. Aus den Grundmauern des langgestreckten Baus lassen sich der Portikus sowie zahlreiche Wohn- und Baderäume erkennen, die vielen Ausgrabungsfunde (u. a. vollständige Mosaikfußböden) befinden sich leider nicht am Ort, sondern im Landesmuseum Trier. Die Villa wurde wie viele andere gegen Ende des 4. Jh. verlassen, 1801 fand man unter einer Steinplatte einen 16 Pfund schweren Münzschatz der geflohenen Bewohner.

Wer Zeit hat, nehme die zweite Strecke, denn die Landschaft zwischen Prüm und Enz ist von eigenartiger Schönheit. Bis zum Horizont geht der Blick über endlose Hügelketten zwischen kleinen Bachtälern, ab und zu liegt ein einsames Dorf in der Weite der Felder und Wälder unter einem tiefen Himmel. So erblickt man von weitem den Ort **Weidingen** mit seiner Wallfahrtskirche. Im überreich ausgestatteten Innenraum beachte man den aufwendigen Hochaltar, um 1780 von einem Neuerburger Schreinermeister geschaffen (darin das Gnadenbild, um 1500), sowie die beiden wenig älteren Seitenaltäre und die Beichtstühle (um 1770). Bestes Teil ist der in die Wand des Seitenschiffs eingemauerte spätgotische Altaraufsatz mit Relieffiguren von sechs Heiligen; ebenfalls im Seitenschiff ein Steinaltar mit großem Vesperbild vom Anfang des 17. Jh. Neben der hübschen Kanzel mit Halbfiguren der Evangelisten (um 1720} befindet sich noch manches Stück dankbarer Verehrung der Wallfahrer in der Kirche, die sich aber jeder kunstkritischen Würdigung entziehen.

Nach Neuerburg

Neuerburg: Ein historisches Zentrum der Westeifel

Von Weidingen führen Straßen und Wege über die Höhen hinunter in das romantische Tal der Enz, wo mit dem Städtchen Neuerburg eines der historischen Zentren der Westeifel zu finden ist. Die Lage des Ortes tief im Tal, überragt von Pfarrkirche, Türmen, Vogtshaus und mächtiger Burgruine ist überaus malerisch.

Wenn man auf Rekonstruktionszeichnungen die gewaltige Festung studiert, die Burg und Stadt Neuerburg im Mittelalter gebildet haben, wird man den Sinn dieser Anlage mitten in einem der einsamsten Eifelgebiete nicht recht deuten können. Zieht man jedoch in Betracht, daß es von hier nur 13 km ins heute luxemburgische Vianden sind, so wird klar, daß Neuerburg einstmals in unmittelbarer Nachbarschaft mächtiger Herrschaftszentren lag, deren Geschichte es geteilt hat, bevor es durch die künstlichen Staatsgrenzen des Wiener Kongresses in eine entlegene Enklave der eigenen Vergangenheit verwandelt wurde. »Theoderich de novo castro« nennt sich 1132 der erste schriftlich belegte Herr zu Neuerburg, das zunächst im Besitz der Grafen von Vianden war. Rund hundert Jahre später, nachdem es sich als eigene Herrschaft von Vianden abgetrennt hatte, brach zwischen den Grafen und ihrer Neuerburger Linie eine heftige Familienfehde aus, die sich der Konkurrent Luxemburg zunutze machte, indem er die ausgedehnte Herrschaft Neuerburg mit ihren zahlreichen Dörfern als Lehen an sich brachte. Nach komplizierten Erbgängen wurden 1491 die Grafen von Manderscheid Herren auf Neuerburg, das jedoch juristisch immer luxemburgischer Besitz blieb. Auf diese Weise nun im Randbereich der Niederländisch-Spanischen Kriege gelegen, sahen sich die Manderscheider genötigt, ihre Burg zur Festung auszubauen. Mehrstöckige Bastionen und Kasemattenbauten mit 5,5 m Mauerstärke brachten die mittelalterliche Wehranlage auf das fortifikatorische Niveau eines Artilleriekriegs; die Neuerburg galt lange Zeit als uneinnehmbar. Die Befestigungen erschienen den Franzosen noch 1692 so bedrohlich, daß sie sie vorsichtshalber in die Luft sprengten. Seitdem ist die Neuerburg eine große Ruine, die im vorigen Jahrhundert ausgiebig als Steinbruch benutzt wurde. Der äußere Torbau (im Kern 13. Jh.) und der Palas mit seinem dreijochi-

Die Lage von Burg und Stadt Neuerburg zeigt noch heute den alten Festungscharakter, den die Grafen von Manderscheid dem Ort nach 1500 verliehen. In die Befestigungen war auch die Kirche miteinbezogen

gen gewölbten Saal aus dem späten 14. Jh. blieben bewohnbar; heute befindet sich darin eine Jugendherberge. Den romantischen Ruinen auf steilem Felsrücken vorgelagert, erstreckt sich auf abfallendem Gelände der weite Bereich der Vorburg, heute beherrscht von den restaurierten Bauten der Pfarrkirche und der **Kleinen Burg.** Vom unterhalb gelegenen Städtchen selbst konnte man nur durch die steile Durchfahrt des als Toranlage erbauten frei stehenden Glockenturms in diese Vorburg gelangen. Vorburg und Stadt waren von einer großen Mauer mit 16 Türmen und drei Toren umzogen, die am oberen Ende als Zwinger um die Hauptburg lief. Eine letzte Vorstellung von der Größe dieser Bauten gibt noch der hohe **Rundturm,** an den die Kleine Burg angebaut ist. Das hübsche Gebäude mit den Treppentürmchen ist das ehemalige **Vogtshaus** aus dem Jahr 1624.

Nach der Zerstörung der Burg und dem weitgehenden Abbruch der Stadtbefestigung zeugt allein die unversehrte Neuerburger **Pfarrkirche** in eindrucksvoller Weise von der vergangenen Bedeutung des Ortes. Sie stellt das größte und schönste Beispiel der zweischiffigen Hallenkirchen (s. S. 219f.) dar. Die Verbreitung dieses ungewöhnlichen Bautypus' ist im wesentlichen den Manderscheidern zuzuschreiben; der zweischiffige Grundriß wurde die charakteristische Kirchenform der Spätgotik in ihrem große Teile der Eifel umfassenden Herrschaftsgebiet. Als sie daher im 15. Jh. auch Neuerburg übernahmen, ließ der Umbau der 1341 erwähnten Pfarrkirche nicht lange auf sich warten. 1472 wurde er begonnen und erst 1570 fertiggestellt, und auch hier prägt eine Reihe schlanker Sechseckpfeiler in der Mit-

Innen präsentiert sich die Pfarrkirche von Neuerburg als eine der schönsten zweischiffigen Hallenkirchen der Gotik in den Rheinlanden

telachse des Raumes die klare Symmetrie der lichterfüllten Hallenkirche. Aus den Mittelstützen wachsen ansatzlos, ohne trennende Kapitelle und Kämpfer, fächerförmig die Hohlkehlrippen der prachtvollen Stern- und Netzgewölbe in Chor und Langhaus hervor. In reicher Farbgebung, mit zwölf Schlußsteinen mit Wappen und Figuren ruhen die Gewölbe seitlich auf Wanddiensten, die im Chor zierliche Konsolbüsten der Apostel aufweisen. Es ist kaum zu bemerken, daß das vierte Joch der Kirche mit der schönen Orgel erst in diesem Jahrhundert angefügt wurde. Von den Ausstattungsstücken beachte man besonders den kunstvollen Sakramentsschrein mit Relieffigürchen an der linken Seite des Chorraums, den Taufstein (beides 16. Jh.) und den geschnitzten Beichtstuhl des 18. Jh.

Auf einem Felsen oberhalb der Durchgangsstraße steht als Rest der Stadtbefestigung noch der **Beilsturm,** einst Teil eines Vorwerks und Aussichtsturm nach Süden. Der hufeisenförmige Bau, dessen Stadtseite nicht vermauert ist, bietet von seiner Wehrplattform einen vollkommenen Ausblick auf Tal, Stadt und Burg. Aus diesem Grund war er schon im Mittelalter als Wohnung für den Feuerwächter hergerichtet worden, der offenbar im Jahr 1818 den entscheidenden Moment verschlief. In diesem Jahr wurde fast die ganze Stadt durch einen Großbrand zerstört, mit der Vernichtung der Webereien kam das wirtschaftliche Leben völlig zum Erliegen. Damals ist das mittelalterliche Stadtbild unwiederbringlich zerstört worden; die Stadtmauern wurden als Steinbruch für neue Häuser freigegeben, der Wiederaufbau in feuergefährdetem Fachwerk verboten. Dem Brand entgangen ist zum Glück die **Kreuzkapelle,** ein malerisch gruppierter Bau des frühen 18. Jh., einsam im Wald des östlichen Berghanges gelegen. Im Inneren befinden sich drei Altäre des Neuerburger Bildschnitzers Hubert Litge und in der Vorhalle ein Heiliges Grab, eine steinerne Grablegungsgruppe aus dem Jahr 1788.

Prümzurlay und Irrel

Nicht weit hinter Mettendorf verläßt die Straße die einsame Enz, die bald darauf bei Holsthum in die Prüm mündet. Nun ist der landschaftliche Höhepunkt einer Prümtalfahrt nicht mehr weit: die berühmten Stromschnellen bei Irrel. Am Anfang dieser wildromantischen Waldschlucht liegt der Ort **Prümzurlay;** ein vielversprechendes Entree, wird er doch bereits von steilen Klippen mit einer bizarren kleinen Burgruine überragt. Der Weg hinauf (man kann auch die Straße nehmen) führt an der Kirche St. Nikolaus vorbei, einem reizvollen einschiffigen Bau vom Anfang des 16. Jh. Im Langhaus sind zwei Sterngewölbe mit Schlußsteinen, Wappenschildern und großen Konsolfiguren zu sehen, unter dem fünfteiligen Rippengewölbe des Chors stehen eine hübsche Madonna aus dem 15. Jh. und ein steinernes Vesperbild der gleichen Zeit. Steil führen Weg und Straße bergauf zum alten Gasthaus am Waldrand vor der Burg, über eine schmale Brücke erreicht man das Plateau der 60 m senkrecht abstürzenden Klippe, auf der die Ruine über einer tiefen Felskluft steht. Über die Geschichte der Burg ist kaum etwas bekannt; angeblich soll sie schon im 8. Jh. bestanden haben, wann sie zerstört wurde, weiß niemand. Erhalten haben sich die zugänglichen Kellerräume, Reste des Palas mit einer hohen Giebelwand und der ungewöhnliche Turm auf unregelmäßig fünfeckigem Grundriß mit über 2 m dicken Mauern. Seine beiden noch aufragenden Geschosse sind eingewölbt, doch spricht vieles dafür, daß er früher noch zwei weitere besaß; damit hätte er eine Höhe gehabt, aus der nicht nur das Prümtal, sondern auch das ganze angrenzende Hochplateau bis Bitburg zu übersehen gewesen wären.

Im Tal unten beginnt nun vor **Irrel** die Schlucht, in der die Prüm auf etwa 2 km Länge durch das Sandsteinmassiv in die Bitburger

Wo die Prüm durch ein Sandsteinmassiv hinunter in die Bitburger Senke bricht, ist eine der wildromantischsten Szenerien der Eifel entstanden

Senke bricht. Die Romantik dieses Ortes ist unübertrefflich. Unter einer überdachten Brücke her schießt der Bach durch Engen und Schnellen, stürzt über bemooste Steine, strudelt zwischen baumbestandenen Felseninseln und entzieht sich dem Blick hinter einer Windung des bewaldeten Steilhanges. Bei Hochwasser sind die durch große Felsen verblockten Stromschnellen eine geschätzte Partie für Wildwasserkanuten. Man versäume nicht von hier aus eine Fahrt zum Ferschweiler Plateau und zum Rokokoschloß Weilerbach; zwischen Prümzurlay und Irrel zweigt der Wanderweg zur eindrucksvollen Teufelsschlucht ab.

Von Irrel sind es dann noch wenige Kilometer hinunter nach **Minden,** und dort ist es zu Ende mit der Prüm. Kurz nach ihrem großen Auftritt in den Stromschnellen mündet sie hier ganz unauffällig in die Sauer. In dem kleinen Dorf daneben steht mit der Kirche St. Martin ein reizvoller romanischer Saalbau um 1220 mit Chorturm und quadratischen Kreuzgewölben. Man beachte die frühgotischen Rippen auf Hornkonsolen, das kuppelartige Chorgewölbe und die Würfelkapitelle der Schallarkaden im Turm.

Das Bitburger Gutland

Wo immer man in der Südwesteifel über einen Höhenzug fährt, trifft der Blick am Horizont auf ein markantes Bauwerk, das mit hochragenden Türmen und Mauern eindrucksvoll über den Hügelketten thront: die Bitburger Brauerei, ein höchst geschmackvolles Werk, nicht wegen seines Äußeren, sondern wegen seines Inhalts – ein kühles Pils, das seinesgleichen sucht. Der weithin sichtbare Platz war schon den keltischen Treverern und den römischen Eroberern aufgefallen. Die hatten sich hier jedoch nicht wegen des Bieres niedergelassen – die Unglücklichen kannten es noch nicht –, sondern wegen so profaner Gesichtspunkte wie verkehrsmäßig oder strategisch günstiger Lage; Kriterien, die der Stadt zwar bis in die Gegenwart Befestigung und taktische Bedeutung, aber selten ein gemütliches Dasein bescherten. Wäre das Pils der einzige Maßstab der Bitburger Geschichte, der Ort könnte auf ein glückliches Dasein zurückblicken. So aber kam alles ganz anders.

Bitburg

Von den Römern den Treverern abgenommen, zum großen Handelsort Beda an der Heerstraße nach Köln ausgebaut, im Germanensturm des Jahres 275 niedergebrannt, als schwerbefestigtes Straßenkastell wiedererrichtet, kurz nach 400 abermals zerstört, wurde Bitburg im 8. Jh. Sitz eines fränkischen Gaugrafen. Im Mittelalter kam der Bitgau weitgehend an Luxemburg und damit in das Spannungsfeld der Niederländischen Separationskriege gegen Spanien und Frankreich. In den Jahre 1667, 1675 und 1689 wurde die Stadt von den Franzosen besetzt und geplündert, die Befestigungen gesprengt und zuletzt gänzlich niedergebrannt. Was wieder aufgebaut wurde, fiel 1944 den Bombenangriffen der vorrückenden Verbündeten zum Opfer. Viel ist daher nicht übriggeblieben, und den besten Blick in die lange Geschichte des Ortes erlaubt das gut ausgestattete **Kreisheimatmuseum** (Denkmalstr. 6). Im Stadtzentrum trifft man unterhalb der Pfarrkirche auf einen rekonstruierten Mauerzug des unter Kaiser Konstantin errichteten großen Straßenkastells, ehemals mit fast 4 m dicken Mauern und 13 Rundtürmen befestigt; die Länge der ovalen Anlage betrug etwa 170 m.

Die alte **Liebfrauenkirche** steht wahrscheinlich am Platz eines römischen Heiligtums, sie wurde 1420 begonnen, 1471 und 1531 spätgotisch erweitert und 1822 und 1860 neogotisch vergrößert. Dieser alles in allem einheitlich wirkende Bau stellt heute das Querschiff des großen Neubaus aus dem Jahr 1922 dar. Innen zeigen die gotischen Teile reiche Bauplastik an den Pfeilerkämpfern und Gewölbeanfängen. Die figürlichen Darstellungen werden gemeinhin als grob bezeichnet, doch erweisen sie sich gerade in ihrer (restaurierten) Bemalung als effektvolle Bereicherung der Kirche, die zudem nicht ohne Witz geraten sind. Von den weiteren Ausstattungsstücken sind hervorzuheben: der ehemalige Hochaltar, jetzt im nördlichen Seitenschiff, eine barocke Arbeit aus Stein: ebendort und von demselben Künstler (Johann Philipp Maringer aus Kirn) eine bewegte Kreuzigungsgruppe; sodann der Rest des 1944 zerstörten Renaissancealtars in der Kriegergedächtniskapelle (unter dem Turm); das erhaltene

Mittelstück zeigt ein Vesperbild mit einer alten Stadtansicht Bitburgs im Flachrelief (um 1608). Ferner beachte man die qualitätvollen gotischen Figuren der Madonna mit Kind (rheinische Arbeit um 1480) und die Josephsstatue (um 1520) sowie das große Ölgemälde in der Taufkapelle, eine Kreuzigung, gemalt um 1620 in bester niederländischer Tradition aus der Schule des Anthonis van Dyck.

Freunde des Eifel-Malers Fritz von Wille sollten einen Besuch im **Haus Beda** (Bedaplatz), dem Kultur- und Versammlungszentrum der Stadt, nicht auslassen; denn dort kann eine sehenswerte Sammlung seiner Gemälde besichtigt werden. Stadtauswärts nach Norden liegt links neben der Straße das ehemalige **Schloß** am Platz einer verschwundenen Wasserburg, 1764 mit einem schönen Hoftor als reichgegliederter Barockbau errichtet.

Insgesamt ist Bitburg ein freundliches Städtchen, das auch ohne große Kunst einen Besuch nicht bereuen läßt. Vor allem aber sollten sich diejenigen, die am antiken Erbe der Eifel interessiert sind, Zeit für den Ort nehmen. Kann man in den Villen von Otrang und Ahrweiler die zivile römische Besiedlung der Eifel studieren, so ist Bitburg ein Zeugnis für die Militärgeschichte des Imperiums. Etwa um 340 n. Chr. wurde Bitburg zum Schutz der nahegelegenen Kaiserstadt Trier als schwer befestigtes **Straßenkastell** auf ovalem Grundriß ausgebaut. Die Festung maß 170 m in der Länge und 130 m in der Breite und war von einer hohen Ringmauer von fast 4 m Stärke, 13 Rundtürmen und zwei Toren umgeben. 1995 endete eine große archäologische Kampagne zur Erforschung der spätrömischen Straßenfestung mit der Einrichtung des **Archäologischen Rundwegs,** der beim Rathaus und der Liebfrauenkirche beginnt und in 16 Stationen die antike Anlage umrundet. Dabei sind Mauer-, Tor- und Turmreste zu sehen, ein Entwässerungskanal, Inschriftensteine, Skulpturen und eine rekonstruierte Jupitersäule.

Von Bitburg zur Mosel

Verlassen wir nun die Stadt in Richtung Süden (die nördlich Bitburgs gelegenen Sehenswürdigkeiten des Gutlands s. S. 303f.). Die Straße führt zur Nims zurück und damit in eine gänzlich unbekannte Teillandschaft des Bitburger Gutlands, die aber zu ihren charaktervollsten zählt: die weite Nimsniederung zwischen Messerich und Irrel, wo der Fluß in die Prüm mündet. Von der B 257 ist allerdings wenig vom Reiz dieser Gegend zu sehen, doch nur wenige Meter daneben, in den alten Dörfern rechts und links am Ufer, ergeben sich malerische Bilder der behäbig zwischen sanften Hügeln dahinströmenden Nims, neben den Brücken schöne Gehöfte mit den typischen verzierten Sandsteinrahmen der Türen und Fenster, zum Teil noch mit den mittelalterlichen hohen Treppengiebeln. Ein solches Dorf ist **Messerich,** dessen auf einer Anhöhe gelegene romanische Pfeilerbasilika 1849 abgebrochen wurde. Erhalten hat sich jedoch die dreischiffige Choranlage, die vom heutigen Neubau aus zugänglich ist. Das kreuzgratgewölbte Altarjoch öffnet sich zu den tonnengewölbten Seitenjochen; der Chorbogen ruht auf Halbsäulenvorlagen mit zwei polychromierten Kapitellen aus dem klassischen Formenschatz der trierisch-lothringischen Bauschule. Deren stilistischer Einfluß hatte einst zahlreiche romanische Bauten der ganzen Westeifel geprägt, doch sind fast alle seine Zeugnisse zerstört – ein letztes Prunkstück dieser Bautradition ist die erhaltene Ordenskirche in Roth (s. S. 325). Vier weitere Kapitelle und zwei Säulen aus dem alten Bau tragen die Westempore. Das reizvollste Detail aber ist die luftige Rankenmalerei des schweren mittleren Chorjochs.

Wolsfeld: Fresko und Steinaltar in der ehem. Pfarrkirche St. Hubertus

Als im nahe gelegenen **Wolsfeld** eine größere Kirche nötig wurde, wählte man zum Glück eine andere Lösung: Ein kompletter Neubau wurde errichtet, und die ehemalige Pfarrkirche St. Hubertus blieb in ihrer alten Umgebung zwischen Gehöften und großen Bäumen unversehrt am Westrand des Dorfes stehen. Damit erhielt sich ein weiterer zweischiffiger Hallenbau der Eifeler Spätgotik (s. S. 219f.); hier in Wolsfeld ergab die Unsymmetrie der verschieden breiten dreijochigen Schiffe mit ihren zwei Chören einen stimmungsvollen Innenraum. Sehr elegant präsentieren sich die beiden schlanken Rundstützen, die sich oben in die fächerförmig aufsteigenden Gewölberippen zu verzweigen scheinen; die Kappen sind mit Rankenmalerei verziert.

Die Besonderheit der Kirche aber liegt in dem großen Fresko über dem Chorbogen und dem steinernen Altar darunter, beide dem gleichen Thema, der Hubertusjagd gewidmet. Das Fresko, erst 1961 aufgedeckt, stammt aus der Erbauungszeit der Kirche (um 1500) und ist leider ein wenig verblaßt, dennoch sind die großangelegte Bild-

Der bemalte Steinaltar aus der Werkstatt des Ruprecht Hoffmann, (um 1570) ist der Hubertuslegende gewidmet, die der alten Pfarrkirche von Wolsfeld ihren Namen gab

komposition und der spätgotische Realismus der Darstellung noch gut zu erkennen. Auf der großen polychromierten Relieftafel im Mittelfeld des originellen Steinaltars, dem Prunkstück der Kirche, ist die entscheidende Szene der Hubertus-Legende festgehalten: Zwischen seinen Hunden kniet der heilige Waidmann vor einem stolzgeschwellten Hirsch, der das Kruzifix im Geweih trägt. Der Wald ist als Flachrelief in den Hintergrund gerückt. Um ihn dadurch in seiner Bedeutung nicht zu schmälern – schließlich ist Hubertus der Heilige der Jäger, und für die ist der Wald keine Nebensache –, schaut ein halb in den grünen Baumwipfeln verborgener Engel mit einem langen Spruchband daraus hervor.

Der Bildhauer, der mit dieser ungewöhnlichen Komposition allen Aspekten der Legende gerecht zu werden versuchte, war wahrscheinlich ein Mitglied der schon so oft genannten Werkstatt des Hans Ruprecht Hoffmann aus Trier. Hoffmann wurde gegen 1540 geboren und erhielt seine Ausbildung in Antwerpen, Mainz und als Geselle des Johann von Trarbach. 1568 wird er zum erstenmal als »Ropricht bildhawer« in Trier genannt, wo er bis zu seinem Tod 1616 eine bedeutende Bildhauerwerkstatt führte. Entsprechend dem in diese Zeit fallenden Stilumbruch von der Spätgotik zur Renaissance finden sich in Hoffmanns Werken reiche Renaissanceornamentierungen, während die Komposition der Relieftafeln und die Figurenbehandlung noch deutlich gotisches Empfinden vermitteln; so auch hier am Wolsfelder Altar, man beachte die Ornamente der rahmenden Pilaster. Die Hauptwerke des Künstlers, gekennzeichnet durch sein Monogramm HRH, sind die berühmte Domkanzel in Trier mit Torbau, Treppe und Brüstung und der ebenfalls im Dom befindliche Dreifaltigkeitsaltar sowie der Johannisaltar und das Schönenburgepitaph. Gegen Ende des 16. Jh. war die Werkstatt so bekannt, daß die sich häufenden Aufträge zu einer Massenproduktion und damit zu einem deutlich spürbaren Verfall ihrer künstlerischen Qualität führten. Die beiden Söhne des Hans Ruprecht, die die Werkstatt noch bis in die dreißiger Jahre des 17. Jh. weiterführten, besaßen nicht mehr die Begabung ihres Vaters, unter ihnen sank die Werkstatt auf ein provinzielles Niveau herab. Aus dieser letzten Zeit stammt auch der um 1620 entstandene Altar hier in Wolsfeld, bei dem ebenso wie am Kanzelkorb in Lambertsberg die Kompensation zeitgemäßen künstlerischen Niveaus durch eine betont volkstümliche Note unübersehbar ist. Bevor man den Ort verläßt, empfiehlt sich ein Blick auf die Gebäudegruppe der 1646 erbauten sog. Burg mit ihrer Gartenfront und der reichen Sammlung von Takenplatten.

Von Wolsfeld aus kann man die Nims entlang nach **Niederweis** mit seinem schönen Schloß (Privatbesitz und nur von außen zu besichtigen) und weiter nach Irrel am Ende der Stromschnellen der Prüm (s. S. 309f.) fahren, für die Sehenswürdigkeiten des Bitburger Gutlands ist aber die Route über **Meckel** zu empfehlen. Dort steht in einem schönen alten Dorf mit der Friedhofskapelle St. Bartholomäus eine Einstützenkirche nach dem Vorbild der Hospitalkirche zu

Kues (s. S. 219f.). Die Kirche in Meckel mit dem malerischen offenen Durchgang unter dem romanischen Turm prunkt heute nach einer kürzlich abgeschlossenen Restaurierung innen wie außen in einer auffallenden Farbfassung mit gemalten Konsolsteinen und farblich abgesetzten Rippen und Wanddiensten.

Nun führt die Straße hinunter in die immer gleichförmigere Landschaft der Trierer Bucht, bis man von weitem überrascht die wie aus einer Einöde aufragende Barockfassade des ehemaligen Kreuzherrenklosters **Helenenberg** gewahrt. 1240 als Hospiz erwähnt, 1485 neu gegründet, im 18. Jh. barockisiert, beherbergen die Baulichkeiten heute eine von Salesianern geführte Schule. Tritt man am Haupteingang an der Westseite ein und geht geradeaus den Gang entlang durch die moderne Glastür, so steht man in der Kirche, die sich im Gegensatz zur barocken Fassade als detailfreudiges Meisterwerk der Trierer Spätgotik präsentiert. Strenggenommen ist dies nur der weitläufige dreijochige Chor – mit fünfseitigem Schluß – der ehemaligen Klosterkirche, deren 1747–84 neugebautes Langhaus heute für Wohnzwecke in mehrere Geschosse geteilt ist. Dieser lichterfüllte Chor besitzt ein Sterngewölbe mit bemalten Wappenschilden und reich gegliederte Maßwerkfenster; als bedeutendste Ausstattungsstücke sind das Sakramentshaus mit hohem Turmaufsatz (1525) und der große geschnitzte Altaraufsatz (ca. 1459) mit zahlreichen qualitätvollen Einzelfiguren hervorzuheben. Man beachte im südlichen Chorschlußfenster den abgebildeten Kopf des Bischofs Valentin, letzter Rest der einstmals prächtigen Glasgemälde.

Nur 2 km weiter liegt das Dorf **Welschbillig,** das mit seinen eindrucksvollen Misthaufen entlang der Durchgangsstraße nicht im Traum an seine bedeutende Vergangenheit erinnert. Die Stelle, an der heute als letzter Rest einer kurtrierischen Burg des 13. Jh. ein mächtiger Torbau aufragt, war ungefähr die Mitte eines römischen Wasserbassins von 60 m Länge, das zu einer ausgedehnten Prunkvilla des späten 4. Jh. gehörte. Der Kirchenbau von 1889/90 hat ihre Spuren weitgehend zerstört, doch entdeckte man ein Jahr später unmittelbar daneben das Bassin, das einst von einer steinernen Abgrenzung umgeben war, die mit 112 Hermen, vollplastisch gestalteten Köpfen auf Viereckpfeilern, geschmückt war. 71 davon sind bei Aus-

Welschbillig, Rekonstruktionsmodell des Hermenweihers, eines 60 m langen Wasserbassins, das zu einer römischen Villa des späten 4. Jh. gehörte

grabungen wiedergefunden worden, sie stellen Römer und Griechen, Götter und Barbaren dar. Leider bewahrt man die Funde, die zu den bedeutendsten des gesamten Eifel-Mosel-Gebietes zählen, nicht in Welschbillig, sondern im Landesmuseum Trier (s. S. 343); ein rekonstruiertes Stück des Hermenweihers ist aber vor dem alten Pfarrhaus zu sehen, man braucht nur das Burgtor zu durchschreiten. Dieses war Mitte des 13. Jh. von Erzbischof Arnold von Isenburg als Eingang einer fast quadratischen Anlage mit vier runden Ecktürmen errichtet worden, wovon noch einer aufrecht steht. Der doppeltürmige Torbau besitzt schmale Fenster, deren Sturz in Trierer Tradition mit Dreipässen verziert ist.

Wir haben die Kyll, dieses geographische Rückgrat der Eifel, die das Land fast ganz von Norden nach Süden durch alle geologischen Formationen durchquert, bei Malberg verlassen. Dort strömt auch sie mit wenig Gefälle durch die Felder des Gutlands, doch schon auf der Höhe von Bitburg hat sie sich wieder ein Tal gegraben, das sich in vielen Windungen hinunterzieht bis zur Mosel. Wenige Kilometer nördlich und südlich des Ortes **Kordel** durchbricht sie dabei die Buntsandstein-Hochfläche und bildet ein tief eingeschnittenes Tal mit hochragenden, rostroten Felsen, auf denen eine ganze Serie vor- und frühgeschichtlicher Befestigungsanlagen entdeckt wurde. Wer daher aus der eintönigen Felderlandschaft um Welschbillig in das schluchtartige Waldtal nach Kordel hinunterfährt, erlebt in wenigen Minuten einen vollkommenen Wechsel des Landschaftsbildes; in Kordel selbst folge man den Wegweisern nach Ramstein. Die romantischen Passagen der kleinen Straße, die nun die Kyll entlangführt, sind nur ein Vorgeschmack, denn der Anblick der Burg auf dem bewaldeten Bergrücken, die selbst wie ein bizarrer Fels emporragt, ist superb. Oben angekommen, hat man von der Terrasse des alten Burggasthofs einen prächtigen Blick in eine der schönsten Ecken der Eifel.

Ramstein war eine trierische Lehensburg, erbaut Anfang des 14. Jh. vom streitbaren Erzbischof Balduin. Die Anlage mit Vor- und Hauptburg wurde 1689 von den Franzosen gesprengt, doch blieb auf einem überhängenden Sandsteinfelsen ein 25 m hoher rechteckiger Wohnturm mit Treppentürmchen stehen. Die einfachen und gekuppelten Fenster zeigen wie in Welschbillig an ihren Stürzen außen die für die Trierer Gotik charakteristisches Dreipaßblenden.

Es empfiehlt sich, für diese Gegend ein wenig Zeit mitzubringen, denn inmitten ihrer landschaftlichen Schönheit befinden sich in unmittelbarer Nähe der Burgruine mehrere vor- und frühgeschichtliche Geländedenkmäler. Da ist zunächst von Ramstein aus der Weg in das hier einmündende Butzweiler Seitental, wo sich an einem verfallenen **Steinbruch** die römische Firmeninschrift MARCI finden läßt. Ebendort sind noch Stollen und Schächte eines längst aufgegebenen, bis zu den Römern zurückreichenden Kupferbergbaus zu entdecken. Weiter südlich liegen auf einem von Westen in das Kylltal vorspringenden steilwandigen Felsen die **Hochburg von Kordel,** in der Nähe abermals eine **Genoveva-Höhle** und mit der **Beresley** bei Lorich ausgedehnte römische Sandsteinbrüche. Gegenüber Ramstein auf der östlichen Kyllseite liegen mit der **Korpesley** und dem Abschnittswall **Auf Soels** im Ehranger Forst zwei weitere uralte Befestigungen. Solche finden sich noch die ganze Kyll hinauf bis hinter Speicher: die größte ist der **Burgberg** oberhalb Kordel mit einem über 800 m langen Ringwall.

Nicht weit vor Bitburg trifft man in einer Talsenke neben der Straße nach Wittlich auf das noch recht mittelalterlich anmutende **Dudeldorf.** Eine zum Schloß umgebaute Burg, verfallene Stadtmauern, zwei große Tortürme und alte Straßenzüge zeugen noch heute von der vergangenen Bedeutung des Ortes, dem die Luxemburger 1345 das Stadtrecht verliehen. Es war eine strategische Gründung, da mit dem nun entstehenden kleinen Festungsstädtchen das eigentlich trierische Ostufer der Kyll im Vorfeld des luxemburgischen Bitburg beherrscht werden konnte. An einer künstlerisch bedeutenden Ausstattung bestand daher kein Interesse, weshalb allein die durch nichts herausgeputzte mittelalterliche Atmosphäre dem Ort einen eigentümlichen Reiz verleiht. Man beachte die alten Wohnbauten mit den mit Steinplatten belegten Treppengiebeln, das alte Brauhaus in der Herrengasse, die zwei bäuerlichen Steinskulpturen am Friedhofstor gleich neben dem oberen Stadttor und in einer Nische des Außenportals der 1910 errichteten neugotischen Pfarrkirche eine schöne Steinfigur des Johannes des Täufers mit Lamm und Buch aus der ersten Hälfte des 14. Jh. Die Burg in der Nordwestecke der Stadtbefestigung ist ein etwas klobiger Schloßbau des Jahres 1735 mit einem im Winkel der zwei Flügel stehenden Turm der alten Anlage.

Im deutsch-luxemburgischen Grenzgebiet

Dieses Gebiet, das sich von der südwestlichen Ecke der Eifel bis hinauf in die Nachbarschaft der Schneeifel bei Prüm zieht, ist von drei verschiedenen Landschaftsbildern geprägt: Im nördlichen Teil von den einsamen Hochflächen des Islek, im südlichen von den großen Plateaus der Ausläufer des Luxemburger Sandsteins, der in die Trierer Bucht hineinragt und dort, von tiefen Tälern zerschnitten, dramatische Felsformationen gebildet hat; beide werden im Westen begrenzt von den lieblichen und romantischen Tälern von Sauer und Our.

Bollendorf und Weilerbach

Am besten beginnt man die Besichtigungsreise im Süden, im sonnigen Bollendorf am Fuß der größten landschaftlichen und archäologischen Attraktion der ganzen Gegend: dem Ferschweiler Plateau, einer 8 km langen und 4 km breiten Naturfestung, an drei Seiten durch steil in die Täler von Prüm und Sauer stürzende Felsen geschützt, an der vierten durch riesige vorgeschichtliche Wälle befestigt. Mit dem Namen Sauerschweiz versuchte man früher, dieses ungewöhnliche Landschaftsbild ein wenig optimistisch auf den Begriff zu bringen, doch auch wenn Gletscher und Matterhorn nicht zu sehen sind, bildet das Ferschweiler Plateau mit seinen zyklopischen Felsbastionen und den tief eingeschnittenen schluchtartigen Bachtälern eine höchst eindrucksvolle Landschaftsformation. Oben auf der Hochfläche haben von der jüngeren Steinzeit bis zu den Römern jahrtausendelang Menschen den natürlichen Schutz der Lage vor der Unbill gefährlicher Zeiten zu schätzen gewußt.

Bevor man sich jedoch von **Bollendorf** auf den Weg zu den zahlreichen prähistorischen und gallo-römischen Fundstätten macht, ist auch der Ort selbst einen Blick wert, und das nicht nur wegen seiner einladenden Cafés am Sauerufer. Als ›Villa bollana‹ bereits 716 in einer Schenkungsurkunde der nahegelegenen Abtei Echternach genannt, blieb der Ort dem Kloster in seiner ganzen mittelalterlichen Geschichte verbunden. So baute der Abt Peter Richard 1619 die Burg, die auf einem Felsen über der Sauer lag, zu einem schlichten Barockschloß mit einem hochgiebeligen Herrenhaus um, Abt Gregorius Schouppen erweiterte es 1739 um eine Osthälfte und den Mittelrisalit, der einen älteren Treppenturm einschließt. 1768 fügte noch ein Abt eine barocke Gartenanlage mit einem hübschen Gartenbau mit Mansarddach hinzu. Das Hotel, das heute im Schloß residiert, kann jedoch nicht nur seinen auf dem Burghof tafelnden Gästen historisches Ambiente bieten, auch wer in der Bar im Schloßkeller etwas tiefer ins Glas schauen möchte, sieht sich über dessen Rand hinweg mit der Vergangenheit des Ortes konfrontiert. Im Kamin ist der römische Bildstein eines Mannes eingemauert, der ein Fischernetz über der Schulter trägt.

Das Ferschweiler Plateau und das Sauertal bei Bollendorf waren Zentren der gallo-römischen Besiedlung der Eifel, an der Sauer zog sich eine Reihe reliefgeschmückter Grabmonumente entlang und gleich neben dem Schloß liegen die Ruinen einer der zahlreichen römischen Villen der Gegend. Diese hier in Bollendorf war damals freilich nichts Besonderes, zwar mit Bad und Fußbodenheizung ausgestattet, verzichtete sie auch nicht auf eine Säulenhalle zwischen vorspringenden Eckbauten in repräsentativer Hanglage, doch hat man entsprechend der geringen Größe nur das Wohnhaus eines Pachtbauern zu vermuten, gewissermaßen die einfachste Form einer römischen Risalitvilla; immerhin aber ein Heim, von dem kein Bauer des Eifeler Mittelalters auch nur zu träumen gewagt hätte.

Für eine Besichtigung des Ferschweiler Plateaus sollte man sich in Bollendorf mit einer Wanderkarte ausstatten, denn die Wege hinauf und darüber können weit und verschlungen sein. Da eine Besichtigung sämtlicher archäologischer Fundstellen des Plateaus Tage in Anspruch nähme, muß man sich bei weniger Zeit auf jeweils mehrere enger beieinanderliegende beschränken. Daher ist zunächst ein

Aufstieg zur sog. Niederburg zu empfehlen, der mit einer Überraschung besonderer Art verbunden ist. Man fahre von Bollendorf flußabwärts und biege nach 3 km links in Richtung Ferschweiler ab. Nach wenigen hundert Metern erblickt man gleich neben der kleinen Straße eine mit hohen Dächern aus dem Wald ragende prächtige Fassade: **Weilerbach**, die vielgerühmte Inkarnation eines Rokoko-Lustschlosses.

Weilerbach: Prachtvolles Rokokolustschloß in einsamer Gegend

Wie kommt ein solcher Bau in diese einsame Gegend? Die nahegelegene Abtei Echternach errichtete 1777–79 hier eine Eisenhütte, indem sie das Wasser des Weilerbachs nutzte. Die große Anlage mit Schmelze, Pochwerk und Gießerei brauchte ein Verwaltungsgebäude, und das brachte den Abt Emanuel Limpach auf eine eigennützige Idee: Er ließ den entstehenden Bau zu einem privaten Lustschloß mit Festsaal ausbauen und nutzte ihn als Sommerresidenz. Im Tiroler Paul Munggenast fand er den kongenialen Architekten: 1780 war der Bau vollendet und die verschwenderische Formenvielfalt des süddeutschen Rokoko mit seinen Pastellfarben leuchtete aus den Wäldern der Eifel hervor. Die Bezeichnung ›Lustschloß‹ erweist nicht nur darin ihre Berechtigung, daß vom Schlafzimmer des Abts eine verborgene Treppe in den Weinkeller führte. Abseits der frommen Klostermauern ist hier von großen Gelagen mit geistlichen und weltlichen Herrschaften die Rede. Als die französischen Revolutionstruppen 1794 einmarschierten, war es mit dem kurzen Glanz des Schlosses vorbei. Noch bis 1953 war dagegen die Eisenhütte in Betrieb, deren Ruinen in unmittelbarer Nähe noch sichtbar sind. Die schöne Sommerresidenz des lebensfrohen Abts wurde erst 1944 während der Ardennenoffensive mit schwerem Artilleriebeschuß belegt und unbewohnbar gemacht. Seitdem war das Schloß eine verwunschene Ruine, die durch eine höchst lobenswerte Privatinitiative so weit wie möglich originalgetreu restauriert wurde.

Süddeutsches Rokoko in den dunklen Wäldern der Eifel: erstanden aus Ruinen, prunkt Schloß Weilerbach und seine Gartenanlage wieder im Farben- und Formenreichtum des Tiroler Architekten Paul Munggenast (1780)

Seitdem besticht die Schloßfassade durch die Symmetrie der drei gleichgroßen, farbig abgesetzten Dreiecksgiebel über den seitlichen Risalitbauten und dem Mittelteil, wo sichdas Portal hinter einer geschwungenen, doppelläufigen Freitreppe öffnet. Den Mittelgiebel heben mehrere bacchantische Grotesken und Blattmasken hervor, ein beliebtes Motiv jener Schloßbauten, die allein dem Amüsement dienen sollten. Darüber prunkt das farbige Wappen des Erbauers, das in seltsamer Weise den profanen und sakralen Charakter des letzten Abts von Echternach, Emanuel Limpach, in seiner ganzen Widersprüchlichkeit zum Ausdruck bringt. Neben dem Familienwappen mit Posthorn und munter springendem Pferd ist das Zeichen der Benediktiner, einem der strengsten Orden des Mittelalters, zu sehen: die Schwurhand vor dem Kreuz. An der Rückseite des Schlosses führt ein Weg in die 125 × 75 m große symmetrische Gartenanlage französischer Prägung mit axial angelegten Brunnenbecken und Gartenhaus.

Das Ferschweiler Plateau

Das Ferschweiler Plateau ☆☆ Eine gewaltige Naturfestung der Frühgeschichte

Gleich hinter dem Schloß beginnt der Weg hinauf durch den Wald auf das Ferschweiler Plateau und zur **Niederburg.** Diese war neben der sog. Wikingerburg die zweite Hauptbefestigung der Hochfläche. Auf die Südspitze eines steil abfallenden Ausläufers des Plateaus gebaut, bestand die Befestigung aus den weitläufigen Wallanlagen einer Vor- und einer Hauptburg. Letztere, den Hang eines felsigen Bergsporns hinaufgebaut, war etwa 300 m lang und 250 m breit, durch einen meterhohen Wall mit vorgelegtem Graben von der Vorburg getrennt, die 550 m lang war. Diese Aufschüttung ist noch ebenso gut zu erkennen wie der große Westwall der Vorburg, der sich quer durch den Wald zieht.

Was hat diese Riesenfestung zu bedeuten und wer hat sie erbaut? Das Rätselraten um diese Frage begann bereits im vorigen Jahrhundert und errang gewissermaßen die Dimension eines nationalen Anliegens, als sich aufgrund zahlreicher Funde die Vermutung erhärtete, daß die Niederburg nur ein kleiner Teil einer ungeheuren Befestigungsanlage war, die einst das gesamte 8 km lange und 4–5 km breite Plateau umzogen hatte. Denn nur allzugern hätte man in diesem gewaltigen Bauwerk ein Oppidum der Treverer gesehen, mithin eine bemerkenswerte Kulturleistung auf deutschem Boden, bevor der römische Eroberer die Freiheit des Vaterlands auf Jahrhunderte mit einer hochentwickelten Zivilisation unterdrückte.

Dieses Dilemma, die Römer, die der Eifel (im Gegensatz zu ihrer weiteren Geschichte) mehrere Jahrhunderte Frieden und kulturelle Blüte bescherten, dennoch als nationale Freiheitsberauber hinstellen zu müssen, findet sich noch heute bei ebenso vielen Autoren wie die Behauptung mit dem Oppidum der Treverer. Indes haben die Schriften des Römisch-Germanischen Zentralmuseums in Mainz diese

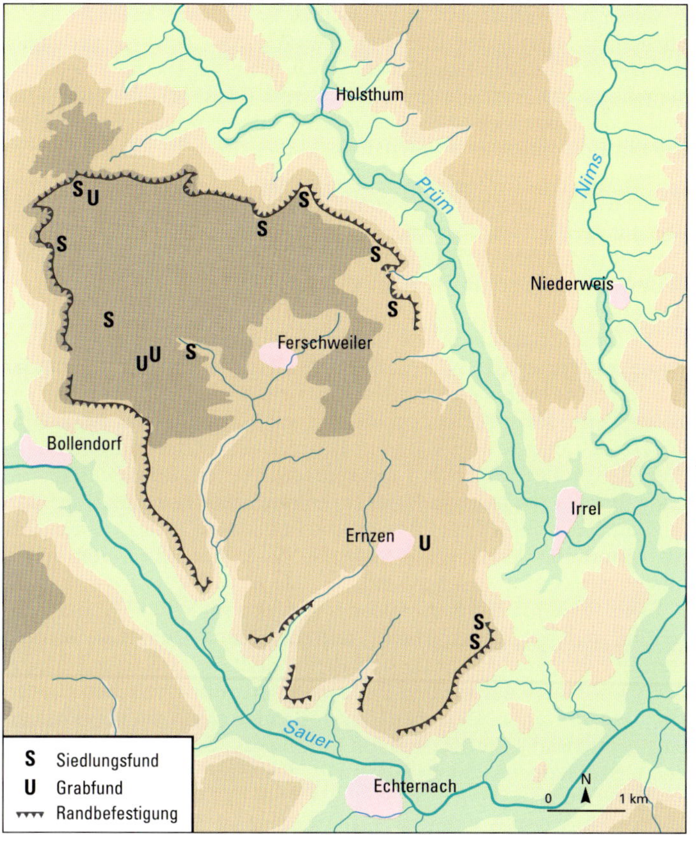

Das Ferschweiler Plateau mit Fundplätzen und Randbefestigungen der Urnenfelderzeit

These längst widerlegt: Die Festungsanlagen des Ferschweiler Plateaus gehören der Urnenfelderzeit und damit der jüngeren Bronzezeit (etwa 1200–700 v. Chr.) an und sind erheblich älter als die Kultur der Treverer. Die Bevölkerung, die hier auf dem Plateau ein Siedlungszentrum besaß, erwies sich aus reichen Grabfunden als Meister der Metallverarbeitung und der Herstellung von Tonwaren, mit denen ein reger Handel getrieben wurde. Die Menge der Funde und die Größe der Befestigungen auf dem Ferschweiler Plateau lassen auf eine Bevölkerungsdichte schließen, wie es sie nirgendwo sonst in der Eifel gab. Die Zeiten müssen freilich gefährlich genug gewesen sein, sonst hätten die Urnenfelderleute sich nicht veranlaßt gesehen, ihr Siedlungszentrum mit einer so monströsen Befestigung zu umgeben. In der Tat ist die Niederburg nur ein kleiner Teil des um den ganzen Steilabsturz des Plateaus laufenden Wallsystems, das der fortifikatorischen Gunst des Geländes wegen nur an naturbedingten Unterbrechungen der Felswände aus starken Randbewehrungen bestehen mußte.

Allein im Norden geht das Ferschweiler Plateau ebenerdig in die Nusbaumer Hardt über, und dort – obwohl nur ein schmaler Sattel – war der gefährdetste Punkt: Hier wurde ein etwa 160 m langer Wall aufgeführt, der an seiner Basis die enorme Breite von 25 m aufweist und noch heute über 10 m hoch aufragt. Dieser Teil der Befestigung, der die einzig mögliche Einfallstelle abriegelte, trägt heute den irreführenden Namen **Wikingerburg** und liegt in der Nähe der Schankweiler Klause. Allein die Entstehung der Niederburg scheint doch etwas mit den Treverern zu tun zu haben: Wahrscheinlich unter Benutzung einer älteren Anlage haben sie hier zur Zeit ihres (mißlungenen) Aufstandes gegen die Römer im Jahr 71 n. Chr. eine Festung errichtet.

Die Urnenfelderkultur war indes nicht die erste, die hier oben ihre Zeugnisse hinterlassen hat – und auch nicht die letzte. Am Rand der Niederburg steht ein eigenartiger Riesenstein, ein 5 m langer und 3 m hoher Felsblock mit einer muldenartigen Vertiefung mit Abflußrinne: **Heidenaltar** wird er genannt, Druidenstein, Opferaltar und ähnlich klangvolle Namen hat die romantisierende Geschichtsschreibung des vorigen Jahrhunderts für ihn erfunden. Es handelt sich um ein eindrucksvolles Exemplar jener acht auf dem Plateau überlieferten Monolithe der jüngeren Steinzeit (3.–2. Jt. v. Chr.), von denen noch zwei weitere zu sehen sind.

Wendet man sich von dort wieder zurück zum Schloß Weilerbach, so folge man dem steilen Abstieg zum sog. **Diana-Denkmal,** mit dem man der dritten zivilisatorischen Periode des Ferschweiler Plateaus begegnet, einem der reichen Zeugnisse der gallo-römischen Kultur. Die unterworfenen keltischen Treverer hatten rasch mit den Römern eine gemeinsame Front gegen das Barbarentum der beide bedrohenden Germanen gebildet und viele künstlerische Momente ihrer neuen Herren übernommen. So ließ ein Quintus Postumius im 2. Jh. n. Chr. etwa 500 m vom heutigen Schloß entfernt der Jagdgöttin Diana ein Denkmal aus einem anstehenden Felsblock hauen, von dem in tiefer Waldeinsamkeit nur noch die ausführliche Weiheinschrift und der untere Teil des großen Reliefs mit Tier- und Menschenfüßen sowie Säulenstümpfen zu sehen sind. Der Überlieferung nach soll der hl. Willibrord, der Echternach und Umgebung christianisierte, für diesen Kunstfrevel verantwortlich sein, da er seine neugewonnenen Schäfchen vor den Einflüssen anderer Götter zu schützen suchte, indem er deren Bildnisse zerstören ließ.

Wieder beim Schloß angelangt, versäume man keinesfalls den Weg hinüber auf die andere Seite des Weilerbachs, den Geschichtlichen Wanderpfad entlang zu den sog. **Schweineställen,** auch Schweigstelle genannt. Dies ist eine höchst eindrucksvolle Felsenschlucht von etwa 300 m Länge, mit schmalem Ein- und Ausgang, an den zerklüfteten Wänden finden sich die eingemeißelten Worte »ARTIONI BIBER«. Artio war die keltische Bärengöttin, deren Kult in der römischen Zeit der Treverer fortlebte; ein Gallo-Romane namens Biber hat an diesem geheimnisvollen Ort der Göttin eine beschwörende

An den felsigen Steilabstürzen des Ferschweiler Plateaus haben sich rätselhafte antike Inschriften erhalten, wie hier in den sog. Schweineställen bei Weilerbach

Inschrift gewidmet, aus welchem Grund, wird für immer verborgen bleiben.

Wer mehr Zeit hat, besuche oben auf dem Plateau von der Niederburg aus die sog. **Kiesgräber.** Unter dem dichten Blätterdach des Buchenwalds der ›Tanzkill‹ führt der Weg zu mehreren, in tiefster Einsamkeit aus dem Boden hervortretenden, abgeplatteten Sandsteinfelsen, in die kistenförmige Vertiefungen eingemeißelt sind. Diese kleinen Gräber dienten zur Aufnahme von Ascheresten oder Totenurnen und waren mit spitzgiebeligen, verzierten ›Hüttensteinen‹ abgedeckt, wie sie noch am Ort zu sehen sind. Eine nahegelegene Felsvertiefung in Form und Größe eines menschlichen Körpers war wohl der Verbrennungsplatz. Von den Kiesgräbern aus ist es nicht weit zum **Druidenstein,** einem weiteren steinzeitlichen Menhir des Plateaus; vor allem aber ist der Weg zurück zum Schloß am Steilabfall der Hochfläche zur Bollendorfer Seite zu empfehlen: Dort springen alle paar Meter riesige Felstürme aus den senkrechten Wänden hervor, die wie zyklopische Bastionen den einst umlaufenden Ringwall flankieren. Nirgendwo anders wird deutlicher, warum vom Ferschweiler Plateau immer als einer Naturfestung die Rede ist.

Im nahegelegenen **Ernzen** entdeckte man bereits 1912 reiche Funde aus römischer Zeit, 1965 stieß man auf die Überreste eines kleinen Tempels, der dem von den Treverern verehrten Gott Intarabus geweiht war. Aufgrund von Originalteilen wurden Altar und Aedicula rekonstruiert. Obwohl die im Tempel aufgestellte Figur des Gottes verloren ist, gibt die kleine Anlage ein selten anschauliches Bild einer ländlichen sakralen Stätte der gallo-römischen Zeit. Ernzen besitzt übrigens noch eine sehr sehenswerte Kuriosität. Als Mitte des vorigen Jahrhunderts das wirtschaftliche Elend der Eifel und damit die Auswanderung dem Höhepunkt zustrebten, bemühte sich der Ernzener Pfarrer Philipp Meyer, den ärmsten Dorfgenossen Arbeit und Brot zu verschaffen, indem er eine Umgestaltung der Felsen am Eingang zum Gutenbachtal veranlaßte. Durch dieses seltsame Arbeitsbeschaffungsprogramm entstand eine kleine künstliche Felsenlandschaft von höchster Romantik: Grotten, Hohlwege, kurze Schluchten und überhängende Terrassen umgeben das Zentrum der Anlage, einen tief in das Gestein eingesprengten kleinen See, den

Fast 5000 Jahre alt ist der heidnische Menhir, der bei der Christianisierung zu einem riesigen Kreuz umgearbeitet wurde, das heute Fraubillenkreuz heißt

›Felsenweiher‹ von Ernzen, mit einem in die senkrechten Wände gehauenen Umgang.

Weiter nördlich, bei **Holsthum,** befinden sich an einem eigens angelegten Archäologischen Wanderpfad zwei Friedhöfe aus dem 2. Jh. am Nordhang des Ferschweiler Plateaus. Ähnlich den Kiesgräbern sind zahlreiche im Wald verstreut liegende römische Aschekisten zu entdecken, die in die Felsen eingemeißelt worden waren. Von den Gräbern zu Fuß oder auf fahrbarem Weg, der von der Straße Ferschweiler-Holsthum abzweigt, gelangt man zur Schankweiler Klause. Der große Barockbau der Kirche steht in tiefster Waldeinsamkeit am Steilabfall des Plateaus, weshalb man von den großen Felsen daneben einen weiten Blick genießen kann. Die 1762 errichtete Wallfahrtskirche enthält innen einen Hochaltar mit Säulenaufbau und Skulpturen; auch die schwungvolle Kanzel stellt besten Barock dar, die Beichtstühle sind mit schönen Einlegearbeiten und bemalten Holzreliefs mit biblischen Szenen geschmückt.

Die Schankweiler Klause ist der beste Ausgangspunkt für eine Wanderung zur oben erwähnten Wikingerburg mit ihrem gewaltigen Wall; von dort ist es dann nicht weit zu einem der Höhepunkte dieser Vorgeschichtslandschaft: Am Rand eines lichten Walds steht schräg und verwittert ein ungeheurer Stein, ein fast 5000 Jahre alter Menhir, über 3,5 m hoch. DieWirkung dieses Zeugnisses eines versunkenen Kultes muß noch zur Zeit der Christianisierung des Landes so suggestiv gewesen sein, daß man es vorzog, sie für die neue Religion zu nutzen: So wurde der Monolith zu einem riesigen Kreuz behauen, mit zwei Nischen für längst verschwundene Heiligenfiguren. Daß der Aberglaube an diesem Ort nicht auszurotten war, beweist der merkwürdige Name **Fraubillenkreuz,** den der Stein heute trägt. Einer Deutung dieses Namens kommt man näher, wenn man berücksichtigt, daß der Menhir 1617 als »Sybillen Creutz« genannt wurde, also den Namen der im Mittelalter hoch im Kurs stehenden antiken Seherin und ihrer ›sibyllinischen‹ Weissagungen trug.

Im Tal der Our

Roth an der Our: Romanische Pfarrkirche

In **Roth** steht auf steilem Hügel über dem kleinen Dorf mit der ehemaligen Johanniterkirche St. Peter einer der bedeutendsten romanischen Kirchenbauten der Eifel, der zusammen mit der benachbarten Komturei eine malerische Baugruppe bildet. Der Legende nach von Erzbischof Albero um 1140 errichtet und den Grafen von Vianden als Lohn für militärische Hilfe geschenkt, war die Kirche ursprünglich eine flachgedeckte, dreischiffige Basilika mit zum Hauptchor geöffneten Nebenchören und drei Apsiden. Sie gehört zur trierisch-lothringischen Kunst und ist im Kern trotz einiger späterer Veränderungen erhalten. Das Innere ist geprägt vom klassischen Echternacher Stützenwechsel: Nacheinander tragen Pfeiler und Säulen die für diese frühe Zeit ungewöhnlichen spitzbogigen Arkaden, die Seitenschiffe und Mittelschiff trennen; von Pfeiler zu Pfeiler, die Säulen überspannend, gliedern weite Rundbogenblenden das aufsteigende Mauerwerk des Langhauses. Die Kapitelle entsprechen mit ihren großen Blattvoluten denen der Ostkrypta des Trierer Doms.

Bis zum Jahr 1466 muß die Kirche in Roth ein Prunkstück romanischer Architektur gewesen sein, doch dann erfuhr sie eine einschneidende gotische Veränderung: Rippengewölbe wurden in den Obergaden eingehängt und verdecken seitdem dessen Fenster; dadurch ist der Raum seiner Lichtquelle beraubt und wirkt nun düster. Der basilikale Querschnitt verschwand unter einem Dach für alle drei Schiffe, der Raum verwandelte sich in eine Stufenhalle. Auch das Äußere der Kirche blieb nicht verschont: Am nördlichen Seitenschiff wurde ein Seitenportal zugemauert, sein heute wieder teilweise freigelegtes Tympanon zeigt einen thronenden Christus. Auffallendster Teil des Kirchenäußeren ist die Apsis des nördlichen Seitenchors, die den ältesten Teil der Anlage darstellt und wahrscheinlich von einem Vorgängerbau stammt. Sie ist gegliedert in fünf übereinander liegende Reihen gegeneinander verschobener rundbogiger Blendarkaden; in der Ecke zur Hauptapsis ist darüber die Relieffigur eines Christus zu entdecken. Die neben der Kirche stehende Johanniterordenskommende ist ein 1733 erbautes Schloß mit sechsseitigem Treppenturm und einem Torhaus um 1600; in dem in schönen Gärten gelegenen Gebäude befindet sich ein Hotel.

Die Straße durch das Ourtal führt von nun an auf der luxemburgischen Seite weiter, in Roth ist ein Grenzübergang. Die Strecke ist sehr zu empfehlen, vor allem wegen der nahegelegenen **Burg Vianden** mit ihren berühmten Palas- und Kapellenbauten. Auf der deutschen Seite führt die Straße nun über die einsamen Hochflächen des Islek, erst bei Waldhof gibt es wieder eine Straße hinunter ins Tal. Oben vom Dorf aus hat man einen guten Blick auf die Ourtalsperre, im Vordergrund liegt sehr fotogen die romantische Ruine der **Burg Falkenstein** auf einer steilen Bergkuppe am Rand des tiefen Tals. Bereits im 12. Jh. entstanden, war die Burg bis zu ihrer Zerstörung 1679 durch die Franzosen eine stark befestigte Anlage mit mächtigen Türmen und drei Toren. Heute in Privatbesitz, kann man sie leider nur von weitem besichtigen.

Von Falkenstein ist es nicht weit nach Neuerburg, auf der luxemburgischen Talstraße gelangt man weiter nördlich nach **Dasburg,** das wieder auf der deutschen Seite der Our liegt. Dort hatten die Grafen von Vianden zu Beginn des 13. Jh. eine große Burg errichtet, deren ruinöse Reste malerisch den bewaldeten Talhang überragen. In der 1767 erbauten Pfarrkirche St. Jakob findet sich eine hübsche Barockausstattung mit figürlichen Schnitzereien an Hochaltar und Kanzel. In Dasburg sind alle Straßen durch das Ourtal zu Ende, sehr zu empfehlen ist der Wanderweg den Fluß entlang durch eine Landschaft von einsamer und stiller Schönheit, bereits 1889 rühmt eine Beschreibung das »liebliche und berückende Bild«, »den eigentümlichen Duft« und die »magischen Farben«.

Die Porta Nigra ist eine der vier monumentalen Torburgen der römischen Befestigung Triers aus dem 2. Jh n. Chr. ▷

Die römische Kaiserstadt Trier

Trier ist unter allen deutschen Städten eine besondere. Vermutlich um 16 v. Chr. vom römischen Kaiser Augustus persönlich gegründet, feierte es 1984 als älteste Stadt Deutschlands sein 2000jähriges Bestehen. Im 3. und 4. Jh. n. Chr. wurde Trier eine der Kaiserresidenzen des römischen Weltreiches und ist somit die einzige antike Kaiserstadt auf deutschem Boden. Mit der Porta Nigra, dem Stadttor aus dem 2. Jh. n. Chr., blieb hier das monumentalste römische Bauwerk nördlich der Alpen erhalten. Wenn irgendwo im deutschen Sprachraum, dann kann man sich in Trier eine Ahnung von der hochentwickelten Kultur und der in Bauwerken monumentalisierten Staatsraison des antiken Imperiums verschaffen: Neben der Porta Nigra geben die riesige Fläche der römischen Wandgemälde im Diözesanmuseum, die massigen Ruinen der Kaiserthermen, die fast gespenstische Leere des ungeheueren Raumes der Konstantinsbasilika Zeugnis davon. Und wer im Rheinischen Landesmuseum beklommen zwischen den unzähligen meterhohen Kolossen römischer Grabmonumente wandelt, wird verstehen, wie intensiv diese antike Kultur im Leben der Menschen präsent war, bis ihr nach über 700jährigem Bestehen im 5. Jh. n. Chr. die germanischen Barbaren den Todesstoß versetzten.

Doch das ist nicht alles. Als früher Bischofssitz einer Kaiserstadt trat hier auch das Christentum machtvoll auf. Helena, die Mutter Konstantins des Großen, schenkte kurz nach dem Jahr 300 n. Chr. ihren Stadtpalast für die Errichtung einer ersten Bischofskirche, die nach zahlreichen Umbauten heute als riesenhafter romanischer Bau die Dächer der Altstadt überragt. Die Bischofsresidenz wurde die neue Keimzelle des städtischen Lebens nach dem Ende des Römischen Reiches. Residenz- und Handelsstadt an der Mosel blieb Trier durch alle Jahrhunderte und erlebte wechselvolle Zeiten: Von der antiken Weltstadt mit 70 000 Einwohnern wurde sie im 14. Jh. zum mittelalterlichen Handelszentrum mit 12 000 Händlern und Handwerkern; im 17. Jh. hatte Trier nur noch 3600, im 18. Jh. gerade 4000 Einwohner. Dennoch füllte sich die Stadt mit repräsentativen Bauwerken aller Stile und einem gediegenen bürgerlichen Leben, welches Trier bis heute (95 000 Einwohner) eine sehr angenehme und liebenswürdige Atmosphäre veleiht.

Geschichte

Es mutet uns heute eigentümlich an, daß die elegische und stille Eifel zwischen zwei der bedeutendsten Zentren der frühen europäischen Geschichte nördlich der Alpen liegt: der römischen Kaiserstadt Trier und der fränkischen Kaiserstadt Aachen. Man mag daran ermessen, wie sehr die Eifel erst in den letzten Jahrhunderten so still geworden ist und wie weitgehend sie einst mit römischen Villen und karolingischen Klöstern am Gang der Geschichte teilgenommen hat.

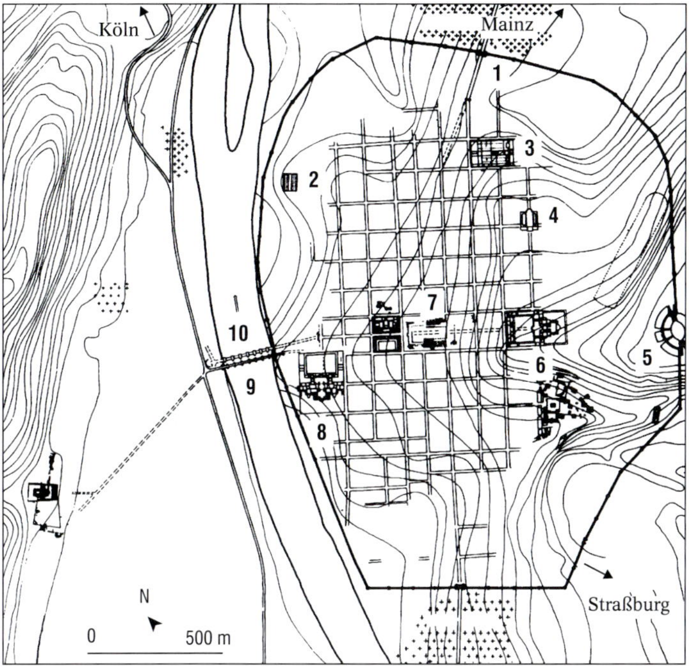

Trier, Plan der römischen Stadt:
1 Porta Nigra
2 Horrea (heute St. Irminen)
3 Doppelbasilika (heute Dom und Liebfrauenkirche; St. Laurentius)
4 Aula palatina
5 Amphitheater
6 Kaiserthermen
7 Forum
8 Barbarathermen
9 Römerbrücke
10 Pfahlrostbrücke

Trier und die Eifel waren Siedlungsgebiete der Kelten, als 54 v. Chr. Caesar dieses Volk der römischen Herrschaft unterwarf. An der Stelle, wo das enge Moseltal sich zu einer Mulde weitet, gründete Kaiser Augustus 16 v. Chr. Augusta Treverorum; so lautet der erste Name des späteren Trier. Durch ihre Lage an einem Flußübergang im Schnittpunkt zweier bedeutender Fernstraßen – die eine von Lyon nach Köln, die andere von Paris nach Mainz – hatte die neu gegründete Stadt beste Voraussetzungen für einen schnellen Aufstieg. Bald schon war sie zu einem Handelszentrum geworden; die Güter, die für die Versorgung besonders der Militärstädte am Rhein notwendig waren, wurden hier gewinnbringend umgeschlagen, und schon 50 n. Chr. ist von ihr als »urbs opulentissima« (= ungemein reiche Stadt) die Rede. Der oberste Finanzbeamte, der Procurator der Provinz Gallia Belgica, residierte hier, und es entstanden der Bedeutung der Stadt und dem Reichtum der Bewohner angemessene Bauten wie ein großes Amphitheater und die Barbarathermen. Von der Stadtbefestigung ist heute noch eines der vier Tore erhalten, die monumentale Porta Nigra.

Bei der Teilung des Reiches unter Diokletian (293 n. Chr.) wurde die nun Treveris genannte Stadt Sitz des Caesars des Westreiches und erlebte ihre Glanzzeit unter Konstantin, der später zum Alleinherrscher über das ganze Imperium wurde (erste Hälfte 4. Jh.). Kon-

Trier 1 Porta Nigra 2 Simeonstift mit Touristeninformation 3 Dreikönigshaus 4 Glockenstraße 5 Judenviertel 6 Markt (Hauptmarkt) 7 Steipe 8 Rotes Haus 9 Frankenturm 10 St. Gangolf 11 Dom St. Peter 12 Domfreihof mit Palais Walderdorff 13 Liebfrauenkirche 14 Palais Kesselstadt 15 Diözesan-Museum 16 Konstantinsbasilika (Basilika) 17 Kurfürstliches Schloß 18 Roter Turm 19 Rheinisches Landesmuseum 20 Stadtbibliothek 21 Kaiserthermen 22 Amphitheater 23 Barbarathermen 24 Viehmarkt-Thermen (Ausgrabung) 25 Karl-Marx-Haus 26 Moselufer 27 Römerbrücke 28 St. Irminen 29 Uferpartie Zurlaubener Ufer 30 St. Maximin 31 St. Paulin 32 St. Matthias

stantin, der hier von 306 bis 312 residierte, ließ repräsentative Bauten errichten, die zu den größten der Antike zählen. Die nicht mehr fertiggestellten Kaiserthermen wurden nur von zwei Bädern in Rom übertroffen; ein 700 m langer Palastbezirk wurde angelegt mit der Palastaula im Mittelpunkt. Dieses Bauwerk (auch Basilika genannt) steht heute noch; es ist der größte ungeteilte Raum, der sich aus der Antike erhalten hat. Auch die Ursprünge des Trierer Doms gehen auf diese Zeit zurück: Helena, die Mutter Konstantins, machte dem Trierer Bischof ihren Palast zum Geschenk; an der Stelle entstand eine erste große Doppelkathedrale. Pracht und Größe des kaiserlichen Triers zeigt das riesige Modell der antiken Stadt im Rheinischen Landesmuseum.

Nach einem verheerenden Germaneneinfall im Jahr 350 erlebte das römische Trier seine letzte Blüte in den siebziger Jahren des 4. Jh. Danach begann der Niedergang, die Sicherung der Rheingrenze gegen die Germanen wurde immer schwieriger, und als 402 die Legionen zur Verteidigung Italiens abgezogen wurden, wurde die Stadt mehrere Male von germanischen Stämmen und Hunnen geplündert. Spätestens 480 war sie bereits Teil des Frankenreiches. Obwohl bald darauf ein fränkischer Gaugraf in den zerstörten römischen Kaiserpalast zog, wurden die Bischöfe von Trier bald die neuen Herren der Stadt. Ein Bischofssitz war hier bereits um die Mitte des 3. Jh. eingerichtet worden, der im 4. Jh. ein Zentrum der christlichen Lehre nördlich der Alpen war. Der Kirchenvater Ambrosius wurde in Trier als Sohn eines römischen Präfekten geboren.

Die in der Antike gelegten kirchlichen Machtstrukturen erwiesen sich als tragfähiger als die neue weltliche Staatsgewalt der Franken. Karl der Große honorierte diese Tatsache endgültig und verlieh den Trierer Bischöfen Ende des 8. Jh. die Erzbischofswürde. Ein Kranz bedeutender Klöster entstand um die Stadt, reiche Schenkungen verliehen den Bischöfen immer mehr Ländereien und Rechte in und um Trier, bis sie einen ansehnlichen kleinen ›Kirchenstaat‹ beisammen hatten.

Im Mittelalter gelang es den Trierer Bischöfen, sich nach und nach auch alle weltlichen Rechte in der Stadt zu sichern, als letztes erwarb Erzbischof Johann I. 1192 das Vogteirecht (Gerichtsbarkeit); von nun an waren die Trierer Erzbischöfe Kurfürsten des Deutschen Reiches, die in Auseinandersetzungen mit Luxemburg und Köln ihren Machtbereich ausdehnten. Hervorgetan hat sich in dieser Hinsicht Balduin (1307–54), dem das Verdienst zugeschrieben wird, die verstreuten trierischen Besitztümer zu einer Einheit zusammengefügt zu haben. Er empfand die zwischen seinen Besitzungen liegenden Territorien, die anderen Fürsten oder Rittern gehörten, einfach als Löcher, die es zu stopfen galt, was er auch tat, indem er sie gewaltsam – mit Duldung oder Unterstützung seiner Luxemburger Verwandten – seiner Herrschaft unterwarf. In der Eifel erlitten dieses Schicksal zahlreiche freie Reichsritter und schließlich sogar die reiche Abtei Prüm. Das bedeutendste mittelalterliche Bauwerk war unter Erzbi-

Vom Reichtum und Selbstbewußtsein der Bürger im Mittelalter zeugen die schönen Häuser um den historischen Marktplatz von Trier. Die Steipe, das gotische Versammlungs- und Festhaus des Stadtrats, ist unmißverständlich einem wehrhaften Wohnturm nachempfunden

schof Poppo von Babenberg (1016–47) entstanden: Er ließ den mehrfach zerstörten und umgebauten Dom neu errichten; er war es auch, der das Simeonstift in der Porta Nigra gründete, die er ohne wesentliche Eingriffe in die römische Bausubstanz in eine Doppelkirche umwandeln ließ. Unter Erzbischof Albero (1131–52) wurde die Stadt mit einer Befestigungsmauer gesichert.

Die Bischöfe waren zwar Herren über ein mächtiges Kurfürstentum, doch in der Stadt selbst hatten sie einen streitbaren Konkurrenten. Gestützt auf ihre ökonomische Bedeutung – Trier war schon 958 das Marktrecht verliehen worden – war eine selbstbewußte Bürgerschaft herangewachsen, die eine selbständige Politik betrieb, eigenmächtig Bündnisse einging und Kriege führte und immer wieder alles daransetzte, die geistliche Herrschaft abzuschütteln. Erfolg hatte sie darin jedoch nicht, ein kaiserlicher Richterspruch bestätigte 1580 endgültig die landesherrlichen Rechte des Bischofs über die Stadt. Vom Selbstbewußtsein der Trierer Bürger zeugen noch mehrere Gebäude, so die sog. Steipe, ehemals das Festhaus des Stadtrates, von dem berichtet wird, es sei an einer Stelle errichtet worden, wo der Bischof es von der Domfreiheit aus nicht übersehen konnte. Auch die Ausgestaltung der Stadtkirche St. Gangolf war als Demonstration gegen den bischöflichen Herrschaftsanspruch gemeint; man ließ zu Beginn des 16. Jh. sogar den Turm aufstocken, um nicht hinter der Höhe der Domtürme zurückzustehen.

Nach den Zerstörungen des Dreißigjährigen Krieges und den Raubkriegen Ludwigs XIV. erlebte die Stadt eine neue Blüte unter den Kurfürsten Franz Georg von Schönborn (1729–56) und Johann Philipp von Walderdorff (1756–68). Letzterer erweiterte das nach 1615 erbaute kurfürstliche Schloß um einen Rokokoflügel nach

Plänen des Neumann-Schülers Johannes Seiz. Bereits zu Beginn des 18. Jh. (1719) war der Hofbaumeister Hans Georg Judas mit dem barocken Umbau des Doms betraut worden.

1794 marschierten französische Revolutionstruppen in Trier ein, 1815, nach dem Wiener Kongreß, kam die Stadt zu Preußen. Die Lage an der Grenze des Reiches brachte einen wirtschaftlichen Niedergang. Die Stadt dehnte sich nicht weiter aus, weshalb die römischen Anlagen nicht überbaut wurden, und auch im Innern fehlte das Geld für allzuviele Neubauten, wodurch viel historische Bausubstanz erhalten blieb. Erst nachdem die Dampfschiffahrt auf der Mosel und eine Eisenbahnlinie die Stadt verkehrstechnisch dem wilhelminischen Reich anschlossen, setzte ein langsamer Aufschwung ein. Nach dem Zweiten Weltkrieg konnte sich Trier mit seinen langen Traditionen, seinen Museen und Bauwerken wieder einen festen Platz im internationalen Geistes- und Kulturleben sichern.

Stadtbesichtigung

Die klassische Besichtigungsroute durch die Trierer Altstadt beginnt an der Porta Nigra und dem Simeonstift (weshalb hier auch das Büro der Tourist Information Trier untergebracht ist) und führt zu den Kaiserthermen, wobei fast alle bedeutenden Bauwerke der Stadt passiert werden.

Trier ☆☆
Besonders sehenswert:
Porta Nigra
Simeonstift
Marktplatz
Dom
Diözesanmuseum
Konstantinsbasilika
Rheinisches Landesmuseum
Kaiserthermen
St. Paulin
St. Matthias

Die **Porta Nigra (1),** das Schwarze Tor, empfängt auch heute noch den Besucher, der von Norden ins historische Zentrum Triers kommt. Vor ziemlich genau 1800 Jahren wurde sie als eine der vier Torburgen errichtet, welche die wehrhaften Zugänge zur mit einer 7,5 m hohen Mauer befestigten römischen Stadt bildeten. Die prachtvollen Fassaden sind einheitlich durch Halbsäulen gegliedert, zwischen denen sich Rundbogenfenster öffnen, nur das Untergeschoß blieb aus fortifikatorischen Gründen fensterlos. Es ist diese Mischung aus kunstvoller, palastartiger Fassadengestaltung und monumentalem Wehrbau, die die eigentümliche Wirkung des Gebäudes ausmacht; die schwarze Farbe der mächtigen, nur mit Eisenklammern verbundenen Steinquader (sie ist auf Moose und – schon mittelalterliche – Luftverschmutzung zurückzuführen) steigert Fremdartigkeit und Bedrohlichkeit des Eindrucks.

Noch seltsamer ist die Anlage im Innern: man entdeckt Kirchengewölbe, ein paar romanische Kapitelle und vereinzelt barocke Stukkaturen. Diese unrömischen Teile – wie vielleicht die Erhaltung der ganzen Porta Nigra – hatten den Tod eines griechischen Einsiedlers im 11. Jh. zum Ausgangspunkt. Der Mönch Simeon hatte sich im Ostturm einmauern lassen und lebte hier als Eremit sechs Jahre, nur durch ein Fenster mit der Welt verbunden. Als er 1034 starb, ließ Erzbischof Poppo zu dessen und Triers Ehren das römische Stadttor in eine Doppelkirche – eine Volkskirche im ersten und eine Stiftskirche im zweiten Obergeschoß – umwandeln und westlich ein Stift anbauen. Dies geschah ohne wesentliche Eingriffe in die antike Bausubstanz, und es wurde ihr das Schicksal vieler anderer Römerbauten erspart, die man als Steinbruch benutzte. Die Stukkaturen stammen von einer in den Jahren 1747–50 vorgenommenen Barockisierung der Kirche.

Nach der Eroberung Triers durch französische Revolutionstruppen wurden auf Anordnung Napoleons ab 1803 die meisten nichtrömischen Bauteile wieder entfernt. Erhalten blieben – neben Gestaltungsteilen im Innern – der von Poppo angebaute Ostchor mit einer Zwerggalerie. Obwohl dieser 800 Jahre später entstandene Bauteil der Porta Nigra wie angewachsen erscheint, verfälscht er den Eindruck des antiken Monumentalbaus. Man muß sich das Tor mit zwei gleich hohen, halbrund vorspringenden Flankentürmen vorstellen (einer wurde beim Kirchenbau um ein Stockwerk abgetragen, damit der andere als ›höherer‹ Glockenturm fungieren konnte). Rechts und links der Türme verliefen die Stadtmauern, so daß das Tor sich damals als streng symmetrischer Steinkoloß von der übrigen Befestigung abhob und durch seine Doppeltore eine Straße in die Stadt hinein- und eine hinausließ.

Dennoch zeigt die Kongenialität zwischen dem romanischen Chorbau des 11. Jh. und den Gestaltungsprinzipien eines römischen Tores des 2. Jh., wie sehr die Romanik, dieser erste europäische Epochenstil, ihre stilistischen Wurzeln unmittelbar in der antiken Architektur fand. Bedenkt man, wie radikal z. B. der Barock die nur einhundert Jahre vor ihm zu Ende gegangene Gotik verachtete, so zeigt sich hier an der Porta Nigra, wie fast im wörtlichen Sinne bruchlos der romanische Stil aus dem römischen entstand: eine tausendjährige Kontinuität ästhetischen Empfindens, wie sie für alle späteren Epochenstile unvorstellbar ist.

Im Simeonstift neben der Porta Nigra wurde das Städtische Museum untergebracht, in dem sich viele Originale von Skulpturen befinden, die in der Stadt durch Kopien ersetzt werden mußten; hier die spätgotischen Figuren von der Steipe am Marktplatz

Durchschreitet der Besucher die Porta Nigra, so steht er auf der Innenseite auf der Simeonstraße, dem antiken Cardo maximus, bis heute die Hauptachse der Stadt und eine betriebsame Fußgängerzone. Die Pfeilerstümpfe gleich hinter dem Tor lassen vermuten, daß hier auch in römischer Zeit eine laubengesäumte Geschäftsstraße verlief. Gleich rechts neben der Porta Nigra öffnet sich der Eingang zum 1036 erbauten malerischen Kreuzgang des **Simeonstifts (2).** Der Westflügel wurde vereinfacht restauriert. Im erhaltenen Nordflügel mit dem Dormitorium ist das Städtische Museum untergebracht, das die kulturgeschichtliche Entwicklung Triers vom Mittelalter bis zur Gegenwart in eindrucksvollen Exponaten dokumentiert. Bemerkenswert sind besonders die Originale der spätgotischen Heiligenfiguren von der Steipe am Hauptmarkt und die Originale der barocken Palastgarten-Skulpturen aus der Tietz-Werkstatt um 1720. Von eindringlicher Lebensnähe sind mehrere 2000 Jahre alte ägyptische Mumienporträts und eine Sammlung spätantiker koptischer Textilien.

Vom Stift führt die Simeonstraße breit und gerade auf den Hauptmarkt zu. Unterwegs reiht sich ein historisches Bürgerhaus an das andere, es dominieren klassizistische und Rokokofassaden. Aus diesen sticht mit der Nummer 19 markant die farbige Gestalt des frühgotischen **Dreikönigenhauses (3)** aus dem 13. Jh. hervor. Die lisenenverzierte geschmückte Prunkfassade, die farbig gefaßten doppelten Biforiengalerien zeigen ebenso wie der im ersten Stock gelegene Eingang, der wie bei einem Wohnturm leicht zu verteidigen war, das beginnende Selbstbewußtsein der Trierer Bürgertums, mit dem die Bischöfe jahrhundertelang Schwierigkeiten haben sollten.

Wenige Meter weiter hat sich unter dem Kaufhaus Karstadt (Simeonstraße 47) ein ausgedehnter Stapelkeller des 13. Jh. erhalten. Mit einem eigenen Zugang versehen, dienen die unterirdischen Gewölbe heute als Restaurant. Fast gegenüber zweigt die **Glockenstraße (4)** ab, mit ihren zahlreichen Straßencafés, Bistros und Restaurants eine der angenehmsten Ecken Triers. Das Haus Glockenstraße 2 heißt ›Zur Glocke‹, ein Fachwerkhaus des Jahres 1490 mit einem Stuckrelief von 1559, welches anzeigt, daß damals hier eine Glockengießerei war. Kurz bevor man auf der Simeonstraße den Markt erreicht, zweigt rechts bei drei großen Fachwerkhäusern der alte Durchgang zum ehemaligen **Judenviertel (5)** ab, wo sich in der Judengasse 2 ein Haus aus dem 14. Jh. erhalten hat. Bereits 1349 machte man die Juden der Stadt jedoch für die Pest verantwortlich. Nach einem schaurigen Pogrom vertrieb der Erzbischof 1418 die jüdischen Bürger endgültig aus der Stadt.

Nun betritt man die weite Fläche des **Hauptmarktes (6),** umgeben von einem einmaligen Architekturensemble von Bürgerhäusern aus dem Mittelalter bis zum Barock; der Trierer Marktplatz gilt als einer der schönsten in Deutschland. Bereits im 10. Jh. wurde der Platz von den Erzbischöfen angelegt, um in ihrer Residenzstadt auch einträgliche Handelsmöglichkeiten zu schaffen. Das irisch inspirierte Marktkreuz auf römischer Säule ist eine Kopie des Originals aus dem Jahr 958, das Erzbischof Heinrich aufstellen ließ (Original im Simeonstift). Auch der prunkvolle Marktbrunnen ist bischöflichen Ursprungs: Auf einer reichverzierten Balustersäule steht der Stadtpatron Petrus, darunter die Figuren der Allegorien von Gerechtigkeit, Stärke, Mäßigung und Klugheit, die auf die Qualitäten des Mäzens Erzbischof Johann VII. von Schönberg hinweisen sollen. Das Werk wurde 1595 von Ruprecht Hoffmann und seiner großen Trierer Werkstatt geschaffen. Wer den vielen ländlichen Altären dieses Meisters in der Eifel begegnet ist, wird sich über die Schönheit des Trierer Marktbrunnens wundern – wie so oft ein sicherer Beweis, daß die Kunstfertigkeit der Künstler in direktem Verhältnis zur finanziellen Potenz der Auftraggeber steht.

Die Bischöfe hatten bei der Gründung des Marktplatzes sicher nicht damit gerechnet, daß sie sich einen gefährlichen Feind in der eigenen Stadt heranzogen. Der Handel und sein Reichtum wurde die Grundlage eines wohlhabenden und selbstbewußten Bürgertums, das sich bereits im Mittelalter in bewaffnete Konkurrenz zur bischöflichen Macht über die Stadt begab. Prunkstück historischer Architektur um den Hauptmarkt ist daher die **Steipe (7),** ein steil proportionierter, turmartiger Bau mit schönen Arkaden im Erdgeschoß und drei Stockwerken spätgotischer Fenstergalerien darüber. Die Steipe wurde 1481–83 erbaut, und ihr Wehrhaftigkeit vermittelnder Zinnenkranz war ebenso wie die beiden gerüsteten Männerfiguren an der Außenfassade nicht nur eine symbolische Geste in Richtung des klerikalen Stadtteils um den nahen Dom. Der Bau diente als repräsentativer Versammlungsort und als Festhaus der Trierer Ratsherrn.

Direkt um die Ecke, als erstes Gebäude der Dietrichstraße, steht das ebenso bekannte **Rote Haus (8)** des Bäckeramtsmeisters Johann Wilhelm Polch aus dem Jahr 1684 mit einem schönen Volutengiebel. Die Dietrichstraße ein Stück weiter erreicht man den **Frankenturm (9),** einen blockhaften, abweisenden Wohnturm des 11. Jh. Er lag damals außerhalb des einzig befestigten Dombezirks, und seine Bewohner mußten sich selbst verteidigen können.

Zurück auf dem Hauptmarkt, durchschreitet man ein barockes Prunkportal und erreicht die Kirche **St. Gangolf (10),** deren reichgestalteter Turm die ganze mittelalterliche Bürgerherrlichkeit gegen die Bischöfe demonstrierte: Mit 62 m Höhe war er höher als die Domtürme, was die Erzbischöfe nicht auf sich sitzen lassen wollten. Daher stockten sie um 1515 den Südturm des Doms auf, was bis heute eine krasse Asymmetrie der Domfassade zur Folge hat. Die heutige Form von St. Gangolf als Stadtpfarrkirche rührt aus dem 15. Jh. – ein gotisches Langhaus mit nördlichem Seitenschiff. Im Innern ist das Chorgemälde von August Gustav Lasinsky ein nicht unbedeutendes Werk der Nazarener-Schule. Aus mittelalterlicher Zeit ist die 1981 restaurierte gotische Farbfassung der Gewölbe und das filigran gearbeitete Fragment eines bemalten Steinaltars (1467) bemerkenswert, das deutlich von den weichen Figuren des Flamen Nicolaus Gerhaert beeinflußt ist.

Der Dom St. Peter

Wenn man sich nun vom Hauptmarkt in die Sternstraße begibt, so bleibt der Blick gebannt von der ungeheueren Westfront des Domes St. Peter (11). Das massige Westwerk gliedert sich in Rund- und Vierecktürme, Bogengalerien und eine riesige halbrunde Apsis: einer der eindrucksvollsten Prospekte, die die europäische Romanik hinterlassen hat. Es sprengt unsere Vorstellung von Größenordnungen, wenn man sich klarmacht, daß man sich bereits seit dem Beginn der Sternstraße über den Fundamenten des römischen Vorgängerbaus bewegt: Die Anlage der antiken Kaiserbasilika war also mehr als doppelt so groß wie der heutige Dom! Damit nicht genug, war neben dem Dom, wo jetzt die Liebfrauenkirche steht, unter Kaiser Konstantin eine gleich große Basilika für die Laien errichtet worden, zwei antike sakrale Riesenbauten nebeneinander. Wo sich diese verschwundenen Kirchen in Richtung Hauptmarkt erstreckten, breitet sich heute der weite Platz der **Domfreiheit (12)** aus, nördlich und

Die Westfront des Trierer Doms gehört zu den gewaltigsten Werken der deutschen Romanik. Zusammen mit der gotischen Liebfrauenkirche (rechts) bildet die Doppelkirchenanlage einen großartigen sakralen Baukomplex

westlich flankiert vom Palais Walderdorff und der Dompropstei; Gebäude, in denen nach 1815 die ungeliebten preußischen Beamten mitten in der Stadt Quartier bezogen.

Der Dom St. Peter und die Liebfrauenkirche präsentieren sich heute wie ihre Vorgängerbauten als Doppelkirchenanlage. Zu Beginn des 4. Jh. n. Chr. schenkte Helena, die Mutter Konstantins, ihren Palast dem Trierer Bischof Agritius, der ihn abreißen ließ. An seiner Stelle wurde die spätantike Doppelkirche erbaut: Der heutige Dom stellt eine Erweiterung eines Kernbauteils der Nordkirche dar, an Stelle der Südkirche wurde 1235–60 die Liebfrauenkirche angebaut. Als einmalige Reste des konstantinischen Palastes fand man

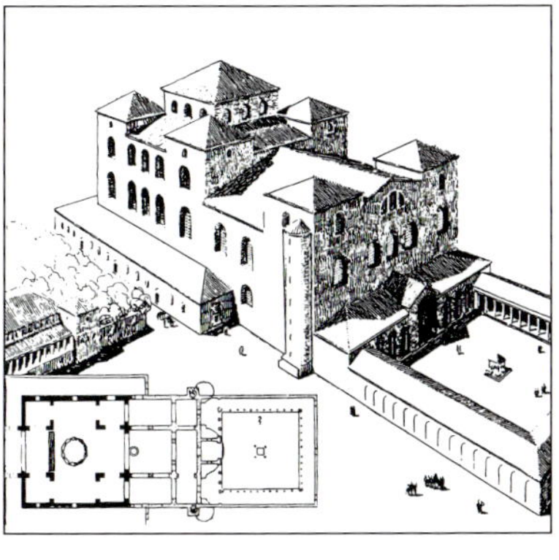

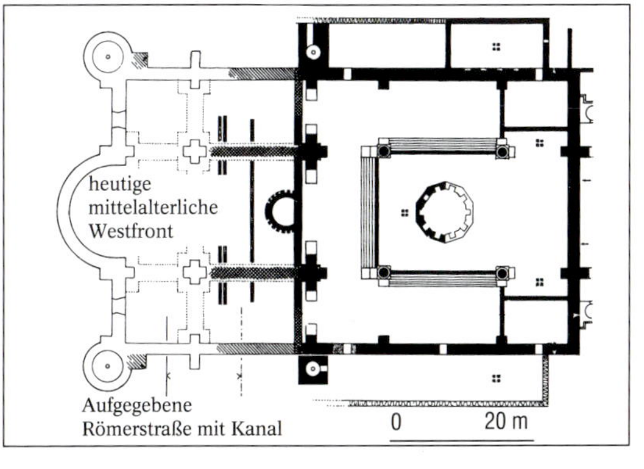

Die bauliche Entwicklung des Trierer Doms: Links der römische Kernbau (vermutetes erstes Bauvorhaben; nach Krenker); rechts Grundriß des Domkernbaus nach der Einrichtung zur Kirche, in Verbindung mit dem frühromanischen Erweiterungsbau

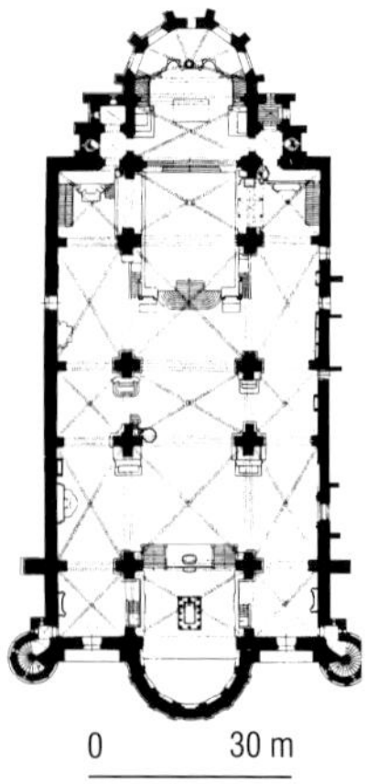

Trier, Grundriß des Doms

bei Ausgrabungen im Dom in viele Teile zerschlagene Deckenfresken. Die wieder zusammengesetzten, 60 m² umfassenden und künstlerisch hochstehenden Malereien sind im Bischöflichen Diözesanmuseum ausgestellt. Schon Kaiser Gratian (375–83) hatte anstelle der Nordkirche – über deren Fundamenten – den sog. Quadratbau errichten lassen, welcher der Ausgangspunkt der entscheidenden mittelalterlichen Veränderung wurde. Bis heute ist der große römische Baukörper inmitten des mittelalterlichen Baus genau daran zu erkennen, daß die Römer wechselnde Schichten von Bruchstein und Ziegel verwendeten, was sich am Innen- wie am Außenbau deutlich von der alleinigen Verwendung von Naturstein der späteren Bauteile abhebt.

Nach Beschädigungen durch Franken und Normannen ließ Erzbischof Poppo (1016–47) einen früheren Langhausbau abreißen und verlängerte das römische Quadrathaus (noch bis zu 25 m hoch im Dom erhalten) nach Westen, indem er dessen Grundriß mit einem Wechsel von schmalen rechteckigen und breiten quadratischen Jochen fortsetzte; er nahm auch den Bau der Westfront in Angriff. Diese in ihrem gestalterischen Reichtum in ihrer Zeit unübertroffene Front mit Chor, Doppeltürmen und runden Ecktürmen (Maria Laach vergleichbar) wurde erst 30 Jahre nach seinem Tod vollendet. Der für die Liturgie wichtige Ostchor – er stellt den von der kirchlichen Tradition geforderten, nach Jerusalem gerichteten Altarraum dar – wurde von Bischof Hillin (1152–69) begonnen und von Johann (1169–1212) beendet. Es war der erste eingewölbte Bauteil des Doms, und so ließ Johanns Nachfolger Theoderich auch das bis dahin flachgedeckte Langhaus mit Gewölben überspannen. Aus der Zeit der Gotik ist – was den Dom anbelangt – außer Veränderungen an den Türmen nicht viel zu berichten. Der nächste und letzte bedeutende Umbau wurde nach einem Brand 1719–23 unter der Regie des Hofbaumeisters Hans Georg Judas (s. auch S. 296) in Angriff genommen. Dem barocken Empfinden war das Kircheninnere viel zu dunkel, so baute man zur Verbesserung der Lichtverhältnisse ein Querschiff an, ließ die Obergeschosse der Seitenschiffe abreißen und setzte neue Lichtwände auf. Dadurch brachte man allerdings die Statik der gesamten Anlage in Unordnung, weshalb heute noch umfangreiche Sicherungsarbeiten notwendig sind.

Von der reichen **Ausstattung** vieler Epochen seien nur einige Stücke herausgegriffen. Gute Werke der Trierer Bildhauerkunst des 12. Jh. sind die Reste der ehemaligen Westchorschranken (im nördlichen Seitenschiff) und das älteste Grabmal im Dom, das für den 1144 verstorbenen Kardinallegaten Ivo errichtet wurde. Charakteristisch für den Dom sind die sog. Grabaltäre, die das Grabmal mit einem Altar verbinden; deren frühestes Beispiel gedenkt des Erzbischofs Richard von Greiffenclau, gestorben 1531 (am südöstlichen Vierungspfeiler). Über 200 Jahre später gestaltete der geniale Bildhauer Ferdinand Tietz nach Plänen des Architekten Seiz den Grabaltar für den 1756 verstorbenen Erzbischof Franz Georg von Schönborn (sog. Auferstehungsaltar). Auch Erzbischof Balduin, der große Teile der südlichen Eifel mit Krieg überzog, hat hier sein Denkmal, es ist allerdings nur noch die Tumba aus schwarzem Marmor erhalten. Neben der schönen, von Domenico Rossi 1668 ausgeführten Stukkierung des Westchores sei noch auf die Arbeiten des auch für die Eifel bedeutenden Bildhauers Hans Ruprecht Hoffmann hingewiesen (s. S. 314). Eine seiner frühesten und besten Schöpfungen ist die figurenreiche Kanzel (1570–73) mit dramatisch bewegten Darstellungen der Werke der Barmherzigkeit, der Bergpredigt und des Jüngsten Gerichts. An dem der Kanzel gegenüberliegenden Pfeiler begegnet man einem seiner Spätwerke, dem als Allerheiligenaltar gestalteten Grabmal für Erzbischof Lothar von Metternich (gestorben 1623). Die Figuren dreier weiterer von ihm gearbeiteter Altäre wurden nach deren Zerstörung beim Brand 1717 in andere Grabmäler übernommen.

Vielgerühmt ist die Perspektive des Dom-Innern: Aus dem Westchor blickt man durch die riesige Weite des Mittelschiffs in den Ostchor, wo der auf einer Tribüne stehende, vergoldete Hochaltar Durchgang und Blick in die Heiltumskammer freigibt, in der in einem Schrein der **Heilige Rock** aufbewahrt wird. Es handelt sich um eine der Legende nach von Helena, Mutter Konstantin des Großen, nach Trier verbrachte Tunica Christi, zu der auch ein heiliger Nagel vom Kreuz gehört. Solche und ähnliche Reliquien gehörten zum Ruhm einer antiken Kaiserbasilika und so enthält die **Domschatzkammer** einzigartige Stücke. Es ist nur ein kleiner Raum am Ende des südlichen Seitenschiffs mit Exponaten von unschätzbarem Wert. Zu sehen sind u. a. die Trinkschale der Helena, byzantinische Elfenbeinkästchen des 5. Jh., der vergoldete Tragaltar für die Sandale des hl. Andreas aus dem 10. Jh. und zahlreiche kostbare Stücke aller Jahrhunderte.

Vom südlichen Seitenschiff des Doms führt ein Portal mit den Relieffiguren des thronenden Christus zwischen Maria und Petrus (um 1200) in den Verbindungsgang zur **Liebfrauenkirche (13).** Sie ist eine der ersten rein gotischen Kirchen in Deutschland (neben St. Elisabeth in Marburg) und wurde von Erzbischof Theoderich und dessen Nachfolger Arnold 1235–60 anstelle der römischen Südkirche errichtet. Hat man den Verbindungsgang durchschritten, gewährt ein Meisterwerk frühgotischer Skulptur Einlaß in die Kirche: dieses Nordportal mit fein gearbeitetem Rahmen zeigt im Tympanon eine zierliche und sehr anmutige Marienkrönung. Ist man eingetreten, überrascht die ruhige Harmonie eines stilistisch einheitlichen Zentralbaus. Der Grundriß bildet ein gleicharmiges Kreuz (nur an der Ostseite vorspringender Chor) mit paarweise angeordneten Kapellen in den Winkeln der Kreuzarme. »Im Reichtum wechselnder perspektivischer Bilder, bei nie versagender Übersichtlichkeit des Raumganzen, ist die Liebfrauenkirche unter den deutschen gotischen Bauten einzig«, urteilt Dehio. Zu erwähnen sind noch das heute geschlossene Westportal, reicher gestaltet, doch künstlerisch nicht an das Nord-

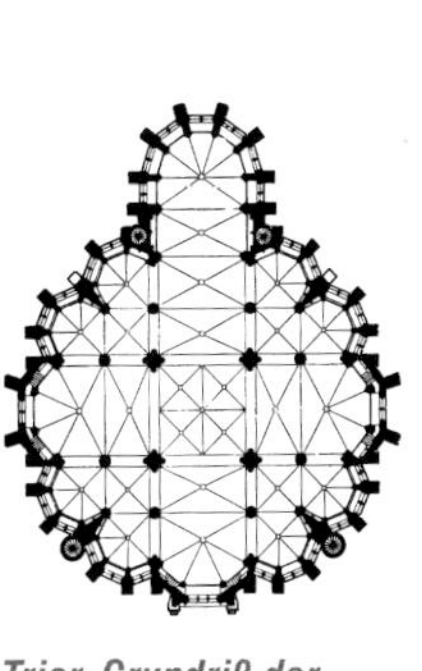

Trier, Grundriß der Liebfrauenkirche

Das an der französischen Portalskulptur orientierte Westportal der Liebfrauenkirche neben dem Dom führt in einen der wenigen gotischen Zentralbauten Deutschlands

portal heranreichend, und das von Johann Wolfgang Fröhlicher geschaffene Grabmal für Bischof Karl von Metternich (gestorben 1636, der Verstorbene ist lebensgroß, in einem Buch lesend dargestellt), eine der besten Barockarbeiten dieser Art; außerdem der Epitaphaltar für Propst von der Leyen (gestorben 1587), ein Werk von Hoffmann, und der in seiner Werkstatt entstandene Altar für den 1625 gestorbenen Propst von Scharffenstein.

Empfehlenswert ist auch ein Gang durch den frühgotischen Kreuzgang. Zwischen Dom und Ostchor der Liebfrauenkirche gelegen, wurde er um die Mitte des 13. Jh. errichtet; man beachte neben der schönen Architektur besonders die Malberg-Madonna in der Nordwestecke, eine hervorragende Steinskulptur aus dem Umkreis von Nicolaus Gerhaert.

Verläßt man die Liebfrauenkirche und wirft noch einen Blick auf den überquellenden Formenreichtum der Doppelkirchenanlage, so steht man mit dem Rücken zur Fassade des **Palais Kesselstadt (14).** Im Auftrag des gleichnamigen Freiherrn hatte 1740 der Mainzer Architekt J. v. Thomann die Aufgabe zu lösen, genau im Knick einer Straße einen repräsentativen Barockbau mit Prunkfassade zu errichten. Er löste sie geschickt mit einer raffinierten Zweiflügelanlage, in deren stumpfen Winkel er einen vorgewölbten Portalrisalit als Eingang stellte, der heute dem Publikum geöffnet ist.

Bevor man nun zur römischen Palastaula weitergeht, ist ein Besuch des Bischöflichen Museums oder **Diözesanmuseums (15)** obligatorisch. Dazu gehe man zurück vor die Domfassade und wende sich zur links an ihr vorbeiführenden Windstraße. Dort erreicht man nach wenigen Schritten, vorbei an den imponierenden Außenmauern des Doms, die ehemalige preußische Haftanstalt vom Schinkel-Schüler Georg Wolff. Ihre Räume wurden für die speziellen Bedürfnisse des Museums umgebaut, dessen Exponate in normalen Räumlichkeiten keinen Platz hätten. Den Anstoß zur Gründung des Museums gab 1904 die archäologische Erforschung des Trierer Doms, sowie das Bedürfnis, Gegenstände von kirchengeschichtlicher Bedeutung aus den vielen, von den Franzosen aufgehobenen Klöstern der Stadt dem Publikum zugänglich zu machen. So enthält die archäologische Abteilung zahlreiche, teils monumentale Fundstücke der antiken Vorgängerbauten von Dom und Liebfrauenkirche, darunter eine einzigartige Rarität: 1945 entdeckte man bei Restaurierungsarbeiten am Dom 3,50 m unter seinem Fußboden einen Raum, der mit 70 000 Teilen eines riesigen, zerschlagenen Deckenfreskos aufgefüllt war. Es war vermutlich Teil des antiken Palastes der Familie Kaiser Konstantins, den seine Mutter Helena für den ersten Dombau zur Verfügung stellte. In jahrzehntelanger Arbeit wurde das historische Riesenpuzzle zusammengesetzt und ergab eine 60 m^2 große Fläche, auf der in fünfzehn Bildfeldern tanzende Eroten, prächtig gewandete Frauen und Männerbildnisse zu sehen sind. – Die Abteilung der kirchlichen Kunst beeindruckt durch zahlreiche mittelalterliche und barocke Skulpturen, und auch hier gibt es eine Rarität: die Krypta des ehemaligen Benediktinerklosters St. Maximin mit ihren karolingischen Wandmalereien ist hier wiederaufgebaut worden.

Zurück am Palais Kesselstadt erreicht man über die Liebfrauenkirche den Konstantinsplatz und steht vor den ungeheuren Mauermassen der Palastaula des Kaisers Konstantin, daher auch **Konstantinsbasilika (16)** genannt. Kaiser Konstantin ließ den Repräsentationsbau Anfang des 4. Jh. als Mittelpunkt seiner Residenz in Trier errichten. Die Palastaula war – wie heute noch – durch in zwei Geschosse übereinander angeordnete Rundbogenfenster gegliedert, jeweils zwei übereinanderliegende Fenster wurden durch eine riesige, ebenfalls rundbogige, Blendarkade eingefaßt. Der ursprünglich rot angemalte Verputz der Außenwände ist heute nicht mehr vorhanden. Auch die Innengestaltung entsprach den Darstellungsbedürfnissen kaiserlicher Würde: über den Heizkanälen war der Fußboden mit Marmor belegt, ebenso der untere Teil der Wände; Partien der Apsis und des Triumphbogens waren mit kostbaren Mosaiken bedeckt. Nach dem Abzug der Römer als Festung merowingischer Gaugrafen genutzt, war das Gebäude seit Ende des 12. Jh. Residenz der Trierer Erzbischöfe. 1645–47 ließ man für den Bau des Kurfürstenpalais die Ost- und Südwand abbrechen; unter preußischer Regierung wurde die ursprüngliche Anlage wiederhergestellt. Nach den Zerstörungen des Zweiten Weltkriegs wurde die Aula nach diesen Rekonstruktionsplänen wieder aufgebaut.

Heute präsentiert sich der Bau nüchtern in monumentaler Strenge, ohne jede ausschmückende Zutat. Wirkt er von außen schon wie ein rätselhaftes, materialistisches Relikt vergangener Zeiten, setzt sich dieser Eindruck im Inneren fort: die ganze Breite des Saales (28 m breit und 30 m hoch) ist ohne stützende Pfeiler von einer Flachdecke überspannt, der größte ungeteilte Raum überhaupt, der aus der Antike überdauert hat. Innen ist der Riesenbau von bemerkenswerter Leere. Das entsprach auch der Absicht des Erbauers: Nichts sollte hier die Aufmerksamkeit auf sich ziehen als allein die

Im Diözesanmuseum neben dem Dom sind die in jahrzehntelanger Arbeit wieder zusammengesetzten römischen Deckengemälde zu sehen, die eine Fläche von 60 m² bedecken

Obwohl keineswegs klein, wirkt der Rokokobau des Trierer Kurfürsten J. Ph. von Walderdorff aus dem 18. Jh. wie ein Spielzeug neben der antiken Riesenfassade der römischen Palastaula

Majestät des antiken Imperators, wenn er, gleichsam den klein und verloren wirkenden Menschen inmitten des gewaltigen Raumgefüges entrückt, in der erhöhten Apsis den kaiserlichen Zeremonien nachging. Architektur und Psychologie haben eine innige Verbindung.

Man kann sich stilistisch keinen größeren Gegensatz vorstellen als den zwischen der strengen Monumentalgliederung der Konstantinsbasilika und dem um die Ecke angebauten Rokokoflügel des **Kurfürstlichen Schlosses (17)** in seinen verspielten Kleinformen. Bevor dieser Teil des Schlosses im 18. Jh. entstand, hatte Erzbischof Lothar von Metternich bereits 1614 ein großes Renaissance-Schloß um die antiken Mauern der Basilika errichtet. Von diesem sog. Niederschloß blieben hinter der Apsis der Basilika noch zwei Flügel und der **Rote Turm (18)** erhalten, trotz vieler Veränderungen noch sichtbare Zeugnisse der hier nicht häufigen deutschen Renaissance-Architektur. Der ganze Südflügel dieses Schlosses wurde 1756 auf Betreiben des Kurfürsten Johann Philipp von Walderdorff niedergelegt und von seinem Hofarchitekten Johannes Seiz zur heutigen höchst reizvollen Anlage umgebaut.

In sechsjähriger Bautätigkeit wurde nur ein Teil des Seizplanes in die Tat umgesetzt. Besonders prächtig ist der Mittelrisalit mit einem figurenreichen Giebelfeld, in dem Venus mit Apoll und Pomona inmitten einer Schar von Putten dargestellt ist. Der Palastgarten wurde nach dem Krieg nach Originalentwürfen neu angelegt; 1981 entstand die zum Garten führende Palasttreppe, die bereits Johannes Seiz geplant hatte, jedoch nicht mehr ausführen konnte. Sie führt zu dem berühmten Treppenhaus, ein Meisterwerk aus bewegten Rokoko-Stukkaturen des Ferdinand Tietz. Er schuf auch die allegorischen Götterstatuen im wiederhergestellten barocken Gartenparterre (die

Das Treppenhaus im Kurfürstlichen Schloß ist ein Meisterwerk des Rokoko, besonders das virtuose Rocaillegeländer, geschaffen von Ferdinand Tietz

Preußen hatten daraus einen Exerzierplatz gemacht), durch das man nach wenigen Schritten das **Rheinische Landesmuseum (19)** erreicht.

Dieses Museum besitzt eine einzigartige Sammlung römischer Monumentalskulptur. Zwar dokumentieren die Exponate die gesamte römische Epoche Triers und seiner Umgebung vom frühen 1. Jh. v. Chr. bis zum Untergang der spätantiken Kaiserstadt in weiträumigen Mosaiken, Kultgegenständen, Münzfunden und Gegenständen des täglichen Lebens. Doch die eindrucksvollsten Ausstellungsstücke sind zweifellos die zahlreichen riesigen Grabdenkmäler, fast alle mit lebensgroßen Reliefs und Skulpturen geschmückt. Gleich beim Eingang begegnet der Besucher dem berühmten Weinschiff aus Neumagen (220 n. Chr.), das von bärtigen Ruderern moselabwärts bewegt wird; über ihren Köpfen türmen sich große Weinfässer. Der Steinkoloß krönte einst das hochragende Denkmal eines – Weinhändlers.

Mit dem gleichen eigentümlichen Sinn für Realismus sind fast alle Grabmonumente gestaltet. Der Besucher wandelt durch Säle voller meterhoher Grabstelen, Säulenaufbauten und Giebelwänden; er blickt dabei in antike Werkstätten, Schulen oder in stilisierte Wohnräume mit wahrscheinlich naturgetreu porträtierten Bewohnern: Jede Darstellung enthält Anspielungen auf Beruf, Taten oder Eigenschaften des Verstorbenen. Den meisten Besuchern wird hier (in rekonstruierten Farbfassungen) zum ersten Mal die Tatsache begegnen, daß alle diese ehrwürdigen Steinmonumente einst bemalt waren und zwar dermaßen farbenfroh, daß man gelegentlich eher an Pop art als an die Antike denkt. Bestes Beispiel dafür ist die im Innenhof rekonstruierte Igeler Säule, das Grabmal eines Tuchhändlers, auf dem in greller Farbigkeit (neubemalt 1993) figurenreiche Szenen aus dem

Die Rekonstruktion der Igeler Säule zeigt in der wiederhergestellten ursprünglichen Bemalung einen für den Betrachter ungewohnten Aspekt der antiken Kunst

Tuchhändlergewerbe dargestellt sind. – Über diese ins Auge springenden Attraktionen versäume man nicht, auch der vorgeschichtlichen Abteilung, den Abteilungen für merowingische und fränkische Kunst, für Mittelalter und Neuzeit seine Reverenz zu erweisen.

Wieder nur wenige Schritte entfernt erreicht man die **Stadtbibliothek (20)** mit ihrer Schatzkammer (Weberbach 25). Gezeigt werden 1200 Jahre Buchgeschichte, zusammengetragen aus den aufgelösten, uralten Bibliotheken der säkularisierten Klöster in und um Trier. Römische und fränkische Buchdeckel, die 74 ganzseitigen Miniaturen der sog. Trierer Apokalypse (um 800) sowie eine Bibel Johann Gutenbergs gehören zu den Schätzen des Archivs.

Fast durch den ganzen Schloßpark hat man einen Blick auf die kolossalen Ruinen der **Kaiserthermen (21),** die wie Reste einer urzeitlichen Festung aufragen. Die für eine Badeanlage riesigen Ausmaße von 250 m Länge und 145 m Breite verweisen auf einen kaiserlichen Bauherrn: die Thermen gehörten zum Palastbezirk Kaiser Konstantins. Wahrscheinlich Anfang des 4. Jh. von Kaiser Konstantin in Auftrag gegeben, wurden sie in ihren Ausmaßen nur von zwei Thermen in Rom übertroffen. Als Konstantin nach dem entscheidenden Sieg über einen seiner Konkurrenten um die Alleinherrschaft Trier endgültig verließ, war der Bau noch nicht beendet. Kaiser Valentinian (364–75) ließ Teile der unvollendeten Anlage abreißen und gestaltete sie zu einem Repräsentationsbau um. Erzbischof Albero (1131–52) baute die Reste zu einer Bastion mit Toranlage um und bezog sie in die von ihm errichtete Stadtmauer ein. Der preußische Staat ließ nach 1817 diese mittelalterlichen Zutaten wieder entfernen.

Aufrecht steht heute noch die mächtige Ruine des Caldariums, doch läßt sich das Schema der Badeanlage nach dem Studium des für die Besucher ausgehängten Plans den Grundmauern folgend gut erkennen. Der Auftakt des Badevergnügens fand in der Palaestra, dem Gymnastikplatz unter freiem Himmel, statt, dann folgten Frigidarium (Kaltwasserbad), Tepidarium (Warmluftbad) und Caldarium (Warmwasserbad). Drumherum lagen getrennte Räume zum Auskleiden und Schwitzen. Staunen erregt heute noch das ausgeklügel-

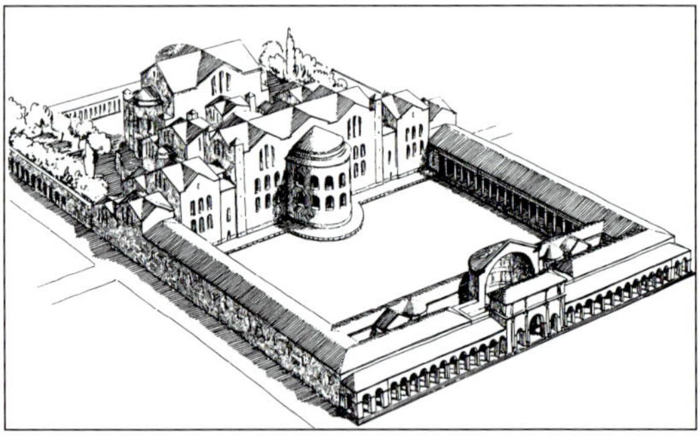

Die Kaiserthermen in Trier, zeichnerische Rekonstruktion des ersten Bauzustandes (nach Krenker)

te Bedienungssystem aller römischen Badeanlagen: Von Feuerstellen wurden die Heizgase in Hohlräume unter den Fußboden (die Hypokausten) geleitet und zogen durch Röhren in den Wänden wieder ab; außerdem gab es ein funktionales Abwassersystem. Von den unterirdischen Gängen aus versorgten Sklaven den aufwendigen Badebetrieb. Die Ausgrabungsfunde aus beiden Thermen befinden sich im Rheinischen Landesmuseum.

Nur wenig lassen die Ruinen der Kaiserthermen von der einstigen Pracht und Größe dieser kaiserlichen Badeanlage ahnen. Errichtet Anfang des 4. Jh. von Kaiser Konstantin, wurde sie in ihren Ausmaßen nur von zwei Thermen in Rom übertroffen

Wenige Fußminuten entfernt trifft man auf die ausgedehnte Anlage des römischen **Amphitheaters (22)** aus dem 1. Jh. n. Chr. Obwohl die mittelalterlichen Bauherren Triers fast das gesamte behauene Steinmaterial entwendet haben, sind die großen Erdaufschüttungen der Arena und ihre unterirdischen Räume noch zu sehen. 20 000 Zuschauer konnten hier jahrhundertelang Tierhatzen, Kämpfe von Gladiatoren gegen Bären, Wölfe, Leoparden oder ihresgleichen verfolgen; viel Blut ist auf dem über 2700 m^2 großen Oval inmitten der Sitzreihen geflossen. Kaiser Konstantin hat hier besiegte Franken von hungrigen Tieren zerfleischen lassen. Im 2. Jh. wurden die hohen Mauern der Arena in die Stadtbefestigung einbezogen, zuletzt diente sie als Fluchtburg der letzten Gallo-Römer Triers vor den anrückenden fränkischen Armeen.

Folgt man von den Kaiserthermen der Südallee hinunter zum Moselufer, so erreicht man links das ausgedehnte Grabungsareal der **Barbarathermen (23)** aus dem 2. Jh. n. Chr. Obwohl fast alle oberirdischen Bauten zerstört sind, gewähren die weit verzweigten unterirdischen Gänge einen lehrreichen Einblick in die von Heizsklaven bevölkerten Eingeweide einer antiken Badeanlage. Zweigt man von der Südallee auf der Hindenburgstraße ins Stadtzentrum ab, so steht man bald auf dem Viehmarktplatz. An dieser Stelle wird zur Zeit eine weitere große Thermenanlage ausgegraben, die vorläufig den Namen **Viehmarkt-Thermen (24)** trägt. Hier ist die Einrichtung eines Trierer Thermen-Museums geplant.

Vom Viehmarktplatz gelangt man, vorbei an der zweischiffigen Pfarrkirche St. Antonius (um 1500, schönes Netzgewölbe mit Konsolfiguren und Epitaphe aus der Hoffmann-Werkstatt), auf die Brükkenstraße, wo sich mit der Nr. 10 das **Geburtshaus von Karl Marx (25)** mit einem Museum befindet. Karl Marx ist in den drei Bänden mit dem Titel ›Das Kapital‹ der Schöpfer der einzigen unwiderlegten Theorie über die Herkunft des ökonomischen Wertes. Er wies nach, daß Wert nur durch den Zusatz menschlicher Arbeit zu den Rohstoffen der Produktion entsteht und daß sich alle verschiedenen Erscheinungsweisen des Wertes wie Preise, Geld, Aktien, Kredite, Bankmonopole und Staatsbürgschaften allein daraus herleiten. Da die wertschaffenden Arbeiter aber nur einen geringen Teil des von ihnen geschaffenen Wertes in Form des Lohns erhielten, während der Löwenanteil ihrer Wertschöpfung als Profit an die Besitzer der Produktionsmittel fiel, zog er den Schluß, daß die Arbeiter diese Gesellschaft abschaffen und stattdessen eine neue herbeiführen sollten, in der sie allein auch die Nutznießer ihrer Arbeit sein würden. Damit propagierte Karl Marx die größte denkbare politische Umwälzung der Geschichte; er wurde so zum Vordenker des wissenschaftlichen Sozialismus und zum Revolutionär.

Am Moselufer

Vorbei an schönen historischen Häusern der Brückenstraße (z. B. Nr. 2, gen. Haus Venedig, 1685) und über ihre Verlängerung, die Karl-Marx-Straße, erreicht man das **Moselufer (26),** wo sich gegenüber die von Autos befahrene **Römerbrücke (27)** auf sieben Pfeilern und weiten Bögen über die Mosel spannt. Es ist die dritte an dieser Stelle gebaute antike Brücke; sie stammt aus der Zeit um 144–152 n. Chr. und stellt die älteste Brücke nördlich der Alpen dar. Folgt man von hier aus dem schönen Weg am Moselufer flußabwärts, parallel zur Altstadt, so erreicht man bald einen mächtigen Hebekran aus dem Jahr 1774, ein Stück weiter einen zweiten von 1413, dessen mittelalterliche Mechanik innen vollständig erhalten ist; er tat bis 1910 seinen Dienst. Gegenüber öffnet sich in der Altstadt die Krahnenstraße mit dem malerischen Krahnenviertel, eine Ansiedlung der Schiffsleute und Fischerfamilien.

In dieser stillen Gegend muß sich der einst sehr lebhafte römische Hafen von Trier befunden haben, denn nur wenige Meter weiter standen zwei riesige antike Speicherhallen, Horrea genannt (um 330 n. Chr.). Ihre Mauern wurden vom fränkischen König Dagobert (622–38) dem Erzbischof geschenkt, der darin ein Benediktinerinnenkloster einrichtete. Dessen zweite Äbtissin, die hl. Irmina (gest. 707), gab dem Klosterkomplex ihren Namen. **St. Irminen (28)** wurde ein großes romanisches Kloster des 12. Jh., das 1726–44 von Chri-

Auf den Fundamenten einer antiken Friedhofskirche erhebt sich heute der 1757 vollendete Bau der Rokokokirche St. Paulin, ein Meisterwerk des Balthasar Neumann und des Malers Th. Scheffler, der die Deckenfresken schuf

stian Kretschmar vollständig barock umgebaut wurde. Davon hat sich der mächtige Westflügel erhalten, der das Moselufer effektvoll überragt; im Inneren befindet sich ein Altersheim. Folgt man dem Moselufer weiter, über die Kaiser-Wilhelm-Brücke hinaus, so erreicht man die hübscheste Partie: das Uferstück **Zurlauben (29)** mit einer Straßenzeile von Fischerhäusern aus der Zeit um 1800; ihre Gärten sind in Cafés und Gartenlokale verwandelt, die von der Deichhöhe aus die angenehmsten Blicke über das Moseltal eröffnen.

Außerhalb der Altstadt

Es bleiben in Trier noch zwei Sehenswürdigkeiten, die man auf keinen Fall auslassen darf: die nördlich der Altstadt gelegene Kirche St. Paulin und das genau entgegengesetzt im Süden gelegene Kloster St. Matthias.

Auf dem Weg zur Stiftskirche St. Paulin (man nehme von der Porta Nigra die gegenüber abzweigende Petrusstraße) kommt man an einem Ort vergangener und unkenntlich gewordener Größe vorbei, den Resten der **Abtei St. Maximin (30).** Etwa um 320 n. Chr. wurde hier eine antike Friedhofsbasilika errichtet, die die Normannen 882 zerstörten. Zu dieser Zeit war der Bau bereits berühmt, denn in ihm waren die Bischöfe Agritius (312–22) und sein heiliger Nachfolger Maximinius beigesetzt. 942 und 952 wurde der Nachfolgebau geweiht; das Kloster war längst die bedeutendste Abtei des riesigen fränkischen Reiches. In ständiger Konkurrenz zum Erzbistum Trier sank sein Stern langsam. Im 19. Jh. von Franzosen und Preußen als Kaserne benutzt, kam es nach dem Zweiten Weltkrieg so herunter, daß erst 1979 wenigstens einige Partien des äußeren Erscheinungsbildes wieder historischen Charakter gewonnen haben. Die bedeutenden Ausstattungsreste und Funde aus dem Kloster befinden sich im Simeonstift (barocke Skulpturen), in der Domschatzkammer (Ada-Evangeliar, um 800; Ada war die Schwester Karls des Großen) und im Diözesanmuseum (karolingische Fresken der Krypta um das Grab des Maximinius; s. Abb. S. 21).

Nur wenige Minuten entfernt erhebt sich – auf den Mittelschiff-Fundamenten einer weiteren antiken Friedhofsbasilika – die innen wie außen luftige Rokokokirche **St. Paulin (31).** Bereits in der Spätantike wurden hier die Reliquien von Märtyrern verehrt, darunter die des hl. Paulinus, eines Trierer Bischofs aus dem 4. Jh., der gegen den Kaiser Konstantin aufgetreten war, als dieser der arianischen Variante des Christentums anhing, die Jesus nur als gottähnlich, aber nicht als Gottes Sohn ansah. 1148 entstand ein großer romanischer Neubau, der 1674 von den Franzosen gesprengt wurde. 1734 begann der Trierer Kurfürst Johann Philipp von Walderdorff mit dem heutigen Neubau, der nach Plänen des genialen Balthasar Neumann 1757 vollendet wurde. Er entwarf auch den filigranen Hochaltar, den 1755–61 der Trierer Hofbildhauer Tietz ausführte. An den Wänden sind Lütticher Ölgemälde von Counet zu sehen, die Märtyrerhinrichtungen zum Thema haben.

Über den Gräbern der ersten Trierer Bischöfe, Eucharius und Valerius, wurde 1148 die riesige romanische Klosterkirche St. Matthias geweiht. Die barocken Portalvorbauten wirken winzig vor dem mächtigen Westwerk der mittelalterlichen Kirche

Alles beherrschend wird der Innenraum von St. Paulin jedoch von den riesigen Flächen der Deckenfresken geprägt. 1743 vom Augsburger Maler Thomas Scheffler vollendet, sind sie ebenfalls dem Märtyrertum gewidmet und gipfeln in den Langhausgewölben im Zug der Trierer Märtyrer aus der Thebäischen Legion in den Himmel. Wildbewegte Wolken, Figurengruppen und perspektivisch verkürzte, illusionistische Himmelsräume scheinen die Neumannschen Gewölbe zu sprengen und verwandeln den Innenraum von St. Paulin in einen Rausch aus Farbe und Licht.

Den vollkommenen Gegensatz, wenngleich nicht weniger eindrucksvoll, bietet **St. Matthias (32)** am anderen Ende der Stadt. Auch hier gab es einen großen, bis in vorchristliche Zeit zurückreichenden römischen Friedhof. Noch heute befindet sich an der Stelle die Grablege der ersten beiden Trierer Bischöfe, Eucharius und Valerius. Im 5. Jh. erbaute Bischof Cyrillus eine erste Kirche und übertrug die Gebeine der Heiliggesprochenen dorthin. Um 978 wurde die altehrwürdige Stätte den Benediktinern übergeben, die um 1050 in den Besitz von Reliquien gelangten, die als Gebeine des Apostels Matthias galten. Sie waren angeblich bereits von Helena, der Mutter Kaiser Konstantins (255–330) gestiftet worden und vor dem Normannensturm 882 vergraben worden. Ihre aufsehenerregende Wiederentdekkung setzte einen Pilgerstrom in Gang; die Reliquien wurden in einem Altar vermauert, in dem sie nicht minder publikumswirksam 1127 ein zweites Mal entdeckt wurden. Nun wurde über den Gräbern der ersten Bischöfe und des heiligen Apostels eine riesige romanische Basilika errichtet und 1148 geweiht; es ist der Bau, den man heute noch betritt, auch wenn einige gotische Veränderungen hinzukamen.

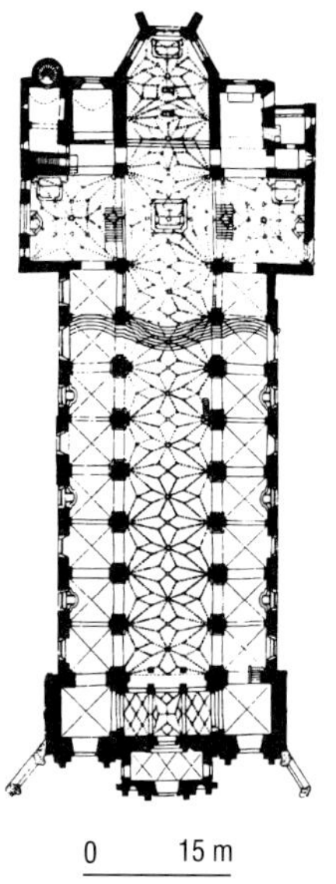

Trier, Grundriß der Abteikirche St. Matthias

Dominiert wird die Abteikirche von einem gewaltigen Westbau, 1160 vollendet, mit barock vorgesetzter Portalzone und romanischen Blendbogen- und Fenstergalerien, bekrönt von einem klassizistischen Aufsatz (um 1786). Innen bildet die Kirche eine dreischiffige Basilika mit steilen Proportionen, das Mittelschiff erhielt um 1500 ein reichgestaltetes gotisches Sterngewölbe. Von den zahlreichen Ausstattungsstücken ist als erstes am fünften rechten Pfeiler des Mittelschiffs die Maria mit der Weintraube bemerkenswert, eine schöne Madonna im Weichen Stil (um 1480). Sodann richtet sich der Blick auf den Altarraum unter der reichgestalteten Vierung. Hier erhebt sich hinter den Marmorschranken von 1735 das Apostelgrab des hl. Matthias von 1468. Im Chor ist ein Ostfenster des Wilhelm von der Eifel aus dem Jahr 1515 zu sehen, an der linken Chorwand steht der ornamentierte romanische Lettner (um 1200). Im rechten (nördlichen) Seitenchor steht ein Altar mit einer Frontplatte des 5. Jh., im linken Seitenchor beachte man das reichverzierte Zeigefenster für Reliquien aus dem Jahr 1514.

Unter den Ostteilen der Basilika öffnet sich die Krypta, deren westlicher Teil aus ottonischer Zeit (um 980) stammt, der östliche von 1512–14. Sie beherbergt die römischen Sarkophage der ersten Bischöfe von Trier, Eucharius und Valerius, aus dem 3. Jh.

Auf dem Friedhof steht neben St. Matthias der Rundbau der 1287 errichteten St. Quirinus-Kapelle. Unter ihr befindet sich die sog. Albana-Gruft aus dem 3. Jh. 1966/68 entdeckte man hier die reichverzierten Sarkophage der römischen Senatorenwitwe Albana und ihres Mannes. Es soll sich um jene Frau handeln, die dem Eucharius im damals noch heidnischen Trier erste Wirkungsmöglichkeiten eröffnet hat.

Erläuterung der kunsthistorischen und geologischen Fachbegriffe (Glossar)

Die wichtigsten in der Eifel vorkommenden Gewölbeformen:

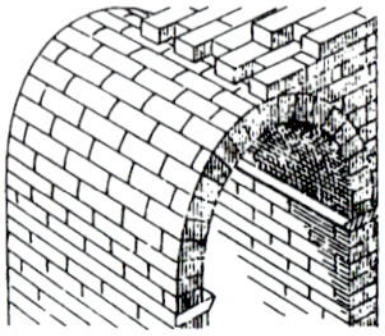

Tonnengewölbe

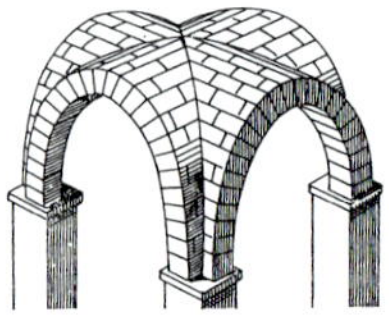

Kreuzgratgewölbe

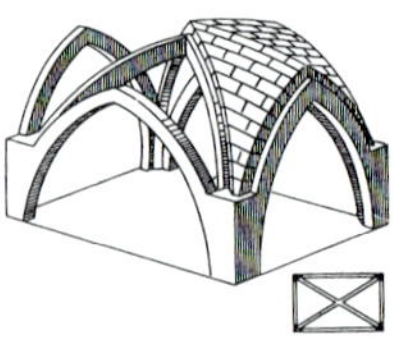

Kreuzrippengewölbe

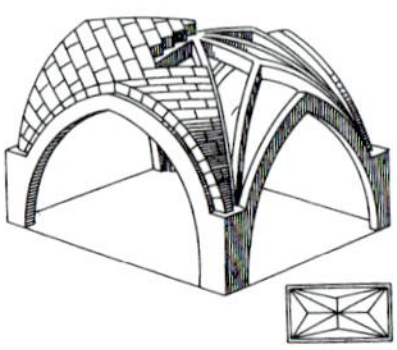

Sterngewölbe

Basilika *(vom griech. basilike stoa: Königshalle; lat. basilica).* Im römischen Reich eine mehrschiffige Halle mit meist halbrundem Ausbau (Tribuna) gegenüber dem Haupteingang (s. Trier, Basilika). Dieses Schema wurde von der altchristlichen und romanischen Architektur übernommen und weiterentwikkelt. Als Basilika bezeichnet man einen mehrschiffigen Längsbau, dessen Mittelschiff höher ist als die Seitenschiffe (→ Hallenkirche); die über den Dächern der Seitenschiffe ansetzenden Fensterreihen in den Hochwänden des Mittelschiffs (Licht- oder Obergaden) dienen dem Lichteinfall in das Mittelschiff. Den Abschluß des Mittelschiffs bildet die Apsis. Schon früh wurde dieser Grundriß durch Einschieben eines Querschiffs erweitert, durch Verlängerung des Mittelschiffs über das Querschiff hinaus entstand das Chorquadrat. Dem Westportal ist gelegentlich ein säulenumgebener Hof (Paradies, s. Maria Laach) vorgelagert. Sind an den Seiten des Mittelschiffs über den Nebenschiffsarkaden Emporen eingebaut, spricht man von einer *Emporenbasilika* (s. Heimersheim)

Blattwerk Verzierungsmotiv an Bauteilen, insbesondere an Kapitellen, bestehend aus stilisierten oder naturgetreu nachgebildeten Blättern

Blendbogen (Blendarkade) Mittel der Wandgliederung in der romanischen und gotischen Architektur. Sie überbrücken keine Maueröffnungen (offene Bögen), sondern sind der geschlossenen Mauer reliefartig aufgelegt, vorgeblendet

Buntsandstein In der gleichnamigen erdgeschichtlichen Phase (Beginn vor ca. 220 Mio. Jahren) abgelagerter Verwitterungsschutt des variskischen Gebirges, das sich einst in der Eifel erhob. Im Unterschied zu den älteren Sedimenten des Devon, die bei der Entstehung des variskischen Gebirges gefaltet wurden und an ihrer Schrägschichtung zu erkennen sind, liegen die Schichten des Buntsandsteins waagerecht auf den ersteren auf

Emporenbasilika → Basilika

Epitaph Mal zur Erinnerung an einen Verstorbenen, das sich meist nicht über dem Grab befindet; es ist an Wänden oder Pfeilern aufgestellt oder aufgehängt und mit Inschrift und figürlichen Darstellungen versehen (besonders prunkvoll in der Renaissance und im Barock)

Fossil Im Gestein konservierter Rest eines Lebewesens. Der Begriff umfaßt sowohl die – im Laufe der Zeit stofflich umgewandelten – Körper dieser Lebewesen, als auch deren Negativabdrücke im Gestein, die zurückbleiben, wenn die eigentlichen Körper aufgelöst wurden

Flügelaltar Mehrteiliger Aufbau aus Holz auf dem Altartisch, bestehend aus einem Sokkel (Predella), einem feststehenden Mittelteil (Schrein) und beweglichen Seitenteilen von halber Breite des Schreins (Flügel); an den Seiten des Schreins können ein oder mehrere Flügel angebracht sein. Schrein und Flügel sind mit gemalten oder geschnitzten Darstellungen gestaltet. In der Spätgotik erhielt der Flügelaltar einen kunstvollen architektonischen Aufbau, das Gesprenge

Gewölbe Krummflächiger oberer Abschluß eines Raumes, der im Unterschied zur Kuppel auch für Längsräume geeignet ist. Die wichtigsten in der Eifel vorkommenden Gewölbeformen sind:

Hallenkirche Im Unterschied zur → Basilika ein Längsbau, dessen Seitenschiffe gleiche oder annähernd gleiche Höhe wie das Mittelschiff haben (Fenster nur in den Seitenschiffen). Diese Raumlösung wurde besonders in der Gotik bevorzugt. Ist das unbelichtete Mittelschiff etwas höher als die Seitenschiffe spricht man von einer *Stufenhalle*

Joch Gewölbeeinheit innerhalb einer Folge solcher Einheiten; bezeichnet sowohl das Gewölbefeld als auch den davon überspannten Raumabschnitt

Kalkmulde Bezeichnet Gebiete im Senkungsfeld der Eifeler Nord-Süd-Zone, in denen sich aus mitteldevonischen Ablagerungen entstandene Kalkgesteine und Dolomite erhalten haben. Die zehn Eifeler Kalkmulden liegen auf einer Linie zwischen Mechernich und Trier und sind aufgrund des organischen Ursprungs der Kalkgesteine berühmt für ihren Reichtum an → Fossilien

Kapitelsaal Meist an der Ostseite des Kreuzgangs gelegener Versammlungsraum in einem Kloster

Lisene Senkrechter, schwach vortretender Mauerstreifen ohne Basis und Kapitell (→ Pilaster), der besonders in der Romanik als Mittel der Fassadengliederung verwendet wurde

Maar *(von ital. ›mare‹ = Meer).* Die jüngsten vulkanischen Erscheinungsformen in der Eifel (letzte Ausbrüche vor 10 000 Jahren). Sie entstanden fast durchweg durch Gasexplosionen, die im Unterschied zu den Schichtvulkanen keine Kegel aus den ausgeworfenen Materialien aufschichteten, sondern durch Ausblasen von Hohlräumen und dem nachfolgenden Einbrechen des Gesteins ein Becken in das Grundgestein einsenkten. Die Wasserfüllung dieser Trichter hat mit der vulkanologischen Klassifizierung nichts zu tun, sie hängt hauptsächlich von der Wasser(un)durchlässigkeit des umgebenden Gesteins ab. Man unterscheidet zwischen wassergefüllten *Maaren, Moormaaren* (ursprünglich wassergefüllt, jetzt verlandet) und *Trokkenmaaren*

Nonnenempore Meist auf Gewölben ruhender Emporenraum an der Westseite von Kirchen in Nonnenklöstern. Sie diente als Gottesdienst- und Gebetsraum für die Nonnen, die hier den Blicken der Kirchenbesucher entzogen waren (s. St. Thomas an der Kyll)

Obergaden → *Basilika*

Pilaster Nicht freistehender, leicht aus der Wand vortretender Pfeiler, im Unterschied zur

Netzgewölbe

Sterngewölbe, Untersicht

Netzgewölbe, Untersicht

→ Lisene mit Basis und Kapitell
Predella → *Flügelaltar*
Risalit In voller Höhe des Bauwerks flach vorspringender Gebäudeteil, entweder in der Mitte (Mittelrisalit) oder an den Seiten (Seiten- bzw. Eckrisalit); der Risalit dient der Gliederung der Fassade
Sakramentshäuschen Turmartiges Gehäuse zur Aufbewahrung der Hostien und liturgischen Geräte; das eigentliche Gehäuse ruht auf einem Fuß und wird von einem meist turmartigen Aufbau bekrönt. Das S. kam in der Gotik auf und wurde an der Nordwand des Chors aufgestellt
Schlußstein Stein am Hauptknotenpunkt der Rippen eines → Gewölbes
Schrein → Flügelaltar
Sediment Ablagerungen von Verwitterungsschutt älterer Gesteine. Aus diesem Material entstehen im Laufe der Zeit die Sedimentgesteine (in der Eifel Schiefer und Grauwacken und der später abgelagerte Buntsandstein). Sedimente können auch organischer Natur sein; aus Kalkausscheidungen und den Hartteilen von Meerestieren, die sich auf dem Grund ablagern, entstehen die Kalkgesteine
Stufenhalle → Hallenkirche
Takenplatte Gußeiserne Platte, die zwischen Herdraum und Stube eingelassen war und so die Wärme an die Stube abgab. Takenplatten wurden in der Eifel ab Mitte des 15. Jh. hergestellt; sie sind mit kunstvollen Ornamenten, szenischen Darstellungen und Inschriften geschmückt
Triumphbogen Bogen zwischen dem Chor und dem Mittelschiff bzw. der Vierung in mittelalterlichen Kirchen
Tympanon Bogenfeld über einem romanischen oder gotischen Portal, häufig mit plastischen figuralen Darstellungen ausgefüllt
Vesperbild (Pietà) Plastische Darstellung der trauernden Muttergottes, die den Leichnam Christi im Schoß hält
Vulkanismus *Tertiärer Vulkanismus:* Entstehungsphase der ältesten Vulkane in der Eifel. Beginn vor ca. 43 Mio. Jahren (im Tertiär) im Zusammenhang mit den tektonischen Prozessen der Auffaltung der Alpen. Es sind ca. 130 Ausbruchstellen bekannt, die sich in der Hocheifel konzentrieren und zu den höchsten Erhebungen der Eifel zählen (Hohe Acht). Das heutige Erscheinungsbild dieser Vulkane ist dadurch gekennzeichnet, daß nur noch die erstarrten Füllungen der Ausbruchschlote stehen, während die ursprünglichen Kraterwälle durch Erosion abgetragen wurden.

Der *quartäre Vulkanismus* umfaßt die zweite und die dritte Ausbruchsphase in der Eifel. Während des Altquartär (Beginn vor ca. 1,5 Mio. Jahren) entstanden Schichtvulkane; diese sind, aufgrund ihres geringeren Alters mit Kraterwällen, Lavaströmen und -gängen besser erhalten als die tertiären Vulkane (z.B. die Vulkane des Mosenbergs). Die Vulkanausbrüche des Jungquartär gingen mit den → Maaren zu Ende, deren letzte Eruptionen erst vor 10 000 Jahren die Eifel erschütterten

Inhalt

Bitte schreiben Sie uns, wenn sich etwas geändert hat!

Alle in diesem Buch enthaltenen Angaben wurden von den Autoren nach bestem Wissen erstellt und von ihnen und dem Verlag mit größtmöglicher Sorgfalt überprüft. Gleichwohl sind – wie wir im Sinne des Produkthaftungsrechts betonen müssen – inhaltliche Fehler nicht vollständig auszuschließen. Daher erfolgen die Angaben ohne jegliche Verpflichtung oder Garantie des Verlages oder der Autoren. Beide übernehmen **keinerlei Verantwortung und Haftung** für etwaige inhaltliche Unstimmigkeiten. Wir bitten dafür um Verständnis und werden Korrekturhinweise gerne aufgreifen:

DuMont Buchverlag, Postfach 10 10 45, 50450 Köln
E-Mail: reise@dumontverlag.de

Hinweise für die Reiseplanung

Auskünfte

Aachen Tourist Service
Informationsbüro Elisenbrunnen
Friedrich-Wilhelm-Platz
52062 Aachen
✆ 02 41-1 94 33
Fax 02 41-1 80 29 31

Eifel-Touristik
Nordrhein-Westfalen
Marktstr. 15
53902 Bad Münstereifel
✆ 0 22 53-92 22 22
Fax 0 22 53-92 22 23

Touristik-Service Ahr,
Rhein, Eifel
Markt 11
53474 Bad Neuenahr-Ahrweiler
✆ 0 26 41-9 77 30
Fax 0 26 41-97 73 73

Tourist-Information
Prümer Land
Hahnplatz 1
54595 Prüm
✆ 0 65 51-5 05
Fax 0 65 51-76 40

Vulkaneifel Touristik
Mainzer Str. 25a
54550 Daun
✆ 0 65 92-93 32 00
Fax 0 65 92-93 32 50

Tourist-Information Südeifel
Postfach 1365
54634 Bitburg
✆ 0 65 61-1 54 03
Fax 0 65 61-1 54 16

Tourist-Information
Bitburger Land
Im Graben 2
54634 Bitburg
✆ 0 65 61-9 43 40
Fax 0 65 61-94 34 20

Fremdenverkehrsverein
Moseleifel Touristik
Neustr. 6
54516 Wittlich
✆ 0 65 71-40 86
Fax 0 65 71-64 17

Verbandsgemeinde Mayen Land
Kelberger Str. 26
56727 Mayen
✆ 0 26 51-80 09 30
Fax 0 26 51-80 09 20

Rhein-Mosel-Eifel-Touristik
Bahnhofstr. 9
56068 Koblenz
✆ 02 61-10 84 19
Fax 02 61-3 00 27 97

Tourist-Information Trier
An der Porta Nigra
54290 Trier
✆ 06 51-97 80 80
Fax 06 51-4 47 59

Klima und Reisezeit

Die Eifel liegt im Übergangsbereich von der atlantischen zur mitteleuropäischen Klimazone. Vom Atlantik werden regenreiche Wolken herangetrieben, die sich am aufragenden Hohen Venn und den Höhen der Schneeifel stauen. Der Nordwesten ist daher rauh und regnerisch; nach Osten hin nimmt die Niederschlagsmenge ab, jedoch weht über die Hochflächen der Eifel häufig ein kräftiger Westwind. Ganz anders präsentieren sich der Süden und Südosten, hier ist es trockener und warm mit milden Frühlings- und Herbsttagen. Landschaftsrelief und Bodenbeschaffenheit spielen in der Eifel jedoch eine nicht unwesentliche Rolle: So tragen selbst in der Vulkaneifel die Kalkflächen mit ihren wasserdurchlässigen, sich schnell erwärmenden Böden zu einer günstigeren Temperatur bei, während es um die Erhebungen der Hocheifel wieder kühler wird. Auch die tief eingeschnittenen Flußtäler erfreuen sich durch ihre windgeschützte Lage eines milderen Klimas.

Der Großteil der Eifeler Mittelgebirgslandschaft ist zwar durch rauhe und wechselhafte Witterungsbedingungen gekennzeichnet, doch garantieren regelmäßige Winde eine reine, von sommerlicher Schwüle und Schadstoffen kaum getrübte Luft mit einem gemäßigten Reizklima. Beherzigt man also die bekannte Devise »Es gibt kein schlechtes Wetter, sondern nur schlechte Kleidung«, beschert die Eifel vom Frühjahr bis zum Herbst mit ihren vielen einsamen Landschaften unvergleichliche Naturerlebnisse in einer charakteristischen Kulturlandschaft.

Bei der Reiseplanung sollte man bedenken, daß sich die klimatisch begünstigten Flußtäler und die Umgebung der Stauseen in der Nordeifel sowie die für Wassersport zugelassenen Maare im Juli und August großer Beliebtheit erfreuen und von den Bewohnern der Großstädte im Norden gern für Wochenendausflüge genutzt werden.

Informationen für unterwegs

Unterkunft

Als beliebtes Urlaubsland besitzt die Eifel ein umfangreiches und vielfältiges Angebot an Unterkünften. Zur Verfügung stehen Hotels und Pensionen in jeder Preislage, Gasthöfe und Privatquartiere. Selbstversorgern bieten sich Ferienappartements an. Daneben empfehlen sich über 70, oft landschaftlich schön gelegene Campingplätze oder ca. 30 Jugendherbergen, von denen einige in Burgen untergebracht sind.

Unterkunftsverzeichnisse können bei den auf S. 354 genannten Adressen angefordert werden.

In der Süd- und Vulkaneifel kann man Ferien auf Bauern- und Winzerhöfen buchen c/o NatUrlaub bei Freunden, Egbertstr. 18-19, 54215 Trier, ✆ 06 51-9 77 62 82, Fax 9 77 62 83.

Im Juli und August sowie zu Ostern und Pfingsten ist eine Reservierung generell ratsam.

Besonders empfehlenswerte Hotels in der Eifel

Aachen: *Parkhotel Quellenhof*, Monheimsallee 52, 52062 Aachen, ✆ 02 41-1 59 13 20 (Wiedereröffnung: Juli 1999); *Hotel*

Am Marschiertor, Wallstr. 1, 52064 Aachen, ✆ 02 41-3 19 41
Adenau: *Zum wilden Schwein,* Hauptstr. 117, 53518 Adenau, ✆ 0 26 91-70 61
Bad Neuenahr-Ahrweiler: *Steigenberger,* Kurgartenstr.1, 53474 Bad Neuenahr, ✆ 0 26 41-94 10; *Dorint Hotel,* Am Dahliengarten, 53474 Bad Neuenahr, ✆ 0 26 41-89 50; *Giffels Goldener Anker,* Mittelstr. 14, 53474 Bad Neuenahr, ✆ 0 26 41-80 40; *Hohenzollern an der Ahr,* Silberbergstr. 50, 53474 Bad Neuenahr-Ahrweiler, ✆ 0 26 41-97 30
Bad Bertrich: *Fürstenhof,* Kurfürstenstr. 36, 56864 Bad Bertrich, ✆ 0 26 74-93 40; *Kurhotel,* Kurfürstenstr. 34, 56864 Bad Bertrich, ✆ 0 26 74-8 34
Bad Münstereifel: *Historisches Weinhaus An der Rauschen,* Heisterbacher Str. 1, 53902 Bad Münstereifel, ✆ 0 22 53-73 73 (s. a. Restaurantempfehlungen)
Parkhotel, Im Schleidtal 4, 53902 Bad Münstereifel, ✆ 0 22 53-31 40
Bitburg: *Dorint Sporthotel,* Am Stausee Bitburg, 54636 Biersdorf am See, ✆ 0 65 69-9 90
Bollendorf: *Burg Bollendorf,* Burgstr. 7, 54669 Bollendorf, ✆ 0 65 26-6 90; *Waldhotel Sonnenberg,* Sonnenbergallee 1, 54669 Bollendorf, ✆ 0 65 26-9 28 00
Darscheid (bei Daun): *Kucher's Landhotel,* Karl-Kaufmann-Str. 2, 54552 Darscheid, ✆ 0 65 92-6 29 (s. a. Restaurantempfehlungen)
Daun: *Kurfürstliches Amtshaus,* Auf dem Burgberg, 54550 Daun, ✆ 0 65 92-30 31 (s. a. Restaurantempfehlungen)
Dreis (bei Wittlich): *Waldhotel Sonnora,* Auf dem Eichelfeld, 54518 Dreis, ✆ 0 65 78-4 06 (s. a. Restaurantempfehlungen)
Dudeldorf: *Romantik-Hotel Zum alten Brauhaus,* Herrengasse 2, 54647 Dudeldorf, ✆ 0 65 65-20 57
Düren: *Düren's Post-Hotel,* Josef-Schregel-Str. 36, 52349 Düren, ✆ 0 24 21-1 70 01
Ettringen (Nettetal): *Parkhotel am Schloß,* 56729 Ettringen, ✆ 0 26 51-80 84 04
Friesenrath (südl. v. Aachen): *Schloßhotel Friesenrath,* Pannekoogweg 46, 52076 Friesenrath, ✆ 0 24 08-95 80 95 (s. a. Restaurantempfehlungen)
Gerolstein: *Landhaus Müllenborn,* Auf dem Sand 45, 54568 Müllenborn, ✆ 0 65 91-2 88
Hillesheim: *Golf- und Sporthotel Augustiner Kloster,* Augustiner Str. 2, 54576 Hillesheim, ✆ 0 65 93-98 10
Hürtgenwald: *Landhotel Kallbach,* 52393 Simonskall, ✆ 0 24 29-12 74
Manderscheid: *Laufelder Hof,* Hauptstr. 7, 54533 Laufeld, ✆ 0 65 72-9 21 30
Maria Laach: *Seehotel Maria Laach,* 56653 Maria Laach, ✆ 0 26 52-58 40
Mayschoß: *Lochmühle,* An der B 267, 53508 Mayschoß, ✆ 0 26 43-80 80 (s. a. Restaurantempfehlunagen)
Mechernich-Kommern: *Sporthotel Kommern am See,* 53894 Mechernich-Kommern, ✆ 0 24 43-9 90 90
Monschau: *Carat,* Laufenstr. 82, 52156 Monschau, ✆ 0 24 72-8 60
Nürburgring: *Dorint,* Am Nürburgring, ✆ 0 26 91-30 90

Schalkenmehren: *Landgasthof Michels,* St. Martin-Str. 9, 54552 Schalkenmehren, ✆ 0 65 92-92 80
Stolberg: *Romantikhotel Burgkeller,* Klatterstr. 8, 52222 Stolberg, ✆ 0 24 02-2 72 72 (s. a. Restaurantempfehlungen)
Trier: *Dorint,* Porta-Nigra-Platz 1, 54292 Trier, ✆ 06 51-2 70 10; *Casa Calchera* (Garni), Engelstr. 8, 54292 Trier, ✆ 06 51-27 07 30
Wittlich: *Hotel Well* (Garni), Marktplatz 5, 54516 Wittlich, ✆ 0 65 71-9 11 90

Restaurantempfehlungen

Die traditionelle Eifeler Küche war bestimmt vom kargen Leben der bäuerlichen Bevölkerung. Auf den Tisch kam kaum Fleisch, gekocht wurde mit den Produkten des eigenen Gartens und mit Wildfrüchten und -gemüse. Originäre Eifeler Gerichte wie der Döppekooche (im Ofen gebackener Auflauf aus Kartoffeln, Zwiebeln und Speck) oder die Hongslatze (Salat aus jungen Löwenzahnblättern mit einer warmen Specksauce) sind heute noch der heimischen Küche vorbehalten und finden sich auf kaum einer Restaurant-Speisekarte.

Im allgemeinen wird man in Eifeler Gasthöfen und Restaurants die Gerichte finden, die üblicherweise die Speisekarten in ganz Deutschland ausmachen. Es gibt jedoch eine zunehmende Anzahl von Restaurants, die Wert auf qualitätvolle Küche legen. Bei der Suche nach der richtigen Adresse können die folgenden Empfehlungen hilfreich sein:

Aachen: *La Bécasse,* Hanbrucher Str. 1, 52064 Aachen, ✆ 02 41-7 44 44; *Gala,* Monheimsallee 44, 52062 Aachen, ✆ 02 41-15 30 13; *Tradition,* Burtscheiderstr. 11, 52064 Aachen, ✆ 02 41-4 48 42
Adenau: *Historisches Haus Blaue Ecke,* Markt 4, 53518 Adenau, ✆ 0 26 91-20 05; *Café Peripheria,* Buttermarkt, 53518 Adenau, ✆ 0 26 91-85 77
Altenahr: *Wein-Gasthaus Schäferkarre,* Brückenstr. 29, 53505 Altenahr, ✆ 0 26 43-71 28
Bad Münstereifel: *Historisches Weinhaus An der Rauschen,* Heisterbacher Str. 1, 53902 Bad Münstereifel, ✆ 0 22 53-73 73
Bad Neuenahr-Ahrweiler: *Steinheuers Restaurant Zur Alten Post und Landgasthof Poststuben,* Landskroner Str. 110, 53474 Bad Neuenahr-Heppingen; ✆ 0 26 41-70 11; *Brogsitter's Sanct Peter,* Walporzheimer Str. 134, 53474 Bad Neuenahr-Walporzheim, ✆ 0 26 41-9 77 50
Darscheid (bei Daun): *Kucher's Landhotel,* Karl-Kaufmann-Str. 2, 54552 Darscheid, ✆ 0 65 92-6 29
Daufenbach (nördl. von Trier): *Landhaus Mühlenberg,* Mühlenberg 2, 54313 Daufenbach, ✆ 0 65 05-87 79
Daun: *Graf Leopold,* im Kurfürstlichen Amtshaus, Auf dem Burgberg, 54550 Daun, ✆ 0 65 92-30 31
Dreis (bei Wittlich): *Waldhotel Sonnora,* Auf dem Eichelfeld, 54518 Dreis, ✆ 0 65 78-4 06
Düren: *Hefter's,* Kreuzstr. 82,

52351 Düren, ✆ 0 24 21-1 45 85
Friesenrath (südl. v. Aachen): *Schloß Friesenrath,* Pannekoogweg 46, 52076 Friesenrath, ✆ 0 24 08-95 80 95
Kornelimünster: *St. Benedikt,* Benediktusplatz 12, 52076 Kornelimünster, ✆ 0 24 08-28 88
Mayen: *Gourmet-Restaurant Wagner*, Markt 10, 56727 Mayen, ✆ 0 26 51-28 61; *Zum alten Fritz,* Koblenzer Str. 56, 56727 Mayen, ✆ 0 26 51-4 32 72
Mayschoß: *Lochmühle,* An der B 267, 53508 Mayschoß, ✆ 0 26 43-80 80
Ochtendung: *Gutshof Arosa,* Koblenzer Str. 2, 56299 Ochtendung, ✆ 0 26 25-44 71
Stolberg: Restaurant im Hotel Burgkeller, Klatterstr. 8, 52222 Stolberg, ✆ 0 24 02-2 72 72
Trier: *Pfeffermühle,* Zurlaubener Ufer 76, 54292 Trier, ✆ 06 51-2 61 33

Der Ahrwein

Die ersten Reben brachten die Römer ins Ahrtal. Nachdem im Mittelalter Klöster und weltliche wie geistliche Herren den Weinbau für ihre Bedürfnisse nutzten, kam der Ahrwein nach den Säkularisierungen der napoleonischen Zeit auch zu öffentlicher Anerkennung. Der als Rosé ausgebaute Rote erfreute sich unter dem Namen ›Ahrbleichert‹ weit über die Landesgrenzen hinaus höchster Beliebtheit. Für den englischen Markt produzierte man Sekte, die dort unter dem Namen ›Sparkling Wine from Walporzheim‹ beste Preise erzielten.

Heute ist das Ahrtal mit seinen 520 ha Rebflächen das einzige durchgängige Rotweingebiet Deutschlands. Der 2000 Jahre alte Weinbau nutzt ideale klimatische und geologische Voraussetzungen. Das tief eingekerbte Ahrtal ist durch die Eifelhöhen vor kalten Winden geschützt, aus dem Rheintal kann warme Luft einströmen. Die steilen terrassierten Schieferhänge speichern tagsüber die Sonnenwärme, die sie nachts wieder an die Reben abgeben, so daß in dieser nördlichen Lage ein mediterranes Mikroklima entsteht.

Etwa 80 % der Rebflächen tragen Rotweinsorten, aus denen der Spätburgunder sowohl in der Quantität als auch in der Qualität herausragt; daneben werden Frühburgunder, Portugieser und Dornfelder angebaut. In geringeren Mengen werden Weißweine, vor allem Riesling und Müller-Thurgau, produziert. Der einst berühmt-berüchtigte Spruch »Wer an der Ahr war und weiß, daß er da war, der war nicht an der Ahr« gilt heute Gott sei Dank nicht mehr. Der Ahrwein hat das Odium des billigen Massenweins längst überwunden. Engagierte Winzer, die nicht die Menge, sondern die Qualität des Weins im Auge haben, haben sein neues Renommee begründet, wobei vor allem der (oft im Barrique-Faß ausgebaute) Spätburgunder Beachtung und Verkostung verdient.

Sehenswürdigkeiten

Aachen:
Dom, tägl. 7–19 Uhr (keine Besichtigung während der Gottesdienste, d. h. vor 11 Uhr, Sa und So vor 12.30 Uhr); Domschatzkammer, Klostergasse 2, Mo 10–13 Uhr, Do 10–21 Uhr, sonst 10–18 Uhr
Rathaus, tägl. 10–13/14–17 Uhr
Suermondt-Ludwig-Museum, Wilhelmstr. 18, Di, Do, Fr 11–19, Mi 11–21 Uhr, Sa, So 11–17 Uhr, Mo geschl.
Couven-Museum, Hühnermarkt 17, Di, Mi u. Fr–So 10–17, Do 10–13 Uhr, Mo geschl.
Ludwig Forum für Internationale Kunst, Jülicher Str. 97–109, Di, Do 10–17, Mi, Fr 10–20 Uhr, Sa, So 11–17 Uhr, Mo geschl.
Internationales Zeitungsmuseum, Pontstr. 13, Di–Fr 9.30–13 und 14.30–17, Sa 9.30–13 Uhr, Mai–Sept. auch Sa 14.30–17 Uhr
Burg Frankenberg, Bismarckstr. 68, Di–Fr 10–17, Sa, So 10–13 Uhr, Mo geschl.

Adenau:
Heimat- und Zunftmuseum, Am Kirchplatz, 1. April–31. Okt. Sa, So u. Feiertage 10–12 Uhr
Bauernhaus-Museum ›Säujass‹, Schulstr., 1. April–31. Okt., Sa, So u. Feiertage 10–12 Uhr

Ahrweiler:
Stadtmuseum, Altenbaustr. 5, Di–So 10–17 Uhr, Mo geschl.
Museum Römervilla, Am Silberberg, Di–Fr 10–18, Sa, So 10–17 Uhr, Mo geschl., Mitte Nov.–Ende März geschl.

Bad Münstereifel:
Heimatmuseum, Langenhecke 6, April–Okt.: tägl. außer Mo 9–12, Mi zusätzlich 14–16 Uhr; Nov.–März: Sa 14–16, So 10–12, 14–16 Uhr

Birgel:
Historische Wassermühle, Fr u. Sa 14–18, So 14-17 Uhr

Bitburg:
Kreismuseum, Trierer Str. 15, April–Sept. 9–11, So, Mi 14–16 Uhr; Okt.–März Di, Do 9–11, So, Mi 14–16 Uhr, Sa geschl.

Blankenheim:
Kreismuseum, Ahrstr. 57, Mai–Okt. Di–Fr 10–12.30 u. 14–17, Sa 14–17, So 10–12.30 u. 14–17 Uhr, April, Nov. u. Dez. Di–Sa 14–17, So 10–12.30 Uhr; Jan. u. Febr. Sa 14–17 Uhr, So 10–12.30 u. 14–17 Uhr

Bleialf:
Bleibergwerk Mühlenberger Stollen, Sa u. So 14–17 Uhr

Brockscheid:
Glockengießerei, Mo–Sa 10–12 u. 14–16 Uhr, Führungen zur vollen Stunde; 1. Nov.–1. März nur eine Führung um 15 Uhr

Schloß Bürresheim:
Besichtigung mit Führung, tägl. außer Mo; April–Sept. 9–18, Okt.–März 9–17 Uhr; Dez. geschl.

Düren:
Leopold-Hoesch-Museum und Papiermuseum, Hoeschplatz 1, Di-So 10-13 u. 14-17 Uhr (Di bis 21 Uhr), Mo geschl.
Burg Eltz:
April–Nov. tägl. 9.30–17.30 Uhr, außer in der Schatzkammer Besichtigung nur mit Führung

Fließem:
Römische Villa Otrang, 9–13 u. 14–17 Uhr, im Sommer bis 18 Uhr; am ersten Werktag der Woche und im Dez. und Jan. geschl.

Gerolstein:
Naturkunde- und Waldmuseum, Hauptstr. 42 (Altes Rathaus), Febr.–Nov. So, Mo u. Fr 14–17, Weihnachtsferien Di, Mi u. Do 10–12.30 u. 14–17 Uhr, Sa 10–12.30 Uhr
Kreisheimatmuseum, Sarresdorfer Str. 26; wg. Sanierungsarbeiten derzeit geschl.
Römisch-Germanisches Altertumsmuseum Villa Sarabodis und Erlöserkirche, Sarresdorfer Str., Führungen: 15. Mai –31. Aug. Di 15 u. 16 Uhr, Mi u. Sa. 10 u. 11 Uhr; 1. Sept.–14. Mai Mi u. Sa 10 u. 11 Uhr

Heimbach:
Historisches Wasserkraftwerk und RWE-Industriemuseum, Führungen: April–Nov. Mo bis Do 10.30 u. 14 Uhr, Fr 11.30 u. 13 Uhr, Sa u. So 14 Uhr; Dez.–März Mo–Do, Sa u. So 14 Uhr, Fr 13 Uhr

Hellenthal-Rescheid:
Besucherbergwerk Grube Wohlfahrt, Führungen: 11, 14 u. 15.30 Uhr ganzjährig

Hillesheim:
Geologisch-Mineralogische Sammlung und Ausstellung Stadtsanierung Hillesheim, Burgstr. 20, Juli u. Aug. Sa 10–12, Do 14–16 Uhr

Immerath:
Schulmuseum (eine historische Schulklasse im alten Schul- und Backhaus) April–Okt. Do 14–17 Uhr

Jünkerath:
Eisenmuseum, Römerwall 12, März–Okt. Di–Fr 11–16 Uhr, Sa, So u. Feiertage 14–17 Uhr

Kommern:
Rheinisches Freilichtmuseum s. Mechernich

Kornelimünster:
Dauerausstellung Kunst seit 1945 in Nordrhein-Westfalen, ehemalige Reichsabtei, Di, Mi 10–13 u. 15–17 Uhr, Sa, So 15–18 Uhr

Lammersdorf (Simmerath):
Bauernmuseum, Bahnhofstr. 3, 1. April–31. Okt. So u. Feiertage 11–18 Uhr

Langerwehe:
Töpfereimuseum, Pastoratsweg 1, Di–Fr 10–12 u. 14–17 Uhr, So 11–17 Uhr

Losheim:
Krippana (Internationales Krippenmuseum), direkt am Grenzübergang Losheim-Hergersberg, tägl. 10–18 Uhr

Malberg:
Schloß Malberg, nur angemeldete Führungen von Mai bis Anfang Nov.; Termine und Anmeldung sind bei der Kurverwaltung Kyllburg, ✆ 0 65 63-59 38 zu erfragen

Manderscheid:
Heimatmuseum, Kurfürstenstr., April–Okt. Mo-Sa 10–12 u. 14.30–16.30, So 11–12 u. 14.30–16.30 Uhr, Mi geschl.

Maria Laach:
Naturkundemuseum St. Winfried, März–Okt. 9.30–18 Uhr; Nov.–Febr. 9.30–17 Uhr, Fr geschl.

Mayen:
Eifeler Landschaftsmuseum, Genovevaburg, März–Nov. Di–Fr 10–12.30 u. 14–17 Uhr, Sa, So u. Feiertage 11–17 Uhr, Mo geschl.

Mechernich:
Besucherbergwerk Mechernicher Bleiberg, Grube Günnersdorf, Führungen Di, Do u. So 10–16 Uhr, Mi, Fr 14–16 Uhr, Sa 13–16 Uhr

Mechernich-Kommern:
Rheinisches Freilichtmuseum – Landesmuseum für Volkskunde, 1. April–31. Okt. 9–18 Uhr; 1. Nov.–31. März 10–16 Uhr

Meisburg:
Historische Schneidemühle, Di 10–12, Do u. Sa 14–17 Uhr

Mendig:
Deutsches Vulkanmuseum, Brauerstr. 10, Niedermendig; Informationen bei der Verbandsgemeinde Mendig ✆ 0 26 52-98 00 14

Monschau:
Museum Rotes Haus, Laufenstr. 10, Ostern–30. Nov. Di–So 10, 11, 14, 15 u. 16 Uhr, Einlaß nur zur vollen Stunde, Mo geschl.
Historische Senfmühle, Laufenstr. 118, Besichtigung Mi 11 u. 14 Uhr

Neroth:
Mausefallen-Museum, Mühlenweg, April–Okt. Mi 14–16, Fr 15–17 Uhr ; Nov.–März Fr 15–17 Uhr

Nideggen:
Burg, tägl. außer Mo 10–17 Uhr (im Winter je nach Wetterlage)

Nürburg:
tägl. außer Mo 9–13 u. 14–18 Uhr, im Winter bis 17 Uhr, Dez. geschl.

Nürburgring:
Rennsportmuseum, März–Okt. tägl. 10–18 Uhr; Nov.–Febr. tägl. außer Mo 10–17 Uhr

Prüm:
Museum Prüm, Tiergartenstr., 1. Juni–15. Sept. Di, Do, So 14–17 Uhr; 16. Sept.–31. Mai Mi u. So 14–17 Uhr

Burg Pyrmont:
April–Okt. Mi–So, Feiertage 10–18 Uhr

Schalkenmehren:
Heimweber-Museum, Alte Schule, Mehrener Str. 5, Juni–Sept. Sa 15–17 Uhr, So 10–11 u. 15–17 Uhr

Stolberg:
Heimat- und Handwerksmuseum, Torburg der Stolberger Burg, Sa, So 14–18 Uhr
Zinkhütter Hof, Museum für Industrie-, Wirtschafts- und Sozialgeschichte, Stolberg-Münsterbusch, Di–Fr 14–18, Sa, So 10–18 Uhr, Mo geschl.

Trier:
Dom, 1. April–31. Okt. tägl. 6–18 Uhr; 1. Nov.–31. März tägl. 6–12 u. 14–17.30 Uhr
Domschatzkammer im Dom,

1. April–31. Okt. Mo–Sa 10–12 u. 14–17 Uhr, So 14–17 Uhr; 1. Nov.–31. März werktags 10–12 u. 14–16 Uhr, So 14–16 Uhr
Bischöfliches Dom- und Diözesanmuseum, Windstr. 6, Mo–Sa 9–13 u. 14–17 Uhr, So u. Feiertage 13–17 Uhr
Städtisches Museum Simeonstift, Di–Fr 9–17 Uhr ganzjährig, Sa, So u. Feiertage 9–15 Uhr von April bis Okt., 9–13 Uhr von Nov. bis März
Römische Palastaula (Basilika), April–Okt. werktags 9–18, So u. Feiertage 11–18 Uhr; Nov.–März Di–Sa 11–12 u. 15–16, So u. Feiertage 11–12 Uhr
Rheinisches Landesmuseum, Weimarer Allee 1, Di–Fr 9.30–17 Uhr, Sa u. So 10.30–17 Uhr
Porta Nigra, Kaiserthermen, Amphitheater, Jan.–März u. Okt.–Nov. tägl. 9–17 Uhr, April bis Sept. täglich 9–18 Uhr, Dez. 10–16 Uhr
Barbara-Thermen, Jan.–März u. Okt.–Nov.: tägl. 9–13 u. 14–17 Uhr, April–Sept. tägl. 9–13 u. 14–18 Uhr
Viehmarktthermen; Thermenmuseum in Vorber., bis Juli '99 Führungen auf Anfrage c/o Tourist-Information Trier
Karl-Marx-Haus, Brückenstr. 10, April–Okt. Di–So 10–18, Mo 13–18 Uhr; Nov.–März Di–So 10–13 u. 15–18, Mo 15–18 Uhr; 24.–26., 31. Dez., 1. Jan. geschl.
Spielzeugmuseum, Nagelstr. 4–5, April–Okt. tägl. 11–17 Uhr, Nov. –März tägl. außer Mo 12–16 Uhr

Wittlich:
Georg-Meistermann-Museum, Altes Rathaus, Di–Fr 10–12 u. 14–17 Uhr, Sa, So 14–17 Uhr

Zülpich
Propsteimuseum, Mühlenberg 7, Di– Fr 14–18 Uhr2, Sa, So 10–18 Uhr

Kurzinformationen von A bis Z

Akademie für bildende Kunst Vulkaneifel

In Steffeln (westlich von Hillesheim) unterrichtet die Akademie unter Anleitung renommierter Künstler Laien und Fortgeschrittene in den verschiedensten Maltechniken, in Modellieren, Holzschnitt und Collage. Die Kurse finden statt über Ostern und im Zeitraum von Ende Mai bis Ende Oktober. Programminfo über ✆ 02 11-13 11 87 oder 0 65 93-13 51

Dampfzüge s. Museumsbahnen

Freilichtmuseum Kommern

In speziellen Veranstaltungen zeigt das Museum landwirtschaftliche Arbeiten an historischen Geräten (s. Aushänge am Museumseingang). Außerdem finden Kurse in alten Handwerkstechniken statt. Infos und Anmeldung im Freilichtmuseum, ✆ 0 24 43-50 51/-50 52.

Geopfade und Georouten

Geologische Lehrpfade gibt es in der Umgebung von Daun, Gerolstein, Hillesheim, Manderscheid und im Bereich Brohltal/Laacher See. Sie führen zu ausgewählten Stellen, an denen die spannende Erdgeschichte des Gebietes zu Tage tritt, und erklären sie auf Hinweistafeln in einer auch dem Laien verständlichen Form. Ganz nebenbei durchwandert man in ein- oder mehrtägigen Touren die schönsten Landschaften der Vulkaneifel.

Man kann die einzelnen Routen auch als Exkursionen unter fachlicher Anleitung buchen; Vorträge und Veranstaltungen in den genannten Gemeinden ergänzen das Angebot. Informationen über die örtlichen Verkehrsbüros oder über: Vulkaneifel Touristik & Werbung (Adresse s. S. 354).

Kräuterexkursion

Unter dem Motto ›Delikatessen am Wegesrand‹ veranstaltet Bad Münstereifel Vorträge und Exkursionen zum Sammeln von Heilkräutern und Wildgemüse. Die gesammelten Delikatessen werden anschließend zubereitet. Programminfo bei der Kurverwaltung Bad Münstereifel, ✆ 0 22 53-50 51 82.

Kurorte

Mineralbäder gibt es in Bad Aachen, Bad Bertrich, Daun, Bad Neuenahr; **Kneippkuren** in Bad Münstereifel, Daun, Gemünd, Kyllburg, Manderscheid. Im gemäßigten Reizklima der Eifel liegen außerdem viele Luftkurorte.

Museumsbahnen

Auf zwei Eisenbahnstrecken verkehren zu bestimmten Ter-minen alte Züge mit historischen Diesel- oder Dampfloks: die Vennbahn und die Brohltalbahn.

Die Vennbahn befährt einen Teil der einstigen Strecke Aachen–Monschau–St. Vith (mit Anschluß bis ins Elsaß), die früher lothringische Erze zur Verhüttung nach Aachen brachte. Heute ist sie eine beliebte Touristenattraktion. Die Züge verkehren an Wochenenden zwischen den belgischen Orten Raeren und Büllingen (Strecke: 45 km) und halten an den deutschen Stationen Roetgen, Lammersdorf, Konzen, Monschau und Kalterherberg (mit Zusteigemöglichkeit). Ein ebenfalls historischer Schienenbus verbindet die Vennbahnstrecke mit Stolberg.

Die Brohltalbahn (auch ›Vulkan-Express‹ genannt) verkehrt auf einer Schmalspurstrecke. Sie fährt von Brohl im Rheintal hinauf auf die Höhen der Eifel über Burgbrohl und Niederzissen bis nach Engeln; die ständig ansteigende Strecke wird mit einer Geschwindigkeit von 20 km/h bewältigt.

Auch auf der Rurtal-Strecke Düren-Heimbach verkehren an einigen Sonntagen im Sommer Dampfbahnen.

Naturerlebnisdorf Nettersheim

Das Naturerlebnisdorf Nettersheim hat es sich zur Aufgabe gemacht, die geologischen Besonderheiten, die Tier- und Pflanzenwelt und die Kulturgeschichte des Gebietes interessierten Besuchern verständlich und erlebbar zu machen. Neben den Ausstellungen im Naturschutzzentrum sollen dazu eine Vielzahl von Veranstaltungen und Exkursionen beitragen. Jahresprogramme können beim Naturschutzzentrum Eifel, Römerplatz 8–10, 53947 Nettersheim, ✆ 0 24 86-12 46 bestellt werden.

Naturparks

Um die Nordeifeler Stauseen bis hinunter zur Schneeifel liegt der Naturpark Nordeifel (1760 km^2) mit dem westlichen Teil des Hohen Venns, den herrlichen Wäldern des Kermeter, den grandiosen Buntsandsteinformationen im Rurtal und den einsamen Schneeifelhöhen. Er ist Teil des Deutsch-Belgischen Naturparks.

Am nordwestlichen Rand der Eifel bis vor die Tore Bonns erstreckt sich der Naturpark Kottenforst-Ville (160 km^2) mit der kultivierten Landschaft des Drachenfelser Ländchens, den Wäldern um Rheinbach und des Kottenforstes sowie der eigenartigen, von den Spuren des Bergbaus geprägten Ville.

Das Ferschweiler Plateau bei Bollendorf ist das Kernstück des Naturparks Südeifel (433 km^2), der als Teil des Deutsch-Luxemburgischen Naturparks das Gebiet entlang der Flüsse Sauer und Our bis hinter Dasburg unter besonderen Schutz stellt.

Nürburgring

Die berühmte Rennstrecke in der Hocheifel begeistert Motorsportfans mit einem vielfältigen Angebot. Mit dem eigenen Auto oder Motorrad kann man die Nordschleife mit ihren 73 Kurven befahren (vorwiegend an Wochenenden, Info ✆ 0 26 91-30 21 44) oder sich im Ringtaxi mit 340 PS und Renngeschwindigkeit fahren lassen (✆ 0 26 91-30 21 79). Das Kart-Motodrom, die längste Kartbahn Deutschlands, fasziniert durch seinen sportlich anspruchsvollen Kurs (Info ✆ 0 26 91-10 48).

Die wichtigsten Rennsport-Veranstaltungen auf dem Nürburgring sind: ADAC-Eifelrennen (STW-Cup) Mitte Mai, Großer Preis der Tourenwagen Ende Juni, Großer Preis von Deutschland der Motorradweltmeisterschaft Anfang Juli, AvD Oldtimer Grand Prix Anfang August, Großer Preis von Luxemburg der Formel 1 Ende September.

Ritterspiele

An den ersten drei Wochenenden jeweils im Juni und im September werden in der Burg Satzvey mittelalterliche Ritterturniere veranstaltet, die sich durch detailgetreue, historisch möglichst exakte Darstellung und die hohe Qualität ihrer Akteure auszeichnen. Ein großer mittelalterlicher Markt mit allerlei Gauklern, Narren und Musikanten begleitet das Spektakel. Info ✆ 0 22 56-18 84.

Sport

Flugsportzentren
Flugsportzentrum Dahlemer Binz, Dahlem: Rundflüge/Ausbildung; Luftsportzentrum Vulkaneifel, Hinterweiler: Ultra-Leicht-Flüge, Drachenschlepp, Fotoflüge; Segel- u. Motorflugsportplatz Senheld, Daun: Rundflüge/Ausbildung

Golf
In der Eifel gibt es zahlreiche, landschaftlich schön gelegene Golfanlagen, die auch Gästen, die nicht Mitglieder der jeweiligen Clubs sind, teilweise zugänglich sind; alle besitzen Ranges zum Üben, Golfkurse können gebucht werden.

Golfplätze findet man in Aachen, Bad Neuenahr, Baustert (Golfodrom Bitburger Land), Burbach (Golfanlage Lietzendorf zwischen Kyllburg und Prüm), Eschweiler (Bad Münstereifel), Hermesdorf (Golf-Resort Bitburger Land am Stausee Bitburg), Hillesheim, Lechenich (Golfclub Burg Zievel)

Wassersport
Die großen Talsperren der Nordeifel, der Kronenburger See, die Maare der Vulkaneifel und der Bitburger Stausee laden zum Schwimmen und Bootfahren. Zu beachten ist, daß Motorboote auf allen Eifelgewässern verboten sind; Naturschutzgebiete sind das Weinfelder Maar und der Windsborn am Mosenberg. Für Wasserwanderungen eignen sich die Rur (nur eingeschränkt befahrbar, sportlich anspruchsvoll), die Ahr bei Hochwasser, der Unterlauf von Kyll und Prüm sowie die Sauer/Our an der deutsch-luxemburgischen Grenze.

Wintersport
Wintersport ist in der Eifel nur in bescheidenen Maßen möglich; die Schneehöhen sind meist zu gering und die Frostperioden zu kurz; auch stellt das Gelände keine besonderen Anforderungen. Loipen und Liftanlagen findet man am 698 m hohen Schwarzen Mann in der Schneeifel, bei Rohren (Monschau), Hollerath und Udenbreth (Hellenthal), in der Hocheifel um die Hohe Acht und am Mäuseberg bei Daun.

Veranstaltungskalender

Ende Januar: Verleihung des Ordens wider den tierischen Ernst in Aachen
Karnevalssamstag: Geisterzug in Blankenheim: Abends ziehen weißgewandete ›Geister‹ mit Pechfackeln durch die Stadt und treiben so den Winter aus
Ostermontag: ›Eierlage‹ in Schönecken: Zwei Junggesellen des Ortes messen sich als ›Eierraffer‹ und ›Leger‹ in einem Wettlauf
Christi Himmelfahrt: Verleihung des Internationalen Karlspreises in Aachen mit Karlspreisfest auf dem Katschhof

Pfingsten: Gebietsweinmarkt der Ahr in Ahrweiler
Juni: Eifelmarkt in Langerwehe: Töpfer aus der Eifel und den Ardennen zeigen alte Techniken ihres Handwerks
Ende Juni: Rosenfest in Bad Neuenahr mit großem Feuerwerk; CHIO Aachen: Internationales Pferdedressur-, Spring- und Fahrturnier
Juni–August: Burgfestspiele in Mayen auf einer Freilichtbühne im Burghof der Genovevaburg
Anfang Juli: Großer Preis von Deutschland der Motorrad-Weltmeisterschaft auf dem Nürburgring
2. Juliwochenende: Europäisches Folklorefest in Bitburg
3. Samstag im Juli: Rurseefest mit großem Feuerwerk in Rurberg
1. Augustwochenende: Stauseefest mit Großfeuerwerk in Biersdorf am Bitburger Stausee
3. Augustwochenende: Säubrennerkirmes in Wittlich (s. S. 273)
Ende August: großes historisches Burgenfest in der Niederburg von Manderscheid
Gerolsteiner Sprudelfest in Gerolstein
Anfang September: Historischer Handwerkermarkt in Monreal
3. September-Sonntag: Burgfest mit historischem Markt in Reifferscheid
Ende September: Buttermarktkirmes am Buttermarkt in Adenau
Großer Preis von Luxemburg der Formel 1 auf dem Nürburgring
September/Oktober: unzählige Winzer- und Weinfeste im Ahrtal, viele mit Feuerwerk
September–Januar: jeweils in geraden Jahren findet im Leopold-Hoesch-Museum in Düren die Internationale Biennale der Papierkunst ›Paper Art‹, ein Kunstereignis ersten Ranges, statt
Mitte Oktober: Lukasmarkt in Mayen, der seit dem Mittelalter abgehalten wird. Heute ist er der größte Jahrmarkt der Eifel; mit Volksfest in den Straßen der Stadt
1. Adventswochenende: Töpfermarkt in Langerwehe; in der Adventszeit finden in allen größeren Orten der Eifel Weihnachtsmärkte statt.

Wandern

Die Eifel ist von einem Netz markierter Wanderwege durchzogen und für den Wanderer in vorbildlicher Weise erschlossen. Besondere Angebote betreffen das Wandern oder Radwandern ohne Gepäck, das von vielen örtlichen Verkehrsvereinen organisiert wird: Unbeschwert kann sich der Wanderer auf mehrtägige Touren begeben, denn um den Gepäcktransport zu den gebuchten Hotels kümmert sich der jeweilige Veranstalter.

Der **Römerkanalwanderweg** folgt der Trasse der antiken römischen Wasserleitung über 111 km von Nettersheim bis nach Köln-Sülz. In ihrem Verlauf ist die Leitung an 75 Stellen ausgegraben oder rekonstruiert worden; Hinweistafeln erklären die einstige Funktion der verschiedenen Stationen (unter anderem

Quellfassungen, Brunnenstuben, Aquädukte).

Durch die Weinberge des Ahrtals führt einer der schönsten Wanderwege der Eifel. Der mit einer roten Traube gekennzeichnete **Rotweinwanderweg** beginnt im Ort Altenahr und endet nach 34 km in Bad Bodendorf.

Wildgehege

In der Eifel sind drei große Wildparks (verbunden durch die Deutsche Wildstraße) besuchenswert, da in den großen Gehegen die in Europa heute oder früher einmal beheimateten Wildtiere in ihrer natürlichen Umgebung zu beobachten sind.

Hirsch- und Saupark Daun

Das weitläufige Gelände umfaßt 200 ha und ist von einer 10 km langen Autostraße erschlossen. Vom Auto aus können die Besucher große Rudel von Rot- und Schwarzwild, Dam- und Sikawild sowie Mufflons und Wildyaks beobachten. Das Fahrzeug darf an den sechs Aussichtstribünen verlassen werden, wo man dem Wild ohne trennende Zäune gegenübersteht.

Öffnungszeiten: März–Okt. tägl. 9–18 Uhr, Nov.–März tägl. 9–16 Uhr (bei Eis und Schnee geschl.)

Adler- und Wolfspark Kasselburg

Bei der sehr lohnenden Besichtigung der mächtigen Ruine der Kasselburg bei Gerolstein befindet man sich gleichzeitig in einem interessanten Tiergehege. In der Ruine selbst sind in großen Volieren Greifvogelarten und Eulen untergebracht, in einem Gehege am Burgberg lebt ein großes Wolfsrudel. Keinesfalls versäumen sollte man die Wolfsfütterung und die Vorführungen der Falkner, die die erstaunlichen Flugfähigkeiten der Falken und Adler demonstrieren.

Öffnungszeiten: tägl. von 10 bis 18 Uhr, Park geschl. vom 15. Nov. bis 15. März außer 26. Dez.–6. Jan. Die Wolfsfütterung findet tägl. um 15 Uhr statt, die Flugvorführung um 15.30 Uhr. Bei Frost oder sehr schlechten Witterungsbedingungen finden keine Flugvorführungen statt.

Wild- und Freizeitpark Gondorf/Bitburg

Der Park besteht einerseits aus einem rummeligen Freizeitpark mit Achter- und Rutschbahnen, Wellenflug etc. In dem großen Wildgehege leben Hirsche, im Bergwildpark sind Murmeltiere, Wildkatzen, Luchse, Mufflons, Gemsen und Steinböcke zu beobachten; die Attraktion des Wild- und Freizeitparks ist die große Bärenschlucht.

Öffnungszeiten: tägl. 9–18 Uhr; 1. Nov.–Ostern nur der Wildpark 10–17 Uhr

In der nördlichen Eifel lohnen folgende Wild- und Freizeitparks einen Besuch: der Hochwildschutzpark bei Kommern, das Freigehege Hellenthal und der Wildpark Schmidt, außerdem der etwas aus diesem Rahmen der Eifeler Tierwelt herausfallende Park bei Lünebach südlich von Prüm, der eher einem Zoo ähnelt.

Bibliographie

Ahrens, Wilhelm: Geologisches Wanderbuch durch das Vulkangebiet des Laacher Sees in der Eifel. Stuttgart 1930

Ahrweiler, Pfarrkirche St. Laurentius, hrsg. v. d. Kath. Kirchengemeinde St. Laurentius. Ahrweiler 1977

Avenarius, Wilhelm: Mittelrhein. Mit Hunsrück, Eifel, Westerwald. Nürnberg 1974

Backes, Magnus: Burgen und Stadtwehren der Eifel. Neuwied 1966

Becker, Karl E.: Das Kyllburger Land. Kyllburg 1977

Bilzer, Bert, u. a.: Das große Buch der Kunst. Braunschweig 1958

Das Bitburger Land, Schriftleitung: Dr. Josef Hainz. Bitburg 1976

Brinken, Bernd: Köln/Bonn. Heroldsberg b. Nürnberg 1980

Burg Eltz, Reihe ›Große Baudenkmäler‹, Heft 285, hrsg. v. Deutschen Kunstverlag. München-Berlin 1975

Cüppers, Heinz: Römische Villa Otrang, hrsg. v. Landesamt für Denkmalpflege Rhld./Pfalz. Mainz 1979

Dehio, Georg: Handbuch der Deutschen Kunstdenkmäler. Bd. Rheinland; Bd. Rheinland Pfalz, Saarland. München 1972

Dohm, B. Dr.: Die geologischen Verhältnisse im Landkreis Daun in der Vulkaneifel. Koblenz o. J.

Domkapitel Aachen (Hrsg.): Die Domschatzkammer zu Aachen. Aachen 1980

Eifelverein (Hrsg.): Eifelführer. Düren/Köln ^{37}1995

ders.: Reihe ›Die schöne Eifel‹, Hefte Daun, Eschweiler, Gemünd, Heimbach, Hillesheim, Kronenburg, Manderscheid, Mechernich, Neuerburg, Rheinbach, Schleiden

Fehr, Horst: Römervilla. Gesellschaft f. Archäologie an Mittelrhein und Mosel e. V. Koblenz 1993

Frechen, Josef: Führer zu vulkanologisch-petrographischen Exkursionen. Stuttgart 1962

Frey, M., Gilles, K. J., Thiel, M.: Das römische Bitburg. Hrsg. von der Stadt Bitburg und dem Rheinischen Landesmuseum Trier. Trier 1995

Geiermann, Paul: Mayen. Mayen 1978

Gerolstein, hrsg. v. d. Stadtverwaltung Gerolstein. Gerolstein 1975

Grewe, K.: Der Römerkanal-Wanderweg. Ein archäologischer Wanderführer mit Text und Kartenband, Düren 1988

Günter, Roland: Kunstwanderungen Rheinland. Stuttgart/Zürich 1979

Hähnel, Joachim: Rheinisches Freilichtmuseum Kommern. Köln 1985

HB-Kunstführer Nr. 23, Trier. Hamburg 1987

Hopmann, M., Frechen, J., und Knetsch, G.: Die vulkanische Eifel. Bonn, 2. Aufl. o. J.

Houben, Mirkes: Die Eifel. Ein Touren- und Lesebuch. Köln 1992

Hürten, Toni: Chronik Münstereifels in Daten, Bd. I von 760 bis 1816. Euskirchen 1969

ders.: Chronik Bad Münstereifel, Bd. II von 1816 bis 1970. Köln 1975

Jung, Ritzenhofen: Burg Eltz. München, Berlin 1975

Kaufmann, K. L.: Aus Geschichte und Kultur der Eifel. Köln 1926

Kinkel, Gottfried: Die Ahr. Eine romantische Wanderung vom Rheintal in die Hohe Eifel. Eingeleitet und herausgegeben von H. Koehs, neu bearb. Ausgabe nach der 1849 erschienenen 2. Aufl. Köln 1976

Köver, Katharina: Johann Joseph Couven. Ein Architekt des 18. Jahrhunderts zwischen Rhein und Maas, Bestandskatalog IV des Suermondt-Ludwig-Museums, herausgegeben von der Stadt Aachen und dem Museumsverein Aachen. Aachen 1983

Krämer, K. E. (Text), Umscheid, E. (Fotos): Von Burg zu Burg durch die Eifel. Duisburg 1976

dies.: Von Burg zu Burg zwischen Köln und Aachen. Duisburg 1979

Kuratorium der Erlöserkirche – Villa Sarabodis der Ev. Kirche Rheinland: Erlöserkirche, Villa Sarabodis Gerolstein. Gerolstein 1983

Landesamt für Denkmalpflege Rheinland-Pfalz (Hrsg.): Staatliche Burgen und Schlösser in Rheinland-Pfalz. Mainz 1980

Landschaftsverband Rheinland: Die Römer in Nettersheim. Kurzführer zu den archäologischen Denkmälern. o. O., o. J.

Maare und Vulkane der Eifel, mit einer Einführung von W. Helmes. Bonn, 2. Aufl., o. J.

Meyer, Wilhelm: Geologischer Wanderführer: Eifel. Stuttgart 1983

Stiftskirche Münstermaifeld, hrsg. v. Kath. Pfarramt Münstermaifeld. Münstermaifeld 1980

Museum der Stadt Bad Neuenahr-Ahrweiler: Museumsführer. Bad Neuenahr-Ahrweiler 1993

Der Naturpark Südeifel, hrsg. v. Verein Naturpark Südeifel e.V., Irrel o.J.

Neu, Heinrich: Das Schloß und die Festung Arenberg. Köln 1956

Nideggen, die alte Herzogsstadt. Kreuzau o. J.

Purpar, Rolf: Reisebuch Nordeifel. Aachen 1992

Reuter, Matthias: Beiträge z. Geschichte der Hocheifel. Land zwischen Adenau und Daun. Schleiden 1979

Rheinisches Landesmuseum Trier: Museumsführer. Trier 1991

Rheinisches Museumsamt (Hrsg.): Burg Nideggen. Köln o. J.; Burgenmuseum Nideggen. Brauweiler b. Köln 1980

Rheinischer Verein für Denkmalpflege und Landschaftsschutz, Neuss (Hrsg.): Reihe ›Rheinische Kunststätten‹, Hefte Nr. 1, 2, 4, 7–8, 66, 73, 75, 76, 78, 184, 199, 200, 203, 216, 230, 233, 235, 236, 237, 240, 244, 245, 246, 259, 260, 277, 278, 376, 392. Reihe ›Rheinische Landschaften‹, Hefte Nr. 5/6, 9, 10, 14, 15, 18, 19, 23

Rick, Paulinus: Kloster Steinfeld. Kall-Steinfeld o. J.

Rieder, E. u. G., Brauns, H.-J.: Die Fossilien der Gerolsteiner Kalkmulde. Gerolstein 1982

Ring, Klaus: Richtig Wandern Eifel. Köln 1997

Röcke, Matthias: Museen der Eifel. Teil 1: Osteifel, Bad Neuenahr-Ahrweiler 1993

ders.: Museen in Adenau. Bad Neuenahr-Ahrweiler 1995

Römisch-Germanisches Zentralmuseum Mainz (Hrsg.): Führer zu vor- und frühgeschichtlichen Denkmälern. Bd. 25, 26, 33

Sauer, Frieder: Die Eifel in Farbe. Stuttgart 1977

Schnell und Steiner: Reihe ›Kleine Kunstführer‹ Nr. 850, 981, 1067, 1478. München und Zürich

Schommers, Reinhold: Die Mosel, Reise-Taschenbuch. Köln 1999

Schotes, Paul: Spätgotische Einstützenkirchen und zweischiffige Hallenkirchen im Rheinland, Dissertation an der TH Aachen 1970

Schramm, Josef: Die Eifel. Land der Maare und Vulkane, ›Deutsche Landschaft‹ Bd. 13. Essen 1974

Simon, Wilhelm: Erdgeschichte am Rhein, in: Der Aufschluß, Sonderband 30, S. 109–118. Heidelberg 1980

Thiel, Eckhard: Eifel. Pforzheim 1980

Zülpich, Festschrift zur 1450-Jahrfeier, hrsg. v. Festausschuß zur 1450-Jahrfeier der Stadt Zülpich. Weiler a. B. 1981

Abbildungs- und Zitatnachweis

Abbildungen

H. Brunner et al.: Reclams Kunstführer Bd. VI, Rheinland-Pfalz, Saarland. Stuttgart 1980: S. 339

Georg Dehio, Handbuch der deutschen Kunstdenkmäler. Bd. Rheinland-Pfalz, Saarland: Grundrisse S. 265, 295

ders., dass., Bd. Nordrhein-Westfalen I (Rheinland): Pläne S. 45, 82, Grundrisse S. 46o, 106, 116

Robert Janke, Boslar-Linnich: Umschlagvorderseite, vordere Umschlagklappe; S. 21, 29, 32, 34, 36, 47, 48, 49 beide, 50, 51, 52, 54, 56, 59, 60, 64, 66 (© VG Bild Kunst, Bonn 1997), 71, 73, 76, 83, 90, 91, 92, 93, 94, 96, 98 beide, 105, 107, 110, 111, 115, 116, 117, 118, 120, 122, 125 beide, 128, 130, 141 beide, 177, 179, 183, 187 beide, 189, 190 beide, 197, 199 alle drei, 201, 204, 206, 207, 209, 239, 248, 258, 263, 264, 267, 268, 270, 271, 272, 274f., 282, 284, 285, 289, 293, 297, 298, 299, 302, 308, 313, 327, 332, 334, 340, 341, 342, 343, 345, 347, 348

Michael Jeiter, Morschenich: Umschlagrückseite o.+ u., S. 5, 19, 31, 63, 68, 74, 80, 84, 85, 87, 88, 97, 99, 100, 102f., 113, 131, 137, 139, 148, 172 o. li., 181, 184, 195, 245, 253, 255, 260, 287, 291, 307, 323, 337

Landesamt für Denkmalpflege Rheinland-Pfalz (Mainz), hrsg.: Die Kunst-denkmäler des Kreises Ahrweiler. Düsseldorf 1938: S. 192

ders.: Die Kunstdenkmäler des Kreises Mayen, 2. Halbb. Düsseldorf 1985: S. 198

ders.: Die Kunstdenkmäler der Stadt Trier. Der Dom. Düsseldorf 1931: S. 337, 338

ders.: Die kirchlichen Denkmäler der Stadt Trier. Düsseldorf 1938: S. 349

Karl Maas, Schalkenmehren: Hintere Umschlagklappe; S. 1, 11, 13, 14, 16, 26, 95, 119, 134, 160, 193, 215, 217, 218, 225, 233, 236f., 241, 246, 276, 301, 310

Walter Pippke, Stuttgart: S. 108, 212, 228, 319

Rheinisches Bildarchiv, Köln: S. 23, 262

Rheinisches Landesmuseum Trier: S. 315, 329, 344

Klaus Ring, Blankenheim-Waldorf: S. 324

Peter Schoters: Spätgotische Einstützkirchen und zweischiffige Hallenkirchen im Rheinland. Diss. der RWTH Aachen: Grundriß S. 222

Uwe Steinmüller, Bremen: S. 151

Ernst Wrba, Sulzbach/Ts.: S. 40, 304

Alle anderen Abb. stammen aus den Archiven der Autoren und des Verlages.

Kartographie: Berndtson & Berndtson Productions GmbH, Fürstenfeldbruck. © DuMont Buchverlag

Zitate

Bogler, Theodor (S. 170, 171) aus: Maria Laach. Schnell und Steiner

Kunstführer Nr. 850. München und Zürich [8]1976
Dehio, Georg (S. 137, 179, 265, 285, 339) aus: Hans Caspary et. al. Handbuch der deutschen Kunstdenkmäler. Bd. Rheinland-Pfalz, Saarland. Deutscher Kunstverlag München, Berlin [2]1984
Faas, Franz Josef (S. 296) aus: Prüm/Eifel. Schnell und Steiner Kunstführer Nr. 981. München und Zürich [7]1993
Günter, Roland (S. 50, 123) aus: Kunstwanderungen Rheinland, Belser, Stuttgart/Zürich 1979
Kees, Peter (S.201, 202) aus: Niederehe, St. Leodegar. Rheinische Kunststätten, Heft 6. Rheinischer Verein für Denkmalpflege und Landschaftsschutz, Neuss 1972
Kremer, Peter (S. 17) aus: Justra, Erich. Die Eifel im Farbbild. Ziethen-Panorama, Bad Münstereifel 1995
Sauer, Frieder (S. 14, 185, 191) aus: Die Eifel in Farbe. Reihe: Bunte Kosmos Taschenführer. Franck'sche Verlagsbuchhandlung, Stuttgart

Anmerkung des Verlages: Bei einigen Zitaten sowie einigen Grundrissen konnten die Rechteinhaber nicht ausgemacht und um Genehmigung ersucht werden. Wir bitten diese, sich zu melden.

Register

Orte

Personen

Abb. Umschlagvorderseite: Monschau
Abb. vordere Umschlagklappe: Burg Eltz
Vignette: Landschaft der Südeifel
Abb. hintere Umschlagklappe: Das Schalkenmehrener Maar
Abb. Umschlagrückseite: Der Elzfall bei Burg Pyrmont; Altar der Fraukirch bei Thür (Ausschnitt); Aachen, Grundriß des Münsters

Über die Autoren:

Ida Leinberger, gebürtige Südtirolerin, lebt teils in Italien, teils in Deutschland und arbeitet seit Jahren über Kunst und Geschichte verschiedener Regionen Mittel- und Südeuropas.
Dr. Walter Pippke studierte Psychologie und Kunstgeschichte und arbeitet als Psychotherapeut in Stuttgart. Er schreibt seit Jahren über Kunst und Geschichte Italiens und Deutschlands.
Im DuMont Buchverlag veröffentlichten die beiden Autoren außerdem die Kunst-Reiseführer ›Gardasee, Verona, Trentino‹, ›Südtirol‹ und ›Piemont und Aostatal‹.

2., aktualisierte Auflage 1999

Satz und Druck: Rasch, Bramsche
Buchbinderische Verarbeitung: Bramscher Buchbinder Betriebe

Printed in Germany ISBN 3-7701-3926-7